ISBN 978-0-365-09991-8
PIBN 11341105

MONUMENTORUM BOICORUM

COLLECTIO NOVA.

EDIDIT

ACADEMIA SCIENTIARUM BOICA.

———

VOLUMEN VII. PARS I.

MONACHII,
TYPIS DR. FRANCISCI WILD.
MDCCCXLIV.

MONUMENTA
BOICA.

VOLUMEN TRIGESIMUM QUARTUM.

EDIDIT

ACADEMIA SCIENTIARUM BOICA.

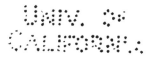

MONACHII,
SUMTIBUS ACADEMICIS.
MDCCCXLIV.

I.

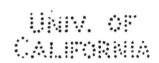

Anno 1381. 10. Octobris.

Bischof Burkhart aignet dem Domkuster Eberhart von Randegg zu dessen Kapelle, Zehenden zu Artolfingen, Aulungen, Antzenhoven und Vertingen.

Wir Burckhart von gotes vnd dez hailigen Stuls gnaden Byschof ze Auspurch Tuen kunt offenlich an dem brief allen den die in ansehent oder hoerent lesen vmb den zehenden ze Artolfingen ze Aulungen ze Antzenhouen vnd ze Vertingen, grozzen vnd clainen den her Eberhart von Ranudegg vnser Chorherr vnd Custerer ze dem Tum ze Auspurch reht vnd redlich ze rehtem aigen kaufft haut ainem Capplan zu siner Cappelle diu in seinem hof staut alz der kauffbrief weiset der Im dar vmb geben ist. Vergehen wir für vns für vnser Gotzhus vnd für alle vnser nachkommen Byschoef vnd Pfleger. Ob sich daz erfunde daz der Egenant zehende grozzer vnd clainer alz er da vor beuent ist von vns vnd von vnserm Gotzhuse ze Lehen gienge, oder ze Lehen gaun soelte, daz vns weder kunt noch wizzent ist, daz wir dann mit wolbedauchtem mut vnd guter vorbetrachtung vnd mit raut willen vnd gunst der Ersamen herren, herrn Otten von Sunthaim Tumprobst herren Vlrichs

dez Burgrauen Tegan vnd gemainclich vnsers Cappitels ze dem
Tum ze Auspurch daz dar vmb besament wart mit beluter
gloggen alz sitlich vnd gewonlich ist den vorgeschriben zehen-
den grozzen vnd clainen, ze Artolfingen ze Aulungen ze An-
tzenbouen vnd ze vertingen mit aller siner zugehörung vnd alz
iu her Eberhart der vorgenant von Ranndegg kaufft haut. Durch
füdrung der maezze die er in der Egenanten siner Capelle ge-
stifft vnd gemachet haut, Reht vnd redlich alz ez krafft vnd
macht haut geaigent haben vnd aignen In auch mit dem brief
herren Eberharten dem vorgenanten von Ranndegg vnd ainem
Jeglichen Capplan der Egenanten siner Cappelle der jetzo
Capplan da ist oder fürbaz ewiclich Capplan da wirt vnd der
selben Cappelle ze haben vnd ze niezzen ewiclich vnd geru-
wiclich ze rehtem aigen vnd alz man leben durch reht vnd
billich aignen sol, vnd alz ez vor allen Gerichten Gaist-
lichen vnd weltlichen vnd an aller stat krafft vnd macht haut.
Also daz wir vnser Gotzbaus noch vnser nachkomen Byschof
noch Pfleger noch Jemant anders von vnsern von vnsers Gotz-
huses noch von vnserr nachkomen wegen nu fürbaz ewiclich
an den Egenanten zehenden von manschafft Lehenschafft noch
aigenschafft wegen noch von dhainer anderr rebte vodrung noch
ansprach wegen, die wir vnser Gotzhus vnd vnser nachkomen
daran gebebt haben, gehaben mochten oder solten, oder waun-
den ze haben, nimmer mer nihtz ze spraechen ze vodern noch
ze clagen haben noch gewinnen sullen in dhain weise weder
mit Gaistlichen noch mit weltlichen rehten noch aun Geriht
noch mit chainerlay sache. Vnd dez allez zu ainem staeten
vrkund gehen wir für vns für vnser Gotzhus vnd für alle vnser
nachkomen herren Eberharten dem vorgenanten von Ranndegg
vnd ainem jeglichem Capplan der Egenanten siner Cappelle der
jetzo Capplan da ist oder fürbaz ewiclich Capplan da wirt vnd
auch der selben Cappelle, den brief versigelten vnd geuestent
mit vnserm vnd vnsers Cappitels Insigeln diu baidiu daran han-
gent. Vnd wir Ott von Sunthain Tumprobst, Ulrich Burgraue
Tegan vnd gemainclich daz Cappitel ze dem Tum ze Auspurch
vergehen auch offenlich an dem brief daz diue aignung vnd all

vorgeschriben sache mit vnserr gunst wizzen vnd gutem willen beschehen sint. Vnd haben dez ze vrkund vnsers Cappitels Insigel an den brief gehangen, vns vnd vnserm Cappitel aun schaden. Daz geschach nach Christus geburt driuzehen hundert Jar vnd darnach in dem ainen vnd Ahtzgostem Jare an dem naehsten Donerstag vor sant Gallen tag. (c. Sig.)

II.

Anno 1381. 19. Decembris.

Sifrit der Marschalk von Boxberg Ritter, aignet den Viertheil des Zehends zu Artolfingen, Vertingen, Antzenhoven und Aulungen, den Maister Martin der Swinkrist von Adelheit sel. von Münster mit seiner Einwilligung erkauft hatte, dem Domkuster Eberhart von Randegg, der jenen Zehend von des genannten Swinkrists Bruder zur Kapelle erkaufte, welche er auf seinem Hofe erbaut hat.

Geuestent mit meinem aigem Insigel und darzu mit dez Erbern vnd vesten mannez Frydrichs dez Burggrauen Insigel gesaezzen ze zusemegg. Daz geschach nach Christus geburt driuzehenhundert jar vnd darnach in dem ainen vnd ahtzgostem jare an naesten Donerstag vor sant Thomas tag dez zwelfboten vor wayhennaehten. (c. 2 Sig.)

III.

Anno 1382. 15. Aprilis.

Bischof Burkhart überlässt Swiggern von Mindelberg, und dessen Ehewirthin, seiner Muhme Katherinen von Freyberg, dafür dass sie die Pfandschaft der ihnen schuldigen 1000 Gulden noch ein Jahrlang stehen las-sen, acht Pfund Herrengeldes an dem Nutz der Pfandschaft nämlich der Leute und Gut zu Roest.

Der geben ist an dem naechsten Maentag nach vsgaender Oster-wochen do div zal was von Christs geburt drivzehenhundert jar vnd in dem zway vnd achtzigosten jare.

IV.

Anno 1382. 29. Maii.

Johannes Guentringen plebanus in Dilingen, cimeterium ecclesiae suae ampliat, et pro rectoris et scolarium habi-tatione domum aedificat.

Vniuersis et singulis presentem inspectoribus quos noscere fuerit oportunum quosque praesens negocium videtur concernere Johannes Guentringen Plebanus in Dylingen humilitatis obsequio cum sui recommendacione suffragiis oracionum altissimo soluen-darum. Quamquam ab olim per uetusta Annorum spacia Cimi-terium Ecclesie parrochialis ibidem in Dylingen ex sue funda-tionis locatione pro incolarum sepulturis forte habundancius pu-teretur sufficere modernis tamen temporibus crebressentibus luctuosis pestilenciis sic angustum strictum et arctum experitur et cernitur quod de corporum inibi sepultorum ageribus letales fetores hominum accessus sustinuit et quod horrendum fuit humanis prospectibus sic eisdem exanimis contritis et conculcatis corporibus cruor propter eius strictaram nimiam apparuit profluxisse. Quare populi eiusdem - Vniuersitas amplius inualuisse ibidem quam alibi morbum huiusmodi non decredit quibus quidem defectibus pressoris et granaminibus participacione passiua motus et conpunctiua caritate conpatiens tum ex natiua affectione quia locus Natiuitatis mee proprius ad cuius promouere conpendia naturalis swasio quemlibet allicit tum propter boni conmunis augmentum quod diuinis. et: humanis legibus quorumlibet indiuiduorum bonis singularibus noscitur preferendum tum eciam propter progenitorum meorum et mei recolendam memoriam prefatum Cimiterium de consensu et permissione honorabilium dominorum meorum domini Prepositi Decani tociusque Cappituli Augustensis quibus eadem Ecclesia Dylingen annexa extitit et vnita duxi taliter ampliandum quod aream plebanatus Cimiterio ipsi conterminam domibus et horreo desuper dirrutis et ablatis que tum ut manifeste patuit conquassationis eciam minabantur ruinam, pro aliqua sui parte vniui addidi et conbenedicendam constitui Et super alteram eius partem pro Rectoris et Scolarium habitacione domum de nouo edificando erexi quia retroactis temporibus in dispectis et diuersis locis Rectores et Scolares vericundius exulabant. Ne autem successuris temporibus huiusmodi pie affectionis opus plebanis quomodolibet inantea possit aut debeat dampna uel incommoda generare Ego quidem prefatus Johannes Guentringen sana mente saluoque corpore constitutus in presencia Reuerendi in Christo patris et domini domini Burckardi Episcopi Ecclesie Augustensis et dictorum honorabilium dominorum meorum domini Prepositi Decani tociusque Cappituli ad campane sonitum ut moris est sollempuiter et Capitulariter congregatis domum meam propriam supra muros Ciuiuitatis Dylingen infra maius collegium et extremum ipsius Ciuitatis deorsum in angulo situatam cum horreo domibus coquinaria et pecudum ac vniuersis et singulis pertinentiis sicut iam metis gradibus et limitibus suis ab aliis circumiacentibus

domibus et areis circumferencialiter est distincta que proprietatis
titulo michi pertinuit quamque de nouo propriis sumptibus et ex-
pensis construxi dicte Ecclesie parrochiali in Dylingen pro ple-
banatus curia et plebanorum habitacione inantea ex certa scientia
omni jure causa et modo quibus melius potui accedentibus fa-
uore auctoritate et permissione predicti Reuerendi in Christo
domini domini Burckardi Episcopi prenotati dedi donaui tradidi
vniui attribui incorporaui coniunxi irreuocabiliter et annexi vten-
dam tenendam possidendam habendam et perpetuo incolendam.
Illa tamen condicione adiecta quod quamdiu vitam duxero in
humanis quacumque ingratitudine seu infirmitate preueniar Eciam
si diuini officii executionem adimeret siue repulsa cuiuslibet
ipsam domum cum suis pertinenciis ut predicitur debiam tenere
inhabitare possidere nichilominus et habere Sic iterum quod
postquam de hac luce migraui dicta domus cum suis pertinen-
ciis ut prescribitur ad plebanos qui pro tempore fuerint sine
contradictione quorumlibet deuoluatur Et quod eciam singulis
annis plebani futuris temporibus diem meum anniuersarium cum
memoria patris et matris meorum de Nocte cum maioribus et de
mane cum minoribus vigiliis et missa pro defunctis celebrent in
quo illorum consciencias si non fecerint duxi presentibus one-
randas Et ad prescriptorum omnium perpetuam memoriam et sui
roboris valituram cautelam sigillis memorati domini mei domini
Burckardi Episcopi Augustensis et meo presentes realiter com-
muniui Nosque prefatus Burckardus Episcopus Augustensis
Ecclesie prenarrate recognoscimus eciam presentibus et fatemur
prescriptam donacionem vnionem et connexionem modo et forma
quibus supra esse factam Nobis auctorisantibus consentientibus
et fauentibus quam eciam sigilli nostri appensione pro nobis et
nostris successoribus sic ratificamus auctorisamus et ex certa
scientia effectualiter confirmamus. Datum anno Domini Mille-
simo CCC⁰ LXXX secundo feria quarta infra Octavas Pente-
costes.

V.

Anno 1382. 27. Septembris.

Gerichtsbrief wodurch zwei Bürgern von Memmingen alle Rechte bestättiget werden, die der Bischof Burkhart in der Stadt Buchlnn, und in den Dörfern Beraburunn, Rosshaupten und Denklingen hatte.

Ich Chunrat Sighart ab der Haide ain fryer Lantrichter in der Graffschaft ze Marstetten von des Hochgeborn Durluchtigen fuersten wegen Herzog Fridrich von gotes genaden pfallentzgraff by Rin Herzog ze Baigern tun kunt mit disem offen Brief vor allen den die in sehent oder hoerent lesen das an dem tag als der Brief geben wart. Do Ich ze Memmingen ze offem Lantgriht sas für Mich kommen die erbern Manne philipp der Hueter vnd eberhart der singer Burger ze Memmingen Mit fürsprechen vnd vrkunten vnd sprachen also sy wärin geanlait worden vnd wärin in ir nutzlich gewer. gesetzt worden mit vrtail vnd mit Recht vor offem Lantgriht ze Memmingen des sy Brief vnd vrkunt hettin die vor Lantgriht verhört vnd gelesen wrden ze allen den Leuten vnd gueten nuzzen vnd Rechten die Bischoff Burkart von ospurg haut ze der statt ze Buchlnn mit allen nuzzen vnd Rechten die dar zu vnd dar In von alter vnd von Recht vnd von gewonhait gehörent oder gehörin sölin Mit aller zugehört vnd was der egenant Bischoff haut Lut oder gut nuzze oder Rechtes ze dem dorff ze Beraburun ze dem dorff ze Rosshoupten vnd ze dem dorff ze Daenklingen vnd was ze den vorgenanten Luten vnd guten nuzzen vnd Rechten gehöret es sigi an holtz an holtzmarken an feld an zwy an wasun an waid an akkern an gartun an Brülen an wismad an wassern an wigern an fischenzun an vberturung an zehenden an zinsen an diensten an geniessen an sturun an gelt es sigi an varendem oder an Ligendem es sigi aigen oder

Lecben es sigi benenpt oder vnbeneupt besuchz vnd vnbesuchz
es sigi ob erd vnder erd vnd Batun die vorgenanten philipp
der Hueter vnd eberhart der singer ze eruareut an ainer vrtail
wie sy nun füro geuaren soeltin Mit dem Rechten als Recht
waery vnd als es kraft vnd Macht haun vnd haben soelti do
wart ertailt mit dem Rechten wan sy die anlaitin vnd die nutzz-
lich gewer Besessen bettin vnuersprochen als Recht waery vnd
die egenanten Lut vnd gut nieman versprochen betti Mit dem
Rechten als Recht waery. das denn die egenanten philipp der
Hueter vnd eberhart der singer mit den egenanten Luten vnd
guten nuzzen vnd rechten geuaren soeltin als ain Jedlich Man
mit sinen aigen Luten vnd guten geuaren soelti mit ze ver-
setzent oder mit ze verkoffent oder In selber ze Händ ob sy.
wend wan es mit dem Rechten Ir aigen gut haist vnd worden
ist vnd wart In dar vber ze schirmmer geben 'mit vrtail vnd
mit Recht die hochgeboru durluchtig fürsten herzog Fridrich
vnd Herzog Steffan ze Baigern vnd der Burgormaister vnd der
Raut die Burger gemainlichen Mit ain ander der statt ze Mem-
mingen vnd des alles ze ainem wauren offen vrkunt aller vor-
geschrieben sach Sö haun ich obgenanter Chunrat der Lant-
richter den vorgenanten philippen dem hueter vnd eberhart dem
singer disen brief geben Besigelt mit des Lantgrichz hangen-
dem Insigel ze Memmingen das an disem Brief hanget der ge-
ben ist Mit vrtail vnd mit Recht vor offem Lantgribt ze Mem-
mingen an dem nächsten Samstag vor saut Michels tag des Jars
do diu zal was von Cristes geburt driu zeben hundert Jar vnd
dar nach In dem zway vnd Achtzzigosten Jar.

VI.

Anno 1383. 19. Januarii. Augsburg.

Vergleich zwischen dem Stifte und der Pfaffheit zu Augsburg, sodann den Bürgern daselbst Betreffs verschiedener Irrungen.

Wir die Stette gemainlich die den bund mit ainander haltent in Swaben alz wir dez nechsten aftermentags nach Sant Katherinen tag der nechst vergangen vnd hin ist, gen Augspurg ze samen komen sien Vnd alz wir dar nach vff ditz zit, ze Vlm bi ainander gewesen sien Bekennen vns offenlich mit disem brief vnd tuen kunt allen den die in ansehent oder hoerent lesen von solicher zwaivng brüche vnd auch stösse wegen die vfferstanden gewachsen vnd auch gewesen sind zwischan dez hochwirdigen vnsers lieben herren Bischoff burkhartz dez Bistums ze augspurg, vnd ouch dez Capittels gemainlich dez Stifftes ze Augspurg vnd ouch aller pfaffheit daselbs an ainem tail Vnd ouch vnser lieben aidgenoszen der burger gemainlich der Stat ze augspurg an dem andern tail, Vnd da von solicher grosser gotzdienst nider gelegen vnd vnderwegen beliben ist Davou wir nauch vnderwisung vnser aigner gewiszneu den zorn gotz vnd gross plauge in allen vnsern sachen besorget haben Wan wir vnd alle Christen lut vor allen dingen gebunden sien div werk gotes ze veben vnd Götlich dienst ze fürdren Darvmbe vnd daz ouch vns div hilff gotes in allen vnsern sachen dez bigestendiger si vnd ouch alle redlich vnd gerecht sach veben vnd würken lasse Wan denne baid vorgenannte taile willeclich vff vns komen vnd hinder vns gangen sind vnd ouch vns darzu vollen gewalt empfolhen vnd gegeben hand wie wir daz zwischan in vff etlich zite vnd Jare vmb sölich sach daz ze haider site ir Ehaeffti frihait vnd recht an gavt Vsrichten vnd entschieden daz ouch si dabi baidenthalb willeclich vnd gern beliben vnd och daz stät halten haben vnd vollefueren woelten getreweclich vnd ane gewerde Darvmb so haben wir alle soelich ir gebresten vnd stoesze gar aigenlich vff baiden siten zu den ziten alz wir ze augspurg bi in in ir stat gewesen sien verhoert vnd ingenomen Vnd haben die ouch dar nach gar berätenlich mit guten fürsätzen vnd wolbedächten sinne nauch Ravte vnser Räte zwischan in also entschaiden vszgericht vnd gesetzt, mit namen waz ir Ebäftyu fribait vnd recht angavt ze baider site zehen gantziv Jar div nechsten nach ain ander ze halten in aller der form vnd wise alz hernach geschriben stät Waz aber entwederm taile sin Ehäffti fribait vnd recht nit anruret noch antriffet Sprechen wir zwischan in getreweclich ze halten in aller der wise alz her nauch ouch aigenlich vnderschaiden vnd begriffen ist ane alle gewerde Vnd bi dem ersten So sprechen vnd erkennen wir vns mit namen vnd vor allen dingen daz der vorgenante vnser herre der bischoff der Tumprobst der Tegan vnd ouch daz Capitel gemainlich dez Stiftes ze augspurg vnd gemainlich alle ander korherren, vnd pfaffhait daselbs vnd wer von iren wegen zuo den sachen gewant ist an ainem taile Vnd ouch die Egenanten vnser lieb aidgenossen die burgermaister Räte vnd alle burger gemainlich der stat ze Augspurg Vnd wer von iren wegen darzu behafft ist an dem andern taile Vmbe alle die kriege brüche zwaiung, vnd stösze die sich zwischen in bis vff disen hivtigen tag verloffen vnd ergangen hänt wie oder in wellich wise sich die verhandelt hänt gut vnd luter frivnde haiszen vnd sin sullen die sach gen ain ander die vorgenanten zehen Jar nit ze äfern noch ze rechen mit kainen sachen in kainem wege ane alle geverde Vnd daz ouch die vorgenanten vnser herren der Bischoff vnd alle ander Prelaten Korberren vnd pfaffhait ze augspurg vsz vnd in wandlen sullen vnd mügen vnd Götlich dienst da veben vnd vollebringen vuengolten aller vorgeschriben brüch vnd stösze ane alle gewerde Darnach so haben wir für vns genomen ir Clagan ze baider site Dez ersten die zwo Clagan die für vns getragen siud von der vorgenanten vnser herren dez Bischoffs dez Capitels vnd der pfaffhait wegen wo die zins oder gult habent in

der stat ze augspurg, da in ain pfund augspurger pfenning oder
zwai pfund italiger haller dafür verschriben sind oder werden
sullent Dafür gevallen noch werden in nit mer denne achten-
halb schilling augspurger pfenning, oder fünfzehen schilling
haller dafür. Vnd daz darzu die vorgenanten vnser aidgenoszen
von augspurg angefangen haben dieselben ir zins vnd gült in
dem Ettern ze augspurg ze stivrent vnd stiwr dar uff ze legen
also daz si aller iarlich den sechsten tail davon ze stiwer
nemen daz vormalz nie me beschechen si Daz in davon von
yedem Phund Pfennig aller iarlich viertzig Pfennig gevallen vnd
werden, die zwai stukk haben wir also vszgericht vnd ent-
schaiden daz die vorgenanten herren der bischoff daz Capitel
vnd ouch die pfaffhait, gemainlich ze augspurg die münsze der
Regenspurger an iren zinsen vnd gülten die vorgenanten zehen
Jar nemen sullen in aller der werung vnd mäsze alz div hivt
ditz tags gat vnd vormalz bisher genomem hant ane alle geverde
Alz verre ob die selb münsze alz lang gat vnd geng vnd gebe
ist Vnd daz ouch denne her wider vmbe die vorgenanten vnser
aidgenoszen von augspurg von denselben zinsen vnd gülten
die wile div egenant Münsze werot vnd in der stat ze augs-
purg geng ist, kain stiwr nit nemen noch begeren sullen weder
von dem vorgenanten vnserm herren dem Bischoff, dem Capittel
noch von der Pfaffhait in dehain wise ane alle geverde Waere
aber daz inderhalb den vorgenanten zehen Jaren ain andriv
gutiv münsze vfferstünde vnd geng wurd in der stat ze augs-
purg also daz in der vorgenante ir zins volleclich gevile vnd
wurde nauch ir brieff sag Ez wäre an augspurgern oder an
italigen hallern oder an ander münsze da für div alz guet geng
vnd gebe wäre So sullen si denne aber ze baider site mit vol-
lem gewalt für uns stett komen vnd vus denne ir zins alt vnd
Niewe aigenlich verschriben bringen vnd ir sach dar uff erzelen
wie div gestalt si vnd wez sich denne die statt aber darvmb
erkennent vnd ze rat werdent gemainlich oder mit dem merren
tail ob div pfaffhait die selben zins gult div ubrigen Jar volle
usz waz der dennocht an den vorgeschriben zehen Jaren vor-
handen waeren verstivren sullen oder nit da bi sullen si denne

2*

aber ze baider site beliben ane alle geverde. Item alz oach denne aber die vorgenanten herren mehr Clegt und fur vns braucht hant wie daz die Egenanten vnser aidgenoszen von Augspurg dem vorgenanten Vnserm herren dem Bischoff sin prelaten korherren vnd ander pfaftheit in dem krieg den er vnd ouch die gesellschafften vnd ouch ander herren Ritter vnd Knecht mit vns stetten gehebt habent gedrungen vnd ouch darzu gezwungen haben daz si ir burger werden müsten Dar vmb haben wir vns erkennet vnd also vszgesprochen wil der burgermaister ze augsspurg der do ze mal burgermaister waz vnd darza zwen dez Ratz ze augspurg die ouch do ze mal dez Ratz waren Dez Sweren gelert aide zu den hailigen Daz si die prelaten korherren oder phaffen die si in dem kriege enpfangen hant darzu nit gezwungen noch gedrungen haben daz si ir burger werden musten daz ouch sie denne billich ir burger sien vnd beliben vnd ir burgerrecht halten alz sie daz gelopt vnd verhaissen hant Doch dem vorgenanten vnserm herren dem Bischoff vnschädlich an den rechten die im in gaistlichen sachen durch billich vnd von rechtz wegen zugehörent oder zugehören sullent daz si daz burgerrecht da vor nit schirmen sol in dehain wise ane alle geverde Waere aber daz dez der burgermaister vnd zwen dez Ratz die do waren nit sweren wolten alz vorgeschriben stät. So sullen die Egenanten Prelaten korherren vnd ouch phaffen die in dem Krieg enpfangen sind Dez burgerrechtz gentzclich ledig vnd lose sin Ez wäre denne daz ir kainer ir wäre ainer oder mer daz burgerrecht mit willen halten vnd ir burger gern sin wolten Die sullen vnd mügen ouch denne by dem burgerrecht wol beliben doch aber vnschädlich dem vorgenanten vnserm herren dem Bischoff in gaistlichen sachen alz vorgeschriben stät Welhi aber prelaten Korherren oder phaffen vor dem krieg oder nauch dem krieg der Egenanten vnser aidgenossen von augspurg burger worden sind die sullen ouch ir burger beliben vnd daz burgerrecht halten in aller der wise alz si die enpfangen hant ane alle geverde Item vmbe die Clagan die die vorgenanten herren aber für vns braucht hant Wie daz die Egenanten vnser lieb aidgenoszen die burger der stat ze Augspurg den Frowan von Sant Steffan ze augspurg ain mulin ze Obern Engern vnd dry schliffemulin haben abgebrochen vnd dem stifft dez Tumes ze vnser fraven ain batstuben daselbs Vnd wellen in nit gunnen die wider ze buwen vnd daz ouch si der mulin ze nidern Engern die in daz kellerampt gehört daz wasser genomen haben vnd ir daz nit wellen wider lassen. Vmbe div stukk haben wir vns nauch vnderwisung gesworner maister die wir darzu gesent haben vnd den darvmb wol kundig waz Erkennet vnd also vszgesprochen daz die vorgenanten frowan dez Gotzhus ze Sant Steffan Ir mulinan mit malmulinan vnd mit schliffmulinan alz in die abgebrochen sind vnd ouch die Herren dez Tumes ze augspurg ir mulin die in daz kellerampt gehöret vnd der daz wasser genomen ist vnd ouch darzu die batstuben die in abgebrochen ist wider buwen vnd setzen sullen vnd mügen an daz wasser zwischan der mulin die div stat an demselben wasser hat, vnd der stat ze augspurg neben ain ander ain enhalb dez wassers die andere hie dishalb dez wassers vnd die batstuben dar vnder mit sölichem gevelle dez wassers alz ez daz denne gehan mag daz daz der stat mulin an dem wasser nit schaden bringe vnd in daz wasser wider werde, ane alle geverde. Vnd ouch mit solicher vnderschidung waz rechtz die vordern mulinan gebebt habent, von verschlahentz wegen des leches wer den vor da selb vor verschlagen, oder da herzu gedrungen habe daz ouch daz aber beschech vnd die mulinan divselben recht ouch haben Vnd ist daz die vorgenanten frowan oder die Tumherren die mulinan vnd batstuban also buwen oder buwen werdent ietzo oder hin nach So sprechen wir daz si die Egenanten vnser aidgenoszen von augspurg daran nichtzit sullen hindern irren noch beschweren noch in daz nit weren sullen mit kainen sachen in dehainen weg. Vnd wenne ouch si die also buwent buwen wend oder gebuwen hant daz ouch die selben frowan ze Sant Steffan vnd ouch die herren dez Tumes vnd ir nachkomen bi denselben mulinan vnd batstuben die vorgeschriben zehen Jar sullen beliben vnd die nieszen vnd haben geruweclich ane der vorgenanten vnser aidgenoszen der von augspurg vnd ir nachkomen irrung vnd an-

sprauch. Darzu haben wir sunderlich mer gesprochen daz die
vorgenanten vnser aidgenoszen von augspurg noch ir nachkomen
über die Egenanten Mulinau noch batstuban die vorgeschriben
zehen Jar dehain gebot sezzen noch gebieten sullen oder ieman
weren noch verbieten daz man bi in nit malen schliffe oder bade
wan daz si in allen iren gewerbe· geruwechich div Egenanten
Jar sullen volgen lassen ane alle hindrung vnd irrung bi guten
trewen ane alle geverde Item alz denne aber mit Clag fur vns
braucht ist daz die. egenant vnser aidgenoszen von augspurg
die pfaffheit besweren vnd besweret haben ir huser ir garten
ir brotbenk vnd wismeder grund vnd boden ze nemen
Daz haben wir ouch entschaiden also wan daz von gemains
nutzes vnd notdurfft wegen der stat ze augspurg beschechen
ist daz ouch daz allez div vorgenanten zehen Jar vnerfordert
vnd ane alle zusprüch vnd aefrung stan vnd beliben sol doch in
sölicher beschaidenhait ob daz wäre daz der hofstett debainiv
noch vnuerfangen vorhanden stünd die si weder zu ir stett
graben muran noch wegen gehaimet hetten oder han müssen
ane geverde Ez wäre in der stat oder vsserhalb der stat ze
augspurg daz ouch die selben vnser aidgenoszen von augspurg
den gunnen sullen der die selben hofstett gewesen sind die
wider ze haymen vnd ze nieszen ane alle geverde doch der
stat vnschädlich an iren muran graben vnd wegen, Vnd doch
vor allen dingen daz nieman mit der statt graben noch darinne
nichtzit ze schaffen noch ze tun haben sol in dehainen weg.
Item alz sie denne aber geclegt hant daz die vorgenanten vnser
aidgenoszen von augspurg in dem krieg der gewesen sy alz
vorgeschriben stat der pfaffhait iriv huser haben abgebrochen
vnd verkoufft Jr bücher ir bettegewät husgerät vnd ander ge-
wand husviche vnd andern husrat genomen. Ouch den die nit
in dem krieg gewesen sind .Vnd der ouch etlich ir burger sien
gewesen vnd ouch ir korn ab iren Porten haben genomen
Darvmb haben wir also vszgesprochen waz Huser si der pfaff-
hait in dem krieg zerbrochen haben Ez si dem Tumprobst oder
andern Korherren oder Pfaffen daz ouch si den dieselben Hof-
stett sullen volgen laszen vnd wider werden alz si hivt ze tage

da sind ane alle geverde Doch in sölicher beschaidenhait wären
sölich hofstett iendert in ir stett muran oder toren gelegen daz
die da von vierzehn schuch wyt gebuwen werden ane alle ge-
verde Vmbe daz daz si zu iren toren vnd muran dez basz ge-
wandlen vnd die stat versorgen mügen, Waz aber si huser der
pfaffbait in dem Krieg verkoufft habent Ez si dem Officialen
oder andern korherren oder pfaffen die sullent vnser aidgenoszen
von augspurg denselben korherren oder pfaffen der ouch die
gewesen sind oder den sie zugehörent geruweclich volgen laszen
vnd ledeclich wider schaffen also daz die selben Kofe gentz-
lich wider ab sin sullen Vnd waz ouch dieselben vnser aid-
genoszen von augspurg Bucher oder korns daz si der Pfaffbait
in dem krieg genommen hand noch vorhanden hand vngevarlich
daz ir ist dez sullen si in ouch bi guten trewen wider geben
vnd volgen laszen ane alle geverde Vnd doch sprechen wir
mit namen daz div hofstat div bi vnser frowen nivwem Kor
gelegen ist vnd div zu Her Chunrat dez Rüssen hof gehört
in der witin beliben sol alz div letzo mit dem zune verfangen
ist ane alle geverde Vnd in allen hie vor vnd nauchgeschriben
sachen So setzen wir vnserm herren dem bischoff sin burg-
graufen ampt ze augspurg gentzlich hindan daz er vnd ouch
div stat ze augspurg daz gen ain ander haben vnd halten sullen
nauch der bucher lute vnd sag die si darvmb gen ainander
hand vnd doch mit sölicher vnderschidung alz etwaz in dem
selben artikel gemeldet ist von dez vngeltz wegen daz die von
augspurg den weinaymer gemerret vnd den bieraimer gemin-
dert haben daz daz ouch also bi dem belibe daz den vorge-
nanten vnsern aidgenoszen von augspurg in den Egenanten zehen
Jaren dar vmb kain zuspruch beschaeh Doch entwederm taile
an siner Ehafti frihaiten vnd rechten vnschadlich ane alle ge-
verde Item vnd vmbe die Clag die ouch für vns getragen ist
von vnsers herren dez bischoffs wegen daz in die vorgenanten
vnser aidgenoszen von augspurg die murau an sinem garten ain-
halb gen dez von Knöringen hof vnd anderhalb vff dem graben
gen dez hailigen Crutztor geoffnet vnd vff gebrochen habent,
Darvmb haben wir also vszgesprochen vnd vns erkennet daz

die vorgenanten vnser aidgenoszsen von augspurg dieselben
muran dez garten an haiden siten alz si die vff gebrochen hant
wider zumurren vad ain beschlützzet tor an baiden siten machen
sullen vnd die schlüssel der selben tör sullen allewegen die
burgermaister der stat ze augspurg Jnne han also daz die sel-
ben tör dehainest sullen geoffnet werden vnd alle wegen be-
schlossen ain Ez waere denne daz si dez bedörfften notdürfftig
wurden von Kriege von brunst oder von ander ir stat rechter
not wegen ane alle geverde dieselben zit vnd wile mugen si
dieselben tor wol offnen vnd da durch wandlen oder ir stat
da weren bis si sölich ir notdurfft vnd gebrechen da wendent
vnd verkomet. Vnd füro denne aber nit lenger Dez gelichen
von dez von Knöringen garten wegen den si da bi dem tor
ouch geoffnet vnd vffgebrochen hant Sprechen wir daz vnser
aidgenoszen von augspurg den daselbs mit ainem beschlützten
tor ouch wider zumachen sullen ze gelicher wise vnd in allem
dem rechten alz hie vor vnsers vorgenanten Herren dez Bi-
schoffs dez bistums ze augspurg muran vnd garten vnderschaiden
vnd verschriben stat ane alle geverde Item alz ouch si damal
me clegt hant daz vnser aidgenossen von augspurg den Ege-
nanten vnsern herren den bischoff irren an sinen torfällen die
er nemen sulle in der stat ze augspurg vnd alz si daz denne
her wider vmbe verantwurt hant. Darvmb haben wir also
vszgesprochen vnd vns erkennet wenne daz nu mer ze vallen
komet daz vnsers herren dez bischoffs amptman wer der denne
ist den faelle also vordrent würde wäre denne ieman mer zu
der zit da der ouch rechtz darzu spreche So sol man im den
fale volgen laszen vnd geben ane alle geverde alz verre daz
der selb amptman dez Erben von dem derselb fale gevallen
wäre gut sicherhait dar vmb setzen vnd tun sol vngevarlich
ob ieman darnach kaeme der besser recht darzu hett vnd ouch
daz selb besatzti vnd mit recht vszbraechti vff dem hus ze
augspurg alz recht wäre daz er im denne den selben vale den
er ingenomen hett widerkorti vnd volgen liesze ane alle ge-
werde Waeren aber dez selben malz mer da die nach dem sel-
ben vale sprechen vnd recht darzu mainten ze haben oder daz

man in dez falles nit gichtig wäre vnd in lougen stund so sol
dez vorgenanten vnsers herren dez bischoffs amtman oder wem er
daz enpfolhen hett daz vszbringen vnd bestellen mit dem rechten
aber vff dem hus ze augspurg alz recht ist ane alle geverde
Item alz si denne mer clegt hant daz die schuchster ze augs-
purg dem vorgenanten vnserm herren dem bischoff, ainen baue
nement der von ihm recht manlehen si. Vnd alz denne
die vorgenanten vnser aidgenoszen von augspurg daz her wider
vmbe verantwurt hant haben wir gesprochen daz ez zu disen
ziten bi der lehenschafft beliben sulle alz ez ietzo verlihen ist
an alle geverde Item vnd von dez saltzzolles wegen alz si
sprechent der dem vorgenanten vnserm herren dem bischoff wer-
den sulle von den saltz schibau wenne man die den hukern
vnd den kaeufflern vsz dem saltzstadel tret vnd den man im ouch
vor hebt vnd alz die von augspurg daz verantwurt hant daz si
dar vmb nit wissen vnd ouch davon nie gehört haben vnd im
siner recht darinne wol gunnen wellen Haben wir gesprochen
daz ez ouch *bi dem* belibe vnd daran genug si Item alz si denne
mer *Clegt* hant daz vnser aidgenoszen von augspurg dem vor-
genanten vnserm herren dem bischoff griffen in sin gaistlich ge-
richt Vmbe die vier stukk elich sache selegerät Wu-
cher vnd zehenden vnd wollen die iren sich dar vmb vor
gaistlichen gericht nit verantwurten lassen si erkennen sich
denne vor iren Räten daz die sach für gaistlich gericht ge-
höre. Darvmb haben wir vns also erkennet wie si daz von
alter bis her gen ainander bracht vnd gehalten haben daz ouch
si da bi aber beliben ane alle geverde Erfunden oder erfüren
aber vnser aidgenoszen von augspurg dar nach ichtzit daz de-
hain ir burger dar Inne anders getan oder vnredlich gefaren
hett mit falscher gezivgnüsse oder andern vnredlichen sachen
den oder die mügen sie darvmb wol straffen vnd bessern nauch
erkantnüsz dez Rautz ze augspurg oder ir dez merentails ane
alle zuspruch vnd bekumbernüsz diser sach ouch vmbe die Clag
daz vnsers herren dez Bischoffs amptman sin vnd sins Gotzhus
aigenleut die hinder den von augspurg gesessen sien ze rechten
ziten abgefordret hab vnd daz si im die nit wellen volgen las-

sen vnd alz denne die vorgenanten vnser aidgenoszen her wider vmbe gesprochen hant daz die ze rechten zilen nit abgefordret sien Sprechen wir wenne der vorgenante vnser herre der Bischoff oder sin amptleut von sinen wegen die nu füro ze rechten zilen nach dez lands gewonhait vnd recht abfordrent daz och in die von augspurg die denne füro billich sullen volgen laszen ane alle irrung vnd Widerrede vnd ane alle geverde Item aber von der Clag wegen die si getan hant daz vnser aidgenoszen von augspurg etlich burgere innemen die in dez vorgenanten vnsers herrn dez bischoffs gerichten gesessen sien vnd darüber ouch er vogt vnd herre si vnd ouch etlich vff dez Gotzhus aignen guten gesessen sien vnd daz si im von denselben recht bieten vff dem hus ze augspurg vmbe daz stukk sprechen wir daz si sich dar vmb mit ainander halten sullen nach der verainung lut vnd sag die wir ietzo mit den herren vnd gesellschafftau haben ane alle geverde Item vmbe die Clag die si ouch getan hant daz vnser aidgenoszen von augspurg iren burgern vnd den iren verbieten wenne ainem gotzhus ain hus daz ze lihen verkaufft ist, ledig wirt daz daz nieman mer umb si kauffen oder darein ziehen sullen, oder ob daz waere daz ain sölich gesaesze oder hus verbrünne daz nieman die selben hofstat nit mer zimber noch buwe etc. Darvmb haben wir vssgesprochen daz sich die vorgenanten vnser aidgenossen von augspurg in den sachen halten sullen alz si nach iren trewen vnd eren dunkt daz si recht tuen ane alle geverde Item vmbe die Clag die herr hainrich von Knöringen besunder getan hat von dem Pfister ze Sant Steffan daz er dem vor dem krieg etwie vil korns ze kouffent geben verhaizen vnd daz nu der selb Pfister gelobti daz gelt ze antwurten vff ainen tag für allez verhefften verbieten vnd bekumbernusz vnd ouch für alle krieg dez er im noch hivt bi tag voleugenbäre si vnd im doch daz selb gelt nit bezalen welle dar vmb haben wir gesprochen vnd vns also erkennet daz im derselb pfister daz selb gelt billich geben vnd bezalen sulle ane alle widerrede Ez wäre denne daz er im dez in lougnen stund vnd och dafür sweren wolt ainen gelerten aid den aid sol er also sweren zu den hailigen

das er im ver dem krieg nichtzit schuldig gewesen si Item vmb
vil ander Clagan stukk vnd bräche so vns die vorgenauten
vnser aidgenossen von augspurg dawider ze erkonnent geben
hant, vnd ouch vmbe etwie vil ander stukk brüch vnd artikel
die vns von dez vorgenanten vnsers herren dez bischoffs dez
Cappitels vnd von der Pfaffhait ze augspurg wegen ouch ver-
schriben geantwurt werden sind vnd die ouch wir . vff baiden
tailen aigenlich ingenomen vnd verhört haben dar vmb haben
wir vns durch besser frivntschafft willen die vns dunkt die da
von vff erstan mügen also erkennet daz die nit notdurfftig waren
ze verschriben in disen brief Vnd haben ouch dar uff gespro-
chen daz si die ze baider seit gen ain ander tugenlich frivnt-
lich vnd vngevarlich halten verhandlen vnd vollefuren sullen
wie si die mit guter gewonhait von alter gen ain ander bis her
gehalten hand · vnd ouch darinne allen nid hasze zorn vnd
vigentschafft vnder wegen laszen hindan setzen und vergessen
sullen ane alle geverde Waere Ez aber daz sich dehain taile
vnder in Ez waere von dez vorgenanten vnsers herren dez bi-
schoffs des Cappitels oder von der pfaffheit wegen oder die
vorgenanten vnser aidgenoszen von augspurg sich daran über-
furen vnd übersahen vnd die vorgeschriben vnser sprüch vnd
richtung nit halten vnd vollefüren wolten nauch lute vnd sag
ditz briefs So haben wir vns selb mit namen den gewalt be-
halten vnd vszgesetzt wan sy doch der sachen mit vollen ge-
walt hinder vns gangen vnd vff vns komen sind daz wir dem
gehorsamen tail wedra der wäre getrewelich vnd ernstlich
bi vnsern trewen vnd eren sullen vnd wellen beraten vnd be-
holffen sin alz lang bis daz der vngehorsam taile darzu braucht
vnd gewiset wirt daz er bi den vorgeschriben vnsern vszsprü-
chen und richtunge belibe vnd ouch die halte vnd vollefür nach
ditz briefs sag Vnd also haben wir vorgenante stett gemainlich
alle hie vorgeschriben stukke bünde vnd artikel durch luter
guet vnd frids willen vnd ouch vmb vnderwisung künftiger nütze
vnd verainung die si mit ainander her nach in ziten darinne
dest aigenlicher suchen vnd ouch dez basz darvsz nement bes-
sern vnd vinden mügen zwischen in entschaiden vnd vszge-

3 *

sprochen daz si die gen ainander getreweclich vnd ane alle
geverde die vorgeschriben zit vnd Jare vnd aber mit namen
ieglich stukk alz daz mit namlichen worten an im selb begriffen
vnd vnderschaiden ist bi guten trewen got ze lob vnser fraven
siner muter ze liebiu vnd ze eren halten haben vollestrecken
vnd vollefüren sullen in aller der wyse so vorgeschriben ist
Vnd doch mit solchen vssgenomen worten dingen vnd gedingden
daz div stukk gemainlich noch ir aller dehains besunder Ent-
wederm taile nach den vorgenanten Jaren alz balde div ver-
rucket sind vnd für werdent weder an ir Ehäfti frihaiten noch
rechten noch an dem abbrechen zimbern oder buwen noch an
dehainen andern iren genaden vnd sachen dehainen schaden
kummer noch gebresten bringen noch beren sullen noch mügen
an dehainen stetten noch vor dehainen luten noch gerichten
weder gaistlichen noch weltlichen noch in dehainen weg Wan
daz denne dar nach jetwedra tail besunder beliben vnd bestan
sol bi allen den rechten vnd sachen alz vff hivt den tag als
ouch dirr brieff geben ist vnd mag ouch ietwedra tail sin Clag
vnd schaden füro wol erfordren vnd suchen ze gelicher wise
vnd in allen dem rechten alz vff hivt den tag alz dirr brief
geben ist vnd daz ouch mit namen div gewere die vorgeschri-
ben zit vnd Jar entwedrem taile fürbaz weder ze schaden noch
ze fromen komen sol in kainen weg ane alle geverde Darzu haben
wir den vorgenanten vnsern aidgenoszen von Augspurg die
frowen Clöster die si in ir pflege herbraucht hant vnd den sy
von iren Räten vormalz bisher pfleger geben hant in disen sa-
chen ouch vss gesetzt daz si bi dem beliben sullen in aller der
wise alz sie daz von alter biz her braucht hant ane alle geverde
So setzen vnd nemen wir in disen sachen ouch vss den von
Schellenberg vnd von Sunthain vnd ouch alle ander die dabi
vnd da mit gewesen sind da der vorgenanten vnser aidgenoszen
bottschafft Chunrat ylsung Rüdiger Rapolt vnd Peter Egen ni-
dergeleit wurden daz, die dehain hie vorgeschriben vssprüch
noch richtung nit schirmen noch ze hilff komen sol in dehainen
weg Vnd dez allez ze warem vnd offem vrkund So haben wir
vorgenante stett gemainlich Ernstlich vnd fliszeclich gebetten die

Erbern vnd wisen die burgermaister Räte vnd alle burger ge-
mainlich der stat ze vlme daz di ir aller vnd ir stat gemaines
Insigel ane schaden in selb vnd ir stat zu ainer waren gezivg-
nusz vnd bedachtnusze aller vorgeschriben sach an vnser aller
stat vnd och von vnser aller wegen offenlich gehenkt hant an
disen brieff Wir burkhart vorgenanter von gotz genaden bischoff
dez bistums ze augspurg Ott von Sunthain Tumprobst vlrich
burggrauff Tegan vnd ouch daz Capitel gemainlich allez des
stifftes vnd Tumes ze augspurg für vns vnd die pfaffhait ge-
meinlich ze augspurg an ainem tail Vnd och wir die burger-
maister Räte vnd burger gemainlich der stat ze augspurg au
dem andern tail Bekennen vnd veriehen sunderlich an disem
brief daz wir den vorgenanten stetten vnsern vollen vnd gan-
tzen gewalt gegeben haben alle vorgeschriben sach vszzerichten
vnd ze entscheiden vnd versprechen ouch daruff ze haider
site alle vorgeschriben sach stukk bunde vnd artikel gemainlich
vnd ir ieglichen besünder willeclich vnd gern stet ze halten
ze laisten vnd ouch ze vollefüren ane alle argeliste vnd geverde
vnd ouch nach ditz hrieffs sag Vnd dez ze waren vrkund So
haben wir vorgenanter bischoff burkhart Ott von Sunthain tum-
probst Vlrich burggraff Tegan vnd ouch daz Capitel gemainlich
dez stifftes vnd tumes ze augspurg an ainem taile Vnd ouch
wir die burgermaister Räte vnd alle burger gemainlich der stat
ze augspurg an dem andern taile vnsriv aigniv Insigel offenlich
ouch gehenkt an disen brief der geben ist dez nechsten men-
tags nach sant anthonyen tag do man zalt von Christz geburt
drivzehen hundert Jar vnd dar nach in dem dry vnd achtzige-
sten Jare. (c. 6 S.) · · · ··

VII.

Anno 1353. 12. Martii. Augustae.

**Burkhardus ep. capitulo fructus decimales laicales in
Gabelbachruten incorporat.**

In nomine domini amen Nos Burkardus dei et apostolice sedis
gracia Episcopus ecclesie Augustensis, notum facimus presen-
cium inspectoribus, vniuersis Quod discretum virum et nobis in
Christo dilectum Chunradum de Wilbach Cappellanum sancti
Egidii et Vicarium chori ecclesie nostre Augustensis propter
benemerita sua, Decimam Laycalem seu omnes fructus Decima-
les Laycales in Gabelbachruten, quos a nobis et ecclesia no-
stra augustensi tenet et tenuit Jure feodali, ab eodem Jure
feodali tenore presencium eximimus atque liberamus per hec
scripta. Post que vero Constitutus coram nobis idem Chunra-
dus pia affectione ductus pro remedio peccatorum suorum et
omnium progenitorum ipsius predictam decimam laycalem, seu
omnes fructus decimales laycales in Gabelbachruten predictos,
quam et quos emit et conparauit ab Hermanno de Burgauwe
armigero, quam eciam et quos tenuit a nobis Jure feodali libere
et perfecte inter viuos valida et perpetua donacione et irreuo-
cabili de nostro assensu donauit Capitulo ecclesie nostre Augu-
stensis in se ipsius donacionem recipiente et in ipsius Capituli
vtilitatem conuertendam et conuertendos Nos vero qui diuinum
cultum nostris cupimus augeri temporibus Necnon piam affecti-
onem dicti Chunradi de Wilbach coadiuuare volentes eandem
decimam et fructus decimales in Gabelbachruten eidem Capitulo
ecclesie nostre Augustensis incorporamus, annectimus et vnimus
omni Jure forma et modo quibus possumus et debemus, eandem
donacionem vt sic factam approbamus, ratificamus, et in quantum
ad nos pertinet tenore presencium confirmamus. In quorum om-
nium et singulorum testimonium presentes conscribi fecimus, et

Sigillo nostro pontificali nostri Capituli, et Chunradi de Wilbach predicti iussimus consignari Actum et Datum Auguste Anno Domini Millesimo Tricentesimo, Octuagesimo tercio, IIII ^{to} Idus Marcii. (c. 3 Sig.)

VIII.

Anno 1384. 18. Januarii.

Friedrich Herzog von Tekk, und sein Sohn Kunrat, sagen den Bischof Burkhart ihres Zusprachs von Laugingen wegen los.

Wir Fridrich Herzog ze Tekk vnd wir Herzog Cunrat sin suu bekennent vnd vergehent offenlich mit diesem brief für vns vnd alle vnser erben vmb alle die zuspruch die wir gehebt habent zu dem Erwirdigen fursten von Gotz genaden Bischof Burchart dez Gotzhus ze Auspurg von hern hainrich dez hochschlitz säligen wegen wylent Custers dez Tums ze Auspurg vmb ain reht daz vns von demselben Herren dem Bischof solt vollgen ze lougingen vnd was sich darvmb hat verlouffen mit worten vnd mit Werken dez allez sagen wir den vorgenanten herren Bischofe Burkart sin Gotzhus vnd alle sin nachkomen von der selben sach zuspruch vnd dez rechten wegen aller ding quit ledig vnd los von vns vnd allen vnsern erben vnd von allermänglich von vnsern wegen vnd ob vns jendert brief darvmb geben wärent die sölnt och gäntzlich ab sin vnd vnnutz in alle wyse Mit vrkund ditz offen briefs besigelt mit vnsern aigenn Insigeln div baidiv daran hangent vnd der geben ist an dem nächsten Mäntag nach Sant Anthonien tag do div zal was von Gotz geburt drivzehenhundert iar vnd in dem vierden vnd Achzigosten Jar. (c. 2 S.)

IX.

Anno 1384. 22. Septembris.

Johann von Elerbach Ritter, gibt dem Domkapitel die Vogtai über die Widem und den Kirchensatz zu Sunthofen auf.

Ich Johanns von Elerbach Ritter genant von Matzeses. Tun kunt offenlich an dem brief allen den die In ansehent oder hörent lesen. Vmb die widem widenhoef vnd Kyrchensatz ze Sunthofen Dar vber ich die Vogtay mit andern Guten verphandet haun von dem Erwirdigen minem gnaedigen herren Bischof Burckharten vnd sinem Gotzhus ze Auspurk alz der Phantbrief weiset den ich von In dar vmb Inne haun. Vergich ich für mich vnd für alle min erben Daz ich mit verdauchten mut vnd guter vorbetrachtung vnd mit freyem vnd gutem willen vnd auch mit miner naehsten erben vnd bester friund raut willen vnd gunst die Egenanten Vogtay vber die vorgeschriben widem wiedenhoef vnd Kyrchensatz ze Sunthouen vnd vber swaz darzu vnd darein geböret in dorff oder ze velde an besuchtem vnd an vnbesuchtem swie ez gehaizzen ist lediclich vnd los vffgeben haun Vnd gyb sy auch vff ledig vnd los mit Krafft dez briefes den Ersamen berren, herren Otten von Sunthain Tumprobst herren Vlrichen dem Burggrauen Tegan vnd gemainclich dem Cappitel ze dem Tum ze Auspurck vnd allen iren nachkomen für mich vnd für alle min erben Vnd haun mich auch derselben Vogtay vber die vorgeschrieben widem widenhöf vnd Kirchensatz ze Sunthouen vnd vber swaz darzu vnd darein geböret vnd aller der rebt vodrung vnd ansprach die ich vnd min erben an der Egenanten Vogtay oder an den vorgeschriben widem widenhöfen vnd kyrchensatz vnd swaz darzu vnd darein geböret ingehebt haben oder waunden ze haben von Vogtay oder phantschefft wegen oder von welchen Sachen das gewesen ist verzigen mit gelerten worten für mich.

vnd für alle min erben alz man sich sogtans Gutz vnd phant-
schefft durch reht vnd billich verzeihen vnd vfigeben sol nach
phantschefft vnd sogtans Gutz reht vnd nach dez Landez vnd
der Graufschefft reht vnd gewonhait. da sy Inne gelegen sint
Also daz ich dhain min erbe noch friund noch Jemant anders
von vnsern wegen, Nu furbaz ewiclich an die Egenanten
Vogtay vber die vorgeschriben widem vnd widenhof und swaz
darzu vnd darein gehöret noch an dieselben widem vnd wi-
denhof noch an ihtes daz darzu oder darein eingehöret
von vogtay noch von phantschefft wegen noch von dhainen an-
dern sachen wegen nimmer mer nihtz ze spraechen ze vodern
noch ze clagen haben noch gewinnen sullen in dhain weise
weder mit Gaistlichem noch weltlichem rehten noch aun Geriht
noch mit chainerlay sache wan mich der Erwirdig min gnae-
diger herre Byschof Burckhart ze Auspurk der Egenanten
Vogtay vff andriu siniu vnd seins Gotzhuses Gut beweiset
haut Vnd sol auch der Phantbrief den ich von dem Erwirdigen
minem vorbenenten gnaedigen herren Byschof Burckharten vnd
von sinem Gotzhus vmb Rötenberck vnd vmb Nezzelwanck
vnd vmb andriu Gut inne haun Den obgenanten Ersamen
herren herren Otten von Sunthaim Tumprobst herren Vlrichen
dem Burgrauen Tegan vnd gemainclich dem Cappitel ze dem
Tum ze Auspurck vnd iren nachkomen an der Egenanten Vog-
tay noch an den vorgeschriben widem widenhöfen vnd Kyr-
chensatz vnd swaz darzu vnd darein gehöret aller schaden
dhainen bringen in dhain weise Vnd dez allez zu ainem stae-
ten vrkund gib ich Iu Irem Cappitel vnd allen iren nachkomen
für mich vnd für alle min erben den brief versigelten vnd ge-
uestent mit minem aigen Insigel daz daran hanget Vnd darzu
mit mins lieben vettern herren Johannsen von Elerbach Ritter
ze den zeiten Phleger ze Burgaw Insigel daz er durch miner
bet willen zu ainer meroren ziucknuzze aller vorgeschri-
ben sache an den brief gehencket haut Im selber vnd sinen
erben aun allen schaden. Daz geschach nach Christus geburt
driuczehnhundert Jar vnd darnach in dem vier vnd Ahtzgosten
Jare an sant Mauriciens tag dez bailigen Martrers.

X.

Johann von Elerbach Ritter, gestattet dem Bischof
Burkhart und dessen Gotteshause., beliebige · Wieder-
lösung der ihm verpfändeten Vesten Roetenberg,, und
Nezzelwank, des Burgstalles Hugnank und dreier
Maierhöfe.

Ich Johanns von Elerbach Ritter genannt von Matzesies
Tun kunt offenlich an dem brief allen den die In ansehent oder
hörent lesen Vmb die Burck vnd veste Rötenberck vnd vmb
die Burck vnd veste Nezzelwanck vnd vmb daz Bürckstal
Hugnanck vnd vmb die dry Mairhoef der ainer ze Suonthouen
der Ander ze Reychenbach vnd der drytt ze Mvizzelstain ge-
legen sind vnd swaz zu den vorgeschriben Guten allen vnd
zu Ir jeglichem besunder oder darein gehöret an Leuten oder
an Guoten an besuchten vnd an vnbesuchten swie ez gebaizzen
ist diu vorgeschriben Gut aelliu mit aller Irr zugehörung ich
von dem Erwirdigen minem gnaedigen Herren Byschof Burck-
harten vnd sinem Gotzhus ze Auspurck vff ainen widerkauff
Rebt vnd redlich kauft haun vmb Sebs Tusent Guldin vngry-
scher vnd Behemyscher guter an gold vnd swaerr an rehtem
gewigt da ain kauffman den andern wol mit gewern mag elz
der brief weiset den ich von Im vnd von sinem Gotzhuse mit
sinem vnd mit seins Cappitels Insigelen dar vmb Inne haun.
Vergich ich für mich vnd für alle min erben Daz ich dem Er-
wirdigen minem vorbeneuten gnaedigen herren Byschof Burk-
harten vnd sinem Gotzhus die lieb vnd früntschafft getaun haun
Daz er vnd sein Gotzhus vnd alle sein nachkomen Byschof
oder Pfleger Aelliu Jar Jaerclich vollen gewalt vnd reht haund
diu vorgeschriben Gut aelliu vnd swaz darzu vnd darein ge-
höret an Leuten vnd an Guoten an besuchtem vnd an vnbesuch-

tem swie ez gebaizzen ist nihtz vzzgenomen von mir vnd von
minen erben vnd nachkomen vnd von allen den in der gewalt
diu vorgeschriben Gut von vnsern wegen hinnanfür ewiclichen
koment wider ze kauffen Swelhes Jars hinnanfür ewiclich, vnd
ze swelher zeit in dem Jare sy wellent vnd mugent vmb diu
vorgeschriben Sehs Tusent Guldin vngrischer vnd Bebemy-
scher guter an gold vnd swaerr an rehtem gewigt da ain kauff-
man den andern wol mit gewern mag Vnd swelhes Jars sis
von vns widerkauffen wellent vnd mugent Daz sullent sy vns
dez selben Jars verkunden. Vnd sullent vns auch dann ze
hant der vorgeschriben Sehs Tusent Guldin in den naesten
zwain manoden nach Irr manung gentzlich vnd gar wern vnd
rihten ze Auspurck oder ze Vlme in der Stet ainer wederthalb
wirs vodern vnd an der selben Stat Goltwaug aun allen vnsern
schaden vnd auch in allem dem rehten gelubden vnd bunden
alz vnser brief saet den wir dar vmb Inne haben. Vnd dez
allez zu ainem staeten Vrkund gib ich Im sinem Gotzhus vnd
allen sinen nachkomen Byschoefen vnd Phlegern für mich vnd
für alle min erben vnd nachkomen vnd für alle die in der ge-
walt diu vorgeschriben Gut von vnsern wegen hinnanfur ewic-
lichen koment den brief versigelten vnd geuestent mit minem
Aigen Insigel daz daran banget Vnd darzu mit mins lieben
vettern herren Johannsen von Elerbach Ritter ze den zeiten
Phleger ze Burgaw Insigel daz er durch miner bet willen zu
ainer mereren ziucknuzze aller vorgeschrieben sache an den
brief gehenckt haut Im selber vnd sinen erben aun allen scha-
den Daz geschach nach Christus geburt driuzehenhundert Jar
vnd darnach in dem Vier vnd Ahtzgosten Jar an sant Mauri-
cien tag dez hailigen Martrers.

XI.

Johan von Elerbach erklärt, dass der Bischof Burkhart und dessen Gotteshaus, wenn sie die ihm verpfändeten Vesten Nesselwang und Roetenberg etc. wiederlösen, auch das Fass wälschen Weines wiederkaufen können, das er jährlich von dem genannten Bischof hat.

Ich Johans von Elerbach von Maczensiez Ritter vergich vnd tun kunt offenlich mit dem brief fur mich vnd min erben vor allen den die in ansehent oder hörent lesen, vmb daz vas wälsch wins da zwelff vrn in gaund, daz ich iärklich kauffet haun von minem genadigen herren, hern Burkarten Bischoff ze Auspurg minem lieben bruder vnd sinem goczhus vmb hundert vnd zwainczig guldin nach des hauptbriefs sag den ich dar vmb inne haun haun ich minem obgenanten genadigen herren, sinem goczhus vnd allen sinen nachkomen, die besunder lieb vnd friuntschaft getan, wann sy Nesselwang vnd Roetenberg die zwu Vest vnd waz darzu gehört, die ich kauffet haun nach miner hauptbrief sag, die ich dar vmb haun von mir oder von minen erben oder nachkomen, oder wem wirs geben oder gelassen haben. lösent nach miner hauptbrief sag, so sol ich vnd min erben, oder wer vnseriu reht daran hat, daz obgenant vas wälschs wins, daz wir iaerklich von im haben, alz vorgeschriben stat, da mit ze kauffen geben vmb die obgeschriben hundert vnd zwainczig guldin guter vngerischer vnd behamischer guldin vnd sullen noch enmugen wir in dez niht vor sin noch widersten in dehain wiz. Dez ze Vrkund gib ich in den brief besigelten mit minem aigen anhangenden insigel, vnd darzu mit minez lieben vetters Johansen von Elrbach Ritter

phleger ze Burgaw insigel, daz er durch miner bet willen zu
ainer merer ziugnuzze der obgeschriben sach an den brief ge-
henket hat im vnd sinen erben aun schaden, der geben ist
an dem naehsten fritag nach sant Mauriczes tag, nach Cristus
geburt driuzehn hundert iar vnd in dem vier vnd achtzigo-
stem jar.

XII.

Anno 1384. 29. Septembris.

**Johan der Langenmantel genannt von Radaw, Bürger
zu Augsburg, verkauft seinen Zehenden zu Ininngen, die
Lehen sind von dem Marschalk Ritter Sigfrit von Box-
berg, und von dem Gotteshause zu Augsburg, an Ulrich
den Repphun Bürger zu Augsburg.**

Daz beschach nach Cristus geburt driuzehenhundert Jare,
vnd darnach in dem Vier vnd Ahtzigostem Jare, an sant An-
dreas abent.

XIII.

Anno 1385. 10. Januarii.

**Sifrit Truchsess von Küllental gibt dem Bischof von
Augsburg das Truchsessen-Amt mit allen Lehen auf,
und sagt daher seine Lehenleute ihrer Pflicht ledig.**

Ich Syffried Truchsezz von Kullentall tun kunt Offenlich
an disem Brieff, vor allermenglich Wan ich dem Erwirdigen
minem genedigen Herren Bischoff Burcharten sinem Goczhus

vnd nauchkomen ze Auspurg reht vnd redlich ergeben vffgeben
vnd geben han, daz Truchsezzen Ampt dez Goczhus ze Auspurg mit
aller siner zugehoerd mit allen Eren Lehen vnd lehenschafften,
Vnd darzu auch alliv div lehen vnd lehenschafft die Ich von
vätterlichem ald müterlichem erb ald erkaufftiv biz vff disen
hivtigen tag herbracht vnd gehabt han alz der brieff Vrkundet
vnd wiset; den ich demselben minem herru Bischoff Burcharten
sinem Goczhus vnd nauchkomen ze Auspurg geben han mit
minem vnd mins bruders her Bertholtz Korherr ze Auspurg,
vnd ber Syffrids dez Marschalcks vou Bockxsperg Ritter In-
sigeln besigelt Vergich ich mit disem brieff, daz ich darvmb
all min lehenman der Triv gelubt vnd buntuuzz die sie mir von
der lehen wegen schuldig ware verhaizzen oder gelubt hetten
ledig vnd los sag. Alzo daz sie div lehen alliv vnd ieglichs
besunder furbaz eupfahen von dem vorbenanten minem geuedigen
herren Bischoff Burcharten vnd sinen nauchkomen Bischoff ze
Auspurg vnd den davon geluben vnd gebunden sien, alz sie
mir vnd minen vordern gelubt vnd gebunden waren vnd alz
lehenman iren herrn von iren lehen ze tun sint schuldig vnd
gebunden Vnd dez ze Vrkund gib ich im disen brieff besigelten
vnd geuestnoten mit minem aigen Insigel daz Offenlich daran
hangot. Geben nauch Cristes gehurd driuzehenhundert Jar vnd
in dem ffunff und achtzigosten Jar an dem Afftermentag nauch
dem Obrosten tag. (c. S.)

XIV.

Die Marschälke Kunrat, Haupt und Heinrich von Pappenhaim, Gebrüder, geben einen Hof und vier Selden zu Annhusen, dazu ein Holzmark, Erhart dem Langenmantel Bürger zu Augsburg, der dieselben bisher inne gehabt, seiner getreuen Dienste wegen zu Aigen.

Der geben ist an sant Gregorien tag Do man zalt von Cristes geburt driutzehen hundert Jar vnd darnach in dem fünf vnd Achtzigosten Jar. (c. 2 Sig.)

XV.

Richterliches Erkenntniss in einer Pfandschafts-Sache.

Ich Hainrich der Halfinger (zu) den Zeiten Vogt zu Höchsteten Vnd wir die Burgermaister Vnd der Raut der Stat da selben vergehen mit Vrkund dez priefs daz zu Vns in Vnserr Stat zu Höchsteten gepfendet vnd angriffen hätten die Erbern mann Wernlin Kramer von Laugingen Vnd ander sein freund von siner Stivffmuter wegen Otten dez Kramers säligen Witwe daz Spital zu Dylingen do cham ze stund Cunrat Volk derselben Zeit dez egenanten Spitalz Maister vnd nam von dem Egenanten Wernlin Kramer vnd sinen freunden au siner Stiffmuter stat Otten dez Kramers säligen Witwe div pfand damit er gepfendet waz vzz vff ain freuntlich recht vmb ain Summ geltz an aht tag oder div pfand wider ze antwrten. Do

nu die aht tag vergiengen da antwrt der Egenant Spital Mai-
ster div pfand da mit er gepfendet ward wider dem Egenanten
Wernlin dem Kramer an siner vorgenanten Stivffmuter stat
Da ward daz gericht mit den Richtern der Stat zu Höchsteten
besatzzt daran si baiderseit wol benngt Do stund dar Wernlin
Kramer an siner obgenanten Stivffmuter stat div by im engagen
stund mit ainem fursprechen vnd bat im eruarn an siner Stivff-
muter stat Wie er mit den pfanden geuarn solt Da stund dar
der vorgenant Spital Maister mit fursprechen vnd bat im haizzen
eruarn an einer Vrtail Ob daz vorgenant Spital zu Dylingen
icht vnbillichen pfand solt sein für sinen hern den Byschoff
oder sein pfleger da wurden baiderseit prief wort vnd vrkund
für gezogen da gesprachen sich die Richter Vnd ertailten
Wann der Spital Maister Vnd auch Wernlins kramers Stivff-
muter baiderseit prief Wort vnd Vrkund für zugen daz man
dieselben prief vnd Vrkund pillich verhören solt Vnd daz dar
nach beschach daz reht waere die prief vnd vrkund wurden
verhört Da wurden die Richter gefragt vff den aid dez rechten
nach der prief sag da erkanten sich die Richter daz daz Spi-
tal zu Dylingen noch sein Leut und gut diser Zeit vnd vff den
tag nach dez priefs sag den Otten Kramers säligen Wittwe
vor gericht für zoch für den Byschoff zu Augspurg oder sein
pfleger in dehain weis vnbillichen pfand sein solt Zu Vrkund
geben wir dem Obgenanten Spital zu Dylingen disen vrtail prief
Von dez rechten daz vor vns ist beschechen besigelten mit
Vnsern Insigln div Offenlich daran hangent der prief ward ge-
ben an dez haylgen Crutz tag alz ez funden ward. Anno
LXXXV.

XVI.

Anno 1385. 26. Julii.

Gerichtsbrief des Vogts zu Werd, gemäss welchem des Domkapitels Güter und Gülten in dem Gerichte Merdingen, von den Ansprüchen des Juden Baroch gelediget wurden.

Ich Philipp von Mörenshein ze den zeiten vogt ze werd .. Sazz ze gericht vff dem Rathus ze werd in allem dem rechten alz ob ez ze Mårdingen wär an dem nähsten aftermentag vor sant Vitstag do der gesworen burger gnug' engagen waren. Do kom für mich in gerht mit vorsprechen Her Niclaus der Knoll Korherr dez Tums ze Auspurg vnd sein lerer von gemainlicher dez Capitels wegen dez Tums ze Auspurg mit vollem gewalt Vnd sprach daz Baroch der Jud dem vorgenanten Capitel ze Auspurg niedergelegt vnd bekůmert het von her Otten von Sunthein irs Tumprobsts wegen alliu diu gut gült vnd gelt diu si in dem gerht ze Merdingen ligen heten vnd wisten nit daz si mit demselben Juden ihtz ze schaffen heten Vnd bat ze eruaren an ainer gemainen vrteil wann diu selben gut dez Capitels rehtz vnuerkůmmertz aigen waren vnd der in rehter nutzlicher gewer sązzen vnd diu besatzten vnd entsatzen Ob man in diu selben gut gült nit billichen vnd von rehts wegen ledig lazzen solt vnd wie sie sich darzu ziehen solten daz si reht täten vnd nit vnreht. Daz verantwertet der vorgenent Baroch der Jud auch mit vorsprechen vnd sprach diu selben gut diu wären dez vorgenanten Herren dez Tumprobsts vnd der het auch diu herbraht mit rehter nutzlicher gewer mit besetzen vnd entsetzen der wär im schuldig dez er gut brief het Vnd sölt vnd möht in an den selben seinen guten angreiffen vnd nöten nach seiner brief sag. Darvmb fragt ich dez rehten an den gesworenn burgern die ertailten mit gemai-

ner vrtail wann paid tail da nutzlicher spraechen und fürzügen
Man sölt darvmb ain erber Kuntschaft eruaren in drien viert-
zehen tagen alz Kuntschaft reht ist vnd wederm tail dann diu
besser vnd merer Kuntschaft sagte darnach sölt dann aber be-
schehen was reht wär. Vnd darnach an dem letsten reht tag
do dieselben drei viertzehen tag verrukt vnd vergangen waren.
Do kom aber der obgenant Her Niclaus der Knoll vnd sein
lerer von dez vorgenanten Capitels wegen mit vollem gewalt
vnd wartet aber dez rehten als es mit vrteil vnd mit reht her
komen was. Do kam der vorgenant Baroch der Jud nit noch
niemant von seinen wegen der die sach verantwrte Vnd do er
dezselben rehten vnd tags also ze end vzz gewartet het Dar-
nach do kom er aber für mich in geriht mit versprechen vnd
mit seinem lerer in Stepfans dez Merners hus ze werd do der
gesworenen burger aber gnug engagen waren aber in allem
dem rehten alz ob ez ze Märdingen wär an der nähsten mit-
wochen nach sant Jacobstag vnd ermant mich vnd die geswo-
renn burger die vormals an dem rehten gesäzzen waren, wie
paiden tailen von der vorgenanten gut wegen ain Kuntschaft
ertailt war daz man daz in drien viertzehen tagen eruaren sölt
an ainer erbern Kuntschaft wer die bessern gewer hat. Daz
darnach geschehen sölt was reht wär. Vnd wann er nu die-
selben drei viertzehn tag gentzlichen ersäzzen het vnd dem
rehten vzzgewartet het vnd niemant komen wär vff den letsten
reht tag der die sach verantwrte. Do hat er darvmb aber ze
eruarenn an ainer gemainen vrtail ob man im vnd dem Capitel
seiniu gut gült vnd gelt, daz in der obgenant Jud nidergelegt
hat nit billichen vnd von rehts wegen ledig vnd los lazzen
sölt darvmb fragt ich aber dez rehten. da ward darvmb ertailt
mit gemainer vrteil. wann der obgenant Jud der Kuntschaft alz
paiden tailen mit reht ertailt ward saumig gewesen wär vnd die
nit also vollstrekt vnd vollfürt het alz es mit reht vnd mit
vrteil herkomen wär Man sölt in alliu iriu guet gült vnd gelt
diu in der obgenant iud nidergelegt het billichen ledig vnd los
lazzen Vnd sölt noch enmöht derselb Jud an diuselben iriu gut
von der clag vnd von dez Tumprobsts wegen nihtz mer ze

sprechen ze vordern noch, ze clagen. haben Darnach batt er
ze eruaren an ainer gemainen vrtail ob man im dez iht billichen
brief geben sölt von gerihts wegen daz ward, im auch ertailt
Dez ze vrkund gib ich im den brief versigelt vnd geuesteut
mit meinem aigenn Insigel alz ez mit vrteil ertailt ist der gebeu
ist Anno domini M°ccc°lxxx° quinto die quo supra. (c. Sig.)

XVII.

Anno 1385. 13. Augusti.,

Bentz und Wielant der Swaehler Urkunde um den Verkauf des halben Theiles des Marktes Zusmerhusen.

Ich Bentz der Swaelber gesaezzen ze ybach imm vylls
Tal vnd ich Wyelant der Swaelber gesaezzen ze Wolfsperck
Tiuen kunt offenlich an dem brief vor allermenclich wan ich
Wyelant der Jetzogenant Swaelber Minen tail dez Marcktes
ze Zusmerhusen vnd swaz darzü vnd darein gehöret an Leuten
vnd an Guten an Vogtayen an Gerihten an besuchtem vnd an
vnbesuchtem swie ez gehaizzen ist nihtz vzzgenomen reht vnd
redlich aelliu miniu reht daran verkaufft vnd ze kauffen geben
haun dem Erbern mann Johannsen dem Raemen burger ze Aus-
purck Frawen Kaethrinen siner elichen wirtin vnd allen iren
erben vmb Ahthundert Guldin vngerischer vnd Behemyscher
guter an gold vnd swaerr an rehtem gewigt Vnd diuselben
Gut Jetzo versetzt sint, vnd nicht ledig mugen werden biz vff
vnser Frawen tag ze der Lyehtmysse der nu schierst kumpt,
Vnd mir Johanns der vorbenent Raem jetzo geben vnd geriht
haut zwaihundert Guldin vngerischer vnd Behemyscher guter
an gold vnd swaerr an rehtem gewigt da ain kauffman den
andern wol mit gewern mag Vergehen wir für vns vnd für alle
vnser erben daz gerett vnd getaedingt ist Waer daz wir vnd
vnser erben In oder irn erben den halbtail dez Marktes ze

5*

Zusmerhusen der min Wyelands dez obgenanten Swaelhers
gewesen ist vnd swaz darzu vnd· darein gehöret an Leuten
vnd an Guten vnd alz In min vater saelig kaufft haut nicht
gentzlich vnd gar ledig vnd los machoten vff vnser frawen tag
ze der Lyehtmysse der nu schierst kumpt Oder ob\ wir In
denselben· halbtail dez Egenanten Marcktes mit aller siner zu-
gehörung darnach vnuerzogenlich nicht verschriben vnd ver-
machoten Alz man sogtaniu Gut durch rebt vnd billich ver-
schryben vnd vermachen sol vnd alz ez dann vor allen Gerih-
ten gaistlichen vnd weltlichen vnd an aller stat allermaist vnd
allerbest krafft vnd macht haut Daz wir dann oder vnser erben
In oder iren erben diu vorgeschriben zwaihundert Guldin vnd
swaz sy der dann schaden genomen haeten oder darnach nae-
men vnuerzogenlich alzbald vnser Frawen ·tag ze der Lyeht-
mysse vergaut vnd fürkumpt geben vnd antwurten sullen in
die Stat ze Auspurck ze hus vnd ze hof vnd auch wern vnd
bezalen· an derselben Stat Goltwaug aun allez Irren nyderle-
gen. vnd verbieten aller Gaistlicher vnd weltlicher Geriht vnd
Leute vnd allermenclichs vnd aun allen iren schaden Vnd wir
sullen In dennocht den. kauff vertigen aun allez widerspraechen
vnd verziehen vnd dez allez zu ainer bezzern sicherhait haben
wir In vnd iren erben ze rehten Geltern vnd Gewern gesetzt
zu vns vnd zu vnsern erben vnuerschaidenlich herren Walthern
den Swaelber Ritter vnsern vetter Vlrichen von Swanngaew
vnd Aulbrechten von Gerut etc. Daz geschach nach Christus
geburt driuzehenhundert Jar vnd darnach in dem fünften vnd.
Ahtzgostem Jare an dem naesten Sampstag nach sant Laurencien
tag dez hailigen Martrers. (c. 5 S.)

XVIII.

Anno 1366. 12. Martii.

Ulrich von Waeldun verkauft seine Güter zu Wolpach, an die Kapelle die Kunrat der Minner auf dem Domkirchhofe gebaut hat.

In Gotes Namen Amen Ich Vlrich von Waelduon ze den zeiten Vogt ze Auspurck Vergich vnd Tun kunt offenlich an dem brief für mich vnd für alle min erben vnd nachkomen allen den die In ansehent oder hörent lesen Daz ich mit verdauchtem mut vnd guter vorbetrachtung vnd mit raut willen vnd gunst aller miner· erben vnd besten friund Minen tail der nachgeschriben Gut ze Wolpach daz ist der hof den der Göldlin gebuwen haut, ain Juchart Ackers haizzet diu Nortleit diu darein gehöret ain hof daselben den der Eberhart gebuwen haut· Ain Seld daselben da der Kystler vff sazz· Ain Seld daselben die der Ober Muller gebebt hat, vnd zwai Panholz daselben der ainez haizzet daz Buch vnd daz ander der hiubach vnd swaz wir an Gerut Aeckern da gebebt haben oder waunden ze haben vnd daz Dorffgeriht vnd diu Vogtay daselben mit aelliu diu vnd darzu gehöret vnd alz ichs vnd der Stolzhyrs saelig vnd sein erben bizher bracht haben Denn allain swaz die frawen von Obern Schönenfelt Gut da baund da sol man niht vber rihten Aber swaz die Leut die daruff sitzent taeten vff der Strauzz in dem·dorff Innerhalb des Ethers da mag man wol bintz In vmb rihten vnd darzu der Kyrchensatz vnd der widem vnd·widenhof daselben vnd diu Lehenschaft derselben Kyrchen daz allez in diu vorgenanten Gut gehöret vnd vzz dem widenhof daselben jaerclich· ainen schöffel habern vnd ain vasuahthun ze ·Vogtreht vnd swaz zu den vorgeschriben Guten allen vnd zu ·Ir jeglichem besunder oder darein gehöret etc.· nihtz vzzgenomen ez sei an dem brief benent oder nicht· daz

allez geleich halbs min rehtes aigen waz vnd der ander halb-
tail derselben Gut aller ist Wylhalems dez Stoltzhyrs Hannsen
dez Stoltzhyrs saeligen Sun burger ze Auspurck Vnd auch mit
allen den rehten vnd gewonhaiten etc. alz ich vnd Hanns der
Stoltzhyrs saelig diu egenanten Gut aelliu von Karel dem
Gollenhouer saelig kaufft haben nach dez kauffbriefs Lutung
vnd sag den er vus darvmb geben haut. Für ledigiu vnan-
spraechiu vnd vnuerkummertiu Gut vnd für rehtiu Aigen freyiu
vnd vnuogtberiu reht vnd redlich verkaufft vnd ze kauffen ge-
ben haun der Cappel die Chunrat der Minner saelig vff dem
Kyrchhof ze dem Tum ze Auspurck etwenn gebuwen haut vnd
genant ist dez Minners Cappell. Vnd auch dem Cappitel ge-
mainclich ze dem Tum ze Auspurck von der Cappel wegen
Vad auch dem Spytal ze dem hailigen Gaist ze Auspurck vnd
dem Maister vnd den Durftigen gemainclich dez selben Spitauls
vberal vnd allen iren nachkomen oder swem sy In binnanfür
gebent verkauffent schaffent oder lauzzent ze haben vnd ze
niezzen ewiclich vnd geruwiclich ze rehtem aigen Daz ist der
Egenanten Cappell vnd dem Capplan derselben Cappell vnd
dem obgenanten Cappitel gemainclich von der Cappelle wegen
diu zwaitail dez Egenanten halbtails der vorgeschriben Gut
aller der min gewesen ist Vnd daz dryttail dezselben halbtails
dem obgenanten Spitaul ze dem hailigen Gaist ze Auspurck
Vzzgenomen dez widems widenhof vnd Kyrchensatzes vnd der
Lehenschafft der Egenanten kyrchen ze wolpach. Da sol daz
obgenant Spytaul noch der Maister noch die Phleger dezselben
Spytauls noch Jemant anders von Iren noch von dez Spytauls
wegen chainiu reht an haben vil noch wenig. Wan die herren
dez Cappitels ze dem Tum ze Auspurck Swelhy denn gewalt
haund ainen Capplan der Egenanten Cappelle ze erwelen die
selben herren sullent auch Nu fürbaz ewiclich aelliu diu reht
haun an der egenanten kyrchen ze Leyhen in allem dem reh-
ten alz ich vnd min vordern saelig bizher gehebt haben. Vnd
alz min erben nach minem tod gebebt sölten haun ob ich sy
niht verkaufft baete aun allermenclichs Irrung zuspruche vnd
hindernuzze. Aber dieselben herren sullent die Lehenschafft

der Egenanten kyrchen alz vil sy daran sullent vnd mugent
Leyhen ewiclich alz offt diu Egenant kyrch ledig wirt allweg
legen vff ainen Capplan Swelher denn der Egenanten Cappell
Capplan ist aun allez verziehen vnd widerspraechen Vnd vmb
den Egenanten halbtail der vorgeschriben Gut aller der min
gewesen ist haund mir der vorbenenten frawen Annun der
Minnerin saelig erben varen gelauzzen vnd gentzlich los vnd
ledig gesaet aller der schuld vnd gult die ich derselben frawen
Annun der Minnerin saelig biz vff den hiutigen tag alz der
brief geben vnd geschriben ist Je schuldig worden oder gewe-
sen bin von hauptguts oder von schadens wegen oder von
welhen sachen daz gewesen ist Vnd haund auch der vorbenen-
ten frawen Annun der Minnerin saelig erben den egenanten
halbtail der vorgeschriben Gut aller der min gewesen ist durch
got vnd durch derselben frawen Annun der Minnerin saelig
Sele vnd aller Irr vordern vnd nachkomen Selenhail willen
geben vnd geordent an die stet alz vor geschriben staut etc. Man
sol auch wizzen daz ain Jeglich Capplan swelher denn der
Egenanten Cappel Capplan ist. Einbringen vnd haymen sol
alle die gult diu Jaerclich von dem Egenanten halbtail der
vorgeschriben Gut aller der min gewesen ist werdent vnd ge-
fallent. Vnd swenn er die eingebringet vnd gehaymet So sol
er ez Jeglichs Jars Johannsen dem Langenmantel von Radaw
oder Vlrichen dem Kuntzelman oder Iren erben verkunden Ir
ainem ze hus vnd ze hof oder vnder augen Vnd die sullent
ez denn dem Maister dez obgenanten Spitauls verkunden Vnd
sol auch dann der Maister dezselben Spytauls swelcher denn
Maister da ist den Dryttail derselben gult haymen dem Capplan
der Egenanten Cappell aun schaden etc. Vnd dez allez zu ainem
staeten vrkund gib ich In für mich vnd für alle min erben den
brief versigelten vnd geuestent mit minem Insigel daz daran
hanget Vnd darzu mit herren Hainrichs von Knöringen Chor-
herr ze dem Tum ze Auspurk vnd herren Syfrids dez Mar-
schalcks von Boxsperck Ritter Insigelen. Daz geschach nach
Christus geburt driuzehenhundert Jar vnd darnach in dem Sehs
vnd Ahtzgostem Jare an sant Gregorien tag in der Vastun. (c. 3 S.)

XIX.

Aulbrecht der Schrag gesessen zu Zusmarhusen, verkauft all sein Gut zu Rieden, Lehen von dem Bisthum Augsburg, und sein Gesäzz in dem Dorf Urbach, mit allen Zugehörungen, an Heinrich Ramnung Bürger zu Augsburg um 147 Pfd. Pfg.

Daz geschach nach Christus geburt driuzehenhundert Jar vnd darnach in dem Sehs vnd Ahtzgostem Jare an dez hailigen Creutzes Abent alz ez funden wart.

XX.

Hans von Agenwank verkauft seinen Hof zu Mayrshofen, und die Mühle zu Plankenburch, die sein Pfand waren von der Herrschaft zu Bayern, an Johann den Raemen Bürger zu Augsburg, um 100 ungr. Goldgulden.

Vnd dez allez zu ainer Lezzern sicherhait haun ich In vnd iren erben ze burgen gesetzt zu mir vnd zu minen erben vnuerschaidenlich meinen lieben vater Michelen von Agenwanck vnd meinen lieben herren herren Vlrichen den Burgrauen Tumtegau ze Auspurck vnd Rufen den Burgrauen baid min Ohem. Daz geschach nach Christus geburt driuzehenhundert Jar vnd dar nach in dem Sehs vnd Ahtzgostem Jare an dem naehsten Donerstag vor sant Gallen tag.

.XXI.

Anno 1387. 28. Februarii.

Karel und Kunrat Gebrüder die Bachen, Karels des Bachen sel. Söhne, Bürger zu Augspurg, verkaufen mit Einwilligung des Bischofs Burkhart ihre zwen Theile des halben Marktes Zusmarhusen, an Johann den Rämen Bürger zu Augsburg, um 600 ungar. und böhm. Goldgulden.

Vnd dez allez zu ainer bezzern sicherhait haben wir In vnd iren erben ze burgen gesetzt zu vns vnd zu vnsern erben vnuerschaidenlich Wernhern den Vögelin Petern den Bachen vnd Petern den˙ Langenmantel all drei burger ze Ausburck. Daz geschach nach Christus geburt driuzehenhundert Jar vnd darnach in dem sybenden vnd Ahtzgostem Jare an dem naesten Aftermontag nach dem Weizzensuntag. (c. 5 Sig.)

XXII.

Anno 1387. 12. Augusti.

Rudolf der Kröwel Bürger zu Ulm, verkauft den Gross- und Klain-Zehent zu Gremheim, Lehen von dem Bisthum Augsburg, und dazu den Zehent aus dem Burghof zu Ober-Gremheim, und der Schwaig zu Lustenow, an Heinrich den Portner Bürger zu Augsburg.

Geben des nehsten Montags vor vuser lieben frawen tag als sie gen himel empfangen ward do man zalt nach Cristus geburt drivzehenhundert Jar vnd darnach in dem Siben vnd achtzigostem Jare.

XXIII.

Erhart der Langenmantel verkauft seinen Hof und fünf Selden zu Annhusen mit allen Zugehörungen, ausgenommen die Holzmark hinter dem Berge, die er an Johann den Langenmantel von Wertungen, gesessen zu Augsburg, verkauft hat — an Hainrich von Knörringen Korherren dortselbst.

Vnd dez allez zu ainer bezzern sicherhait haun ich Im ze bürgen gesetzt min lieb Obem Aulbrechten von Vylenbach vnd Petern den Bachen baid bürger ze Auspurck. Daz geschach nach Christus geburt driuzehenhundert Jar vnd darnach in dem sybenden vnd Ahtzgostem Jare an dem naehsten Frytag nach sant Michelstag. (c. 3 Sig.)

XXIV.

Hiltprant der Marschalk von Biberbach, Ritter, aignet Burkharden dem Elgner dessen getreuen Dienste willen, seinen Hof zu Vertingen, den derselbe von ihm zu Lehen gehabt kat.

Genestent mit meinem aigen Insigel vnd mit Hainrichs des Marschalks von Rehperg vnd mit Arkingers des Marschalks von Biberbach meiner vettern Insigeln. Der brief ist geben an sant Lucien tag Anno domni. M°ccc°xxx° septimo.

XXV.

Anno 1389. 23. Februarii. Werd.

Schuldurkunde des Herzogs Stephan in Bayern für den Bischof Burkhart.

Wir Stephan von gocz genaden, Pfallenczgrafe bei Rein vnd Hercyog in Bayern etc. Bechennen offenlich mit dem brief für vns, vnd all vnser erben vnd Nachkomen daz wir reht vnd redlichen schuldig worden sein vnd gelten sullen, dem erwirdigen vnserm besunder liben freivnd, Burckarden, Bischof zu Auspurg, Hundert vnd zwainczig guter vngerischer vnd Pehamischer Wolgewegner guldin, darumb wir In ain Pfärde haben haissen chauffen von Vlrich dem Trawtlinger, Vnd also sullen vnd wellen wir In vmb die obgeschriben guldin auzcziehen vnd ledig machen gein dem obgenanten Vlrich Trawtlinger an all irrung, suderlichen vnd an allen seinen schaden, beschach, aber dez nicht so sullen wir Im die obgeschriben guldin selb rihten vnd beczalen, auf sant Görgen tag schierst künfügen an allen seinen schaden vnd an vercziehen, Taten wir dez niht, Waz er dann dez gelcz schaden naem wie der genant wär, oder wie daz chöme, den sullen vnd wellen wir Im genädichlichen gänczlich vnd gar mit sambt dem Hauptgut, an gebrechen vnd widerred widercheren vnd auzrihten, an allen seinen schaden. Vrchund dez briefs, mit vnserm anhangendem Insigel versigelt, der geben ist zu Werd an Eritag vor Mathie apostoli anno domini Millesimo Trecentesimo octuagesimo Nono.

XXVI.

Compromiss der Stadt Nürnberg in ihrer Zweyung mit den Bayerischen Herzogen Stephan, Friedrich und Johann, mit dem Bischof Burkhart und den Grafen von Oettingen.

Wir die Burger dez Rats vnd die Burger gemainclichen der Stat zu Nüremberg bekennen vnd tun kunt offenlichen mit disem brief, vmb solch clage vnd zusprüche, als die Hochgebornen fürsten vnd Herren, Herre Stepfan vnd Herre Fridrich Pfalntzgrafen bey Rein vnd Hertzogen in Bayrn vnd der Erwirdig Herre Her Burkhart Byschoff zu Auchsburg vnd die Edeln herren Herre Ludwig vnd Her Fridrich grafen zu Oetingen sie alle odir Ir iglicher besunder zu vns, oder wir zu in allen odir zu ir iglichen besunder haben die sich zwischen In vnd vns verloffen vnd vergangen haben biz vff disen tag alz diser brief geben ist, daz wir der gentzlichen komen vnd gegangen sind, vff vier schiedman der die vorgenanten Fürsten vnd Herren zwen vnd wir auch zwen darzu setzen vnd geben sullen, vnd uff den Edeln Wolgebornen Herren Herren Johansen den Lantgrafen zum Lewtenberg den Eltern in Obmans weyse, der vns auch itzunt ein freuntlichen tag dorvmbe bescheiden hat gen Ingelstat vff den Suntag nach dem heiligen Auffertag nu schirst, vnd dieselben fünf odir der merer teil vnter in sullen auch Minne vnd rechts gewaltig sein nach beder partie clag fürlegunge vnd antwurt, vnd watz dann die egenanten fünf odir der merer teil vnter in dorvmbe mit der Minne oder mit dem rechten awzsprechen, daz sullen die vorgenanten fürsten, herren vnd die Iren, vnd wir vnd die vnsern getrewlichen halten vnd volfüren on alle geuerde vnd wie dazselbe reht odir die Minne awzgesprochen wirt, des sol der

Obman beden Partien brief geben welcher teil dez begert
Ouch sullen die obgenanten färsten herren vnd auch wir vff
den obgenanten tage vnuerzogenlich komen on geuerde ez wer
dann daz ir einer odir mer, oder wir von ehaftiger not wegen
darauf nicht komen mochten, vnd daz mit seinen erbern boten
vff demselben tag beweyst als den obgenanten obman rebt
dewht daz in ehaftig not gehindert het So solt vns denselben
die also awssen blieben vnd beden partien der egenant
obman ein andern freuntlichen tag bescheiden in dem rechtem
als vorgeschrieben stet, dahin sie vnd wir vnuerzogenlichen
komen sullen, vnd dorauf so bekennen wir, daz wir mit den
obgenanten färsten vnd herren vnd allen den Iren die dorin
verdaht vnd begriffen sind gar vnd gentzlichen bericht vnd ge-
sünet sein vmb alle sach die sich zwischen In vnd vns ver-
loffen vnd vergangen haben biz vff disen tag als diser brief
geben ist. Ouch ist geredt daz sie vnd wir alle geuangen, die
wir gen einander geuangen haben vff bed seiten on alle scha-
tzung vnd verpüntnusse ledig vnd loz sullen sein. Wer aber
daz die geuangen iht versworn heten vor datum ditz briefs
dorvmb sullen wir sie auch ledig vnd los sagen als verre wir
mugen. Wer aber ob iht prüch dorin wern die sullen auch be-
steen vff dem egenanten obman dem lantgrafen, vnd waz der
dorvmbe awzspricht da sol ez bey beleiben, vnd sullen auch
alle prantschatzunge gedinge vnd ander schatzunge, die noch
vorhanden sein, sie sein verpurgt odir vnuerpurgt vff bed seiten
auch gentzlichen ledig vnd ab sein vnd sol auch fürbaz nicht
dorauf gemant gelaistet noch dheinerley schad gezogen werden,
Vnd beten wir odir die vnsern sich Irs erbs aygens lehens odir
pfantschaft icht vnterwunden odir die ymant eingeben odir em-
pfolben die sullen wir den vorgenanten Fürsten herren vnd den
Iren, vnd sie vns vnd den vnsern auch ledig vnd loz lassen vnd
vntertenig machen vnd dez zu vrkunde geben wir in diesen
brief versigelt mit der egenanten vnserer Stat zu Nuremberg
anhangendem Insigel der geben ist dez Donerstags nach dez
heiligen Creutz tag als ez funden wart Nach Cristus geburt
drewzehenhundert iar vnd in dem Newnvndachtzigestem Jare. (c.S.)

XXVII.

Anno 1389. 15. Junii.

Kompromiss der Stadt Augsburg in den Irrungen mit dem Bischof Burkhart.

Wir die Ratgeben vnd die burger gemainlichen der Stat
zu Augsburg bekennen vnd veriehen mit dem prieff für vns
vnd vnser nachkomen Vmb den hindergang alz wir der stösse
vnd ansprauch die wir vnd der Erwirdig herre, her Burckart
Bischoff czu Augspurg gen ainander habent, gegangen sien
hinder die Hochgeboren Fürsten vnd herren hern Rupprecht
den Jüngsten Pfaltzgrauen bey Rein vnd Herczog in Bairn,
Hern Fridrich den Eltern Burggrafen czu Nürnberg, Vnd Hern
Johansen den Eltern lantgrauen czum Leutenberg, alz die An-
lasprieff die Wir ainander darüber geben haben lauten vnd
sagend ob daz wär, daz sich derselben drier Herren chainer
desselben hindergangs vnd spruchs niht annehmen wolten, alz
wir dez hinder sy gegangen sein, daz dann der Ersame vnd
vest Ritter Her Hainrich von Gumppenberg, vmb alle stösse
vnd ansprauch zwischan dez Egenauten Herren Burckartz Bi-
schoff czu Augspurg vnd vnsz entschaiden vnd aussprechen
sol, hinder den wir sein ietzo alzo mit wilkür gegangen sein,
in aller der mausz alz der Egenanten drier fürsten vnd herren
ainer czwischan vnser ausgesprochen solt haben. Dez czu Vr-
kunde geben wir den prieff besigelten mit vnser Stat anhangen-
dem Insigel der geben ist an sant Vits tage do man zalt nach
Cristus geburt driuzehenhundert Jare vnd darnach in dem Neo
vnd Ahtzigostem Jare. (c. S.) ·

XXVIII.

Compromiss der Stadt Augsburg in den Irrungen mit den bayerischen Herzogen Stephan, Friedrich und Johann, dann mit dem Bischof Burkhart und den Grafen von Oettingen.

Wir die Ratgeben vnd die burger gemainclich der Stat Augspurg Veriehen vnd bekennen offenlich mit disem brief für vns vnd vnser nachkomen. vmb alle die Stoesz Vorderung vnd ansprach zwischen den Hochgeborn Fürsten vnd Herren Hern Stephans hern Fridrichs vnd Hern Johannsen gebrüder Pfallentzgrauen bi Rein vnd Hertzogen in Bayren etc. von ir vnd irr Helffer vnd diener wegen vnd dez Erwirdigen Herren Burckartz Byschofs zu Augspurg von sins Gotzhausz vnd der sinen wegen vnd der Edeln Herren Ludwigs vnd Hern Friedrichs gebrüder Grafen zu Oettingen von ir vnd der iren wegen vf ainen Tayl vnd vnser vnd vnserr Soldner vnd diener vnd der vnsern vf dem andern Tayl, wie sich die bis vf den tag vnd der brief gegeben ist verlauffen vnd ergangen habent. Daz wir der gentzlich komen vnd gegangen sein vf vier Schidmann der die vorgenanten Fürsten vnd Herren zwen vnd wir auch zwen darzu geben vnd setzen sullen vnd auff den Wolgebornen herren Hern Johannsen den Lantgrafen zum Lewtemberg den Eltern in Obmanns Weise vnd die fünf oder der merer Tayl vnder In sullen minn vnd rechtz gewaltig sein nach baider Partey clag fürlegung vnd antwurte vnd waz danne dieselben fünf oder der merer Tayl vnder in darvmb mit der minn oder mit dem rehten aussprechen. Daz sullen die vorgenanten fürsten vnd herren vnd die irn vnd wir vnd die vnsern getruwelich halten vnd vollefueren aun alle geuerde. Vnd wie daz-

selb recht vnd min ausgesprochen wird dez sol der obgenant
obman bayder Parteyen brief. gebent welher Tail dez begert.
Wir sien auch yetzo auf bayden taylen darumb aines freuntlichen
tags vber ain komen gen Ingolstat von Suntag der·schierst
kumpt vber drey wochen daruff sullen komen die obgenanten
Fürsten von Bayren oder ir diener mit gewalt Ir aller· drier
vnd der egenant Byschof Burckart selber vnd die egenanten
Herren von Oettingen oder ir ainer mit gewalt ir haider. Vnd
wir vf vnserm Tayl vnuerzogenlichen aun geuerde Ez wer
danne daz ir ainer oder mer oder wir von ehafter not wegen
nicht komen möchten vnd daz mit erber botschaft vf denselben
tag beweisen alz den egenanten obman recht deucht daz daz
ehafftiu not gehindert hatte So solt vns baiden Partyen die aus-
beliben waren der obgenant obman ainen andern freuntlichen tag
beschaiden in dem rechten alz vorgeschriben stat, dohin si vnd
wir aber vnuerzogenlich komen sullen. Wer auch daz der ob-
genant Herr her Johanns der Lantgrafe vf den egenanten tag
nicht komen möcht von Ehafter not wegen oder wie daz ver-
saumt oder geirrt wurde so sullen wir die von Augspurg an
siner stat zu ainem obmann nemen den Hochgeborn Fürsten
Hern Ruprecht den Jüngsten Pfallentzgrafen bey Rein vnd
Hertzogen in Bayren oder den Hochgeborn Fürsten Her Frid-
rich den Eltern Burggrauen ze Nüremberg wedren wir wellen
vnder den zwain vnd den wir also erwelten der hat dann ge-
walt auszesprechen in aller der weyse alz der Lantgraue ge-
tan solt haben. Vnd daruf so bekennen wir daz wir mit den
obgenanten fürsten vnd herren vnd allen den Irn die darinn
verdacht vnd begriffen sint für vns vnd alle die vnsern, gar vnd
gentzlich bericht vnd gesuent sein. Vmb allez daz daz sich
zwischan In vnd der irn auf ainem sayl vnd vns vnd der vn-
sern vf dem andern Tayl verlauffen vnd vergangen hat biz auf
diesen tag als der brief geben ist. Ez ist auch gerett daz alle
geuangen die die obgenenten fürsten vnd herren vnd wir vf
bayder seyt gen ainander geuangen haben aun all schatzung
ynd verbüntnusz ledig vnd los sullen sin. Wer auch daz die
geuangen Iohtz gesworn hatten vor Datum ditz briefs darumb

sullen wir si auch ledig vnd loz sagen alz verr wir muegen.
Wer aber daz in den vorgeschriben sachen Icht Bruch weren
die sullen auch bestan vf den egenanten obman vnd waz der
darumb vsspricht da sol ez bi beliben. Ez sullen auch alle
Brantschatzunge gedingg vnd ander schatzung die noch vor-
handen sint Si sien verbürgt oder vnuerbürgt vf baider seyt
gentzlichen ledig vnd ab sin. Vnd sol auch fürbaz daruf nit
gemanet gelayst noch kainerlay schad gezogen werden Aus-
genomen waz verschaffet wer dez verschaffens die gescholn
nit laugenn möchten daz sol genallen vnd hetten wir oder
die vnsern vns Irr ligenden hab von Erb aygen Lehen oder
pfautschaft Icht vnderwunden oder die Jemant eingeben ver-
lihen oder empfolhen die sullen wir den obgenanten fürsten
vnd herren vnd den iren vnd si vns vnd den vnsern her-
wider ledig vnd loz lauszen aun geuerde vsgenomen · ob wir
vf bayder seyt Icht veste an ainander abgewunnen hetten
darumb vnd waz zu den vesten gehört sol ez bestan vf den
vsspruch. Auch ist mit namen gerett worden wederr tayl
genarlichen dez tags oder spruchs ausgieng oder nit vf den
tag köm alz vorgeschriben stat. Der sol dem andern tayl all
scheden wie die genant weren gentzlichen ausrichten. Dez ze
vrkunde geben wir disen brief mit vnserr Stat anhaugendem
Insigel versigelten. Der geben ist an sant Veitz tag do man
zalt nach Christi geburt driutzehenhundert Jar vnd darnach In
dem Neun vnd Achtzigosten Jar. (S. a.)

XXIX.

Anno 1389. 17. Junii.

Compromiss der Stat Kaufbeuern Betreffs der Irrungen
mit den Bayerischen Fürsten, dem Bischof Burkart,
und den Grafen von Oetting.

Wir die Ratgeben vnd die burger gemainlich der Statt ze
Beuren verienheu vnd bekennen offenlich mit diesem brief für
vns vnd vnser nacbkomen vmb alle die Stösz vordrung vnd
ansprach zwischan der Hohgeborn fürsten vnd herren hern
Stephan vnd Hern Frydrich vnd hern Johan gebrüder phaltz-
grafen by Rein vnd hertzogen in Bayern etc. von Ir vnd Ir
Helffer vnd diener wegen vnd dez erwirdigen Herren Hern
Burchards Byschofs ze Augspurg von sin vnd sinem gotzhusz
vnd der sinen wegen vf ainen tail vnd vnserer soldner vnd
diener vnd der vnsern vf den andern tail wie sich die vf den
tag als der brief geben ist verlovfen vnd ergangen habent daz
wir der gentzlich gekomen vnd gegangen syen vf vier schid-
man der die vorgenanten fürsten vnd herren zwen vnd wir
och zwen darzu geben vnd setzen sullen vnd vf den Wolge-
born herrn herrn Johansen den Lantgrafen zu dem Leutenberg
den Eltern In obmans wise vnd die fünf oder der merer tail
vnder In sullen minn vnd rechtz gewaltig sin nach haider Party
klag fürlegung vnd antwurt vnd waz denn dieselben fünf oder
der merer tail vnder In darvmb mit der minn oder mit dem
rechten aussprechent daz sullent die vorgenanten fürsten vnd
herren vnd die Iren vnd wir vnd die vnsern getrivlich halten
vnd vollfüren au all gevaerd, vnd wie dazselb recht oder div
minn vszgesprochen wirt, dez sol der obgenant obmann baiden
partyen brief geben welher tail dez begert. Wir sien ovch Jetzo
vf baiden tailen darvmb ains frivntlichen tags vberainkomen gen
Ingelstatt von Sunntag der schierst kompt vber dry wochen

darvf sullen kommen die obgenanten fürsten von Bayern oder
Ir ainer mit gwalt Ir aller dryer vnd der Egenante Byschof
Burchart selber vnd wir vf vnserm tail vuverzogenlich an ge-
vaerd Ez wär denu daz Ir ainer oder mer oder wir von ehaf-
ter not wegen nit kommen möchten vnd daz mit erber botschaft
vf demselben tag bewisten alz den Egenanten obman recht
deucht daz das ehaftig not gehindert hety. So sölt vns baiden
Partyen die vsz beliben wären der Egenant obman ainen an-
dern frivntlichen tag beschaiden In dem rechten alz vorgeschri-
ben stat, dahin sy vnd wir aber unverzogenlich kommen sullen.
Wär och daz der obgenante Herr Herr Johans der lantgraf vf
den Egenanten tag nit kommen möcht von ehafter not we-
gen oder wie daz versavmt oder geirret wurd so sullen wir die
von Bayern an siner stat zu ainem obman, nemmen den Hoch-
geboren fürsten Herrn Rupprechtten den Jüngsten phallentz-
grafen by Rein vnd Hertzog in Bayern oder den Hochgeboren
fürsten Herrn Frydrich den eltern Burggrafen ze Nürenberg
wedern wir wellen vnder den zwain, vnd den wir also erwe-
len der hat den gewalt vsz ze sprechen in aller der masz alz
der lantgraf getan solt han. Vnd darvf so bekennen wir daz
wir mit den obgenanten Fürsten vnd herren vnd allen den Iren
die darinne verdavcht vnd begriffenn sind für vns vnd all die
vnsern gar vnd gentzlich bericht vnd versuent sien vmb allez
daz daz sich zwischan In vnd der Iren vf ainen tail vnd vns
vnd der vnsern vf den andern tail verlofen vnd ergangen hat
bis vf disen tag alz dir brief geben ist. Ez ist och gerett daz
all gevangen die die obgenanten fürsten vnd herren vnd wir vf
baider seit gen ainander gevangen haben an all schatzung vnd
verpuntnusz ledig vnd losz sullen sin. Wär och daz die ge-
vangen ichtz geschworen heten vor datum ditz briefs darumb
sullen wir sy ovch ledig vnd losz sagen alz verr wir mugen.
Wär aber daz in den vorschribenn sachen icht bruech waeren
die sullen ovch bestan vf den Egenanten obman, vnd waz der
darumb ausspricht da sol ez by beliben. Ez sullen och all
prantschatzung geding vnd ander schatzung di noch vorhanden
sint sy sien verporget oder unverporget vf haider seit gentz-

7 *

lichen ledig vnd ab sin vnd sol och fürbasz darvf nicht ge-
manet noch dehainerlay schad gozogen werden, auzgenommen
waz verschaft war dez verschafens die gescholn nicht gelau-
gen möchten daz soll gevallen, vnd heten wir oder die vnsern
vns Ir ligenden hab von erb aigen leben oder phandschaft icht
vnderwunden oder die Jemant ingeben verlihen oder empho-
lhen div sullen wir den obgenanten fürsten vnd herren vnd den
Iren vnd sy vns vnd den vnsern her wider ledig vnd los laus-
sen an gevaerd vszgenommen ob wir vf haider seit ich vest an
ander abgewonnen heten darvmb vnd waz zu den Vesten ge-
hört sol ez bestan vf den vszspruch. Och ist mit namen geredt
weder tail gevärlich dez tags oder vszspruchs vsz gieng oder
nit vf den tag köm alz vorgeschriben stat der sol dem andern
tail all schaden wie die genant waeren gentzlich vszrichtten.
Dez ze Vrkund gehen wir disen brief versigelten mit vnserr
Statt auhangendem Insigel der geben ist an vnsers Herren fron-
lichnams tag nach Cristes geburt drivzehen Hundert Jar dar-
nach In dem Neun vnd achtzigosten Jare. (S. a.)

XXX.

Anno 1389. 18. Julii.

Compromiss der Stadt Augsburg bezüglich der Irrungen mit dem Bischof Burkhart.

Wir die Ratgeben vnd die Burger gemainlichen Reich vnd
Arme der Stat czu Augspurg Veriehen vnd Bekennen offenlich
mit dem prieff für vns vnd vnser nachkomen. Vmb alle die stöss
vordrung vnd ansprauch zwischan vnser vnd der vnsern wegen
vff ainem tail, Vnd dez Hochwirdigen fürsten vnd herren hern
Barckartz von gottes vnd dez hailigen stuels gnaden Bischoffs
czu Augspurg, von sein seins gotzhuses, vnd der sinen wegen
vff dem andern tail, wie sich die biz auff den tag vnd der

prieff gegeben ist verloffen vnd ergangen habent, daz wir der gentzlichen chomen vnd gegangen sien vff vier Schidman, der wir zwen vnd der obgenant fürst vnd herre, der Bischoff czu Augsgurg auch zwen darzu geben vnd setzen sullen, vnd vff den edlen vnd vesten Ritter Herr Hainrich von Guppenberg in Obmans weise vnd die fünf oder der merer tail vnder In sullent minn vnd rebtz gewaltig sein, nach haider party clag, fürlegung vnd antwurt, vnd waz denn dieselben fünf oder der merer tail vnder In darumb mit der minn oder mit dem rebten aussprechent, daz sullen wir vnd die vnsern vnd der obgenant Herre der Bischoff czu Augspurg vnd die sinen halten und volfüren an alle gefärde Vnd wie dazselb reht vnd minne vsgesprochen wirt, dez sol der obgenant ohman baiden partyen prieff geben Welcher tail dez begert. Wir sien auch ietzo vff baiden tailn darumb ains freundlichen tags überain chomen gen Tuonaw Werde, vff den Donrstag den nehsten nach sant Jacobs tag der schierst chompt, daruff wir chomen sullen vnd der obgenant Bischoff Burckart selber vnuerzogenlichen an gevaerde. Ez waer dann daz wir oder er von Ehaffter not wegen nicht chomen möhten, Vnd daz mit erberr pottschafft vff demselben tag beweisen, alz den obgenanten obman reht duht, daz das Ehafft not gehindert hette, so solt uns baiden partbyen, die vss beliben waeren der obgenant Obman ainen andern freuntlichen tag beschaiden, in dem rehten alz vorgeschriben staut Dahin wir vnd er aber vnuerzogenlichen chomen sullen Waer auch das der vorgenant her Hainrich von Gumppenberg vff den Egenanten tag nit chomen möht von Ehaffter not wegen oder wie daz versumt vnd geirret würde. So haben wir vnd der Egenant Herre der Bischoff zu Augspurg versprochen mit Wilkür wider czu chomen vff den Wolgeboren herren Grauff Johansen den Lantgraven zum Liutenberg den Eltern alz ainen Obman Der haut dann gewalt vstzusprechen in aller der Weise, alz der Gumppenberg getaun solt haben, Vnd waer daz Grauff Johans zu dem Liutenberg vngeuarlichen der sach nit mässig wär vstzurichten So sol er vns vnd dem obgenanten herren dem Bischoff zu Augspurg ainen andern Obman geben, der Vns

darumb cze baiden tailn vsriht vnd entschaide, in aller Weise
alz er dazselb solt getan haben, alz daz dez vorgenanten
Grauff Johanseu prieff die er vns baiden tailn geben haut
weisend vnd entschaident Vnd daruff so bekennen Wir, daz
Wir mit dem vorgenanten herren dem Bischoff zu Augspurg
vnd mit allen den sinen die darinn verdaht vnd vergriffen seind
für vns vnd alle die vnsern gar vnd gentzlichen beriht vnd
gesönt sien Vmb allez daz, das sich zwischan sein vnd der
sinen vff ainen taile, Vnd vnser vnd der vnsern vff dem andern
tail verloffen vnd vergangen haut bis auff disen tag alz der
prieff gegeben ist. Ez ist auch gerett daz all gefangen die
wir vnd der obgenante Herre der Bischoff zu Augspurg cze
haider sit gen ainander gefangen haben aun alle schatzzung
vnd Verbantnüsse ledig vnd loz sullent sein. Wär auch daz
die gefangen ihtz gesworn hetten vor Datum ditz prieffs, dar-
umb sullen wir si auch ledig vnd loz sagen alz verr wir mü-
gen. Wär aber daz in den vorgeschriben sachen iht pruch
wären, die sullent auch bestan vf den obgenanten Obman vnd
waz der darumb vsspricht, da sol es bey beliben. Ez sullent
auch all prantschatzzung geding vnd ander schatzzung, die
noch vorhanden seind, sie sien verburgt oder vnuerburgt vff
baider seit gentzlichen ledig vnd ab sein vnd sol auch furbaz
daruff nit gemant gelaist noch dehainerlay schade gezogen
werden vsgenomen waz verschaffet wär, dez verschaffens
die gescholn niht lougen möhten daz sol geuallen Vnd het-
ten wir oder die vnsern vns siner ligenden hab von Erbe,
Aigen, lehen, oder pfantschafft iht vnderwunden oder die ye-
mand eingeben verliehen vnd empfolhen, die sullen wir dem
obgenanten Herren dem Bischoff vnd den sinen vnd der vns
vnd den Vnsern herwider ledig vnd loz lazzen an gevaerde
vsgenomen ob wir vf bayder seit iht Vestin an ainander ab-
gewunnen hetten. Darumb vnd waz czu den Vestinan ge-
hört sol ez bestan vff dem ausspruch. Auch ist mit namen ge-
rett worden Weder tail geuarlich dez tags oder spruchs vss-
gieng, oder nit vff den tag chome, alz vorgeschriben staut,
Der sol dem andern tail all schäden wie die genant wären

gentzlichen ausrihten. Daz czu vrkunde geben Wir diesen prieff mit vnserr Stat anhangendem Insigel versigelten. Der geben ist an dem nehsten Suuntag vor Marie Magdalene Do man zalt nach Cristus geburt driutzehenhundert Jare vnd darnach in dem Neun vnd ahtzigostem Jare. (c. S. l.)

XXXI.

Anno 1389. 10. Octobris.

Hans und Heinz Vetzel Gebrüder zu Wertach, verbinden sich zu dem Bischof Burkhart und dem Gotteshause zu Augsburg, und auch zu dem vesten Ritter Hansen von Ellerbach, des Bischofs Bruder, so lange als das Gut Roetenberg und Nesselwang als Pfand innehaben, bei genanntem Gotteshause ewiglich zu bleiben und davon nimmer zu geschaiden, auch keines ihrer Kinder ehelich zu verkümmern ausser mit Einwilligung des Bischofs und dessen ehegenannten Bruders.

Versigelten mit der Vesten mann Insigel, Walthers von Lovbenberg Vogt ze Rotenfels vnd Cuntzen von Werdenstain. Der geben ist do man zalt nach Crystus geburt drivzehen Hundert Jar vnd in dem Nivnden vnd Ahtzigosten Jar an dem nahsten Sunnentag vor santt Gallen tag. (c. 2 S.)

XXXII.

Vergleich zwischen dem Bischof Burkhart und der Stadt Augsburg Betreffs verschiedener Irrungen.

Ich Hainrich von Gummppenberg Vergich offenlich mit dem brief vnd tun kunt allen den die in ansehent oder hörent lesen Alz der Erwirdig Herr Her Burkart Bischof zu Auspurg vff ainem tail vnd die Ersam weysen die burgermaister der Rat vnd gemainclich reich vnd arm der stat zu Auspurg vff dem andern tail aller der misshellung stöss krieg vfflaff vordrung vnd ansprach die sich zwischen in zu baiden tailen vor her biz vff disen hewtigen tag alz der brief geben ist verloffen vnd vergangen habent mit gutem Raut vnd gutem willen reht vnd redlich für sich vnd alle die iren zu baider seit vff mich alz vff ainen obman vnd vff vier spruchleut gegangen sint Daz ist Her Chunrad von Hurnhain Her Seifrit der Marschalk von Poxsperg Vlrich Spalter genant der schulmaister burger zu weissenburg vnd Albrecht Pehem burger zu Memingen Mit der beschaidenhait wie vnd waz wir fünf zwischen In zu baiden tailen dar vmb vzzsprechen mit der Minn daz sy datz zu baider seit allez getrewlich vnd vngeuarlich stät vnd war halten vnd laisten sullen vnd wellen alz sy vns fünfen mit guten trewen versprochen vnd verhaissen hand Also haben wir fünf zwischen in vzzgesprochen alz von wort zu wort her nach geschriben stet dez ersten daz der obgenant Herr Her Burkart Bischof zu Auspurg sein gunst vnd guten willen darzu gegeben hat Daz die egenanten burger zu Auspurg den Vngelt den sy vormals biz her in der stat zu Auspurg gehabt vnd genommen hand fürbaz aber haben vnd nemen muetzen sein lebtag Die weil er lebt vnd mugent auch denselben Vngelt wol meren oder mindern Wär aber daz sich der egenant Herr her Burkart Bischof zu Auspurg anderswa vercherte oder verändert daz er nicht Bischof

zů Auspurg wár wie oder von welhen sachen sich daz fůgt
So sullen sy denselben Vngelt dannoch haben vnd nemen sein
lebtag die weil er lebt wa er ist aun geuärd Vnd wenn daz
ist daz er von tods wegen abgat vnd niht enist da got lang
vor sey So sol ez dann fůrbaz seinem gotzhus vnd seinen nach-
komen an iren rechten vnd den vorgenanten burgern der stat
ze Auspurg an iren rechten von dez Vngeltz wegen vnschedlich
vnd vnengolten sein aun all geuärd Ez ist auch mit namen
vzzgenomen vnd geredt worden von wegen dez Burggrafamptz
zu Auspurg daz daz fůrbaz ewiclich beleiben vnd bestan sol
bey allen rechten und ehaften alz daz mit recht vnd guter ge-
wonhait von alter her chomen ist vnd hergebracht aun all geuärd
Vnd darzu sullent die burger der obgenanten stat zu Auspurg
seinen Burggrafen getrewlich beholffen sein aun geuärd Auch
ist vernomenlich geredt worden von wegen dez Mairhofs zu
Auspurg daz der auch fůrbas ewiclich beleiben vnd bestan sol
bey allen den rechten freihaiten Zugehörenden vnd guten ge-
wonhaiten alz derselb hof von alter vnd von guten gewonhaiten
herchomen ist aun all geuärd vzzgenomen aller der recht die
der Mair dezselben Mairhofs den vorgenanten burgern der
stat ze Auspurg von rechtz wegen da von tun sol daz er daz
in vnd der stat auch halten vnd tun sullen allz ez von alter
vnd guter gewonhait her chomen ist Auch haben wir obgenante
fůnf vzzgesprochen vnd geredt, von wegen der Pfalleutz vnd
der Můntz die die obgenanten burger zu Auspurg dem ege-
nanten Herrn dem Bischof abgeprochen habent daz sy im vnd
seinem gotzhus vnd seinen nachkomen von derselben schuld
getat wegen nichtz schuldig noch gebunden sien Doch also daz
im vnd seinem gotzhus die hofstet der vorgenanten Pfalltz vnd
mûntz vnd swaz darzu gehört mit allen rechten freihaiten vnd
ehaftin mit grunt vnd mit poden beleiben sullen alz sy von alter
vnd guter gewonheit herchomen sint vnd daz er vnd sein nach-
komen darvff wider bäwen mügent wie vnd waz sy wellent
daz in oder sein nachkomen niemant daran irren noch engen
sol in dhainem weg aun geuärd Auch haben wir fůnf vzzge-
sprochen von dez nams wegen der den egenanten burgern von

Auspurg zu Füssen beschehen ist daz der egenant Herr, her
Burkart Bischof zu Auspurg vnd · die seinen vnd alle die die
schuld Raut vnd getat daran gehabt hand vnd die darzu gewant
gewesen zint Den egenanten burgern vnd der stat zu Auspurg
vnd alen den iren vmb die schuld vnd getat nichtz schuldig
noch gebunden sint Vnd daz sy darvmb dez Bischofs vnd aller
der seinen gut frewnt sein sullent Vnd ob daz wär daz sy
dhainen der seinen die darzu gewant gewesen sint darvmb in
irrer stat achtbuch geschriben hetten daz sol allez absein vnd
sullent die all darvzz widerschreiben daz in daz fürbaz dhainen
schaden gebern noch bringen sull noch mäg in dhain weg aun
all geuärd Ez ist auch mit namen zu merken seit den malen
vnd die vorgenanten vier spruchleut vmb sölich artükel die her
nach geschriben stent nicht ainträchtig mochten werden So han
ich egenanter Hainrich von Gumpppenberg obman vzzgesprochen
in ohmaus weis alz hernach geschriben stet zu dem ersten
vmb ainen garten zu sant Vlrich zu Auspurg darvff buser ge-
bawen sint vnd darvzz zinslehen gemacht sint Daz daz also
beleiben vnd gehalten sol werden zu beder seit, nach lut vnd
sag der brief die der Abt vnd der Conuent von sant Vlrich
darvmb geben haben Waer aber ob die burger zu Auspurg
die Hofstet vff dem vorgenanten garten innhabent irew recht
verchauffen wolten So sullent sy ez den vorgenanten Abt oder
sein nachkomen allweg zu dem ersten anpieten zu kauffen Vnd
wellent sy in alz vil darvmb geben vngeuarlich alz ander leut
So sullent sy ins vor andern leuten zu chauffen gehen Wolten
sy in aber nibt alz vil darvmb gehen So mügent sy ez wol gen
andern leuten verchauffen aun zusprüch vngeuarlich vnd aun ent-
geltnuzz dem Abt vnd seinem Conuent an iren rechten Auch
sprich ich von dez Capitels vnd der Pfaffheit wegen welby
die sint die burger zu Auspurg sint vnd die mit gutem willen
daz burkrecht vffgeben wellent dez sullent sy die burger zu
Auspurg ledig sagen vnd mit gutem willen farn lazzen vnd dar
an nibt hindern aun geuärd Ez sullent auch die stat, vnd die
burger zu Auspurg dem egenanten herrn herrn Burkarten Bischof
zu Auspurg dhainen seinen Prelaten Chorherrn oder pfaffen

niht einnemen zu burger in zehen gantzen Jarn nächst nach
ainander chomenden nach Datum ditz briefs Ich sprich auch in
obmans weis daz mein egenanter Herr der Bischof zu Auspurg
vnd sein nachkomen daz Capitel sein Prelaten Chorherrn vnd
pfaffen fürbaz ewiclich vnd geruwiclich bey iren rechten ebaften
freihaiten guten gewonhaiten beleihen sullent grunt vnd podén
zu erbawen vnd zu niessen alz sy daz mit alter guter gewon-
heit herbracht habent Waer aber daz iemant darinn übergriffen
wär daz sol fürbaz geutzlich absein vnd nicht mehr beschehen
aun genärd vnd aun argelist Zu gleicher weis sol auch die
stat vnd die burger zu Auspurc fürbaz ewiclich vnd geruwich-
lich bey iren rechten frihaiten ehaften vnd guten gewonheiten
beleihen alz sy daz auch mit guter vnd alter gewonheit her-
bracht habent sun allez genärd Vnd ob iemant darinüber-
griffen wär daz sol auch fürbaz gentzlich absein vnd nicht mer
beschehen aun genärd vnd aun argelist Ich sprich auch daz die
burger zu Auspurg an der Walkmül von meinem Herrn dem
Bischof vnd seinen nachkomen fürbaz ewiclich vngeirt vnd
vngéchrenkt beleiben sullen wan dieselb mül vff irem stat-
graben stet Vnd vmb die schleifmül die an dem Lech gelegen
ist sprich ich Wer die innhat der sol die enpfahen von meinem
Herrn dem Bischof zu Auspurg vnd seinem nachkomen vnd sol
die iarlich verdienen mit ainem guldein vngerisch oder Behe-
misch oder mit alz vil geltz daz dafürer gebard Ich sprich
auch in obmans weis ain gantzew gutew stätew vnd trewe
friuntschaft vnd sun zwischen dez obgenanten Herrn dez Bi-
schofs zu Auspurg der Prelaten Chorherrn Pfaffheit vnd aller
irr helfer vnd diener an ainem taH Vnd der burger zu Auspurg
vnd irr söldner vud diener vnd aller der iren an dem andern
tail vmb all schäden vnd angriff vnd all handlung die sich zwi-
schen In zu haider seit biz vff disen bewtigen tag verloffen vnd
gehandelt habent trewlich stat zu halten aun geuard vnd aun all
argelist vnd daz all vorgeschriben sach vnd artikel alsovnuerrukt vnd
stät vnd gehalten werden dez zu vrchund han ich obgenanter obman
mein Insigel an den brief gehenkt Vnd zu ainer merem Ziwgnüza
vnd bestätigung so hat der hochgeborn fürst mein gnädiger herr

Hertzog Stephann Pfalltzgraf bey Rein vnd Hertzog in Bayrn
sein Insigel auch heran gehangen im vnd seinen vnd mir vnd
meinen erben aun schaden Daz ist geschehen zu Aychach an
der nachsten mikten nach sant Martins tag Nach Cristi geburd
drewzehen Hundert Jar vnd dar nach in dem nun vnd Ahtzi-
gosten Jar. (c. 2 S.)

XXXIII.

Anno 1391. 13. Februarii.

Statutum capitulare per quod praepositurae certae curiae assignantur.

In nomine domini nostri Jesu Christi amen etc. Nos igitur
Vlricus Burggrafii decanus, Totumque Capitulum ecclesie Au-
gustensis etc. de comuni omnium nostrum assensu tunc in Capi-
tulo congregatorum ac accedente consensu expresso pariter et
assensu, Venerabilis viri domini nostri Ottonis de Sunthain
prepositi ecclesie augustensis cui et eius successoribus et di-
gnitati prepositure ex infrascriptis procul dubio meliora prouenient,
vitantur jam experta pericula et de cetero eo forcius, dictus
dominus noster modernus prepositus et sui successores ab ob-
loquentium protecti incursibus sedendo quiescent in pulchritudine
pacis in tabernaculis fiducie et temporalium requie opulenta nec
non de auctoritate et auctorizabili consensu et voluntate Reue-
rendi in Christo patris, et domini nostri domini Burkardi dei et
apostolice sedis gracia venerabilis Episcopi ecclesie augusten-
sis etc. Infra scripta constitutiones, ordinaciones et statuta de
nouo fecimus, statuimus ereximus ac ipsa facimus statuimus et
erigimus per presentes volentes et decernentes ea perpetuis fu-
turis temporibus ab omnibus nobis et singulis successoribus no-
stris et dominis prepositis inuiolabiliter obseruari et fore in per-
petuum valitura ac eadem inter cetera statuta constituciones

et ordinaciones nostri Capituli redigenda ne obliuionis nociue
nubilo obducantur statuentes nihilominus et addentes, quod qui-
libet prepositus de nouo recipiendus, prout eciam canonici de
nouo recepti ea iurent secundum formam modum et consuetudi-
nem capituli hactenus etc. Inprimis igitur statuimus, decernimus
et diffinimus et pro statutis iuratis de cetero haberi volumus
quod quantumcumque et quocienscumque una infra scriptarum
trium Curiarum villicalium videlicet in Gershofen, in Merdingen
et in Byberbaob, uel omnes, uel ipsarum aliqua uel plures ex
eis vacabunt villicis qualitercumque et quocumque modo uel
quocumque tempore et ex quibuscumque causis et quociens hoc
accidat uel contingat, quod extunc hiis sic contingentibus Ca-
pitulum habeat et habere debeat plenam et liberam potestatem
et liberum et plenum ius et auctoritatem plenariam domino pre-
posito hodierno et successoribus suis in dignitate prepositure,
uel illi uel illis, qui dominorum prepositorum vicem et locum
tunc tenebunt et loco ipsorum Jura prepositure eo tempore-gu-
bernabunt vnam rusticum quemcumque volet ipsum Capitulum
presentandi, qui non sit in aliqua Ciuitate Castro oppido uel
loco alio quocunque ciuis siue resideat in dictis Ciuitate Castro
vel oppido siue extra et qui sua fide promittat quod non efficia-
tur ciuis in aliquo loco, donec et quamdiu erit et esse vult
villicus et colonus in vna dictarum trium curiarum ad quam
praesentabitur ut est dictum, nisi hoc processerit de communi
ipsorum dominorum prepositorum et tocius Capituli voluntate
consilio et consensu et quod idem villicus personaliter et per-
manenter resideat et colat curiam antedictam et tali et nulli al-
teri, illis temporibus et taliter presentato teneantur dominus no-
ster prepositus modernus et omnes successores sui uel ille qui
protunc gerit vices domini prepositi et successorum suorum
illam curiam villicalem, que tunc sic vacauerit vt prefertur con-
ferre et manum porrigere sine dilacione quacunque et absque
qualibet contradictione. Et quod habeat et teneatur tunc dictus
dominus prepositus, hodiernus et omnes et singuli successores
sui pro honorantiis quod Erschatz wlgariter nominatur, de curia
villicali in Gershofen conferenda, de quolibet villico, cui ipsam

contulerint non plus petere recipere exigere uel habere, quam
sex florenos dapsilium et bonorum in Ciuitate augusta et ibi
communiter carrencium, et de curia villicali in Byberbach con-
ferenda tres florenos tantum et de curia villicali in Merdingen
similiter conferenda, cuius dominium et proprietas ac aduocacia
ad nos et Capitulum nostrum pleno iure pertinere noscuntur,
eciam tres florenos bonorum et dapsilium in augusta et sic de
omnibus curiis conferendis, recipere debet florenos, qui pro bo-
nis et dapsibilibus in augusta communiter expenduntur et ultra
predictos florenos racione institucionis et collacionis huiusmodi
nil debent domini prepositi exigere petere, uel habere directe
uel indirecte publice uel occulte quocumque quesito colore.
Item statuimus etc., quod omnes maiores decime trium curiarum
prescriptarum et in villis specificatis superius, situatarum que
priscis temporibus spectabant et pertinebant ad tres curias ante-
dictas et quas colligebant et recipiebant et colligere et recipere
conswewerunt villici qui pro tempore colebant ipsas, curias de
cetero ac in perpetuum futuris temporibus non spectent per-
tineant neque vadant ad curias prelibatas, nec recipiantur uel
colligantur per ipsarum curiarum villicos uel colonos, sed quod
dominus prepositus modernus et ceteri domini prepositi, qui erunt
pro tempore et ipsorum officiales habere et recipere et colligere
et leuare possint, et debeant medietatem dictarum maiorum de-
cimarum quas olim recipiebant et colligebant dictarum Curia-
rum villici ut prefertur, quam medietatem domini prepositi, qui
pro tempore fuerint antequam habuerunt uel receperunt seu ha-
bere et recipere debuerunt et quod de cetero dicta medietas
spectare debeat et spectet ad ipsos dominos prepositos et pre-
posituram predictam et quod ipsam medietatem decimarum pre-
scriptarum possint vendere et distrahere et colligere ac de eis
disponere pro libito voluntatis absque impedimento quocunque et
quod nos Capitulum nostrum et successores nostri alteram me-
dietatem ipsarum decimarum maiorum superius declaratarum et
officiales nostri Capituli recipere habere colligere et leuare et
vendere debeant atque possint cum omnibus et singulis Juribus
fructibus obuentionibus et pertinenciis spectantibus ad medietá-

tem eandem et quod de cetero dicta altera medietas dictarum
decimarum in perpetuum spectet et pertineat et spectare et per-
tinere debeat ad nos Capitulum nostrum et successores nostros
ita et taliter quod quelibet pars tam domini prepositi quam Ca-
pituli de sua medietate maioris decime antescripte diuisim se-
paratim et disiunctim possit disponere prout sibi visum fuerit
expedire et quod neutra partium predictarum aliqua via uel modo
debeat impedire reliquam in parte sibi contingente publice uel
occulte directe uel indirecte nullo penitus inuento colore quando
de medietate sua dicte decime disponat faciat et ordinet quid-
quid velit. Item statuimus decernimus diffinimus et ordinamus
quod nec dominus noster prepositus hodiernus sed nec aliqui
successorum suorum nec aliquis ipsorum nomine cum dictis tri-
bus Curiis villicalibus que sunt nominatim superius expressae
nec cum ipsarum attinenciis et pertienenciis scilicet huben, söl-
den minutis decimis tabernis molendinis Jurisdictione et iuribus
ipsius ville pastoribus et custodiis pecorum cum confinibus lig-
norum et cum ipsis siluis et lignis pertinentibus ad curias pre-
notatas sed nec eciam generaliter cum quibuslibet iuribus per-
tinenciis et attinenciis quibuscunque quocunque nomine censeantur
et quocumque vocabulo possint exprimi fructibus reddititibus et
obuencionibus vniuersis et singulis nichil excipiendo penitus nil
habeant disponere facere uel ordinare tacite uel expresse pu-
blice uel occulte directe uel indirecte quibuslibet via uel modo
quolibet quesito colore penitus post tergato nisi in communi
sicut alter canonicus prebendatus excepta medietate decimarum
maiorum omnium dictarum trium Curiarum quam habere et reci-
pere debeant domini prepositi pro tempore existentes et secun-
tur et sequi teneantur perpetuo preposituram predictam et quando
vnam predictarum trium Curiarum villico vacare contingerit, quod
ipse modernus dominus prepositus et successores sui conferre
debeant, ipsas Curias uel ipsarum alteram que vacabunt uel va-
cabit, vni rustico, quem eis ipsum capitulum praesentabit pro
honoranciis suprascriptis et alias omnibus modis via et forma
secundum quod est verbis expressum superius declaratum
pariter et descriptum. Volumus eciam et statuimus per

presentes, quod Capitulum nostrum et successores nostri possint
debeant et valeant cum supra nominatis tribus Curiis et cum
suis iuribus pertinentiis fructibus reddilibus et obuencionibus
vniuersis, quocunque nomine censeantur facere et disponere
quidquid eis videbitur vtile atque bonum in omnem eventum
viam et modum, absque aliquo impedimento et perturbatione do-
mini preposili moderni et eorum qui post eum successiuis tem-
poribus prepositi sunt futuri ac aliquorum aliorum ipsorum no-
mine debent eciam deinceps cessare et abesse et de cetero
extincta esse quelibet infrascripta videlicet omnia diuisa
que domini prepositi principaliter et distincta ab aliis canonicis
et Capitulo habere et recipere conswenerunt quod sundrung
wlgariter nuncupatur et omnes fructus debita et seruicia quo-
cumque nomine sint vocata siue consistant in frumentis denariis
porcis gallinis anseribus ouis feno et alias qualitercumque pre-
dicta possent verbo exprimi siue modo aliquo excogitari eciam
si essent diuisa seu seiuncta scilicet sundrung wlgariter uel
ex aliis causis obueniencia que domini prepositi usque ad pre-
sens tempus receperunt et habuerunt et habere et recipere con-
sueuerunt de tribus Curiis suprascriptis et de omnibus et sin-
gulis pertinentibus ad easdem et quod in uel ad eas pertinet in
locis quibuscunque et hoc statutum locum habere volumus de
presenti in Curia villicali in Merdingen de qua nichil de su-
perius specificatis domini prepositi futuri et dominus prepositus
modernus debent petere exigere recipere uel habere, nisi me-
dietatem decimarum prescriptarum. Et subsequenter de duabus
aliis Curiis videlicet in Gershouen et in Byberbach quam cito
vna uel ambe vacabunt postea simul uel successive similiter
nichil omnino de specificatis supra proxime habere debent ex-
igere percipere uel leuare preter medietatem decimarum speci-
ficatarum superius ut est dictam directe uel indirecte publice
uel occulte omni cessante colore, ita et taliter quod dominus
noster prepositus qui nunc est et alii qui succedent futuris tem-
poribus in predictis et ad predicta et contra ea nichil dicere
habeant uel eis contradicere aliqua via uel modo quominus su-
pra scripta omnia et singula maneant in plena roboris firmitate

domino preposito moderno successoribus suis ac dignitate prepositure de prescriptis fructibus seruiciis redditibus et prouentibus dictarum trium Curiarum, quibus secundum dispositionem huiusmodi statutorum nostrorum carebunt in posterum per prefatas medietates decimarum maiorum dictarum trium Curiarum quas antea minime perceperunt et habuerunt nec habere uel recipere debuerunt est per Capitulum nostrum integre satisfactum et rationabiliter coequatum debeant tam dominus noster prepositus qui nunc est et omnes et singuli sui successores de annuis fructibus frumentorum videlicet tritici et siliginis, que vadunt mensurantur et recipiuntur in antiquo granario, quod tenet et habet dominus prepositus, qui est pro tempore et qui cedent habebuntur et colligantur de tribus Curiis prelibatis de supra nominatis decimis et de hubis recipere et habere duplicem partem secundum quod racione dignitatis prepositure ab antiquo et ex antiqua consuetudine hactenus est factum habitum et deductum debeant insuper et teneantur dominus noster prepositus hodiernus et omnes et singuli sibi succedentes in dignitate predicta sepius nominatas superius tres Curias manu tenere defendere ac eciam defensare, et ipsorum homines atque bona quemadmodum ceteras Curias Capituli, quas quilibet dominus prepositus racione prepositure manu tenere defendere tenetur secundum modum tenorem formam et expressionem statutorum, que Capitulum nostrum super hoc habet de dominis prepositis ratione dicte prepositure ecclesie augustensis. Item statuimus ordinamus diffinimus et decernimus quod dominus prepositus, qui nunc est et sui singuli successores Curiam situatam in Murun, quam hodie tenet et possidet dominus Syfridus de Wemdingen Curiam villicalem in Vttingen, Curiam villicalem in lancwayd Curiam villicalem in Bayrmenchingen et Curiam villicalem in Baytelkirch cum suis Juribus et pertinentiis de cetero perpetuo et futuris temporibus quocienscunque et quandocumque et modo quocumque ipsarum alteram uel omnes simul uel successiue vacabit uel vacabunt in posterum uel quaecumque ex eis vacare contingerit non conferant nec conferre valeant, neque possint alicui nobili neque alicui Ciui seu burgensi, nec cuiquam alteri

nisi vai benò et probe rustico qui sit natus de genere rusticorum
et qui personaliter cum sua substancia et cultura et permanen-
ter resideat in eadem et qui non sit Ciuis uel burgensis et qui
promittat et fide iubeat non effici in aliquo loco ciuis nisi com-
muniter accedat consensus domini prepositi et dominorum pre-
positorum qui est et erunt pro tempore et Capituli nostri et
ipsorum consensum habeat et de ipsorum assensu faciat vt pre-
fertur etc. Datum et Actum in Capitulo nostro ecclesie augu-
stensis predicte proxima feria secunda post dominicam qua in
ecclesia dei cantabatur Inuocauit Anno domini Millesimo Tre-
centesimo Nonagesimo primo. (c. 3 Sig.) ·.·

XXXIV.

Anno 1391. 21. Martii.

Bischof Burkhart aignet dem Domkuster Eberhart von
Randegg, den grossen und kleinen Zehend zu Norden-
dorf, den derselbe von Ulrich Hofmaier Bürger zu
Augsburg gekauft hat zu dem Licht in der von ihm
auf seinem Chorherrnhof erbauten Kapelle, und zu dem
Licht in der St. Agnesen Kapelle im Dome, das der
Patriarch Markwart, als er noch Bischof zu Augsburg
war, gestiftet hat, und dann zu einer gemeinen Spende
armer Leute.

Daz geschach nach Christus geburt driuzehenhundert Jar
vnd darnach in dem ainen vnd Niuntzgosten Jare an dem naeh-
sten Aftermentag vor vnser frawen tag in der vastun. (c. 2 S.)

XXXV.

Die Herzogin Anna zu Tegg und ihre Söhne, welche Burkharten von Freyberg die Stadt Mindelheim um 3000 Gulden versetzten, versprechen die Einwilligung ihres gegenwärtig abwesenden Sohnes u. Bruders beizubringen.

Wir frowe Anna Hertzogin ze Tegg von Helffenstain geborn, Wir fridrich wir vlrich vnd wir Ludwig gebrüder hertzogen ze Tegge alle dry der vorgenanten vrow Annen Sune verieben offenlich, fur vns vnd fur alle vnser erbeu mit disem brieff vnd tuen kunt allermenglich wan das ist, daz wir von vnser vnd ouch von hertzog Georien, vnser der vorgenanten frow annen lieben Sune vnd ouch vnser der vorgenanten fridrichs, vlrichs, vnd ludwigs, gebrüder hetzogen ze Tegg, lieben Bruder grosser notdurfft vnd nutzes wegen dem vesten vnd Erbern hern Burkarten von friberg von dem altenstusslingen Ritter vnd allen sinen erben Mindelhain div Stat leut vnd gut mit aller zugehörde reht vnd redlich ze rechtem pfand ingesetzt vnd versetzt haben vmb drivtusent guldin guter vnger vnd behaim, als daz der pfantbrieff den wir in darumbe besigelt gegeben haben volkomenlich wiset vnd seit, vnd wan daz ist das der vorgenant Hertzog Gorig zu disen ziten in Landz nicht Enist Darumbe so haben wir dem vorgenanten hern Burkarten von friberg vnd allen sinen erben daz ietzo für vns vnd für alle vnser erben, gelopt versprochen vnd verhaissen vnd versprechen mit disem brieff daz wir mit dem Egenanten hertzog Gerien wenne vnd alsbald der ze land komen ist, darnach in ainem manot dem nechsten vngeuarlich schaffen vnd fügen sullen, das er sinen willen vnd gunst zu der vorgenanten pfantschaft vnd versatzunge gebe vnd ouch das dem vorgenanten hern Burkarten von Friberg vnd sinen erben, oder wer den vorgenanten pfantbrieff mit sinem guten willen vnd gunst Inne

9 *

het, verschribe vnd versigele, daran sie denne habent sien, gar
vnd gentzlich one allen iren schaden. Oder wa wir daz nicht
tätten, so hat der vorgenant her Burkart von friberg vnd sin
erben oder wer den pfantbrieff mit irem guten willen vnd gunst
Inne het vollen gewalt vnder vns vorgenanten vier selbscholn,
zwen ze manent, welche si denne wend selb oder mit iren botten
oder brieffen ze hus ze hoff ald vnder ougen, vnd sullen dieselben
vnder vns welch denne gemait werdent nach iro ermanunge in
den nechsten acht tagen vnuerzogenlich vnd ane alle geuerde
mit ir selbz libe in Ritten gen vlme oder gen Memmingen in
der zwaier stet ain, in welch wir denne wellen. Vnd sullen
ouch also da Innan sin vnd laisten recht gewonlich vnd vnbe-
dingt giselschaft ane geuerde, in erber vnd offner gastgeben
wirtzhuser, danach laistens recht Vnd sullen ouch also da vsser
der laistung nymmer komen noch davon ledig werden denne
mit des vorgenanten her Burkartz von friberg, oder siner erben,
ob er Enwere oder wer denne den vorgenanten pfantbrieff mit
irem gutem willen vnd gunst Inne het vrlob vnd gutem willen
oder E das wir mit dem vorgenanten hertzog Georien geschaft
vnd vstragen haben. daz er sinen willen vnd gunst mit In-
sigeln vnd brieffen zu der vorgenanten versatzunge verschribe
vnd gebe in aller der wise so vorgeschriben stat vnd ouch gar
vnd gentzlich ane allen iren schaden Vnd sol ouch mit namen
dirr gegenwärtiger brieff dem vorgenanten hern Burkarten von
friberg noch sinen erben, oder wer den vorgenanten pfantbrieff
mit irem gutem willen vnd gunst Inne hette an demselben irem
pfantbrieff weder gen selbscholn noch gen gewern dehainen
schaden, kumher noch gebresten bringen, noch beren an dehai-
nen stetten noch vor dehainen leuten noch gerichten weder gaist-
lichen noch weltlichen noch in kainem wege. Vnd also haben
wir vorgenante frow Anna hertzogin ze Tegg vnd wir fridrich
vlrich vnd ludwig hertzogen ze Tegge gebrüder ir sune alliy
vieriv gelopt bi vnsern guten triuwen in aidz wise alle vorge-
schriben sach war vnd staet ze halten, ze laisten vnd ze volle-
füren ane alle geuerde nach disz briefs sag. Vnd des allez ze
warem vnd offenn vrkunde geben wir in disen brieff besigelten

mit vnsern aignen angehenkten Insigeln Vnd were ob dirr In-
sigel ains oder mer brüchig wurde/misskert oder nicht daran
gehenkt, ald ob suss dirr brief debains wegs schadhaft wurde,
wie sich daz fügte vngeuarlich, daz allez sol in kain schad
sin alle die wile ain Insigel oder mer ganz ist an diesem brieffe.
Der geben ist an dem naechsten afftermentag nach vnsers her-
ren fronlichnams tag. Do man zalt von Cristez geburt driw-
zehen hundert iare vnd darnach in dem ain vnd Nivntzigostem
Jare. (c. 3 S.)

XXXVI.

Anno 1391. 23. Junii.

Bischof Burkhart verkauft an den Ritter Swigger von
Mindelberg und dessen Wirtin Katrina von Freyberg,
den Markt Pfaffenhusen, und die Dörfer Hasperg und
Winzer, dazu 30 Pfund Herrengeldes aus den Guten
zu Tullishusen und Buchlun, um 2300 Pfd. Haller.

Vnd ist der brief geben an Sant Johans Aubent zu Son-
wenden dez Jars do man zalt von Gotz geburt drivzehenhun-
dert Jar vnd in dem Ainen vnd Nivnzigosten Jar.

XXXVII.

Anno 1391. 12. Julii.

Burkhart von Freyberg und seine Söhne einantworten dem Bischof Burkhart die Briefe um Mindelhaim.

Ich Burkhart von Friberg von Alten stüzzlingen Ritter, Ich chunrat vnd ich aulbrecht von Friberg sin sune Tiuen kunt offenlich an disem brief vor allermänglich vmb die phantbrief die mir uorguanten burkharten von Friberg vnd minen erben sagent von der edeln hochgeborn Frowen Frowen annen hertzogin witeh ze Tegg von helfenstain geborn vnd hertzog Fridrichen herzog vlrichen, hertzog ludwigen hertzogen ze Tegg, iren sunen vmb Mindelbain die stat leut vnd gut vnd als och dieselben brief wisent vnd sagent wer si mit minem oder mit miner erben gutem willen Iun hab daz er alliv div rebt haben sol alz ich uorguanter burkhart von Friberg vnd all min erben. Also bekennen vnd verjehin wir offeulich an dem brief vor allermänglich für vns vnd für alle vnser erben daz wir dieselben brief Ingeantwort vnd geben haben vnd ouch geben vnd antwrten mit vrkund des briefs vnserm Gnedigen herren hern burkhart pyschoff zu Auspurg vnd allen sinen nachkommen pyschöffen phlegern mit min vorguantes burkhartz von Friberg vnd miner uorguanter sun gunst vnd gutem willen. Also daz div vorgnant Stat Mindelbain Leut vnd gut fürbasz wartun vnd vnd Tun sollent vnserm vorguanten gnedigen herrn hern Burkharten pyschoff zu Auspurg vnd allen sinen Nachkommen nach allen punden vnd artikeln alz die phantbrief mir vnd minen erbun wysent vnd sagent vnd verzihen vns och aller der Reht vnd zusprnch die wir haben oder wänden ze haben von derselbun phaudung wegen zu derselben stat Mindelbain leut vnd gut mit vrkund vnd kraft dez briefs vnd dez zu ainem wauren vrkund. So geben wir dem uorguanten vnserm Gnedigen herren

"

hern Burkharten pyschoff zu Auspurg vnd allen sinen Nach-
komenn den brief versigelten mit vnser aller drier anhangenden
Insigeln darzu haben wir gebeten die erbern vnd vesten man
dez ersten den erbern vesten Ritter hern Swigger von Mindel-
berg vnd darzu Vlrichen von Rychen burger ze Buren. daz si
iriv insigel ouch gehenkt band an den brief zu vnsern Insigeln
aller uorgeschriben sach ze ainer waurer zinguzz In selber
ann schaden vnd daz beschach vnd der brief ward geben an
der mitwochun der nähstun vor Sant Margretun tag do waz
von gottes geburt driuzehen hundert Jar vnd darnach in dem
ainen und nuntzigosten Jare. (c. 5 Sig.)

XXXVIII.

Anno 1391. 30. Septembris.

Die Gebrüder · Eberhart ·und Fridrich Domherrn zu
Strassburg, und Kunrat, Grafen zu Kirchberg, vereinen
sich um die Kirche zu Illerberg, die quartig ist, mit
dem Bischof Burkhart dahin, dass sie diesem jährlich
für die Quart 16 ung. und böhm. Goldgulden geben
sollen.

Des ze vrkund geben wir in den brief besigelten mit vn-
ser aller drier anhangenden Insigeln der geben ist an dem
nehsten Samstag nach sant Michelstag nach Cristi geburt driu
zehenhundert Jar vnd in dem ainen vnd niuntzigostem Jar. (c. 2 S.)

XXXIX.

Anno 1393. 17. Martii.

Johann der Raem Bürger zu Augsburg, verkauft alle
seine Zehenden zu Mittelstetten, Menchingen, Hiltolfing-
en und zu Weringen, Lehen von dem Bischof und
dem Gotteshause zu Augsburg, an den Abt Ott und den
Konvent des Klosters Fürstenfeld, um 1000 ung. und
Böhm. Goldgulden.

Vnd darumb haben wir in ze bürgen gesetzt die erbern
weisen man Aulbrechten von Vylenbach vnd Peter den Bacheu
bürger zu Auspurg. Der geben ist an sant Gerdruten tag nach
Cristi gebort driuzehenhundert Jaur vnd in dry vnd niuntzigo-
stem. (c. 3 S.)

XXXX.

Anno 1393. 9. Maii. Ingolstadt.

Herzog Steffan weist die Bürger von Schwäbischwörth
an, die ihm gebührende Stadtsteuer, dem Bischof Burk-
hart, dem sie verschrieben ist, auszubezahlen.

Wir Stephan von gotes genaden Pfallenczgrafe bey Rein
vnd Herczoge in Beyren etc., Entbieten dem Rat vnd gemaind-
lich allen vnsern Burgern, vnserr Stat zu Swebischwerd, vn-
sern grus vnd füdrung, Lieben getrewn, Vmb die zway Tau-
sent guldein, der wir dem Erwirdigem, vnserm besundern lieben
freunde heren Burkharden Byschofen zu Auspurg, seinem

Goczhaws vnd Nachkomen schuldig worden sein, vmb sein trew
willig dinst, als er vns die in vnsern kriegen gen dez Reichs
Steten allernachst getan hat, vnd noch hinfür tun sol vnd mag,
vnd auch für sein kost vnd schaden, die er in denselben krie-
gen getan vnd genomen hat, Vnd darumb wir In zway hundert
guldein Järleicher Gült vnd dinstes verschafft haben, aws vn-
srer gewöndlichen Statstewr, als wir die Järleich bey ew ha-
ben, vnd an die sten sullen vnd mügen, die Järleichen einze-
nemen, als schierst Ir solichs geltes als wir ew vor auf der
egenanten vnserr Stat Stewr verschafft haben, nach ewrer brief
sag ganczleich beczalt vnd awsgericht werdet, als das alles
solich brief die wir In darumb yeczo geben haben völlicklicher
awsweisent. Darumb schaffen wir mit ew, vnd emphelhen ew
ernstlichen, das ir dem egenanten vnserm lieben frewnde, dem
Byschof von Awspurg, seinem Goczhaws vnd Nachkomen mit
den egenanten zwayhundert guldein Järleicher Gült vnd dinstes
als vns selb warttet, vnd In die Jarleich, von vnsern wegen,
zu rechter gewondleicher frist vnd zeit vnuerzogenlich gebt,
vnd genczleich ausrichtet, an all ir schaeden, in aller masse
als Ir vns der Järleich phlichtig seit zu geben. Als lang vncz
wir die egenanten zwaihundert guldein järleicher gult vnd din-
stes von In gelöst haben. Vnd ob wir vnser Eriben oder Nach-
komen ein anders mit ew Schüffen mit vnsrer botschaft briefen
oder wortten, da sullet ir ew nicht ancheren noch des volleistig
sein in dhein weis vngeuerleich, doch also, das ew der egenant
von Awspurg sein Goczhaws oder Nachkomen järleich vnd zu
ieder zalung darumbe sol Quittieren, des ir auch also von In
Quittbrief nemen sullet, vnd wie lang vnd offt Ir das also tut
vnd getan habt von vnsern wegen vnd in der mass als vor ge-
schriben stet, So sagen wir ew vnd all ewr Nachkomen dar-
umb genczlich ledig quitt vnd los für vns vnser eriben vnd
Nachkomen vngeuerleich. Vrchund des briefs mit vnserm an-
hangundem Insigel besigelt. Der geben ist zu Ingolstat an nach-
sten freytag vor dem Aufferttag Anno domini Millesimo Trecen-
tesimo Nonagesimo tercio.

XXXXI.

Anno 1393. 25. Maii.

der Abt und der Convent des Kl. Benediktbeuern ver-
sprechen das Gedächtniss eines jeden Herrn des Dom-
kapitels zu Augsburg zu begehen, dafür dass dasselbe
ihrem Bischof gestattet hat, ihnen die Kirchen Sandau,
Swaphausen und Aendrechingen zu incorporiren.

Wir Hainreich von gots gnaden Apt ze Sant Benedicten
Pawrn vnd der Conuent, gemeinleich desselben Gotshaus vnd
desselben ordens in Ausparger Bystum verlehen mit vrkund
ditz briefs für vns vnd all vnser nachkomen vmb der erwirdi-
gen vnserr lieben herrn des Cappitels von dem Tüm ze Aus-
purg besunderiv gnad vnd fuederung, die si vns vnd vnserm
Gotzhaus tan habent, daz si ir gunst vnd irn willen darzue
gebent, vnd geben habent, daz vns die drey Kirchen Sandaw
vnd Swaphausen, Aendrechingen Incorporiert sint worden von
vnserm gnaedigen herrn Byschoff Burcharten, darvmb haben wir
in die frivntschaft hinwider tan, wenn unser egenanten herrn
des Cappitels ainer gestirbt alspald wir vnd vnser Conuent daz
erforschen oder vns chunt wirt tan so sull wir vnd vnser nach-
komen desselben gedachtnuzz begen mit der merern Vigilig
vnd mit gesungner Selmess mit allem fleizz vnd andabt als ai-
nem vnser Conuent prwder. Des ze vrkund henken wir vnse-
riv aigen Insigel an disen brief der vorgeschriben Sach zue
einer gantzen Warhait. Der geben ist da man zalt von gepurt
Christes drivtzehen hundert iahr vnd darnach in dem drytten
vnd nivntzgesten Jar an Sant Vrbans tag. (c. 2 Sig.)

XXXXII.

Anno 1393. 26. Junii. Ingolstadt.

Herzog Stephan von Bayern versetzt dem Bischof Burkhart für 4250 Gulden die Stadt Schwäbischwörth.

Wir. Stephan von gotez genaden Herczoge in Beyren etc. Bekennen vnd tun kunt offenlich mit dem brief für vns vnser erben vnd Nachkomen Herczogen in Beyren etc. Daz wir redlich schuldig worden sein vnd gelten sullen dem Erwirdigen vnserm lieben frewnde herren Burkharten Bischofen zu Awspurg seinem Goczhaws vnd allen seinen Nachkomen Bischofen doselbs zway Tawsent guter vnd wolgewegner vngerischer vnd Beheimischer Gulden vmb sein trew willig dienst, Als er vns vnd von vnsern wegen die in vnsern kriegen gen dez Reichs Stetten allernachst vergangen hat getan vnd sust hinfür wol tun mag vnd sol, vnd auch vmb solich kost vnd schäden als er die in denselben vnsern kriegen vnd diensten genomen vnd getán hat. Als er vns dez allez in vnser vnd vnsers Ratez gegenwürtigkait mit einer volligen Bechnung kuntlich hat erweiset, Item zway Tawsent vnd drithalb hundert der egenanten werung darumb er vns gen Vlrichen dem Marschalck von Oberndorff yeczo hat ausgezogen vnd geledigt, Daz bringet allez in Summ Vier Tawsent vnd dritthalbhundert Guldein Nu mochten wir in der yeczgenanten Summ guldein mit beraitschaft nicht beczalen. Als sein vnd seins Goczhaws notdurfft wär gewesen, darumb haben wir Im seinem Goczhaus vnd Nachkomen vmb die egenante ir Summ geltz nach vnsers Ratez Rat wissentlich eingeantwurtt vnd antwrtten vnd seczzen auch in krafft dez briefs zu rechter Pfantschaft vnd in pfantschaftweise vnser Stat Swebischwerd mit allen eren Rechten nuczzen Räntten vnd gesuchen Als wir dieselben innegehabt vnd herbracht haben Innerhalb oder Auzzerhalb der Stat gelegen, Also daz si die vnd

10 *

daz allez inuhaben niezzen vnd nŭczzen vnd dauon alle iar
iäriclich all Räntt nŭcz vnd gult, Als wir selber aufheben vnd
innemen sullen vnd mugen on allen abslag ir egenanten Summ
guldein als lang vncz wir den egenanten Bischof zu Awspurg
sein Goczhaus oder nachkomen oder einen Pfleger, ob diesel-
ben zeit nicht Bischofs daselbs wär mit den vorgenanten Vier
Tawsent vnd dritthalbhuudert güldein ermonen vnd darumb von
in gelöst haben. Wir haben auch vollen gewalt vnd Recht,
all jar Järlich dieselben vnser Stat Als wir In die yeczo ver-
seczt haben von In wider zu losen auf den Weissen Sunnetag
oder in den vier tagen in der vasten vierczehentag vor oder
nach vngeuerlich, Vnd wann wir vnser erben oder Nachkomen
von in also lösen wellen, daz sullen wir in vor ze Weihen-
nachten redlich ze wissen tun vnd verkünden Vnd so sullen
si vns auch denn die egenant vnser Stat mit sambt irr zuge-
hörung als die ir pfant ist vnuerczogenlich vnd an alle wider-
red wider ze losen geben vnd vns der losung Stat tun vnd
der nicht widersten in dhain weise, Auch sol die egenant vn-
ser Stat Swewischwerd alldieweil die ir pfantschaft ist vnser
offen Geslos vnd haus sein zu allen vnsern, vnserer erben vnd
Nachkomen kriegen vnd notdurfften wie oder wie offt vns oder
denselben vnsern erben vnd nachkomen dez not geschiht vnge-
uerlich, demselben Bischof zu Awspurg, seinem Goczhaus oder
Nachkomen an der egenanten irer pfantschaft doch an schaden.
Wir sullen si auch von der egenanten irer pfantschaft nicht
nemen noch entseczzen in dhain weise, wir haben si daun irer
obgenanten Summ guldein gänczlich bezalt vnd darumb ausge-
richt als vorgeschriben stet. Wär auch ob wir yemand anders
brief vber die egenante pfantschaft vorgegeben hieten, oder
noch hinfür gäben alldieweil wir von In nicht gelost haben
daz sol wider den gegenwürttigen vnsern brief dhain kraft
noch macht haben, vnd ob daz wär, daz si der egenanten
pfantschaft entwert würden, wie von wem oder wie offt sich
daz fügt vngeuerlich, So sullen vnd wellen wir In trewlich
beholffen sein mit aller vnser macht damit die egenant vnser
Stat vnd ir pfantschaft wider in ir gewalt käme In der mazz

als vor berürt ist und daz sullen wir tun Als schirist wir dez
uon In ermont werden darnah in Sechs Moneiden die nächst
nacheinander koment, oder si inner derselben Sechs Moneyt
der egenanten irer Summ Guldein gänczlich beczalen on allen
iren schaden Tätten wir dez allez nicht Waz er sein Gocz-
haus oder Nachkomen des schaden nement dez si vns denn
redlich mügent an aid vngeshworen, ir ains wortten darumb ze
gelauben denselben schaden allen sullen vnd wellen wir in
mitsambt dem hauptgut ablegen vnd gänczlich widerchern vnd
dez allez süllent si habent vnd gewarttend sein zu vnsern
fürstlichen genaden und trewn, Vnd mügen vns darumb wol
angreiffen vnd pfenntten vnd mit den pfanden pfaentlich ge-
uaren vncz auf vollew ganczew werung baid haubtgutz vnd
aller schäden der se denn dez redlich genomen heten. Vnd
waz wir vnser erben oder nachkomen dawider tun Rechten
oder kriegen wolten mit Gaistlichen oder weltlichen Rechten
dez habent si an aller Stat behabt vnd wir verloren, wo daz
fürkümpt darinne wir nichtez noch niemands geniessen sullen
noch mügen in dhain weiz vngeuerlich, Vnd dez ze urkunnd
geben wir In disen brief mit vnserm Anhangendem Insigel be-
sigelt. Der geben ist zu Ingolstat an Pfincztag vor Sand Pe-
ter vnd Sand Pauls tag der Heiligen Zwelfboten Nach Chri-
stus Geburt drewczehenhundert Jar vnd darnach In dem drew
vnd Newczigistem Jare. (c. S.)

XXXXIII.

Anno 1393. 26. Junii. Ingolstadt.

Bischof Burkart urkundet, dass die ihm vom Herzog
Stephan um 4250 ungr. und böhm. Gulden versetzte
Stadt Schwäbischwörth desselben offenes Haus seyn
solle, und derselbe das Recht habe, genannte Stadt in
jeglichem Jahre wiedereinzulösen.

Der geben ist zue Ingolstat am Nachsten Pfincztag vor
Petri et Pauli apostolorum Anno domini Millesimo Trecentesimo
Nonagesimo tercio. (c. S.)

XXXXIV.

Anno 1393. 26. Junii. Ingolstadt.

Bischof Burkhart urkundet, dass von der Stadtsteuer
von Schwäbischwörth, die im Ganzen 400 Gulden be-
trägt, und die ihm der Herzog Steffan verschrieben hat,
zwei Hundert Gulden dem genannten Herzog und des-
sen Erben anfallen sollen.

Der geben ist zu Ingolstat an Pfincztag vor Petri et Pauli
Apostolorum Anno domini Millesimo Trecentesimo Nonagesimo
tercio. (c. S.)

Gerichtsbrief, gemäss welchem Ekkhart von Merkingen mit seiner Klage gegen Bischof Burkhart, vor dessen Hof gewiesen wird.

Ich Hilpolt von Meiental Lantrichter zu Nurenberg tu kunt mit disem brief daz fur mich kome In gericht her Eckhart von Merckingen vnd nam mit vrtail kundbrieff vnd sant die auff die zehenden zu Marckt offingen Auff die zehenden zu Minderoffingen zu Pullingen zu Geyslingen zu Wulflingen zu Fromtingen zu Wenigenhawsen die alle dez Erwirdigen fursten vnd herren dez Byschoffs zu Auspurg weren vnd waz zu den zehenden allen gehört besucht vnd vnbesucht vnd clagt dorauff vmb vierhundert guldein haubtgutz vnd vmb Tausent marck silbers schadens Daz verantwort mit fursprechen Herman von Hoff anstat mit vollem vnd ganczen gewalt den er nach recht bebeist dez Erwirdigen fursten vnd herren hern Burckharts Byschoffs zu Auspurg vnd bat fragen einer vrteil seind den malen daz derselbe herre der Byschoff ein gefurster herre were vnd der obgenant herr Eckhart von Merckingen zu seinen zehenden vnd guten clagt vmb schulde also daz ez weder grunt noch podem antreffe ob man denselben herren von derselben schulde vnd zuspruch wegen nicht billigen weyste in seinem Hoff fur sein Ritter vnd man. Also daz herr Eckhart von Merckingen daz recht von dem vorgenanten herren in seinem hoff vor seinen Rittern vnd mannen vmb die obgeschriben schulde vnd zuspruche nemen solt daz ist als verre komen mit dem rehten daz derselbe herre der Bischoff zu Auspurg vmb die obgeschriben clag vnd zuspruch geweist ist worden in seinen hoff fur sein Ritter vnd man. Also daz er dem obgenanten herr Eckharten von Merckingen einz slehten leyenrechten sein

sol in seinem hoff vor seinen Rittern vnd mannen vmb die ob-
geschriben schulde in den nebsten dreyenvierczehentag onge-
uerde ob ez derselbe herr Eckhart von Merckingen vodert.
Geschee dez niht mit reeht dem clager hie als recht were.
Geben mit vrteil vnter dez Lantgerichtz Insigel am Mitwochen
nach Bartholomey von gotes geburt drewzehenhundert Jare vnd
iu dem drey vnd newntzigistem Jahre.

XXXXVI.

Anno 1393. 17. Decembris.

Herzog Steffan verschreibt dem Bischof Burkhart aus der Stadtsteuer zu Schwäbischwörth 50 Gulden.

Wir Stephan von gotes genaden Pfallenczgrafe bei Rein
vnd Herczoge in Beyern etc. Bechennen offenlich mit dem brief
für vns vnser erben vnd Nachkomen, daz wir dem Erwirdigen
vnserm besundern lieben frewnd Herrn Burkarten Bischofen
zu Auspurg von besundern willen vnd gunst verschafft haben,
auf vnser gewondleichen Statstewr zu Werd fünfczig guter
wolgewegner Guldein, die wir yeczo auf derselben vnser Stat-
stewr, vnbekümert vnd ledig haben, mit solicher beschaiden,
daz er oder sein Nachkomen die Bischof zu Auspurg sind,
dieselben fünfczig Guldein iärlichen einnemen vnd aufheben
sullent, an vnser vnd mänickleichs irrung, alz lang die Stat vnd
Pfleg zu Werd ir pfant ist vnd dieselben fünfczig Guldein sul-
len in unser getrew der Rat vnd die Burger gemainlichen zu
Werd, alle Jar vnd die vorgenante Zeit, reichen vnd von vn-
sern wegen geben, vnd alz oft sy daz also tund, so sagen wir
si in kraft dez briefs derselben Sum Guldein ledig vnd los,

für vns vnd für allermainkleich. Wär auch, daz wir fürbaz die egenanten fünfczig guldein in der Zeit vnd Werd des egenanten Bischof Burkharcz, oder seiner vorgeschriben nachkomen pfant ist, yemant anders vershueffen mit briefen worten von vergez-zens wegen oder wie sich füget, daz soll wider den brief dhain kraft haben, Wenn wir oder vnser erben vnd Nachkomen vn-ser Stat vnd Pfleg zu Werd, als wir die iecziund in pfandes weiz versetzt haben lösen wellen, so sullen dieselben funfczig guldein vnser Statstewr vorauz ledig vnd los sein, an alz gelt vnd an allen fürzog aller sach Vrkund dez briefs. Geben vnd mit vnserm Insigel versigelten au Miticken vor sand Thomans tag Nach Cristi gopurd drewzehenhundert Jahr darnach in dem drew vnd Newnczigistem Jar. (c. S.)

XXXXVII.

Anno 1393. 17. Decembris. Ingolsadt.

Bischof Burkart urkundet, dass die 50 Gulden, welche ihm der Herzog Steffan aus der Stadtsteuer zu Schwä-bischwörth verschrieben, nach Einlösung dieser Stadt wieder ledig seyn sollen.

Geben vnd mit vnserm Insigel hie ze Ingolstadt versiegel-ten Nach Cristi geburt drewczehenhundert Jar vnd darnach in dem drew. vnd Newnczigisten Jare.

XXXXVIII.

Anno 1394. 17. Septembris.

Johannes Vogt Constant. caňonicus et Burkhardi epi
vicar. general. fundationem perpetuae missae in eccle-
sia kathedr. ratificat.

In nomine domini amen Johannes Vogt Augustensis et
Constanciensis ecclesiarum Canonicus necnon Reuerendi in
Christo patris et domini domini Burkardi dei et apostolice sedis
gracia episcopi ecclesie Augustensis in spiritualibus Vicarius
generalis. Vniuersis Christi fidelibus tam presentibus quam fu-
turis presentes literas inspecturis. Salutem etc. Cum Honorabilis
et Circumspectus vir dominus quondam Marquardus de Randegg
Decretorum Doctor Canonicus ecclesiae Augustensis predicte etc.
ad laudem et honorem sanctorum Victoris et Viti martyrum et
sanctarum Katherine et Marthe virginum in Monasterio glorio-
sissimo viginis Marie ecclesie Kathedralis Augustensis in altari
quod construxit quondam Reuerendissimus in Christo pater et
dominus dominus Marquardus de Randegg primum Episcopus
Ecclesie augustensis prenominate. Deinde sancte sedis Aquile-
gensis Patriarcha dignissimus accedente consensu et libera vo-
luntate Reuerendi in Christo patris et domini nostri domini Bur-
kardi Augustensis ecclesie Episcopi prelibati vnam missam per-
petuam in dicta ecclesia Kathedrali super altari sanctorum mar-
tyrum et virginum predictorum perpetue futuris temporibus per
specialem sacerdotem attamen secularem cottidie celebrandam et
peragendam de certis decimis et redditibus honorum et posses-
sionum propriis per eundem emptis et iusto vendicionis titulo
comparatis prout in literis desuper editis et confectis euidenter
apparet duxerit dotandam fundandam et de nouo construendam.
nobis itaque deuotissime per eundem quondam dominum Mar-

quardum tempore quo vixit extitit supplicatum, ut eandem dota-
cionem ordinacionem et fundacionem per eum sic factam tam-
quam bonam et laudabilem confirmare et auctoritate ordinaria
qua fungimur approbare decimas et redditus honorum et posses-
sionum ad ipsam missam perpetuam pro susteutacione sacerdotis
futuris temporibus eam celebrantis cum spiritualia sine tempora-
libus diucius non subsistunt ordinata seu deputata necnon in
posterum danda et deputanda debita firmitate incorporare annec-
tere et vnire graciosius dignaremur. Quibus precibus tamquam
iustis fauorabiliter annuentes ac pium et laudabile propositum
considerantes prescriptam ordinacionem fundacionem et dotacio-
nem ratificamus approbamus et ex certa sciencia ad laudem
omnipotentis dei et ipsius nominis cultum et diuini officii am-
pliacionem effectualiter confirmamus etc. Datum et actum au-
guste xvi kln octobris anno domini Millesimo ccc^{mo} lxxxxquarto
nostro sub sigillo pontificali presentibus appenso.

XXXXIX.

Anno 1394. 3. Novembris.

Dotatio et confirmatio monasterioli St. Ursulae.

Burchardus dei et apostolice sedis gracia Episcopus eccle-
sie Augustensis, ad perpetuam subscriptorum memoriam, Vni-
uersis et singulis ad quos presentes peruenerint Salutem in
Chriso filio virginis gloriose, Deum credimus habere propicium
si sanctos eius qui celestibus habitant deuote honorare procur-
mus in terris et fideles inuitamus ad subsidium pietatis pauperi-
bus, Christo religiose seruieutibus conferenda, Saue dilectorum
nostrorum et dilectarum Johannis Langenmantel pro eo tempore
Magistri civium in Augusta, Anne vxoris sue legitime, Catherine

11*

Bartholomei Ryeder vidue relicte et Henrici Haller cerdonis peticio continebat. Quod essent quedam religiose sorores, vt puta quedam anna de Offingen vnacum quibusdam duabus vel tribus simul in vna domo sita prope predicatores vulgariter an dem Schwal commorantibus sub habitu Beginarum a Jure prohibito cohabitantibus, que sub aliqua regula a sanctis patribus canonice constituta deinceps et inantea desiderarent et cuperent viuere et deo seruire presertim sub regula sancti Augustini affectu religioso. Nos peticionem ipsorum et ipsarum iuri consonam benigne reputantes domum predictam cum area et suis edificiis, tres schaffas siliginis mensure Augustensis, nach Herrengult mensuratas de quadam curia et omnibus suis pertinenciis in Binswangen situata quam pronunc colit dictus Applin, quandam decimam vnius Curie In Bobingen quam .Curiam pronunc tenet Georgius dictus Schrenck cum omnibus suis pertinenciis et vnam libram denariorum annualis census de quadam domo, orto et area quem nunc tenet Henricus Haller cerdo et sita sunt in lico prope sanctum Jacobum et quam domum dictus Bablin alias Jure precarie possedit et hodie sua relicta .et liberi eorundem iure consimili tenent et possident, illa bona atque predia ipsis iam donata et que eis donata fuerint in futurum pro communi nutrimento dictarum sororum et Conuentus domus predicte communiter viuencium auctoritate nostra ordinaria et iurisdictione appropriamus, et donata ac donanda quantum de Jure possimus et debemus presentibus confirmamus, Volentes et presentibus statuentes vt prefate sorores et earum successores deo et sanctis eius iugiter deseruiant ibidem sub monitionibus et preceptis et statutis regule sancti Augustini predicte. Et quod habeant vnum virum religiosum specialiter de ordine predicatorum per nos et nostros successores ipsis preficiendum qui eis sacramenta ecclesiastica et spiritualia amministret et in aliis earum ordinacionibus prouideat, cui eciam promittere tenentur quod ad consilia ipsius domum et Conuentum predictum regere velint et gubernare in spiritualibus et temporalibus prout sibi et eis melius videbitur, hoc tamen adiecto quod nostre voluntatis extat et intencionis quod prenominate domine et sorores ac earum successorum quolibet anno in Quadragesima plebano sanctorum Vdalrici et Affre vt pastori earundem pro ipsarum confessionibus se presentent et sacramentum eukaristie in cena domini ab ipso recipiant, et quod eidem ad iura parrochialia teneantur eo modo forma ac Jure quibus alii subditi et parrochiani in parrochia sanctorum Vdalrici et Affre predictis astringuntur, cum per talem coufirmacionem nostram parrochie predicte sanctorum Vdalrici et Affre in nullo velimus preiudicare seu in futurum quouismodo preiudicia generari, et ne forte ipse sorores per aliquos molestentur, Nos ipsas et earum Conuentum in nostram et successorum nostrorum ecclesie Augustensis tuicionem et defensionem tenore presencium suscipimus et tutelam sic tamen quod singulis annis in signum et euidens testimonium nostre et successorum nostrorum iurisdictionis· et potestatis super eas et ipsarum Conuentum mediam libram cere in die assumptionis beatissime virginis Marie et in Honore eius ad ecclesiam nostram predictam ministris altaris principalis ecclesie antedicte assignent seu offerant humiliter et deuote. In cuius rei noticiam et euidenciam pleniorem, prefatis sororibus et earum successoribus dedimus hanc nostram litteram sigillo nostro pontificali pendenti legitime sigillatam. Datum et Actum Auguste tercia die mensis novembris Anno domini Millesimo tricentesimo nonagesimo quarto.

L.

Anno 1394. 2. Decembris.

Bischof Burkhart bescheint dem Herzog Johann zu Bayern den Empfang von 130 Gulden.

Wir Burkhart von Gottes gnaden Byschoff zu Auspurg. Bekennen Offenlich mit disem brief für vns vnd vnser Nachkomen das vns vnser Gnediger Herr Hertzog Johanns phalczgrauf bey Ryn vnd Herczog in Baygern etc. verriht vnd bezalt haut Hundert vnd drizzig guldin von der Lantsteure div ietzu zu Lautsperg geuallen ist von des vichs wegen das vns vnser besunderr Hanns Truchsazz von waltpurg von vnsers Egenanten herren herczog Johannsen wegen genomen havt vnd darvmb sagen wir vnsern uorgenanten Herren vnd alle seyn erben Vnd Nachkomen vnd auch alle die iren fur vns vnser nachkommen vnd alle die Vnsern gentzlich Quitt ledig vnd los vmb die uorgnanten Hundert vnd drizzig Guldin vnd des zu vrchund geben Wir den brief versigelt mit Aendresz. des Steken chorherren vnsers Tums zu auspurg vnd Hansen Winmans vnsers ammaus zu Mindelhain bayder Insigel div inwendig ze end dirr geschrift Gedrukt sint vff disen brief der Geben ist an der nechsten mitwochun vor Sant Nyclaus tag do man zalt von christz gebart driuzehen Hundert jaur vnd in dem Vier Vnd Niuntzigosten Jaure. (c. 3 S.)

LI.

Anno 1395. 18. Junii.

Johann der Räm Bürger zu Augsburg, verkauft seinen Markt Zusmarhusen mit Ausnahme des Zehends, den er von Eglolfen dem Plozzen gekauft hat, an den Bischof Burkhart um 1930 ungr. und böhm. Goldgulden, darum dieser ihm 90 Gulden Leibdingsgeld aus dem Zolle zu Lurx für 900 Gulden, und 44 Zehenden zu Mittelstetten, Swaubenmenchingen, Hiltolvingen und Waeringen für 1000 Gulden gegeben hat.

Vnd haben wir ze buergen gesetzt zu vns vnd zu vnsern erben vnuerschaidenlich die erbern vnd weisen manne Chuonrad den Ilsung gesaezzen bey sant Johanns Cappell, Johannsen den Ilsung gesaezzen vff dem Judenstain bayd mein Johannsen dez vorgenanten Raemen lieb Ohem. Vnd Petern den Bachen mein Kaethrinen der Egenanten Raemen lieben Brueder alle dry burger ze Auspurck. Daz geschach nach Gotes geburt driwzehen hundert Jar vnd darnach in dem fünf vnd Niuntzgostem Jare an dem naehsten Frytag vor sant Johanns tag ze Sunwenden. (c. 4 Sig.)

LII.

Anno 1395. 25. Juuli.

Das Kloster Fürstenfeld vertauscht an das Hochstift seine Zehenden zu Mittelstetten, Swaubenmenchingen, Hiltolfingen und Wäringen, um das Drittheil des Opferstockes der St. Leonhardskirche zu Inchenhofen.

Wir Otto von Gotes verhenknuzze Apt vnd gemainclich der Conuent dez Closters ze Fuerstenfelt sant Bernhartz Ordens in Fryesinger Bystuom. Vergehen vnd Tiuen kunt allenlich an dem brief für vns vnd vnd für vnser Closter vnd für alle vnser nachkomen allen den die in ansehent oder hörent lesen daz wir mit veraintem mut vnd guter vorbetrachtung in vnserm Cappitel da wir alle darvmb zesamen komen wauren mit beluter gloggen alz sitlich vnd gewonlich ist. Vns vnd vnserm Closter vnd vnsern nachkomen ze nutz vnd ze frumen. Ainen raehten vnd redlichen waechsel getaun haben mit dem Erwirdigen vnserm gnaedigen herren herren Burckharten Byschof vnd seinem Gotzhuse ze Auspurck vnd mit allen seinen nachkomen mit allen vnsern vnd vnsers Closters Zehenden ze Mittelsteten ze Swaubenmenchingen ze Hyltolfingen vnd ze Waeringen. Daz ist ze dem Ersten ze Mittelsteten der zehende vzz dem Leben daz Haintz der Draechsel jetzo da bouwet. Der Zehende da saelben ovzz dem Leben daz Hanns Rager ietzo da bouwet darnach ze Maenchingen der Zehende ovzz dem Leben daz Seytz Fauck ietzo da bouwet. Der Zehende ovzz Hannsen dez Minners Leben. Der Zehende ovzz Chuontzen dez Haerings zwain Hoefen. Der Zehende ovzz Utzen dez Huessen Leben. Der Zehende ovzz Aendresen dez Spatzen Leben. Der Zehende ovzz dez Molters Lehen. Der Zehende ovzz dem Cloben Leben daz Chunntz Mangold vnd die drey Suglin ietzo da bouwent. Der Zehende ovzz Vtzen dez Vischers bey der Tannen

Lehen der zehende ovzz Martins dez Haerings Lehen. Der
Zehende ovzz Vtzen dez Caeppelers Lehen. Der Zehende
ovzz Haintzen dez Reystlins Lehen. Der Zehende ovzz Hain-
tzen dez Lachers Lehen. Der Zehende ovzz Hannsen dez Man-
golds zwain hoefen. Der Zehende ovzz Haintzen dez Ammans
Suon Lehen. Der Zehende ovzz Vtzen dez Coppen Lehen.
Der Zehende ovzz Maggen dez Kunlins Lehen. Der Zehende
ovzz dez Losen Lehen. Der Zehende ovzz Chuntzen dez
Vyschers Lehen. Der Zehende ovzz dez Smyds Amryed Le-
hen. Der Zehende ovzz Gesun der Schözzlerin Lehen. Der
Zehende ovzz Chuontzen dez Ragers Lehen. Der Zehende
ovzz Chuontzen dez Raemen Lehen. Darnach ze Hyltolfingen
der Zehende ovzz Sehsthalber vnd dreizzig Juchart Ackers,
vnd ovzz ainem Acker der vff Gennacher weg gelegen ist vnd
ietzo enegerden leit vnd vil Jar enegerden gelegen ist die alle
genant sint der Schaufflichse. Vnd derselben Aecker Haintz
Frytz ietzo vier Juchart da buwet. Haintz witzig von Hyltol-
fingen drey Juchert. Haintz Aendres zwuo Juochart. Wernlin
Guggenberger vier Jouchart. Wernlin Wamsaler zwuo Jouchart.
Haintz Wüerstlin zwuo Jouchart. Port Pryester von Hyltol-
fingen vier Jouchart die genant sint dez Sultzers Aecker Vnd
anderhalb Jouchart buewet man in Liutfrids dez Ryedraers
hof vnd Haintz der Smyd von Erringen bouwet fünf Jouchart.
Erhart der Schuoster bouwet fünfthalb Jouchert. Vnd ain Acker
der genant ist der Tnolenkopf dez drythalb Jouchart ist. Vnd
ain zwirhlin ist sant Johanns ze hyltolfingen dez ein Jouchart
ist Die Aecker alle für zwai Lehen geschaetzt sint. Darnach
ze Waeringen der zehende ovzz dez Baubenhusen Lehen. Der
Zehende vzze dez Kyrchherren Lehen. Der Zehende ovzz
Rügers dez Erringers Lehen. Der Zehende ovzz Hermans
dez Kötzlers Lehen. Der Zehende ovzz dez Naegborsmyds
Lehen Vnd der zehende ovzz der Stauber Lehen. Die vor-
geschriben Zehenden alle gerait vnd geschaetzt worden sint für
vier vnd dreizzg zehenden Also daz wir die vorgeschriben Ze-
hend'en alle Vnd waz zu In allen vnd zuo ir ieglichem besunder
gehöret oder von reht oder von gewonhait gehören sol in dorff

oder ze Vaelde an besuochtem vnd an vnbesuochtem wie ez
gehaizzen ist nihtz ovzzgenomen ez sei an dem brief benent
oder niht raeht vnd redlich alz daz vor allen Gerihten gaist-
lichen vnd waeltlichen vnd an aller stat gantz vnd guot krafft
vnd macht haut geben haben vnd ge en sy auch mit krafft vnd
mit macht dez gagenwürtigen briefs für ledigiue vnanspraechiue
vnd vnuerkuommertiue Guot vnd für raehtiue aigen freyiue vnd
vnuogtberiue 'dem vorbenenten erwirdigem vnserm gnaedigen
herren herren Buorckharten Byschof vnd seinem Gotzhouse ze
auspurck vnd allen seinen nachkomen oder wem sis hinnanfür
gebent verkauffent schaffent oder lauzzent ze haben vnd ze
niezzen ewiclich vnd geruewiclich ze raehtem aigen vmb seinen
vnd seines Gotzhouses vnd Bystums ze Auspurck drittail dez
Stockes in der Kyrchen ze sant Leonhard ze ynchenhouen vnd
vmb seinen vnd seins Gotzhuses dryttail allez dez gaeltz daz
Jaerlich vnd ewiclich in densaelben Stock wirt vnd gefellet
vnd vmb aelliu diue reht vodrung ansprach vnd zuofersiht die
er vnd sein Gotzhouse vnd sein nachkomen an den egenanten
Stock in der Kyrchen ze sant Leonhart ze ynchenhouen in
Bayren gelegen vnd an allez daz gaelt daz jaerclich vnd ewic-
lich darein wirt gelaet oder gefellet vnd auch an vns vnd an
vnser Closter vnd an vnser nachkomen von dezsaelben Stockes
vnd iaerclichs vnd ewigs gaeltes wegen ie gebebt haund oder
waunden ze haben den obgenanten dryttail dez egenanten Sto-
ckes vnd iaerclichs vnd ewigs gaeltes vnd reht vodrung an-
sprach vnd zufersiht er vns vnd vnserm Closter vnd vnsern
nachkomen darvmb ze raehtem aigen geben haut vnd vmb hun-
dert vnd vmb Niuntzg eyteliger Niuwer vngrischer Guldin die
wir im darvff vnd darzu ze bezzerung geben haben nach dez
briefs sag vnd Lutung den er vns darvmb geben haut. Vnd
haben wir dem Erwirdigen vnserm vorbenanten gnaedigen herren
herren Burckharten Byschof vnd seinem Gotzhuse ze Auspurck
vnd allen seinen nachkomen die vorgeschriben zehenden alle
mit aller irr zuogehoerung, vnd auch mit allen den raehten Eren
freyhaiten vnd gewonhaiten nuetzen vnd guelten vnd sy gaeltent
oder gaelten muegent an grozzem vnd an clainem ze raehtem

aigen vfgeben mit freyer hant vff dez Reychs Strauzz vnd ha-
ben vns ir vnd aller der raehte vodrung ansprach vnd zuofer-
sicht die wir vnd vuser Closter vnd vnser nachkomen daran
haeten gehaben mochten oder waunden ze haben gaentzlich vnd
gar verzigen freylich vnd vnbetwungenlich vnd mit gelerten
worten Vnd verzeihen vns ir auch offenlich mit krafft vnd mit
macht dez gagenwurtigen briefs fuer vus vnd fuer vnser Clo-
ster vnd fuer alle vnseŗ nachkomen. alz man sich aigens vnd
Gotzhueser Guotes durch rebt vnd billich verzeihen sol. Vnd
alz man ez vffgeben sol nach aigens vnd Gotzbouser Guetes
reht vnd nach dez Landez vnd der herschefft rebt vnd gewon-
hait da die Zehenden gelegen sint. Also daz wir noch vnser
Closter noch vnser nachkomen noch Jemant anders von vnsern
noch von vnsers Closters noch von vnserr nachkomen wegen.
Nuo fuerbaz ewiclich daran noch darnach nimmer mer nihtz ze
spraechen ze vodern noch ze clagen haben noch gewinnen sul-
len noch muegen in dhain weise weder mit Gaistlichem noch
waeltlichem raehten noch aun Geriht weder mit herren friund
noch anderr Leute gaistlicher noch waeldicher hylff noch raut
noch mit kainerlay sache haymlich noch offenlich. Vnd waer
auch daz wir oder vnser nachkomen schaffens oder haizzens
wegen die vorgeschrieben Zehenden alle oder ir ain tail ir
ainen oder ir mer oder ihtes daz darzu gehört oder den erwir-
digen vnsern vorbenanten gnaedigen herren herren Burckharten
Byschof ze Auspurck oder sein Gotzhouse oder sein nachkomen
ir Leute oder Irine Guot von der vorgeschriben zehenden aller
oder von In ain tail von ir vil oder von ir wenig wegen oder
von ihtiu daz darzue gehoert wegen nuo fuerbaz veber kurtz
oder veber lang anspraechen oder sy darvmb bekümmerten oder
beswaerten mit Gaistlichem oder mit waeltlichem raehten oder
aun Geriht in welber weise oder mit welhen sachen daz waere
Waz er vnd sein Gotzbuse vnd sein nachkomen, dersaelben
ansprach bekummernuezze oder beshwaernuezze schaden nement
der zeitlicher vnd zimlicher schad haizzet densaelben schaden
sullen wir vnd vnser Closter vnd vnser nachkomen im ze hant
vnd vnuerzogenlich nach Irr manung in den naehsten vierzehen

tagen gar vnd gaentzlich ablegen vnd avzzrihten aun allen irn
schaden. Taeten wir dez niht, so haut der Erwirdig vnser
vorbenenter gnaediger herr vnd sein nachkomen oder wer ez
von irn oder von irs Gotzhouses oder von irr. nachkomen we-
gen tun wil vnd alle ir haelffer vollen gewalt vnd gut reht vns
vnd vnser Closter vnd alle vnser nachkomen darvmb ze becla-
gen vnd ze noeten mit Gaistlichem oder mit waeltlichem raeh-
ten oder mit in haiden. Vnd auch ze phenden vnd anzegriffen
an Leuten und an Guoten in Stetteu in Maerckten in doeffern
oder vff dem Lande wie vnd wa sy kuennent vnd muegent
allenthalben vnuerschaidenlich Vnd in welhes Geriht sy wend
oder aun Geriht wa hin sy wend. Vnd fraeflent noch verschuol-
dent an der aller dhainem nihtz wider vns noch vnser Closter
noch vnser nachkomen noch wider dhainen Gerihten noch Rih-
tern Gaistlichen noch waeltlichen noch wider dem Lautfried
noch Lantgeriht Gesatzt Buntnuezze noch ainunge die ietzo sint
oder noch fuerbaz vfstaun moechten noch wider dhain herschafft
Gaistlich noch waeltlich noch wider dhainem Land. Vnd be-
sunderlich der herschefft vnd dem Laud ze Bairen noch wider
dhainer Stat noch wider dhainer freyung frydbrief noch frey-
brief die wir vnd vnser Closter vnd vnser nachkomen ietzo
haben oder noch fuerbaz gewinnen moechten von Baeupsten
von Kaysern von Kungen oder von Bischoefen oder von ander
herschefft Gaistlicher oder waeltlicher oder von wem daz
waere noch wider Jemant noch ihtes anders wie man daz er-
denken oder benennen mag oder kan in dhain weise Vnd
muegent daz allez waz hie vorgeschriben staut, oder ihr ainez
oder Ir mer welbes in denn lieber ist wol tuen alz offt in
dez not beschicht ie alz lang vnd alz vil biz daz sy aller der
ansprach bekummernuezz vnd beswaernuezze darvmb sy
denn gemant genoet oder gephent haund vnd waz sy der scha-
den genomen haeten gar vnd gentzlich vzzgeriht vnd bezalt
vnd auch erlediget vnd erloezt werdeut aun allen iren schaden
Man sol auch wizzen Daz wir Im alle alt brief kauffbrief vnd
aigenbrief. Vnd alle ander brief die wir vber die vorgeschri-
ben Zehenden gebebt haben mit freyem vnd gutem willen ge-

ben vnd geantwurt haben. Vnd waer daz wir oder vnser Clo-
ster oder vnser nachkomen oder Jemant anders dhainerlay
brief vrkund oder hantfestin vber die vorgeschriben Zehenden
alle oder vber Ir ain tail vber Ir ainen oder vber Ir mer oder
vber ihtes daz darzu gehoeret noch Inne haeten oder fuerbaz
funden die verfallen oder verloren waeren die vor dem hiu-
tigen tag gehen vnd geschriben waern Vnd In daran ze scha-
den komen moechten die sullent nu fuerbaz alle ze maul
vnnuetz vnd. tot brief haizzen vnd sein vnd kain krafft mer
haun wa man sy nu fverbaz vffbiut oder fuerzaigt Ez sei
vor Gaistlichem oder vor waeltlichem raehten oder anderswa.
Vnd dez allez zu ainem wauren vnd staeten vrkund gehen
wir dem Erwirdigen vnserm vorbenenten gnaedigen herren,
herren Burckharten Byschoff vnd seinem Gotzbuse ze Aus-
purck vnd allen seinen nachkomen fuer vns vnd fuer vnser
Closter vnd fuer alle vnser nachkomen den brief versigelten
vnd geuestent mit vnserm vnd vnsers Conuentes Insigeln diu
haidin daran hangent. Daz geschach nach Gotes geburt driu-
zehenhundert Jar vnd darnach in dem funf und Niuntzgostem
Jare an dem naesten Frytag nach sant Veitz tag dez hailigen
Martraers. (c. 2 S.)

LIII.

Anno 1395. 5. August. Ulm.

Herzog Steffan verschreibt dem Bischof Burkhart 700 ungr. Goldgulden auf der Stadt Schwäbischwörth.

Wir Stephan von gots genaden Pfallenczgraf bey Rein vnd Herczog in Beyrn etc. Bekennen vnd tun kunt offenlich mit disem brif fur vns vnd all vnser erben, das wir redlich schuldig worden sein vnd gelten sullen den erwirdigen vnserm sunderliben frewnde hern Burckharten Byschofen zu Auspurg seinem Goczhaus vnd allen seinen nachkomen daselbs, Siben- hundert newer vngerischer guldein gut von gold vnd swer ge- nug von rehtem gewicht. Darumb er vns gen Berchtolden vom Stain von Ramsperg suderlich ausgezogen vnd fur vns durch vnser fleizziger pet willen berait bezalt hat des wir, vnser lant vnd lewt anders zu grozzen angriffen vnd scheden komen warn. Vnd diselben Sibenhundert guldein slahen vnd verschreiben wir in mit kraft des brifs auf vnser Stat, vnd aller irer zugeboer- ung zu Swaebischwerd, in aller mazze als die vor ir phant ist zusambt anderm gelt das sy vor darauf habent, vnd in allem dem Rechten puenden vnd artikeln, als die in soelichen brifen di sy vor vber die egenant vnser Stat in phantschaft weis ha- bent von wort zu wort sind begriffen. Also das sy die darauf haben vnd genczlich gewortent sein vngeuerlich mit vrkund des brifs der geben vnd mit vnserm anhangundem Insigel besigelt ist zu Vlm an sant Oswalts tag nach Christi gepurt drewczehen- hundert jar darnach in dem fünf vnd Newczigistem Jare.

LIV.

Anno 1395. 27. Octobris.

Kuonrat Vombach bekennt dass ihm Bischof Burkhart das Burggrafenamt mit der Bedingung verpfändet habe, dass es erst _ nach Verlauf von 10 Jahren eingelöst werden könne.

Ich Chuonrat Vombach vnd ich Anna von Ersingen sein elichiu husfrawe Tiuen kuont offenlich an dem brief vor allermenclich vmb daz Buorgrauen Ampt ze Auspurck vnd vmb diue andern rebt dienst nuez vnd guelte die dez Gotzhouses vnd Bystuoms ze Auspurck Ehaftin von zuogehoerent Daz egegenant Burgrauen Ampt vnd die andern obgenanten besundern reht dienst nuetz vnd guelte mit aller irr zugehörunge wir raeht vnd redlich verphandet haben Von dem Erwirdigen vnserm gnaedigen herren herren Buorckharten Bischof vnd seinem Gotzhouse ze Auspurck vmb driuehundert Reynischer Guldin alle guoter an gold vnd swaerr an raehtem gewigt nach dez phantbriefs lutung vnd sag den wir von Im vnd seinem Gotzhuse vnd von seinen nachkomen darvmb Inne haben Vergehen wir für vns vnd für alle vnser erben vnd fur alle die in der gewalt vnseriue rebt an der vorgeschriben phantschafft hinaufur koment daz mit benenten worten gerett vnd getaedingt worden ist. Wenn diue naehsten zeben gantziue Jar diue nuo allerschierst nach anander koment vergaund vnd furkoment daz dann der Erwirdig vnser vorbenenter gnaediger herr herr Buorckhart Byschof vnd sein Gotshous ze Auspurck oder sein nachkommen nach den obgenanten zehen Jarn diue nu allerschierst nach anander koment vnd niht vor Aelliue Jar ewiclich vollen gewalt vnd reht haund daz vorgeschriben Burgrauen Ampt vnd diue andern obgeschriben besunderiue rebt dienst nuetz vnd guelte alz sy in dem egenanten vnserm phantbrief den wir darvmb Inne

haben benent sint vnd geschriben staund vnd waz zuo dem al_
lem vnd zuo Ir Jeglichem besunder gehoeret vnd alz wir sy
von In verphandet haben, nibtz vzzgenomen Von vns vnd von
vnsern erben vnd nachkomen vnd von allen den in der gewalt
vnseriue reht hinnanfür daran koment wider ze losen welbes
Jars nach den obgenanten zehen Jaren sy wend vnd mugent
ie zwischen dem Obrosten vnd dem naehsten weizzen suntag
darnach vmb die vorgeschriben driuehundert Reynischer Guldin.
vnd welhes Jars nach den obgenanten zehen gantzen Jaren sis
also wider loesen wend vnd muegent Daz sullent sy vns dez_
saelben Jars verkuenden vnd ze wizzen tuon vor dem Obrosten.
Vnd sy sullent vns auch denn ze hant zwischen dem saelben
Obrosten so sy ez vns verkuendet haund vnd dem naehsten
weizzen suntag darnach der vorgeschriben driuehundert Guldin
vnuerzogenlich gaentzlich vnd gar wern vnd ribten ze Dylingen
in der Stat vnd an dersaelben Stat Goltwaug mit guoten Rey-
nischen Guldin die ir raehtz gewigt haben vnd da ain kauff-
man den andern wol mit gewern mag Vnd auch antwuorten ob
wir sein begern zwuo meyl wegs von Dylingen wa wir sy hin
vodren aun allez Irren nyderlegen vnd verbieten aller Gaist-
licher vnd waeldlicher Gericht vnd Rihter vnd aller herschefft
vnd allez gewaltz vnd allermenclichs vnd aun allen vnsern
schaden Vnd wir sullen In der Losung also nach den obgenan-
ten zehen gantzen Jaren Jeglichs Jars nach Irr manung in der
obgenanten fryst guot stat tuon vnd mit dhainen sachen vorsein
noch verziehen Vnd dez allez zuo ainem staeten vrkund ge-
ben wir In für vns vnd für alle vnser erben vnd nachkomen
vnd für alle die in der gewalt vnseriue reht an der vorgeschri-
ben phantschafft fürbaz koment den brief versigaelten vnd ge-
uestent mit mein Chuonrathz dez vorgenanten Vombach aigem
Insigel daz daran hanget Vnd darzu mit mains lieben Swehers
von Ersingen Insigel daz er durch vnser fleizzig bet zuo ainer
merraerin ziucknuezze aller vorgeschriben sache an den brief
gehencket haut Im saelber vnd seinen erben aun allen schaden
Darvnder ich Egenantiue Anna von Ersingen Chunratz dez vor-
genanten Vombach elichiue housfraw mich bind mit meinen

guten triwen für mich vnd für alle mein erben staet ze halten vnd ze laisten allez daz hie vor geschriben staut. Daz geschach nach Gotes gebuert Driuezehenhundert Jar vnd darnach in dem fuenf vnd Niuntzigostem Jare an der zwaier zwelfboten Abent sant Symon vnd sant Judas. (c. 3 Sig.)

LV.

Anno 1395. 6. Decembris. Ingolstadt.

Des Herzogs Stephan zu Bayern Schuldurkunde um eilfhundert Gulden für Seitz den Marschalk von Oberndorf.

Wir Stephan von gots genaden Pfallentzgraf bei Rein vnd Hertzoge in Beyrn etc. Bechennen offenlichen mit dem brif für vns vnser erben vnd Nachkomen daz Wir vnserm besunderlieben Seitzen dem Marschalk von Oberndorf, dem Jüngern, recht vnd redlich schuldig worden sein .vnd gelten sullen, vmb dinst für schaeden vnd aller sach nichtz auzgenomen, er hab brif darumb oder nicht biz auf disen hewtigen tag, ainlefhundert guter vngerischer wolgewegner guldein vnd nicht mer der sullen wir vnser erben vnd Nachkomen Im vnd seinen erben, vier Hundert guldein richten vnd betzalen von der naesten Lanntstewr die wir auf vnser Lannt legen werden vngeuärlichen an alles verziehen vnd an schaden, vnd die vbrigen Siben hundert guldein sullen wir In von dem nahsten sand. Michels tag, aller schierst vberein Jar auch fuderlichen richten, weren vnd betzalen an alles verziehen vnd an all ir schaden Taeten wir des nicht zu welcher frist in dann yglich ir vorgenante Sum geltz vertzogen würd, oder nicht geuiel, wie daz kaem, wen si vns dez darnach ermanen, so sullen wir si zu stund darumb auzrichten. Beschaech dez nicht waz si dann ires geltz fürbaz schaden naemen, an Juden oder an

13

kristen, oder wie sich die schaeden redlichen fuegeten, vnd
bechomen moechten, die sullen wir In all, mitsambt dem Haubt-
gut, widerkern, abtun vnd auzrichten, an allen irn gebrechen
vnd abganck vnd si mugent auch vns vnd vnser Laund vnd
Laewt dann allenthalben wol darumb angreiffen, noetten vnd
pfenden, mit recht oder an recht, wie in aller pest fuegt, In
von vns vnd auch aller maenklich vnd aller sach, wie sie ge-
haissen ist gaentzlichen vnengolten, biz auf voll gantz werung,
Haubtguts vnd aller schaden, der si vns redlichen erindern vnd
erweisen moechten, dez si ires geltz genomen beten als vor-
geschriben stet Wer auch den brif mit irm guten willen inne
hat in vnserm Laund zu Beyrn gesessen, dem sein wir alles
daz schuldig daz an dem brif geschriben stet als In selb Ez
sol auch der egenante Seitz Marschalk vns zu allen vnsern
kriegen, vnd wenn wir In vodern, warten vnd dienen, biz auf
sand Michels tag schierst chomend, vnd darnach ein gantz Jar
als ander vnser diener tund vnd gewondlich tun sullend. Vr-
chund dez brifs, der geben vnd mit vnserm anhangendom In-
sigel besigelt ist zu Ingolstat an Montag vor vnser frawn tag
als si enpfangen ward Nach kristi gepurd Drewzehenhundert
Jar darnach In dem fünf vnd Newntzigistem Jare. (c. S.)

LVI.

Anno 1396. 12. Januarii. Auf Tyrol.

**Herzog Leupolt zu Oesterreich bestätiget dem Gottes-
hause zu Füssen, den demselben vom Herzog Heinrich
von Schwaben verliehenen Schankungsbrief.**

Wir Leupolt von gotes gnaden Hertzog ze Osterrich, ze
Steyr, ze Kaernden vnd ze Krain, Graf ze Tyrol etc. Tun
kunt, daz für vns kome der erber vnd gaistliche vnser lieber
andaechtiger Apt Johanns, des Gotzhaus ze Fuessen, vnd

zaigt vns ainen brief von ainem vnserm vordern, Hertzog Hainrichen von Swaben, seliger gedaechtnusse, damit er desselb Gotzhaus ze Fuessen begnadet hett, vnd derselb brief lautet, als hernach geschriben stet, vnd als er von Latin in Teutsch bracht ist. In dem namen Vatters, Suns vnd des hailigen gaistes. Wir Hainrich von gotes gnaden Hertzog zu Swaben bekennen, als oft wir zu solichen Gotzhausern vnd Gaistlicher ordnung, die zu gotesdienst vnd vebung geordnet ist, vnd ouch die darzu furdern, daz wir denn vnser Sel ainen segen sagen vnd ouch mit dem segen finden daz Ewig leben, Vnd darumb tuen wir kunt allen geloebigen kristan leuten, daz wir vnsern getrewen vnd Erwirdigen Apt Dieten zu Fuessen, von seiner diemuetigen bett wegen vnd ouch von seiner Conuent Brüder, gaistlicher Ordnung wegen, in vnser gnad vnd besundern schirm durch vnser Sel hails willen genomen haben. Als ouch vnser vatter, Fridreich der ander Erwirdig Römische kunig, alle zeite ain merer des Reichs, als ouch in seinem brif, den er dem Gotzhaus darvber geben hat, offenlichen erzelt ist, Vnd von dem gewalt vnd willen desselben vnsers vatters vestnen wir, daz vorgenante Gotzhaus mit allen seinen leuten vnd guten, ligenden vnd varenden, mit vnser besunder warnung, vnsers schirms, vestnen vnd widergeben wir von vnser Sel hails willen, als ouch vnser Vatter dem vorgenanten Gotzhaus, dem Apt vnd desselben gotzhaus Conuent Brüdern Eweclich ze besitzen vnd ze behaben, die gegen vnd das Ertrich ze Aschow, mit aller fryhait vnd mit allen nutzen vnd rechten, die dem gehörent, von dem hof Musov bis in den Hornbach, als lang, als weit vnd als brait das begriffen hat, daz sy mit vollem gewalt von vnser fryhait vnd gnaden in derselben gebiet, als weit das begriffen hat, vberal vf den Ebain vnd vf den bergen, wol bawen vnd tun mugen, was Sy dunket, daz in vnd irem Gotzhaus nutz vnd gut sey. Also daz sich nieman ander in der gegen|kains rechten noch dienst vnderziehe, denn allain der Apt des vorgenanten Gotzhausz, Vsgenomen der dienst die wir vnd vnser erben daselben haben sullen, Als hertzog Welf, hertzog Chunrat zu Swaben, kunig philippus, vnsern vordern

13 *

seligen, gewonlich da gehebt haben, Vnd darvber von rechter
vnd gewisser erkantnusse geben wir ouch wider dem vorge-
nanten Gotzhaus dem Apt vnd denselben Conuentbrüdern zu
Fuessen die gegen ze Eisenried, die gegen ze Aitrang die
gegen ze Sachssenried, die gegen ze Hochenfurth, die gegen
ze Reichlingen, ouch mit allem dem, daz darzu vnd darin ge-
hoeret. Doch ouch vsgenomen der dienst, die vns vnd vnsern
erben dauon gehoeren sullent. Vnd darvmb setzen wir mit di-
sem brief vnd gebieten auch vesteclichen, daz niemand ander,
wie der genant oder gehaissen wer, daz vorgenante Gotzhaus,
an seinen vorgenanten gütern vnd andern seinen guten,
klainen noch grossen, nicht Irr noch laidige, noch dehainerlay
schaden tu, wan wer das tett, der wisse daz er vns damit
grosslich erzürnte, vnd ouch vnser vngenad darvmb habe. Ge-
ben ze Augspurg nach Crists geburd tausent zwai hundert
zwaintzig Jare des fünften kalendas Januarii. Vnd wan wir
von anerborner miltikait billich genaigt sein zu merung gotes-
dienst vnd sunderlich, daz der nicht abgang gewinne, haben wir
demselben Apt Johansen vnd seinen gotzhaus ze Fuessen be-
stetigt vnd bekreftigt, bestetigen vnd bekreftigen ouch wissent-
liech mit macht des gegenwirtigen briefs In solicher masse, daz
der egenante Apt vnd das Gotzhaus bey allen den gnaden, fry-
haiten, rechten vnd guten gewonhaiten beliben sullen, die der
vorgenante brief begriffen vnd darinn geschriben stend, daran
von vns vnserm vogt ze Eremberg, wer der ye zu den zeiten
ist, vngeirret vnd vngehindert, doch vsgenomen vnd vor behabt
vnser vogtey vnd dienst vnd aller gewaltsamy, die wir von
rechtes wegen da haben vngeuerlich. Mit vrkund ditz briefs.
Geben auf Tyrol an Mittwochen nach Sant Erhards tag nach
Crists geburt drewtzehen Hundert Jar daruach in dem Sechs
vnd Newntzigisten Jar. (c. S.)

_12_

LVII.

Anno 1396. 17. Augusti. Augusto.

Consentiente Burkardo ep. Ulricus Burggravius decanus ecclesiae Aug. ius patronatus ecclesiae in Hyrspach ad altare capellae St. Udalrici in monte oppidi Dillingen donat.

In nomine domini Amen. Quia inter nostre sollicitudinis curam que nobis ex pastoralis officii debito incumbit illud dinoscitur esse precipuum quod cultus diuinus fideique orthodoxe deuotio vbique nostre cooperacionis misterio augeatur Idcirco nos Burkardus dei et apostolice sedis gratia Episcopus ecclesie augustensis Notum facimus presencium inspectoribus vniuersis consyderata deuocione qua venerabilis vir dominus vlricus Burggravii decanus Ecclesie nostre augustensis predicte cum consensu, ac voluntate Fryderici Burggrauii nostri canonici Hainrici et Conradi fratrum suorum ob salutem anime sue ac omnium progenitorum suorum Juspatronatus ecclesie parrochialis in hyrspach cum curia dotali ibidem et advocatia dicte curie ac omnibus ipsorum pertinenciis quocumque nomine censeantur, ad laudem omnipotentis dei et ipsius diuini nominis cultum altari cappelle sancti vodalrici in monte opidi dylingen pro congrua sustentacione vnius presbiteri specialiter ad eamdem cappellam sancti vodalrici instituendi per quem in ipsa cappella futuris temporibus cottidie diuina peragantur legitime duxit dotandum prout in litteris per eum desuper materna lingwa editis et confectis euidenter apparet Nobis itaque tamquam loci ordinario per eum decanum nostrum extitit supplicatum quatenus ad id faciendum et perficiendum nostrum preberemus assensum necnon auctoritate nostra ordinaria donata prescripta per eum ut premittitur dicte cappelle incorporare et vnire dignaremur Nos piam et laudabile ipsius propositum consyderantes ac diuini no-

minis cultum augmentare cupientes Curiam dotalem ecclesie
parrochialis in hyrspach vna cum iure patronatus et aduocacia
curie dotalis predicte ac omnibus pertinenciis ipsorum per me-
moratum decanum nostrum Cappelle sancti vdalrici predicte do-
natis et dotatis. Consensu ac voluntate honorabilium virorum et
nobis in Christo dilectorum Ottonis de Sunthain prepositi. To-
ciusque capituli ecclesie nostre augustensis plenius acce-
dentibus incorporauimus et vniuimus ac ex certa sciencia
presentibus incorporamus et annectimus hiis in scriptis volentes
et concedentes quod sacerdos pro cappellano dicte cappelle sic
per nos et nostros successores legitime institutus supradicta
bona cum singulis ipsorum fructibus et pertinenciis percipiat
pro sua congrua sustentatione et honesta colligat ac de ipsis
disponat prout sue vtilitati crediderit expedire. Ita et taliter quod
in eadem cappella residenciam faciat perzonalem quam sic facere
promittat collattoribus eiusdem in prima sua recepcione ad ean-
dem Item et quod prefatus noster decanus et predicti fratres sui
temporibus vite sue primo et principaliter decanus deinde uero
senior inter fratres prescriptos et subsequentes decani ecclesie
nostre augustensis pretacte canonice et rite intrantes successo-
res sui conferre habeant et nobis seu successoribus nostris
presbiterum ydoneum presentare legitime ad easdem quando et
quociens eam vacare contigerit Item quod si idem sacerdos a
dicta sua cappella ad sex menses uel ultra contra consensum
et voluntatem nostram ac patronorum seu collatorum eiusdem
misse se contumaciter absentauerit sine causa legitima extunc
statim ipso facto nulla cognicione seu monicione premissa dicta
cappella seu missa perpetua sancti vdalrici sit priuatus et tota-
liter destitutus ipsis quoque patronis seu collatoribus licenciam
damus alium presbiterum ydoneum ad ipsum altare cappelle pre-
notate presentandi modis et formis preconceptis Item ordinamus
et statuimus quod idem cappellanus sancti vdalrici plebano eccle-
sie parrochialis in dylingen infra cuius limites dicta cappella
est situata qui pronunc est seu pro tempore fuerit tamquam suus
cooperator et fidelis adjutor in diuinis officiis adiuuare debet et
assistere diebus festiuis nisi legitime fuerit impeditus et quod

sibi uel qui pro tempore fuerit in suis iuribus parrochialibus
onerosus non sit aliqualiter uel dampnosus, nec se de sacra-
mentorum administracione uel quibuscunque aliis actibus ad ple-
banum ipsius ecclesie spectantibus de consuetudine uel de iure
aliqualiter intromittat nisi per ipsum plebanum fuerit requisitus
desuper et rogatus uel necessitas facti postulet et requirat In
quorum testimonium et euidenciam pleniorem presentes conscribi
iussimus et ipsis tam sigilli nostri quam Capituli nostri prelibati
appensione tradimus legitime communitas. Datum Auguste XVI
Kalendas Septembris Anno domini Millesimo trecentesimo Nona-
gesimo sexto quarta Indictione.

LVIII.

Ulrich Burggraf Techant, Georg Hochschlitz, Heinrich
von Knörringen etc. Korherren auf dem Tum zu Augsburg,
und die Bürgermeister der Stadt Augsburg erneuern
die zwischen dem Bischof und den Bürgern zu Augs-
burg geschlossene Einigung.

Wir die nachgeschriben Vlrich Burgraff Tegan Georg
Hochschlicz Hainrich von Knöringen Johans Vogt all Chor-
herren vff dem tum zu Auspurg an ainem tail Johans lang-
mantel den man nempt von Wertungen Johans mangmaister ze
den Zeiten baid burgermaister Peter langmantel vnd Johans
der vend baid burger zu Auspurg vff dem andern tail beken-
nen offenlich mit dem brief vor allermaenlich von der fruntschaft
vnd verainung wegen alz ietzo dicz gegenwärtig iar ist ge-
wesen vnd noch füro werend ist hintz vff ietz den nähstkünfti-
gen sant Bartholomeus tag zwischen des hochwirdigen fürsten
vnd herren hern Burkartz von gotz vnd des hailigen stuls gna-
den bischoff zu Auspurg vnsers gnädigen herren sins Capitels

siner pfaffheit vnd aller der irn vff ainem tail, vnd den erbern
vnd weisen den burgermaistern den ratgeben vnd den burgern
gemainlich reichen vnd armen der stat zu Auspurg vnd allen
den irn vff dem andern tail nach lut vnd sag der bund stuck
vnd artikel alz vsbeschaidelich von wort ze wort geschriben
vnd begriffen ist in derselben verainung briefen die si ze bai-
der seit anander darumb vormals versigelt geben habent, Ver-
iehen wir daz wir mit ainheller stimm vnd auch nach rat vnd
vnderwisung erber vnd weiser leut dieselben fruntlichen ver-
ainung zwischen der vorgeschriben baider tail mit ir wissen
vnd rehter wilkür gestreckt vnd gelengert haben ze haltend
vnd fuero ze haltend vngeuarlich von dem naehstkünftigen sant
Bartholomeus tag zwai gantziv iar div naehsten nach anander
ze zelend doch ann allez absagen vnd auch darzu vsgenomen
vnd naemlich vsbedingt daz an den spiessen an der hilff vnd
auch an dem Zuschub der hilf alz der vorgenante vnser gnä-
diger herr bischoff Burkart für sich sin Capitel vnd sin pfaff-
hait hintz her haben vnd tun solt ist nämlich berett, daz füro
div vorgeschriben zwai gantziv naehstiv iar daz vorbenante Ca-
pitel selber vnd für sich selb an derselben hilf alz oft daz not-
durft ist vnd gemant wirt nit mer haben sol noch vsribten denn
allein ain trittail dez dritten tails der hilf alz vnserm vorgenan-
ten herren dem bischoff zugehört vnd geburt hat an der anzal
an den zwaintzig spiessen an den nuntzig mannen ze fuss vnd
an dem Zuschub die er vnd die burger zu Auspurg ieglicher
tail nach siner anzal vnser herr der bischoff ain drittail vnd
div stat zu Auspurg div zwai tail soltent halten alz auch vs-
wisend die vorbenanten ainung brief. Welher tail auch samig
wer an der hilf die er tun sol, daz sol dem andern vnsamigen
teil kainen schaden bringen. Mer ist berett alz oft daz Capitel
hilf begert vnd vordert in den vorgeschriben zwain iarn, so
mugent die herren dez Capitels selb oder mit ir botschaft oder
wem si denn dez irn gewalt gebent die vorgenanten burger-
maister oder rat ze Auspurg manen vnd in zusprechen vmb
hilf zu ir notdurft der sach darum si denn manend, ez sy in
gemain oder ainr besunder, Vnd dez allez ze offem vrkund so

haud vnser vorgenanter gnädiger herr der bischoff vnd sin Capitel iriv insigel offenlich an den brief gehenkt all vorgeschriben red vnd sach trivlich ze haltend an geserd, dazu wir obgeschriben reder vnd tädinger haben auch vnsriv Insigel gehenkt an den brief ze warer guter gedähtnuss der vorgeschriben ainung vnd fruntschaft leugrung. Daz geschach nach Christi geburt drivtzehenhundert vnd in dem sechs vnd Nuntzigostem iar an dem naesten Afttermantag vor sant Bartholomaes tag.

LIX.

Anno 1396.. 29. Novembris.. Kircheim.

Uebereinkunft des Herzogs Leupold zu Oesterreich, des Bischofs Burkhart, des Grafen Eberhart zu Wirtemberg und der Grafen von Oettingen mit den Reichsstädten Ulm, Esslingen und Gmünden von der Münze wegen.

Wir Leupolt von gottes gnaden Hertzog ze Oesterreych ze Styr ze Kernden vnd ze Krayn Graff ze Tyrol etc. Wir Burkart von gottes gnaden Byschoff ze Augspurg Wir Eberhart Graff ze Wirtemberg vnd wir Ludwig vnd Fridrich grafen ze Oetingen Bekennent vnd tunt kunt menglichem mit disem vnserm offem brief. Wan vnser Lande vnd Leute in Swaben solichen vnmuglichen grossen schaden von den bösen Müntzen, die bisher gewesen sind, gelitten empfangen vnd genomen bant, der alz gar verderplichen ist gewesen daz wir billich vnd muglich wenden vnd vnderstan sullen Vnd wan daz aue die nachbenempten Richs Stette mit namen Vlm Esslingen vnd Gemünde, nit wol gesin noch fürgang gehaben mag, Vmb daz so syen wir gar berautenlich, nach Rate vnser Räte mit wol-

bedachtem mute, durch gemeines nutzes willen der vorgenanten
Laude vnd Armer vnd Richen, mit den vorgenanten Richs
Stetten, ainer gemainer haller Münsse vnd einer grossen Münse
die Schillinger geheissen sind, vber ain komen ze slahen mit
redlichen zaichen alz hernach geschriben stat Dez ersten so
sullen wir vorgenanter Hertzog Leupolt die haller vnd Schil-
linger slachen ze Rotemburg au dem Negger. Wir Burkart
Byschof ze Augspurg ze Diliugen, Wir Eberhart Graff ze Wir-
temberg ze Stuggartden vnd ze Göppingen, Vnd wir Ludwig
vnd Fridrich Graffen ze Oetingen in vnser Statt, vnd sol ouch
yeglicher tayl dez versorgen, daz sy alzo geslagen werden,
daz derselben haller gangen ein pfunt vnd vier Schilling haller
für einen vngerischen Guldin Vnd ain pfunt vnd dry schilling
haller für ainen Rinschen Guldin, vnd der Schillinger vier vnd
zwaintzig für einen vngerischen Guldin vnd dry vnd zwentzig
für ainen Rinschen Guldin, Vnd sullen die haller bestan zu dem
vierden, vnd an der vfzale zwen vnd Drissig vff ain Nörem-
berger Lot, Vnd sullent die Schillinger bestan zu dem dritten
für sich vnd sol bestan an der vfzale vf die zalmarke hundert
vnd vier Schillinger Daz ist vff ain Nüremberger Lot Sibend-
halbe Schilling haller, vnd ouch also, daz die haller vnd Schil-
linger wiss gemacht sullen werden, Vnd sullen wir obgenanten
herren von den hallern nit me nemen ze Slagschatz denn von
yeder synen Mark Silbers ainen Schilling haller Vnd von den
Schillingern von dry geschickten Marcken driu ort eins Schil-
lingers ze Slagschatz. Were ouch ob wir vorgenanten Fürsten
vnd herren die vorgenanten Münsse in andern vnsern Stetten
vnd Slössen slachen wölten daz mügen wir ouch wol tún.
Doch alwegen, daz wir versorgen sullen daz sy geshlagen
vnd gehalten werden alz in disem brieff geschriben stat vnd
ouch mit kuntlichen zaichen, dass man ain Münsse aigentlich
vss der andern erkenne Ez sullen ouch die vögt Schultheissen
Richter vnd Rate der vorgenanten Stette Rotemburg Dilingen
Stuggartden Göppingen vnd Oetingen Oder ander Stette da wir
slachen wurden, sweren gelert ayde zu den hailigen, daz ir

ieclichin Statt besunder die haller vnd Schillinger die by In
geslagen werden in solicher masse versorgen daz sy beliben
vnd bestanden an Korn vnd an vfzale alz vorgeschriben ist
vnd sullen sy ouch mit namen alwegen vber vierzehen tage be-
schowen vfsetzen vnd versuchen vngeuarlich, ob ir icht abge-
setzet sy, vnd wa wenne, oder alz dike sy daz erfunden, oder
gewar wurden, daz ir geuarlich abgesetzet were So sullen sy
dieselben haller vnd Schillinger, alz vil der wurde oder were
ze stund zerschniden, vnd wider haissen vfsetzen vnd brennen
vf der Müntymaister schaden, vnd also keinen lassen vsz zelen
Ez seu denne, daz sy vor eigentlich versucht syen, daz sy be-
standen alz vorgeschriben stat Wa aber daz darvber bescheche,
Vnd die Haller oder Schillinger geuarlich erfunden wurden,
So sullen die Stette by den die Haller oder Schillinger gesla-
gen werden vnuerzogenlich by dem ayde zu demselben Münsz-
maister richten alz zu ainem Valscher Vnd sullen ouch wir
egenante Hertzog Leupolt Burkart Byschof ze Augspurg Eber-
hart Graff ze Wirtemberg vnd wir Ludwig vnd Fridrich Graffen
ze. Oetingen, die vorgenanten vnser Stette daran nit Irren noch
hindern, noch schaffen, getan mit dehainen sachen in keinen
weg ane alle geuerde, ouch sullen wir vorgenante Hertzog
Leupolt, Burkart Byschoff ze Augspurg Eberhart Graff ze
Wirtemberg, Ludwig vnd Fridrich Graffen ze Oettingen vnser
yeglicher tail besunder ain besunder sichtig zaichen, ainhalb
vff die Haller ein Creutz vnd anderthalb nihtzit anders, denn
vnser yeglicher vff sin Haller sine wapen, Vnd vff die Schil-
linger ain halb ein Creuz end anderthalb yeglicher vff sin Schil-
linger sine wapen slaben vnd darvmb sinen namen mit buch-
staben, Darvmbe daz man vnser yegliches Slag vnd Müntze
eigentlich erkenne, ob Ir abgesetzet wurde oder man sy ge-
uarlich funde, Wa daz beschehen were daz man zu demselben
Müntzmeister weste ze richten, alz vorgeschriben stat. Man sol
ouch die vorgenanten Haller vnd Schillinger ze stund vfwerfen
vnd sullent ouch ze stund In vnser vorgenanten herren Landen
In Swaben vnd ouch In den vorgenanten Richs Stetten werung

14 *

sin vnd gang haben, vnd sol man daby kouffen vnd verkouffen; Ouch syen wir überain komen vnd haben gesetzt, dass nieman die vorgenanten Haller vnd Schillinger, alsbald sy vfgeworffen werdent, nit saigern noch vslehen sol. Wer aber daz darvber tette, wa man daz denne kuntlich erfunde zu dem oder den, sol man denne vnuerzogenlich richten alz ze ainem Valscher. Were aber ob yeman die vorgenanten Haller oder Schillinger wider In vnser oder In ander Münsse, oder Goldsmitten brächte gantz oder zerschnitten, die sol kain Müntzmaister noch Goldsmit noch debain knecht verbrennen, Denn daz ein yeglicher Müntzmeister vnd goldsmit vnd ouch alle ir knecht by den ayden die sy darumbe gescworn hant, solich die also mit den Hallern oder Schillinger zu In kämen, Rügen vnd sagent sollent den Vögten Burgermaistern Amptleuten vnd Räten in der Statt, da denne daz bescheben were vnd dieselben sullen denn vnuerzogenlich zu den die daz also getan hetten Richten als zu Valschern. Were aber ob debain Müntzmaister oder Goldsmit oder ir knechte daz vberfüren, zu den sol man denn ouch richten alz vorgeschriben stat, Vnd sullen mit namen weder wir vorgenante Fürsten, herren noch Stette von allen den die die vorgenanten stuke ir ains oder mer vberfüren, dehain gelt dafür nemen, denn daz sy furderlichen richten sullen alz vorgeschriben stat. Were aber ob wir vorgenanten Fürsten vnd Herren, den sachen alz vorgeschriben stat, nit gnug têten oder tun wolten. Alz bald sich daz kuntlich erfunde, so sullen die andern Herren vnd Stette dieselben müntze nit me nemen noch werung lassen sin by Iren guten truwen, ane alle guerde. Vnd vmb daz daz die vorgnante Müntze nit abgang vnd desterbaz fürgang muge gehaben So haben wir vns dez mit enander ouch veraint, Daz weder wir noch die vorgenanten dez Richs Stette nit verhengen noch gestatten sullen, Daz yeman debain Silber von dem Lande nit für Ez sye gemünset oder nit gemünset, Wer aber daz daruber tette, wa man die ergriffe der Lip vnd gut sol denn den In dez Lande vnd gebiete oder In den Stetten da sy denne ergriffen wurden verfallen sin Wir syen ouch

vberkomen daz man den Münsserknechten in vnser yeglich
Münsse nit me geben sol denn Sechtzehen haller von einer
Marke haller ze würken vnd von dryn Marken Schillingern
dry Schillinger ze Lon, vnd von Zwentzig Marken ze Fur-
gewichte vnd wiss ze machen denn Sechtzehen lot vnd
nit me vnd wellen ouch daz in die Müntzmeister nit me geben
sullen. Vnd wan aller berlicher vnd genarlicher wechsel, alle
müntze vast swecht und vnwerde machet, Darumb syen wir
vorgenant Fürsten vnd herren vnd ouch dez Richs Stette mit
enander ouch vberainkomen, daz wir In allen vnsern Landen
vnd gebieten vnd ouch In dez Richs Stetten Einen solichen
geswornen Wechsler setzen sullen Also daz ein gesworner
wechsler einen Guldin hin In nemen sol einen vngerschen Gul-
din für ein pfunt vnd vier Schilling haller, vnd einen Rinschen
Guldin für ein pfunt vnd dry Schilling haller, vnd vier vnd
zwaintzig Schillinger für einen vngerschen guldin vnd dry vnd
zwaintzig Schillinger für einen Rinschen guldin, Vnd sol sy
hervs geben Einen vngerschen guldin für ain pfunt vier Schil-
ling vnd dry haller vnd ainen Rinschen guldin für ain pfunt
dry Schilling dry haller vnd nit höher, Oder einen vngerschen
guldin für vier vnd zwentzig Schillinger dry haller vnd ainen
Rinschen guldin für dry vnd zwentzig Schillinger dry haller
vnd nit höher. Were ouch ob dehein Fürst herre oder Statt
In disen landen gefryget were Haller ze slachen, der oder die
mugent die wol slachen Also doch daz dieselben vorhin allez
daz verschriben globen versprechen vnd tugen daz vorgeschri-
ben stat vnd alz ouch wir getan haben an alle geuerde. Wel-
her oder welby aber daz nit tetten oder tun wolten, der Müntze
sol nieman nemen vnd sol ouch nit werung sin In vnser vor-
genanten Fürsten vnd herren Landen vnd ouch In den vorge-
nanten Richs Stetten, Dise vorgenante Müntze sol alwegen
bestan. Vnd also haben wir vorgenanter Hertzog Leupolt ge-
lopt by vnsern Fürsteulichen trúwen eren vnd gnaden. So
haben wir ekenanter Burkart Byschoff ze Augspurg, Eberhart
Graff ze Wirtemberg, Ludwig vnd Fridrich Graffen zu Oetin-

gen für vns vnd für alle die ·vnsern gelopt by guten truwen
In eydes wise alle vorgeschriben sache wär vnd stät ze hal-
ten ze laisten vnd ze volfüren ane alle geuerde nach dis brifs
sag Vnd dez ze warem vrkunde So, haben wir vorgenante
Fürsten vnd herren vnser yeglicher sin eigen Ingesigel getan
henken an disen brieff. Vnd wir die vorgenanten Bürgermai-
ster vnd Räte der vorgenanten Richs Stette mit namen Vlm
Esslingen vnd Gemünde habent ouch gelopt fur vns vnd für
alle die vnsern, alle vorgeschriben sach war vn stätt ze hal-
ten ze laysten vnd ze volfüren ane alle geuerde nach dis briefs
sag vnd ouch nach lut vnd sag der Briefen die wir den vor-
genanten vnsern gnedigen herren darvmb versigelt gegeben hant
Dis beschach vnd wart dirre brieff geben ze Kyrchain
vnder Tegg an Sant Andres Abent dez hailigen zwelfbotten
Do man zalt von Crists geburt Driuzehenhundert Sechz vnd
Nuntzig Jare.

LX.

Anno 1396. 6. Decembris.

Die Städte Ulm, Esslingen und Gmünden bestätigen voranstehende Uebereinkunft.

Wir die Burgermaister Räte vnd alle Burger gemainlich
diser nachgeschriben dez hailigen Römischen Richs Stete mit
namen Vlme Esszlingen vnd Gemunde veriehen offenlich mit
disem brieffe vnd tugen kunt allermaenglch Alz sich der hoch-
geborne fürste vnd herre herr Liupolt von gotz gnaden hertzog
zu osterrich ze Süre zu kernden vnd ze krain grauffe ze Ti-
rol etc. Vnd och der Erwirdig fürst vnd herre herr Burkhart
von gotz gnaden bischoffe ze Augspurg. Vnd ˙darzu die Edeln
wolerbornen herren herr Eberhart grauffe ze Wirtemberg herr

Ludwig vnd herr Fridrich grauffen zu Oetingen alle vn-
ser liebe gnadig herren von solichs vnmuglichs vnd grossen
schadens wegen den Iriv lande vnd leute iu Swauben von bö-
sen Münsszen die bizher gewesen sind gelitten vnd empfangen
hand mit vns ainer Münsz veraint hand vad überkomen siud.
Also daz si haller vnd schillinger schlaben wollen mit namen
die haller daz der ain pfunt vnd vier schilling haller gangen
für ainen Vngrischen guldin vnd ain pfunt vnd dry schilling
haller für ainen Rinischen guldin. Vnd der schillinger vier
vnd zwaintzig für ainen vngrischen guldin vnd dry vnd zwain-
tzig für ainen Rinischen guldin Vnd daz die haller bestandeu
zu dem vierden vnd an der vffzale zwen vnd drissig vff ain
Nüremberger lot. So sullen die schillinger bestan zu dem
dritten für sich vnd an der vffzale vff die zalmarke hundert
vnd vier schillinger daz ist vff ain Nüremberger lot sibendhalb
schillinger Vnd sullen och dieselben haller vnd schillinger wisz
gemacht werden vnd och in solicher beschaidenhait daz die
vorgenanten fürsten vnd herren von den hallern niht mer nemeu
ze schlagschatz denne von Jeder ainen marke silbers ain schil-
ling haller vnd von den schillingeru von drin geschickten mar-
ken driv orte ains schillingers ze schlagschatz alz och daz allez
vnd wie divselb Münsz Iu andern sachen gehalten vnd versorgt
sol werden die brieffe die vns die vorgenanten fürsten vnd
herren gegeben hand aigenlichen vnd volkomenlicher vsswisend
vnd sagend. Vnd wan wir vorgenanten dry Richs Stete mit
solicher böser Münsz och also vast beschediget worden sien
vnd wir daz vff disz zite mit debainen andern sachen alz nutz-
lich vnd alz wol wisten ze verkomeu alz mit dem daz wir och
an die vorgenanten Münsz träten vnd stünden vmhe daz waa
der vorgenanten fürsten vud herren lande Stete leute vnd och
gut an vns stiesseu vnd wir vnd de vnsern neben vnd bi Iu
vnd den Iren vermischet sien. Darvmbe so haben wir vns ietzo
gar beratenlich mit guten fürsätzen vnserm gnädigen herren dem
Römischen kung vnd dem hailigen Römischen Riche ze Eren
vns selb vnd den vnsern ze nutze vnd ze fromen mit den Ege-

genanten fürsten vnd herren dez och verpflichtet vnd verainet,
Also daz wir In gelopt versprochen vnd verhaissen haben vnd
versprechen mit disem brieffe daz wir die Egenanten haller vnd
schillinger In den vorgenanten vnsern Steten nemen sullen vnd
wollen vnd daz och die sullen werung haissen vnd och sin alle
die wile div selb Münsz belibt vnd bestat an korn vnd an vff-
zale alz vorgeschriben stat vnd och alle die wile die vorge-
nanten vnser herren die fürsten vnd och herren dieselben Müntz
mit allen andern stuken punden vnd artikeln versorgend vnd
och vns ob dez noch beschach zu den Münszmaistern richtend
vnd rechtz gestattend nach dez vorgenanten brieffs lute vnd
sage den si vns darvmbe gegeben hand alz vorgeschriben stat
ane alle geuerde. Doch mit solichem vnderschide vnd mit so
getan vssgenomen worten gedingden vnd beschaidenhaiten wenne
daz were daz vns der vorgenant vnser gnädiger herre der
Römisch künge oder ander sin nachkomen an dem Riche Rö-
misch kaiser oder kunge ainander Münsz gäben da mit land
vnd leute versorget wären daz wir denne fürbaz niht mer ver-
bunden sin solten bi der Egenanten Munsz ze beliben noch die
ze nemen In kainem wege denne daz vns der brieffe den vns
die vorgenanten fürsten vnd herren von. der Egenanten Münsz
wegen gegeben hand vnd och dirr gegenwurtig brieffe den wir
In darvmbe widervmbe gegeben hand fürbaz gentzlich unschäd-
lich beliben haissen vnd och sin sol In alle wege ane alle ge-
uerde Vnd also haben wir vorgenanten burgermaister Räte und
alle burger gemainlich der Egenanten driger Stete gelopt bi
unsern guten trivwen alle vorgeschriben sach getrivlich war
und stäte ze halten ze laisten und ze vollefüren ane alle ge-
uerde nach disz brieffs sag. Vnd des ze warem vnd offem
vrkund So haben wir stete alle dry vnser stete aigen Insigel
offenlich gehenkt an disen brieffe Der geben ist dez nehsten
gutemtags nach sant Endres tag nach Cristz gehurt drivtzehen
hundert Jar vnd darnach In dem sechs vnd Nivntzigosten Jare
(c. 3 S.)

LXI.

Vier Domherrn und sechs Bürger zu Augsburg legen die zwischen der Pfaffheit und der Bürgerschaft zu Augsburg obwaltenden Irrungen von der Zinse und Leibgedinge wegen bei.

Wir die nauchgeschriben Johans Rycher von Gottes verbenkuuzz Bropst des Gotzhuses tzu Sant Georgen Johans Igelbeck Tegan zu Sant Mauriczien Geory Ersinger Custer, Johans Vogt Hainrich von haulffingen vnd Anshalme von Nenningen alle vier Chorherren dez Toms tzu Augspurg an ainem tail, Vlrich vnd hans Langenmentel Johans Ilsung hans veude Ludwig hoernlin vnd Chuurat Mairlin alle Burger tzu Augspurg an dem andern tail, Bechennen offenlichen mit disem prieff vor allermenglichen, Als der hochwirdige Fürst vnd herre her Burckart von Gottes vnd des hailigen Stuls gnaden Bischoff tzu Augspurg vnser Genadiger herre sin Cappitel tzu dem Tume vnd gemainlichen alle Prelaten vnd Pfaffhait aller Gotzhuser In der Statt tzu Augsburg auf ainem tail, Vnd die Ersamen vnd weisen Burgermeister Rautgeben vnd Purger Reich vnd Arme gemainlichen der Statt tzu Augspurg auf dem andern tail, zu furchomend grozzen vnwillen Stözz vnd zwäyung die von baiden tailn, dick In vergangen Zyten auferstanden vnd beschehen sind, von wegen der Zinse vnd der Leipding die der obgenant vnser genadiger herre der Bischoff, sin Cappitel vnd sin Pfaffhait In der Statt tzu Augspurg habend, Vnd söliches zu bestellen auf genantiu Jare ainer freuntlichen veraynung, vnd anspruchs auf vns gegangen sind, Haben wir mit ainheller Stime wolbedahteclich nauch raute vnd vnderweisung Erber vnd weiser leute zwischen beiden vorgeschriben tailn ausgespro-

chen vnd sie solicher stözze vnd vnwillen freuntlich überain
braucht, als diser prieff ausweiset vnd hienauch geschriben
staut, Dez ersten so haben wir ausgesprochen vnd beredet Daz
diser ausspruch vnd freuntliche veraynung weren vnd beliben
sol, vnd von baiden tailn gehalten werden Subentzig Jare die
nähsten nauch enander zu zelen nauch dato ditz prieffs, Vnd
wenne die Subentzig Jare die nähsten nauch enander zu zelen
vollentlichen auss vnd vergangen sind So sol der obgenanter
vnser genadiger herre der Bischoff, sin nauchkomen, sin Cap-
pitel, vnd alle sin pfaffhait vnd ir nauchkomen hintz iren Leip-
dingen vnd zinsen, alle die rehte wider haben, als von alter
her vnd durch reht dartzu haben sullend, Also daz dieser aus-
spruch vnd verainung nauch den Subentzig Jaren ieglichem
tail an sinen rehten vnschädlichen sin sol Vnd sol ietweder
tail dem andern tail den taedigprieff diser ausspruch nauch den
Subentzig iaren wider geben aun allez verziehen vnd wider-
sprechen, Wir haben auch beredt vnd vns ainmueticklich er-
kent wie wir alle zinse vnd leipding In golde geschlagen ha-
ben vff Zil vnd frist zu bezalen als die brieff aigenlichen aus-
weisend vnd sagend Die ain ieglicher leipdinger vnd zinser
von sinem herren nemen vnd übergeben werdent vnd auch die
gagenprieff die die Leipdinger iren herren herwider geben
werdent, Daz es die genant Subentzig iare auch dapei bestaun
vnd beliben sol Vnd welhen zinse oder Leipdinge man vff
zwai zil bezalt haben solt der sol auff ainem beliben auff dem
ersten vnd nit auff dem andern, uff daz selb zil der Zinser
oder Leipdinger ribten vnd bezalen sol die gantze Summe
dez zinses oder Leipdings zesampt als er danne auf zwai zil
bezalt haben solt, Welher aber auf ain zil stat der sol also
beliben, Vnd die zinse vnd leipding sol man auff ain ieglich zil
bezalen, vierzehen tag vor oder vierzehen tag daruauch die
danne zunaest davor oder darnauch sind, Vnd wer daz nit taete,
der wäre dez drittentails mer tzu pene verfallen dem herren
dez daz gute ist darus der zinse oder daz leibdinge get, Vnd
der mag Im danne tzu huse vnd zu hofe gaun wenne er wil

mit dez obgenanten vnsers gnädigen herren dez Bischoffs, oder siner nauchkomen Burggraufen der Statt vogte oder dem Burgermeister die auch daz aun verziehen tun sullent Vnd dem als vil pfande austragen, vnd die verchauffen oder versetzzen hintz dem herren, dem der zinse oder das Leipding zugehöret zinse, leipdinge vnd pene bezalt werdent, Wolt aber der herre dez gutes darus der zinse oder daz leipding gaut, daz nit tun, Wanne danne ain halbs iare daz nahst nauch dem zil vergangen ist, Vnd der herre In derselben zeit dez halben Jars sins zinss vnd der pene nit bezalt wirt+So ist demselben herren Dez gutes Darus der zinse oder daz Leipding gaut grund vnd Bodeme vnd waz daruff gepuwen ist gentzlich vnd gar verfallen nauch Leipdings rebt aun menglichs irrung. Wir haben auch beredet, ausgesprochen, ob Huser hofstett vnd Gaerten die dem obgenanten vnserm gnaedigen herren, dem Pischoff sinen nauchkomen sinem Cappitel vnd aller siner Pfaffhait In der Statt tzu Augspurg leben oder zinsbar sind verchaufft wurden, So sullen der oder die dem herren dem der zinse oder leipdinge darus gaut den pfennig hain geben als Leipdings reht ist, Vnd wäre demsaelben herren füglichen, daz er daz verchaufft huse hofstatt oder Garten zu Im nemen wolte, daz mag er wol tun Ist daz er dez bedarff zu siner noutdurff Im selber tzu niezzen, vnd nit zu verchauffen noch hinzulazzen. Wäre aber daz er dez nit bedörfft so sol er den kauff gaun lazzen vnd das verschriben vnder sinem Insigel wie daz berchomen ist als es Crafft vnd maht haun sol, Vnd der den kaufft also behebt, sol daz Insigel bezalen auf ain getruwen aun gevärde. Welher aber den pfennig dem herren dez grund vnd bodeme ist nit hain gebe So ain Leipdinge verchaufft würde vierzehen tag vor oder vierzehen tag nauch tzu rechne von dem tag als daz leipdinge verchaufft ist, Der wäre dem herren dez grundez vnd bodem ist ain drittentail dez zinses als vil aus dem gut gaut tzu pene verfallen, Vnd der mag im danne zu huse vnd tzu hofe gaun wenne er wil mit dez obgenanten vnsers genadigen herren dez Byschoffs vnd siner nauchkomen Burggrafen der

15 *

Statt Vogte oder dem Burgermeister die daz auch tun sullent
aun verziehen Vnd dem als vil pfande austragen Vnd die ver-
chauffen oder versetzzen hintz dem herren dem der pfennig
haingeben solt sin, der drittail zinses als Im aus dem gute
gaut gentzlich bezalt wirt. Wôlt aber der herre dez gutes dem
der pfennig haingeben solt sin daz nit tun, Wenne ez danne
ain halb Jare daz nabst nauch dem tag als man den pfennig
haingeben solt haun vergangen ist, Vnd In der weil der pfen-
nig nit haingeben wird vnd auch die pene dez drittentails dez
zinses die also zu pene verfallen ist, niht bezalt wirt, So ist
demselben herren dez gutes grund vnd bodeme Vnd waz daruff
gepuwen ist gentzlichen vnd gar verfallen nauch leipdings rebte
Vnd mag sich dazu ziehen aun menglichs irruug vnd hinder-
nuzz, Wir haben auch gesprochen von der Selgeraette vnd
ewige zinse wegen, wem die haim gaund daz der nemen sol
ain Guldin vngerischer oder Behemischer nauch der Statt we-
rung für ain pfunt Augspurger pfennig Wâre aber dez Sel-
gerattes oder zinse minder oder mer danne ain pfund augspur-
ger pfennig Daz sol angeslagen werden nauch der anzal als
ain Guldin für ain pfund angeschlagen ist, vngeuarlichen. Mer
haben wir ausgesprochen daz In disen taedingen mit namlichen
worten ausgenommen sind Vnsers obgenanten genadigen herren
Byschoffs vnd siner nauchkommen Buggraufen Ampt Mairhoef,
Zôlle, Mullinen sins Cappittels vnd aller obgeschriben siner
pfaffheit vnd ir nauchkommen Badhuser, Mullinan Chorrhofe
mit aller ir tzugehôrde, huser vnd Aecker damit alle Gotzhuser
In der Statt Augspurg gestifft sind, Daz die alle In disen tä-
dingen nihtz vergriffen sind, Es sol auch der obgenanter vnser
gnädiger herre der Bischoff sin Cappitel vnd sin ohgenante
pfaffhait vnd alle ir nauchkommen beliben vnd bestaun pei allen
iren frihaiten, rehten vnd guten gewonhaiten als sie die von
Bâpsten kaisern vnd kungen haund getruwlich vnd aun alle
geuerde. Dez gelichen sullend die obgenamten von Augspurg
vnd ir nauchkommen auch pei allen iren rehten fryhaiten vnd
guten gewonhaiten die sie von Bâpsten kaisern vnd von kungen

haund bestaun vnd beliben getrůwlichen vnd aun alle gevårde.
Dez tzu aiuem stätten vrchunde so haund die obgenauten von
Augspurg Ir Statt Insigel offenlichen gehenckt an disen prieff
alle vorgeschrieben sach vnd rede truwlichen zu halten auu
gevårde, Dartzu wir obgeschriben tädinger vnsriu aiguiu In-
sigel auch an disen prieff gehenkt haben ditz vorgeschriben
ausspruchs vnd diser tädinge zu waurer vnd guter gedehtnuzz
wann wir dez reder vnd Tädinger gewesen siud. Daz ist be-
schehen do man zalt von Cristi gepurt Driuzehenhundert Jar
vnd In dem Abt vnd Nuntzigosten Jare Dez ersten tages In
dem Monat dez Apprellen. (c. 13 S.)

LXII.

Anno 1396. 23. Aprilis.

Uebereinkunft der Pfleger des Spitales zu Nördlingen
mit dem Bischof Burkhart betreffs der Kirche und des
Zehenden zu Phlunloch.

Ich Hainrich frikinger vnd ich frantzis Struzz by den ziten
phleger des Spitals vnser frowen zu Nordlingen vnd ich Wal-
ther Mair maister desselben Spitals bekennen vnd veriehen
offenlich for vns vnd fur alle vnser nachcomen mit dem brief
vor allermenglich Daz wir mit verdachtem mut mit gutem wil-
len vnd dez obgenanten Spitals nutz wegen vnd auch mit gunst
haissen vnd gutem willen der burger dez Ratz der Stat zu
Nordlingen mit dem hochwirdigen fursten vnd herren hern Bur-
kart von götz gnaden Bischoff zu Auspurg vnserm gnedigen
herren vnd mit dem Cappitel gemainlich zu Auspurg fruntlich
vnd gütlich vher ainkomen syen von desselben Gotzhus kirchen
wegen zu phlunloch vnd von des zehenden wegen derselben
kirchen Also daz der obgenant vnser herr der Bischoff vnd

daz Cappitel gemainlich dem obgeschriben Spital von den armen
durftigen dieselben kirchen zu pbluuloch vnd den zehenden da-
selbs der zu der kirchen gehoret fur sich vnd ir nachcomen
Incorperirt haben vnd darzu wann vnd als oft ain pharrer der
selben kirchen von tod abgat vnd erstirbet oder sust dauon vert
es sie von wechsels oder von ander Sach wegen in welich
wise sich daz fügte So sullen allweg die ersten nutz derselben
kirchen dem obgenanten Spital in ewig zit volgen vnd werden
anne alle Irrung Da wider haben wir dem obgenanten vnserm
gnedigen herren von Auspurg vnd sinen nachcomen vzz dem
zehenden derselben kirchen zu pbluuloch verscbriben vnd ver-
macht mit kraft ditz briefz Syben gut-Rinsch guldin yerlicher
vnd ewiger gult, Also daz wir vnd alle vnser nachcomen dem-
selben vnserm herren von Augsburg vnd allen sinen nacbkomen
die obgeschriben Siben gildin alliu Jar auff sant Martins tag güt-
lich vnd vnuerzogenlich richten vnd geben sullen Welbes Jars
wir oder vnser nachcomen des nicht teten Waz er oder sin
nachcomen der selben Siben guldin darnach redlichen schaden
nemen vngeuarlich den schaden allen mit dem haubtgut sullen
wir in dann auch gentzlich aussrichten ane iren schaden Vnd
dez allez zu warem vrkund geben wir dem obgenanten vnserm
herren von Auspurg vnd sinen nachcomen den brief besigelt
mit dez obgenanten Spitals vnd gotzhus aigem anhangendem In-
sigel Darzu han ich obgenanter Hainrich frikinger phleger min
aigen Insigel zu eiuer gezüguoz der sach gehenkt an disen
brief darvnder ich frantzis struzz vnd der Maister vns verbin-
den wan wir aigner Insigel nicht haben. Der geben ist an sant
geryen tag do man zalt von Christz geburt Drewzehenhundert
Jar, vnd in dem Acht vnd Nuntzigostem Jar. (c. 2 Sig.)

LXIII.

Anno 1896. 9. Julii. Langiagen.

Die Gebrüder Ernst und Wilhelm Herzoge in Bayern urkunden, dass Herzog Stephan dem Bischof Burkhart die Stadt Schwäbischwörth mit ihrer Einwilligung versetzt habe.

Wir Ernst vnd wir. Wilhalm gebruder von gotes genaden Phalliczgrafen bey Rein vnd herczogen in Bayern etc. Bechennen offenlich mit dem brif vmb die Stat Swäwischwerd, die der hochgeborn fürst vnsér liber Vetter berczog Stephan auch phallczgraf bey Rein vnd herczog in Bayern dem Erwirdigen vnserm besunderm liben frewnd, hern Burkharden Bischof ze Auspurg in pfants weis versetzt hat vmb fünf Tausend mynner funczigk vngrisch guldein, als die brif weysend die er ym darüber geben hat, Das das mit vnserm gütlichen willen vnd gunst beschehen ist, vnd dauon so bestätten wir ym vnd seinem Goczhausz ze Auspurg, dieselben brief vnd pfantschaft mit disem gagenwurtigen brief, Sy' genadikleich dabey ze behalten, in aller der mazz als ir vorgenaut brief die sy darüber habend von wort ze wort geschriben vnd begriffen sind getrewlich vnd an alles geuärd, Vnd des zu vrchund geben den brief mit vnsern Insigeln versigelten zu lauging an Eritag vor Saud Margreten tag Nach christi geburd Drewczehen hundert jar vnd in dem Acht vnd Newnczigistem Jare. (c. 2 S.)

LXIV.

Jörg Smicher gesessen zu Helmshofen, und seine Brüder Steffan, Veit und Heinrich, sodann Hans von Wavl und sein Bruder Kaspar verkaufen den Kirchensatz zu Burggew mit der Weierstatt und allen Rechten und Zugehörungen, an den Bischof Burkhart um 180 rhein. Gulden.

Gehen navch christi gepurt driuzebenhundert jar darnach in dem newn vud newnczigosten Jar dez naesten maentags navch dem auffertag. (c. 4 S.)

LXV.

Bündniss zwischen den bayer. Herzogen Stephan, und der Pfaffheit und der Bürgerschaft zu Augsburg.

Wir Stephan von gotes genaden Phallenczgraf bey Rein, vnd Herczoge in Beyren etc. Bekennen offenlich mit dem brif für vns vnser erben vnd Nachkomen, das wir mit gutem willen vnd nach vnserr Rät rat, wolbedachtiklichen ze frid ze nucz vnd zu sicherheit, vns selber, den vnsern vnd dem gemainem Laund zu gemache vnd sunderlich darumb, daz wir vnserm herren dem Römischen Kunig, vnd dem heiligen Reich, dester batz gedieben mugen sein wir mit dem Erwirdigen herrn Burckharten Bischofe zu Augspurg, seiner Pfaffheit, vnd auch dem Rat vnd den Burgern gemainklichen daselbs zu Augspurg, vnd mit allen den ireu, Rittern, Knechten, Steten, Vesten, Slossen, Margtten, dörffern, vnd mit allen den iren, mit rechter gewissen, ainer guten rechten frewntschafft vnd verayuung vberainkomen, vnd die aynung auch weren sol, vnd von baiden tailen getrewlich gehalten werden sol, von dem tag hewt, als der brif geben ist, vucz auf sand Bartholomeus tag schirst künftig vnd darnach die naechsten zway Jar an alles absagen. Es sey ob sich krieg in Tewtschen Launden auferstunden, von herrn, von Steten, oder von Launden, anders dannoch sol diser brif vnd aynung beleiben bey allen iren kreften und maechten, als hie vor vnd hernach geschriben stet, an allez geuerd. Des ersten wär sach, daz yemant der egenant Bischof, sein Pfaffheit, oder die egenanten von Augspurg, oder die iren widerrechz angreiffen oder beschedigen, mit name, Prannt Raub Mort, oder mit vnrechtem Widersagen, so sullen wir inn den naechsten vierzehen Tagen nach irr monung, vierzik mit spiessen, ze Roaz vngeuerlichen seunden zu hilff, an die Stet, dahin sy vns dann gemout habend an geuerd, auf unser aygen Kost, verlust Zerung vud schaden als lang, und als vil, hincz daz Iu vnd den iren, der schad redlichen bekert wirt. Wär aber daz sy mit der egenanten hilf, die angriff vnd beswaruuzz nicht erobern vnd ausgetragen mochten, wenn Wir dez von In ermont werden, als vorgeschriben stet, so sullen wir Inn den nächsten acht tagen, darnach von vnserm tail zuschieben, vnd schiken hundert vnd dreysik man wolgewappneter vngeuerlichen zu füssen, halb schuczen, vnd halb mit Spiessen, vnd mit der hilf vnd zuschube sullen wir In beholffen sein vngeuerlichen, nach dem besten. Möcht aber dieselb sach also mit der yczgen hilf nicht geobert, geendet noch ausgetragen werden, so stet es dann auf vnser baider Partien willen und getrawen. Auch sein wir mit dem vorgenanten Bischof, seinem Capitel oder seiner Pfaffheit, vnd auch den von Augspurg, gemainklichen vberain

komen, vnd haben vns dez mit In veraynt, ob sy irr Land oder
Lewt, yemant bekriegten oder beswärten wider recht, daz sullen
sy an vns bringen mit iren brifen vnd botschefften, denselben
sullen wir dann vnuerzogenlichen schreiben, daz sy darumb
recht nemen, vnd tun auf ainen gemaynen man, dem egenanten
Bischof, dem Capitel, den von Augspurg, vnd den iren zu ge-
legen tagen vngeuerlich. Wolten sy In daz tun so sein wir In
darumbe nichcz gepunden noch schuldig ze helffen in dhayn
weis, Wolten aber der oder die zu dem rechten nicht komen
vnd dem genüg tun, So sein wir dem obgenannten Bischof vnd
den von Augspurg schuldig ze helffen als vorgeschriben stet.
Auch sein wir mit dem egenanten Bischof vnd den von Augs-
purg veraint worden, ob herren Ritter knecht, oder yemant an-
ders zu Iu oder zu den iren zu sprechen hetten, von geltschuld
wegen, es wär verbrift, oder chauntwarew schuld vnd besun-
der von schuld wegen, der die da vodert vnd klagent, vnd
geren wolten, darumb zu gelegen tagen komen zu dem rechten
aber auf aynen gemaynen man, Vnd auch dabey beleiben, von
der vnd solicher zuspruch wegen Sein wir dem vorgenanten
Bischof vnd den von Augspurg nichcz schuldig, noch gepunden
zu helffen in dhayn weis. Mer ist beredt worden in dieser ver-
aynung, ob daz wär, daz vns der vorgenant Bischof vnd die
von Augspurg Spiess schickten, nach dem vnd sich sich in
iren brifen gen vns verschriben habend, daz wir denselben in
vnsern Slossen vnd Vesten, vmb ir gelt redlichen vnd vailen
kauff schaffen sullen, mit den vnsern ze geben an geuerd. Wär
auch sach, daz in diser zeit, alz diese vnser aynunge wern
sol, solich lewff vnd sach auferstunden, daz wir den offtgenan-
ten, dem Bischof vnd den von Augspurg hilff zuschiken wür-
den und daz sy mit derselben ir vnd vnser obgenanten hilff
ycht Vesten oder Slos nöten oder besiozen würden, was kost,
oder schaden darauf giengen oder wachsen würde, von gezewg
oder Werchklewten, daz sullen die obgenanten der Bischof
vnd die von Augspurg vnd die iren dargeben vnd ausrichten,
vns an schaden an als geuerd, Vnd waz auch der obgenant

Bischof vnd die von Augspurg, Vesten oder Geslos gewünnen
oder einnoment, so der Zog Ir wär oder von iren wegen dan-
nen gieng als vorgeschriben stet vnd ob In in denselben Slo-
sen icht gemangen würden mit denselben Slossen vnd gemaun-
gen mogen sy tun vnd leben wie sy wellen, daz wir sy daran
nicht saumen sullen in dhayn weis, Doch daz der obgenant
Bischof die von Augspurg vnd die iren, mit namen getrewlichen
fürkomen und besorgen sullen, daz uns von denselben Geslossen
vnd den genanngen darumb dhayn schad auferste, noch zuge-
zogen werd in dhayn weis. Wär auch daz in dieser zeit, als
dise vnser aynung weren sol, der obgenant Bischof vnd die
von Augspurg uns ermouten, vmb vnsern zewg vnd werchlewt,
zu der hilf alz vorgeschriben stet vnd darzu sy vnserr werch-
lewt vnd gezewg bedorfften, für Vesten oder Galoss, die sullen
wir In leihen, doch also, wenn die sach erobert vnd geendet
wirdt, daz sy vns dann vnser werchlewt vnd zewg wider ant-
wurten sullen vngeuerlichen an die Stat da sy die genomen
habend, an schaden vnd an all geuerd. Wär auch sach, daz
wir vnd die vnsern auf ainem tail, vnd der vorgenant Bischof
sein Pfaffheit vnd die von Augspurg auf dem andern tail, ains
gemaynen zuchs miteinander aynheliklichen mit der vorgeschri-
ben hilff oberain würden, ez waer von Mortz, Prauntz Rawbez
oder Vnrechtz widersagens oder von waz sach daz wär, denn
vns baid tail dawchte, daz vns vnrecht oder vnrecht zugriff
beschehen wider recht, an wem die beschehen wären, ez wär
edler oder vnedler, Kawfman Lanntvarer oder Pilgreim oder
wie der genant wär, da sullen wir baid Partien, ygliche party
mit seiner obgenanten hilff vnd mit Werchlewten vnd gezewg,
darzu trewlich geraten vnd geholffen sein, yeglegew Partey
auf ir selbz kost, verlust vnd schäden, doch ausgenomen, ob In
ainem solichen zuchk ycht Slos Vesten oder geuanngen wür-
den, daz dann wir baid Parteyn, die miteinander haben vnd
damit tun lassen, wie wir wellen und uns daucbket, daz nucz
vnd gut sein, trewlich an all geuerd. Auch sein Wir mit der
vorgeuanten dem Bischof vnd den von Augspurg veraint wer-

16 *

den. Wär sach, daz Wir mit iren Rittern, Knechten, Steten
Margtten, yemant anders, in iren Lannden ge-
sessen, ychtes zu schaffen, oder zu In zu sprechen hetten, vnd
die auch in gerichten, zwingen vnd pannen gesessen sind, den-
selben sullen Wir nachvaren vnd recht von in nemen an den
steten vnd in den gerichten, darin sy dann gesessen sind, Es
wär dann vmb sach, die billichen für gaistlich gericht gehörten,
als dann von recht und gewonhait herkomen ist, Die sullen
auch dabey beleihen und ausgetragen werden. Wär aber daz
wir zu yemant in dez vorgenanten Bischofs vnd der von Augs-
purg Lannd, er wär edler oder unedler zu sprechen hetten oder
gewunnen, die in gerichten zwingen vnd pannen nicht gesessen
wären, Wenn daz der oder die, die da klager sind, vorhin
vierzehen tag oder ee vechändent, oder zu wissen dem Bischof
oder den von Augspurg in iren rat, da sullen wir oder Vnser
Vicztumbe, oder Vnsers Vicztumbs gewalt, an seiner stat zu
der nachsten Quotember komen vngeuerlichen zu dem Zolhaus
zwischen lechs vnd Fridberg gelegen zu In oder wer von iren
wegen mit irem vollen gewalt dahin kumbt, vnd wann daz also
geschicht, gent dann die sach den vorgenanten Bischof oder die
seinen an, so sullen wir dann ainen gemainen man nemen auz
seinem Rat, geent dann die sach daz Capitel an, so sullen wir
ainen auz dez Capitel Rat nemen vnd wir sullen zwen Vnserr
Rät darzu seczen, vnd der vorgenant Bischof oder daz Capitel
welichen tail dann die sach angeut auch zwen irr Rät darzu
seczen in geleicher weis vnd in allem dem rechten, ob wir oder
die vnsern ychcz ze hanndln oder ze sprechen hetten, oder ge-
wunnen, hincz den von Augsburg oder dhaynen der iren, So
sullen wir auch komen an daz vorgenant Zolhaws vnd ainen
gemainen man auz der von Augsburg Rat, Vnd wir sullen zwen
Vnserr Rät darzu seczen, vnd die von Augspurg zwen auz
irem Rat auch darzu seczen, mügen vns die Fünf der sach vnd
stözz nicht vberain bringen, mit der mynn, was sy dann darumb
sprechennt, mit dem rechten oder der merar tail vnder In, da-
bey sol ez dann beleihen. Wär aber daz die sach den Bischof

daz Capitel vnd die von Augsburg gemainklichen miteinander
angiengen, So sullen wir ainen gemaynen man nemen auz dem
Rat zu Augspurg vnd sullen aber zwen vnser Rat darczu seo-
zen, Mügen vns die fünf der sach vnd stözz nicht vberain brin-
gen mit der mynn, was sy dann darumb sprechen mit dem rech-
ten, oder der merar tail vnder In, dabey sol ez aber beleiben,
vnd auch ob die vorgenanten der Bischof, das Capitel vnd die
von Augspurg, oder die iren ichtes zu klagen hieten, daz In
von vns oder den vnsern yundert recht verzogen würde, sy
wären in beseczten gerichten gesessen oder nicht, so sullen
wir aber komen oder schiken zu dem Zolhaws zwischen Lechs
vnd Fridberg; zu yglicher Quotember, als sich dann die sach
zunächst verloffen hat, vnd der vorgenant Bischof, daz Capitel
vnd die von Augspurg, welhem tail dann die sach anget, ainen
gemaynen man nemen auz vnserm Rat, in allem dem rechten,
als voran geschriben stet, Vnd waz da mit frewntlicher mynn
nicht geendet mag werden, wes dann dieselben fünf oder der
merar tail vnder In darumb vberain koment, vngeuerlich von
des rechten wegen, dabey sol ez dann beleiben. Auch ist be-
redt worden, daz der vorgenant Bischof, daz Capitel vnd die
von Augspurg Pfaffen Ritter, Knecht Burger Kawflewt ge-
pawrslewt, oder wie die genant sind, ausgenomen schedlich
lewt, des Lanndes in allen vnsern Stetten, Vesten vnd Slossen
sicher varn vnd wondln mugen, leibs vnd guts, dieweil dise
aynung werdt, dann als vil mit dem rechten beschicht oder be-
schähe vngeuerlich, Vnd ob yemant der iren In vnsern gebieten
yohtes verhandlet, darumb er pnzz oder pesserung schuldig
wär; darumb sullen wir yemant der zu In gehört in dhaynerlei
weis bechümern, weder an seinem leib noch gut. Wir haben
auch in diser aynung versprochen, dem vorgenanten Bischof,
dem Capitel vnd den von Augspurg, daz wir dhaynen, der Sy
vnd die iren wider recht angreifft, weder hawsen noch hofen,
äczen, trenchken, binschieben noch banthaben sullen in dhayn
weis, an alles geuerd. Wär auch daz der vorgenant Bischof
das Capitel vnd die von Augspurg in krieg kämen, von diser

aynung wegen vnd dieselben krieg nicht ausgetragen wären, dieweil diese aynung weret, da sullen wir Im mit den obgenanten hilff geholffen sein, als lanng vncz daz der krieg verricht vnd ausgetragen wird. Auch ist beredt worden in diser aynung ob der vergenant Bischof, daz Capitel vnd die von Augspurg sich mit herren oder Steten fürwaz veraynen wolten daz sy daz wol getun mügen, an vnser zusprach, doch als vorr, daz sy dise vnser aynung vnd allez daz darian begriffen ist vnd ze tun ausnemen vnd vor hindan seczen getrewlich an als genär. Mer ist nämlich begriffen in diser aynung, daz wir dem Bischof, dem Capitel vnd den von Augspurg mit vnser hilff vnd zuschrab, von Fridwerg zwainzig meil zu allen örtern, schuldig sein ze belffen wan sy vns dez ermonent, als in disem brif begriffen ist, getrewlich an allez geuerd, es sol auch dise vnser aynunge dem vorgenanten Bischof, dem Capitel, vnd den von Augsburg, an allen iren rechten, Freyheiten, Priuilegien, die Sy haben, von Kaysern, vnd Kunigen, vnschedlich sein, vnd wesen, vnd wann dise aynung ausgat, vnd der genug beschicht, So sol denn jettweder tail dem andern tail seinen brif der aynung widergeben an als veralhen. Wir haben auch zu pesser sicherheit, vnd zu bestättigung diser aynunge gelobt, vnd verhaissen, ob daz wär, daz zweyung, oder irrung in diser aynung auferstund, wie die genant waer, vnd darvmb vns der vorgenant Bischof, daz Capitel vnd die von Augspurg zu sprächen, daz wir daran schuld hetten, waz sach vnd artikl daz wärn, dew in diser aynung begriffen sind, von der selben zuspräch wegen, sullen wir komen zu dem Zollhaws zwischen Lechs vnd Fridberg, oder vnser erberge botschafft, mit zehen vnserr Raet, in den nachsten vierzehentagen nach dem vnd sy vns ermonent, Vnd mügen wir vns, des gen In oder iren Raeten nicht veraynen, so sullen sy ainen gemaynen man, auz vnserm Rat vnd sullen wir, zwen vnser Raet vnd sy, welbem tail dann die sachan gent, auch zwen auz irem rat dorczu seczen, Vnd waz die fünf oder der merar tail vnder in sprechent mit dem rechten, dabey sol ez beleiben. Mer ist zu wissen, wann daz beschicht, daz wir nach vnser aynung brif lawt vnd sag, als dauor geschriben stet, manens bedürffen, daz sullen wir tun gen Augspurg in den Rat, vnd die sullen ez dann furbaz kunt tun, dem Bischof, vnd dem Capitel. Auch ist ze wissen, daz der offtgenanten dez Bischofs, dez Capitels, vnd der von Augspurg, vnd aller der iren, alle vnsere Geslos und vestten zu aller irr notdurfft, zu dem rechten offen sein sullen in aller der weis. vnd maynung, als dauor begriffen ist, getrewlich an als geuerd. Wir geloben auch also für vns vnd alle die vnsern, die, obgeschriben aynung vnzerbrochen ze halten, zu vollaisten, vnd volfüren, getrewlich an alle geuerd. Wir nemen auch auz in diser veraynung den Allerdurchleuchtigisten fürsten, vnd herrn hern Wenczelaw, Römischen Künig ze allen zeiten merar dez Reichs, vnd Künig zu Behaim vnd all sein Nachkomen an dem heiligen Römischen Reich die mit ainheliger wal der Kurfürsten, oder des merarn tails erwelt werdent, vnd darzu dem Römischen Reich, ze halten seinew recht, vnd all vnser frewnt, die von den wappen zu Bayren sind. Auch nemen wir auz vnser Oheim von Oesterreich, darzu vnsern Oheim von Wirtenberg. Mit Vrchund des brifs der geben, vnd mit vnserm Anhangendem Insigel versigelt ist, zu München, an sannd Lawrenozen abennt Nach Kristi gebard, drewzehenhundert Jar, vnd darnach, in dem Newn vnd Newnzigistem iare. (c. 5 Sig.)

LXVI.

Anno 1399. 14. Augusti.

**Das Domkapitel und die Bürgermeister etc. der Stadt
Augsburg verlängern die zu Bartholomei ausgehende
zwischen dem Bischof und der Stadt geschlossene
Ainung auf weitere zwei Jahre.**

Wir die nauchgeschriben Walther Schäbel Tunprobst Vl-
rich Burggraff Tegen, Georg von Ersinger Custer Johans Vogte
alle Chorherren auf dem Tum tzu Augspürg an ainem tail Peter
Langenmantel gesezzen pei dem Saltzstadel Ludwig boralin tze
den zeiten baid Burgermaister Johans Ilsung vnd Lorentz der
Egen baid purger tzu Augspurg auf dem andern tail Bechennen
offenlichen mit disem prieff vor allermeaglichen, von der frunt-
schafft vnd veraynung wegen Als ietzo ditz gegenwärtig Jar
gewesen vnd noch füro werend ist hintz vff ietzo den nähst
künftigen Sant Bartholomeus tag zwischen dez hochwirdigen
fürsten vnd herren hern Burkarz von Gottes vnd des hailigen
Stuls gna en Pischoff tzu Augspurg vnsers genadigen herren
Sins Capiels siner Pfafhait vnd aller der irn auf ainem tail
vnd der Erbern vnd weisen den Purgermaistern, den Rautgeben
vnd den Burgern gemainlichen Reichen vnd Armen der Statt
tzu Augspurg vnd aller der irn auf dem andern tail, Nauch lut
vnd sag der Punde, Stuck vnd Artikel Als vssbeschaidenlichen
von Wort tzu Wort geschriben vnd begriffen ist In der selben
verainung briefen die sie tzu Baider seitt anander darumb vor-
mauls versigelt geben habent , Verichen wir, daz wir mit ain-
heller stimme, vnd auch nauch raute vnd vnderweisung Erber
vnd wiser leute Die selben fruntlichen veraynung zwischen der
vorgeschriben haider tail, mit ir wizzen, vnd rehter wilkur ge-
streckt vnd gelengert haben tze haltend vnd furo tzu halten

vngeuarlichen von dem nahsten küfftigen Sant Bartholomeus tag
zwai gantziu iar diu nahsten nauch enander ze zeleud doch aun
allez absagen, vnd auch dartzu ausgenomen vud namlich vsshe-
dinget daz an den Spiessen an der hilff vnd auch an dem Zu-
schub der hilff als der vorgenant vnser genadiger herre Pischoff
Purckart fur sich sin Capitel vnd sin pfaffhait bintz her habeu
vnd tun solten. Ist namlich beredt daz furo diu vorgeschriben
zwai gantziu iar nastiu, daz vorbenempt Capitel selber vnd für
sich selbe an der selben hilff als offt dez noutdurfft ist vnd ge-
mant wirt nit mer haben sol noch ausrihten, denn allaiu ain drit-
tail dez drittentails der hilff Als vnserm vorgeuauten herren dem
Pischoff tzu gehört vnd gepurt haut an der anzal an den zwain-
tzig Spiessen an den Nuntzig Mannen tze fusz vnd an dem tzu-
schub die er vnd die purger tzu Augspurg ieglicher tail nauch
siner anzal vnser herre der Pischoff ain drittail vnd die Statt
tzu Augspurg die zwai tail soltend halten, Als auch auswisend
die vorbenempten ainungbrief. Welcher tail auch säumig wär an
der hilff die er tun sol, daz sol dem andern vnsäumigen tail kai-
nen schaden bringen. Mer ist beredt als oft daz Capitel hilff
begeret vnd vordert In den vorgeschriben zwain Jaren, So
mugend die herren dez Capitels selb oder mit ir pottschaft oder
wem sie dez dann iren gewalt gebend, die vorgenanten Pur-
germaister oder Raute tzu Augspurg manen vnd In tzusprechen
vmb hilff tzu ir notdurff der sach darumb sie danu mauend
es sie In gemain oder ainer besunder. Es ist auch mit namen
In diser verainung ausgeredt worden Wäre sach daz wir ob-
genante baid partie oder vnser aine welch vnder vns daz wäre,
vnd die also die andern tzu ir notdurfft maute vmb mer hilff
dann wir mit der Summe leute enander helffen sullen als In
der verainung prieff geschriben staut Wäre dann die hilff vu-
sers herren dez Bischoffs sins Capitels vnd der iru, waz dann
wir die von Augspurg In vnsern Raeten oder die den wir daz
an vnser Statt befulheu erkanten mit wie vil oder mit waz hilff
man In furo helffeu solten daz sullen wir die vou Augspurg
färderlichen tun getruwlich vnd aun alle gefarde Gieng aber

die manung vns die obgenanten von Augspurg oder die vnsern
an Waz dann vnser herre der Pischoff oder sin Capitel oder
die den sie daz dan von iren wegen befulhen erckanten mit wie
vil oder mit waz bilff man vnz füro helffen solte dazselb sol
auch vnser herre der Pischoff vnd sin Capitel vnuerzogenlichen
tun vnd vollenden getrawlich vnd aun all gefärde Vnd dez
allez tzu offem vrchunde So haund die obgenanten von Augs-
purg Ir Statt grozz Insigel offenlichen gehenckt an disen prieff
alle vorgeschriben rede vnd sach trawlichen tzu halten aun ge-
färde Dartzu wir obgeschriben reder vnd tädinger haben auch
vnsrn Insigel gehenckt an den prieff tzu waurer guter gedaht-
nuzz der vorgeschriben aynung vnd fruntschafft Lengrung. Daz
Geschach nauch Cristos gepurt driuzehen hundert iar vnd dar-
nauch In dem Nün vnd Nüntzigosten Jare an vnser frawen
Auhend als siu gen hymel fur. (c. 7 S.)

LXVII.

Anno 1399. 17. Decembris. Heidelberg.

**Die Bayerischen Herzoge Stephan, Ernst und Wilhelm
verschreiben dem Bischof Burkhart die ihm für Zehrung
schuldig gewordenen 300 Gulden auf der Stadt
Schwäbischwörth.**

Wir Stephan Ernst vnd Wilhalm all von gotes gnaden
Pfallenczgrafen bey Rein vnd Herczogen In Beyern etc. Be-
kennen offenlich mit dem brief für vns vnd alle vnser erben
vnd nachkomen, Daz wir schuldig worden sein vnd gelten sul-
len, dem Erwirdigen Herrn Burkharten Bischof zu Augspurg
Vnd seinen nachkomen, Drew Hundert guter Reinischer guldein
gut von golde vnd rechtem gewichte; für czerung die er von
vnsern wegen zu dem tage her gen Haidlberg als wir In zu

Baiderseit her gebeten vnd als vns der auch vnser frewnde
zu ainem gemainen beschaiden habend getan hat, hye tut vnd
auch widerheim verczern sol. Nu mochten wir Im der obgenan-
ten Summ vnd czerung itzo mit beraitschaft nicht ausgerichten
noch beczalen als sein notturft wäre vnd czaigen schaffen vnd
verschreiben Im vnd seinen nachkommen dy obgenanten Summ
Drew Hundert guldein auf vnser Stat zu werd zu sambt an-
derm gelt als er vor von vns In Pfantschaft weis auf der ob-
genanten vnser Stat nach seiner brief lawt vnd sag hat vnd
sullen auch dy iczogenanten Pfantschaft nach seiner brief sage
von Im vnd seinen nachkomen nicht losen si sein dann der ob-
genanten dreyer hundert Reinischer guldein mit sambt anderm
gelt nach seiner brief sag auch betzalt und des zu vrkunde
Geben wir den brief mit vnsern anhangenden Insigeln besigelt
zu Haidlberg an Mitbochen vor sand Thomas tag dez zwelf-
boten, Do man czelt von cristi gepurd Drewczehen Hundert
iar vnd in dem Newn vnd Newnczgisten Jare.

LXVIII.

Anno 1400. 11. Februarii.

**Die Gebrüder Ulrich und Kunrat von Habsberg verkau-
fen ihr Burkstall zu Schefstozz nebst Zugehörungen,
und dazu den Vorsthof zu Osthaim, Lehen von einem
Bischof von Augsburg, an Bischof Burkhart.**

Genestend mit vnsern aigenn Insigelen diu baidiu daran
hangent. Vnd darzu mit des Erhern vnd vesten. Hartmans von
Burgaw vnd Vlrichs von Rot Insigelen. Daz geschach nach
Christus geburt vierzehenhundert Jar an der naehsten Mickten
nach saut Agathen tag der hailigen Junckfrawen vnd Martaerin.

(c. 3 Sig.)

17*

LXIX.

Schiedspruch in einer Differenz zwischen dem Bischof Burkhart und der Stadt Schongau.

Ich Peter Lew burger ze Vlm tun kund allermenglich mit disem brief Als ich ain gemainer man bin gewesen ze dem rechten in der nachgeschriben sach zwischan dem Erwirdigen fürsten vud herren hern Burkart von Gotz genaden Bischof des Ererichen Gotzhus vnd Bisthums ze Auspurg an einem tail vnd der frummen wysen des vogts vnd der Burger gemainlich der Statt Schongow an dem andern tail Also bin ich von baider tail ernstlicher bett, vff disen hivtigen tag als dirr brief geben ist ze dem rechten nidergesessen In der grossen Rautstuben ze Memmingen. Do satzt der vorgenant min herre der Bischof zu mir ze schidleuten walthern von löbenberg vnd hansen den Gaessler von vlm, do satzten die vorgenanten von Schongow zu mir ze sshidluten haintzen hainrich Burgermaister Isniu vnd walther paulus Burgermaister ze Bibrach vnd nach dem als wir fünf also warent nidergesessen, do koment für vns hans Raupolt vogt ze Schongow peter Resch, hans winhart vnd Erhart Stroelin des gesworn Rauts vnd harb der Raech von der gemaind ze Schongow mit vollem gewalt, an statt vnd von wegen des Rauts von der Burger gemainlich der Statt ze Schongow mit irem fürspiechen hainrich vilingen von walse vnd sprach derselb viling von iren wegen also Es hett der vorgenant min herre der Bischof mit sinen amptleuten irem burger ainem genant hainrich hofman sin gut nidergeleit verheft vnd sich des etwas vnderzogen nach dem vnd er ir burger waer worden, vnd ouch nach dem als er etlichen sinen ampt- leuten für iren burger verkunt waer worden vnd darvmb hae-

tent si vns sprechen ob er irem burger das sin icht billich
entschlaben vnd ledig laussen solt, vnd bett er darnach icht zu
im ze sprechent, ob er in darvmb icht billich rechtuertigen solt
an den stetten da im ir burger billich ze recht stavn solt nach
ir Statt recht. das verantwrt do der vorgenant min herre der
Bischof ·mit sinem fürsprechen hainrich dem Bessrer also der
vorbenant hainrich hofman wär sin vnd sins Gotzhus aigen man
vnd dem hett er vormauls gunnen, sich gen füssen ze setzent
da er ouch sin burger war gewesen. Des waer in etwas für-
komen, wie das er von im vnd dem Goczhus wychen vnd im
flüchtig welt werden, do biessi er Im für fluchsamin ain stivr
vflegen, vnd gebieten ze gebent vierbundert guldin vnd, das
wrd sinem wib ze hus vnd ze hof verkündet vnd darvmb het-
tent sin Amptleut von sinen wegen das gut do ze mal verheft
vnd sich des vnderzogen, vnd dauon getruweti er got vnd
vnserm spruch das er billich dabi beliben vnd den vorgenanten
von Schongow nicht darvmb antwrten solt. Darvf sprach aber
der obgenant hainrich viling von der von Schongow wegen.
Das waer beschehen by zwain Jaren minder oder mer. Emals
das der obgenaut hainrich hofman ir burger wrd vnd hett ouch
derselb hofman dasselb sin gut sidher bi zwain jaren in gewalt
gebebt, vnd ouch das verstivrt vnd verdieut als ander burger
wie er billich solt aun meuglich jrreu, darzu so waerent ouch
die Burger vnd div Statt ze füssen von dem Bistum ze Aus-
purg gefryget das man vff kain ainigen burger daselben kain
soelich stivr uit legen solt, dauon getruweten si got vnd dem
rechten, das das verbieten vnd vnderziehen kain kraft haben
noch das man an hainrich hofman kain solichs anfahen sulle,
wan das vorher nye mer beschehen sie. Das verantwvrt min
herre der Bischof mit dem Ebenanten sinem fürsprechen als
ouch vor vnd souil mer als dem hofman von im vnd sinen
amptleuten, vierhundert guldin ze stivr vfgeleit, vnd dassin
darvf verheft vnd verbotten wär. Dasselb gut waer im ouch
vutz her noch nye ledig gelaussen darvmb getruwete er got
vnd vnserm spruch das er ouch denn billich dabi sulle beliben

Vnd also nach baidertail red vnd widerred so haben wir fünf
vns ainhelleklich erkent vnd ze dem rechten mit vrtail gespro-
chen Mûg der vorgenant hainrich hofman wysen mit fryhait-
briefen die der Stat vnd den burgern ze fuessen von dem
Bistum ze Auspurg geben sient, das man kainem ainigen bur-
ger ze fuessen, kain solich besunder stivr vfflegen sulle, das
er des billich sulle geniessen. Mug aber er das also nit
vsbringen Möcht er denn wysen mit des geschworen Rauts
ze fuessen brief vnd Insigel das derselb Raut seiti vff die aid
die si dem obgenanten Bistum vnd der Statt fuessen geschwo-
ren hant das es vorher nye beschen wär das man kainem
ainigen burger ze fuessen kain solich besunder stivr vfgeleit
hett, des sulle er denn geniessen Vnd an denselben wysungen
sulle in ouch der obgenant min herre der Bischof noch nyemant
von sins haissens wegen wedern hindern irren noch im die
wenden in dehain weg vnd ward ouch demselben hofman
tag gehen die wysung ze vollefûrent ze dry vierzehen tagen
als recht ist. Aber vber das sint si ze baider syten mit wille-
kur ains tags in ain komen vff den donrstag ze tagzit ze nächst
vor dem palmtag in der vasten schierost künftig her in dis
Statt wider für vns fünf ze koment vnd die wysung ze tund
ob er mag vnd ob vnser fünfer ains gebresten wird vff dem
selben tag weder tails der waer der sol denn als ain schid-
lichen an desselben statt setzen an geuärd Waer aber ob der
vorgenant hainrich hofman der vorgenant vnser sprüch vnd
vrtail entwedri vff demselben tag vsbringen möcht So haben
wir fünf aber ainmütklich gesprochen vnd ertailt Mug denn
vff dem selben tag des obgenanten mins herren des Bischofs
probst vnd amptman der do zemal ze fuessen probst vnd ampt-
man was mit shnem aid als recht ist beheben das dem ob-
genanten hainrich hofman die vierhundert guldin ze stivr vfgeleit
waeren, vnd im ouch sin gut darvmb vorhin E das der der
von Schongow burger wrd verheft vnd verbotten waer vnd
im ouch sidher nye ledig gelaussen sie, das denn derselb min
herre der Bischof die Egenanten vierhundert guldin behebt

hab, doch also das er nit mer denn dieselben vierhundert gul-
din ab dem obgenanten gut nem vnd das ouch denn der vor-
genant hainrich hofman mit lib vnd mit gut fürbas von im
vngeirret vnd vngehindert beliben vnd sin sulle vnd darvf ba-
tent in do baid vorgeschriben tail der vrtail vnd spruch brief
vnd vrkund ze gebent. Diu wrdent in ouch mit vrtail gespro-
chen ze gebent Vnd des ze vrkund So ist dem obgenanten
minem herren dem Bischof dirr brief geben Besigelter mit min
des obgenanten Peter lewen des gemainen darzu mit hausen
Gaesslers vnd walther paulus zwayger der vorgenanten Schid-
leut aigen Insigeln vns selb an schaden der geben ist an Mon-
tag vor Sant Mathyas tag des hailigen zwelfbotten des Jars
do man zalt von Christs geburt in dem vierzehenhundert-
gosten Jar.

LXX.

Anno 1400. 16. Aprilis.

Bonifacius papa Burkhardo epo jus de beneficiis eccle-
siasticis, quorum collatio ad epum August. pertinet,
medios fructus primi anni precipiendi confirmat.

Bonifacius episcopus Seruus Seruorum dei Uenerabili fratri
Burkardo Episcopo Augustensi Salutem et apostolicam benedic-
tionem. Personam tuam nobis et apostolice sedi deuotam tuis
exigentibus meritis paterna beniuolencia prosequentes illam tibi
graciam libenter impendimus quam tuo et Episcopali statui ec-
clesie tue Augustensis fore conspicimus oportunam. Exhibita
siquidem nobis nuper pro parte tua peticio continebat quod licet
tam tu quam predecessores tui Episcopi Augustenses qui fuerunt
pro tempore ab omnibus et singulis Monasteriis Prioratibus et
Prepositatibus quorumcunque ordinum necnon Prepostituris Deca-

natibus et aliis prelaturis ac beneficiis ecclesiasticis Ciuitatis et
Diocesis Augustensis et a' personis per te et predecessores ip-
sos ad eadem seu in eisdem confirmandis proficiendis seu in-
stitucio prouisio collacio seu queuis alia disposicio ad Episcopum
Augustensem pro tempore existentem pertinere dinoscitur quo-
ciens Monasteria Prioratus Prepositatus Preposituras Decanatus
et prelaturas ac beneficia ipsa, uacare contigerit annatum seu
medios fructus primi anni de antiqua et approbata et hactenus
pacifice obseruata consuetudine percipere consueritis eciam a
tempore cuius contrarii memoria non existit, Quia tamen cum ex
beneficiis huiusmodi aliquibus Monasteriis necnon Abbacialibus
et Conuentualibus mensis ac aliis locis et personis tuarum pre-
dictarum ac aliarum Ciuitatum et Diocesium unita annexa et in-
corporata seu alias appropriata fore noscuntur quamplures ex
prelatis Monasteriorum et locorum huiusmodi et aliis personis
predictis huiusmodi fructus tibi dare exhibere contradixerunt
hactenus indebite et contradicunt in grauem tue iurisdictionis ac
mense tue Episcopalis Augustensis lesionem et iacturam. Quare
pro parte tua nobis fuit humiliter supplicatum ut prouidere tibi
et ecclesie tue super hiis de benignitate apostolica dignaremur.
Nos igitur huiusmodi supplicacionibus inclinati consuetudinem
huiusmodi ratam habentes et gratam illam sicut hucusque alias
rite obseruata existit auctoritate apostolica tenore presencium' ex
certa sciencia confirmamus et presentis scripti patrocinio commu-
nimus, Et nichilominus tibi et successoribus tuis Episcopis Au-
gustensibus qui erunt pro tempore fructus huiusmodi prout tu et
predecessores predicti illos hactenus eciam a beneficiis huius-
modi ut premittitur unitis incorporatis seu appropriatis percipere
et exigere consueuistis' libere et licite petendi exigendi et reci-
piendi Contradictores quoque et rebelles per censuram ecclesia-
sticam appellacione postposita compescendi auctoritate apostolica
plenam et liberam tenore presencium concedimus facultatem Con-
cessionibus indulgentis seu priuilegiis et incorporacionibus cui-
cunque seu quibuscunque ordini Monasterio loco seu persone
aut personis sub quacunque forma uel expressione uerborum

factis seu concessis quas et que cum eorum totis tenoribus presentibus haberi uolumus pro expressis ac nichilominus ex simili sciencia nostre intencionis fuisse et esse per concessiones indulgencias priuilegia seu incorporaciones huiusmodi prefate consuetudini in nullo uoluisse siue uelle derogare decernimus et declaramus ac constitucionibus et ordinacionibus apostolicis et aliis contrariis non obstantibus quibuscunque. Seu si aliquibus communiter uel diuisim a sede predicta indultum existat quod interdici suspendi uel excommunicari non possint per litteras apostolicas non facientes plenam et expressam ac de uerbo ad uerbum de indulto huiusmodi mencionem. Nulli ergo omnino hominum liceat hanc paginam nostre confirmacionis communicionis concessionis et uoluntatis infringere uel ei ausu temerario contraire. Siquis autem hoc attemptare presumpserit indignacionem omnipotentis dei et beatorum. Petri et Pauli Apostolorum eius se nouerit incursurum. Datum Rome apud Sanctum petrum XVI kl May Pontificatus nostri Anno Vndecimo.

LXXI.

König Rupert belehnt den Bischof Burkhart mit den Regalien des Stiftes Augsburg.

Anno 1401. 17. Augusti. Swebischenwerde.

Wir Ruprecht von gots gnaden Romischer Kunig zu allen zyten merer des Richs Bekennen vnd dun kunt offentlich mit diesem brieff allen den die yn sehen oder horen lesen, daz wir han angesehen fliszige vnd redliche betde des Erwirdigen Burcharts Bischoff zu Augspurg vnsers fursten vnd lieben Andechtigen vnd nemliche dienste vnd truwe als vns vnd dem Riche derselbe Burckart getan hat vnd in kunfftigen ziten dun sal vnd mag, vnd haben ym darvmbe mit wolbedachtem mute gutem Rat vnser fursten, Edeln vnd getruwen sin vnd siner Kirchen

vnd Stieftes zu Augspurg furstentume Regalia herscheffte lehen-
scheffte Mancheffte lande vnd lude mit allen Eren Rechten
nutzen geriechten vnd zugeborungen guediclichen geliehen vnd
gereichet lyhen vnd Reichen yme mit crafft disz brieffs von
Romischer kunigklicher follkomenheit zu haben zu halten zu
besietzen vnd der zu genieszen in aller masze als die sin for-
faren vnd er bizher gehabt herbracht vnd beseszeu haben, Die-
selben furstentume Regalia herscheffte lehenscheffte Mannscheffte
lande vnd lutde mit allen iren Rechten Eren nutzen geriechten
vnd zugeborungen hat der obgenannt Burckart von vns als eym
Romischen kunig sym rechten herren rechte vnd redliche nach
des heiligen Romischen Richs gewouheit mit solicher schonheit
vnd zierheit als sich daz heischet entphangen, vnd vns dauon
gehuldet globt vnd gesworn hat, als daz auch gewonliche ist,
vnd des heiligen Richs geistliche fursten pflichtig sin zu tun.
Orkunt disz brieffs versigelt mit vnserm kunigklichem Maiestat
Ingesigel. Geben zu Swebischen werde off der donaw, off den
nehsten mitwochen nach vnser frauwen tag als sie zu hymel
fure Assumpcio zu latin, in dem Jare, als man zalte nach Christi
geburt, dusent vierhundert vnd ein Jare vnsers Riches in dem
Ersten Jare. (c. S. l.)

LXXII.

Anno 1401. 17. Augusti. Sweblschéuwerde.

Rupertus rex R. transumit et confirmat Karoli imperatoris
R. litteras super privilegiis et omnibus juribus ecclesiae
Augustanae.

Rupertus dei gracia Romanorum Rex Semper Augustus
ad vniuersorum presencium quam eciam futurorum volumus no-
ticiam peruenire Quod pro parte Venerabilis Burckardi Episcopi

Augustensis principis nostri dilecti, nobis extitit humiliter sup-
plicatum, Quatenus ex Regia benignitate atque clemencia literam
subscriptam, sibi et Ecclesie sue Augustensi predicte per dine
memorie karolum quartum Sacri Romani Imperii Imperatorem
antecessorem nostrum concessam approbare renouare et confir-
mare digueremur graciose, Cuius quidem litere tenor sequitur
per hec verba. (Vid. Vol. VI. P. II. Nr. CCXXII.) Et quia
Regia Maiestatis prouida heniguitas vniuersos et siugulos fideles
quos Romanorum ambit Imperium ex innata clemencia pro favore
prosequitur ad illorum tamen honores et commoda promouendos
uberius aspirare tenetur quorum fides est amplius examinata
operibus, Quique pro exaltandis nostris et sacri Imperii Juribus
non desinunt sustinere solicitudines continuas et labores ea
propter nos attendentes atque pensantes venerabilis Burckardi
Episcopi predicti-curam peruigilem et labores assiduos quibus
pre ceteris pro agendis nostris et sacri Imperii honoribus se
reddidit et crebro fidelissime reddit sollicitum et intentum Id-
circo diguis suis supplicacionibus benignius merito annuentes
prefatam literam necnon vniuersa et singula priuilegia Jura gra-
cias libertates et literas sibi et Ecclesie sue Augustensis pre-
dicte a diuis Romanis Imperatoribus et Regibus predecessoribus
nostris concessas et concessa de plenitudine regie potestatis
presentis scripti preconio Innouamus approbamus ratificamus et
perpetua valitudine Corfirmamus. Nulli ergo omnuo hominum
liceat hanc nostre Innouacionis aprobacionis Ratificacionis
et confirmacionis paginam iufringere aut ei ansu temerario con-
traire Si quis autem hoc attemptare presumpserit indignacionem
nostre celsitudinis se nouerit grauissime incursum harum sub
nostre Regie Maiestatis sigilli appensione testimonio literarum
Datum Swebischen werde circa danubium, Quarta feria post
festum Assumcionis beate Marie virginis gloriose Anno domini
Millesimo Quadringentesimo primo Regui vero nostri Auno Primo.

18*

LXXIII.

Anno 1401. 17. August. Sweblschenwerde.

König Rupert verordnet, dass allermeniglich die Haller-Münze, welche der Bischof Burkhart zu Dillingen slagen lässt, nehmen solle.

Wir Ruprecht von gots gnaden Römischer Kunig zu allen tzyten merer des Richs Bekennen vnd dun kunt offentliche mit diesem brieue, allen den die yn sehent oder borent lesen daz gewesen ist für vnser gegenwertikeit der Erwirdige Burckart Bischoff zu Augspurg vnser lieber furste vnd getruwer vnd hat vns furgeleget daz solichs korn als er in der haller muntze in siner Stat zu dylingen slaben lescet den Stetden aynmuticlichen wol gefalle vnd gnug sin vnd lauter sy, dauou vnd sint dem male daz den egenanten Stetden dasselbe korn wol gefellet vnd sie daran gnuget So bestetigen wir dasselbe korn vnd die egenanten hallermuntze vnd wollen daz man dieselbe Muntze zu dyliugen, vnd nicht auderswo slahen solle vnd daz die haller die da geslagen werden allermenglich nemen solle ane alles wiedersprechen, vnd wer dieselbe Muntze anderswo slage, der sol hundert Marcke goldes zu rechter pene verfallen sin, vnd wer sie nicht nemen wolte, der sol zehen Marcke goldes bezahlen vnd die zwo penen sollen als offte sin not geschiecht halb vnser kungklichen Camer, vnd halbe einem Bischoff zu Augspurg werden. Vrkunt disz briffs versigelt mit vnser kunigklichen Maiestat Ingesigel, Geben zu Swebischen werde off der donaw off den nebsten mitwochen nach vnsert frauwen tag als sie zu hymel fure Assumptio zu latin, in dem Jare als man zalte nach Christi geburte viertzehenhundert vnd ein Jare vnsers Richs in dem Ersten Jare. (c. S. l.)

LXXIV.

Anno 1401. 23. Augusti. Auguste.

Burkhardus ep. unionem ecclesiae et congregationis Sanctimonialium in Salmanshoven cum monasterio zu dem Holze ratam habet.

Burckardus dei et apostolice sedis gracia Episcopus Augustensis Vniuersis et singulis presencium inspectoribus et presertim hiis quorum vel quarum interest aut in futurum intererit, Salutem in domino et noticiam subscriptorum ad perpetuam rei memoriam Cum et plantare sacram Religionem et plantatam fouere modis omnibus debeamus nusquam hoc melius exequimur quam si nutrire, ea que recta sunt et promouere que profectum virtutis et obseruancie, regularis ac diuinum cultum adaugent pastorali cura nobis a deo concessa curemus. Nuper itaque pro parte Religiosarum et deuotarum nobis in Christo dilectarum filiarum Margarete Marschelkin Magistre Anne de Tanhusen Priorisse Katharine de Mindlingen Custodisse Adelhaidis de Grima et Adelhaidis de Norndorff Cantricum Elizabeth de Bichenbach Katharine de Eringen Vrsule de Norndorff Elizabeth Dulbeckin et Vrsule Schondorfferin, Sanctimonialium professarum Monasterii zu dem Holcz ordinis Sancti Benedicti nostre Augustensis dyocesis totum Capitulum siue Conuentum eiusdem Monasterii facieucium et representancium ac ipsius Conuentus siue Capituli eiusdem Monasterii ex vna nec non Gute de Roechlingen Anne de Roechlingen Sophye de Rot et Margarete Bembotin sororum velatarum in Ecclesia siue domo Congregacionis wulgo in der Samnung de Salmanshouen eiusdem nostre dyocesis hactenus moram trahencium et sub tercia regula Sancti Francisci communiter et religiose viuencium omnesque personas, et totam congregacionem

sororum eiusdem Ecclesie siue domus de Salmanshouen facien-
cium et representancium et .earumdem Ecclesie domus et Con-
gregacionis in Salmanshouen parte ex altera propositum est
coram nobis quodː·prenominate ·Sorores Congregacionis domus
in Salmanshouen prebabitis super hoc inter se et cum suis fau-
toribus tractatibus diversis et deliberacione· matura sancto pro-
posito·ducic desiderantes ad frugem melioris vite transire et
sub regula tam alciori quam arciori et stricciori videlicet Regula
beati Benedicti iu prenominato Monasterio zu dem Holcz inantea
perpetuo virtutum domino famulari se ipsos et congregacionem
suam prefactam nec non omnia et singula bona mobilia et in-
mobilia in quibuscumque locis sita ad se et eandem congrega-
cionem atque domum et ecclesiam ia Salmanshouen predictas
pertinencia et specialiter memoratam Ecclesiam in Salmanshouen
cum omnibus suis decimis iuribus· redditibus ·obuencionibus
prouentibus et censibus donauerint inter vivos ·donacione per-
fecta perpetua et irreuocabili dedicauerint cesserint et renuncia-
uerint Magistre· et Sanctimonialibus atque conuentui· dicti Mo-
nasterii zu dem Holcz ac quantum in eis est transtulerint in et
ad easdem et eundem Conuentum ad idem monasterium zum
holcz pleno iure Et nichilominus eisdem Magistre Sanctimonia-
libus et Conuentui Monasterii Zum holcz supplicauerint cum in-
stancia· tam humilima quam deuota quatenus eodem Magistra et
Conuentus ipsas sorores et Congregacionem ac ecclesiam .de
Salmanshouen ipsarumque donacionem et translacionem pretactas
in et ad se susciperent et nichilominus ipsas sorores de Sal-
manshouen in suum consorcium et suas dicti Monasterii zum
holcz Consorores et Sanctimoniales assummerent memorata quo-
que Magistra Monasterii zum holcz earum professionem diguaretur
recipere regularem ad que eciam facienda Magistra Sanctimoui-
ales·· et Conuentus Monasterii Zum holcz antedictis tractatibus
capitularibus et deliberacione matura desuper similiter prehabitis
se obtulerint gratas esse pariter atque promptas· et quod eadem
Magistra Sanctimoniales et ·Conuentus quantum est ·in se .dona-
cionem et translacionem ·preuarrata in se et suum Monasterium

predictum assumpserint atque gratificauerint et ratificauerint dum
tamen ad hec nostra ordinaria auctoritas interueniret pariter et
noster consensus de quo eciam inter et per ipsas partes hinc
inde quo ad hoc fuerit protestatum Vnde pro parte ambarum
partium earumdem nobis supplicatum est tam deuote quam in-
stanter quatenus donacionem et translacionem huiusmodi ac alia
premissa confirmare gratificare et eis auctoritatem nostram ordi-
nariam impertiri dictasque Ecclesiam domum Congregacionem
et Sorores de Salmanshouen cum omnibus suis et ad se per-
tinentibus decimis juribus redditibus censibus obuencionibus
prouentibus et bonis tam mobilibus quam immobilibus in et ad
Magistram Sanctimoniales et Conuentum Monasterii zum holcz
predictas et earum possessionem et proprietatem perpetuam
transferre ac easdem et eadem et nominatim et specifice memo-
ratam Ecclesiam parrochialem in Salmanshouen que a tanto
tempore de cuius inicio memoria hominum non existat per Con-
gregacionem et Sorores congregacionis in Salmanshouen ante-
dictas tanquam ad earum mensam pertinens et anexa est vtique
pacifice possessa cum omnibus suis decimis oblacionibus fructi-
bus redditibus prouentibus atque juribus vnire annectere et in-
corporare dignemur Nos igitur quoniam inquisicione sollerti pre-
missa reperimus quod omnia et singula prenarrata de libera
spontanea vnanimi et concordi voluntate ac matura deliberacione
parcium prenominatarum non vi nec metu neque dolo malo siue
fraude quavis ad hoc inductarum procedunt et processerunt
Attendentes quod summa racio est que militat pro religione
quodque secundum canonicas sancciones multitudo pro peccato-
ribus deuocius exorancium a deo facilius exauditur deuotisque
precibus parcium predictarum nobis reuera ordinario iure vtrim-
que subjectarum condescendere volentes in hac parte easdem-
que in suo sancto proposito confouere donacionem cessionem et
translacionem prenarratas que eciam per et inter predictas par-
tes coram nobis denuo sunt sollempniter iterate pariter et in-
nouate ratas et gratas habemus ac auctoritate nostra ordinaria
roboramus et ex certa sciencia confirmamus dantes et impos-

cieutes eisdem quo ad hoc nostrum voluntariam cousensum et
nostram ordinariam auctoritatem Et eciam memoratam congrega-
cionem in Salmanshouen eiusque prenominatas sorores Ecclesiam
et Domum nec non omnia et singula bona tam mobilia quam in-
mobilia ad eas pertineucia prenominatis Magistre Sanctimoniali-
bus et Conuentui dicti Monasterii Zum holcz et ipsi eidem Mo-
nasterio nec non eisdem in eodem succedentibus quantum in
nobis est auctoritate nostra ordinaria similiter donacione perfecta
perpetua et irreuocabili donamus cedimus et assignamus ac in
easdem Magistram Sanctimoniales et Conuentum Monasterii
Zum holcz earumque possessionem vsum et proprietatem perpe-
tuam transferimus per presentes Et nichilominus eosdem et ea-
dem et nominatim atque specifice parrochialem Ecclesiam in
Salmanshouen tam longo tempore et taliter ut est prenarratum
per memoratam Congregacionem et Sorores congregacionis in
Salmanshouen. vt summarie sumus informati pacifice possessam
cam omnibus et singulis juribus pertineuciis decimis censibus
fructibus prouentibus et obuencionibus eiusdem eisdem Magistre
Sanctimonialibus et Conuentui preseutibus et futuris dicti Mo-
nasterii ac ipsi monasterio .zu dem holcz vniendum incorporan-
dum et annectendum esse decreuimus vnimus incorporamus et
annectimus tenore nostrarum presencium literarum Dantes eis-
dem Magistre Santimonialibus et Conuentui Monasterii zu dem
holcz et concedentes liberas potestatem et facultatem per se
vel procuratorem seu procuratores suos ipsam Ecclesiam atque
domum in Salmanshouen necnon omnia et singula bona pretacta
atque prefatas olim congregacionem et Sorores congregacionis
in Salmanshouen pertinentia et earum cum suis iuribus et per-
tineuciis vniuersis possessionem corporalem vel quasi nancisci
ingredi consequi tenere perpetuo et habere nec non decimas
census fructus redditus prouentus et obuenciones vniuersos et
vniuersas Ecclesie domus et olim congregacionis earumdem ac
iurium et pertinenciarum suarum percipere colligere et exigere
recipere tenere habere et in suos prenominatarumque dicte olim
congregacionis Sororum ad se ut premittitur translatarum atque

Monasterii predicti zu dem holcz vsus et vtilitates conuertere possint debeant et libere valeant nulla alia desuper petita licencia uel obtenta Reseruata tamen porcione congrua pro Capellano siue Vicario in dicta Ecclesia Salmanshouen instituendo de fructibus et prouentibus eiusdem Ecclesie huiusmodi Capellano siue Vicario per Magistram et Conuentum sepe tacti Monasterii pro tempore existentes singulis annis perpetuo ministranda Volumus autem et districte precipiendo mandamus quatenus infra vnius mensis spacium a dato presencium nostrarum literarum computandum Prenominate Sorores pretacte olim congregacionis in Salmanshouen se ipsas in suis personis corporaliter et effectualiter transferant cum omnibus bonis ad se pertinentibus ad dictum Monasterium zu dem holcz inibi perpetuo permansure dominoque virtutum sub regulari obseruancia que inibi viguit laudabiliter ab antiquo deuocius in humilitatis spiritu diuinis quoque laudibus et sub obediencia atque iugo Magistre eiusdem Monasterii pro tempore existentis cum reliquis eiusdem Monasterii Sanctimonialibus perpetuo famulature Et quod cum rationi non congruat vt homines disparis professionis vel habitus simul in eisdem Monasteriis socientur eedem Sorores de Salmanshouen in dicto Monasterio zum holcz ordinem regularem iuxta formam in regula Sancti Benedicti traditam seu iuxta conswetudinem obseruatam in eodem Monasterio profiteantur seque reliquis Sanctimonialibus in habitu velo et tonsura religionis et regulari disciplina atque bonis earumdem moribus et eiusdem Monasterii laudabilibus conswetudinibus et oracionibus horarum Canonicarum et cantu diuinorum omnino satagant conformare Et relictis vestibus atque moribus quas et quos institucio seu conswetudo dicti Monasterii non recipit sic se in omnibus eiusdem Monasterii Religioni coaptent ut quemadmodum gaudent se in societatem ordinis Sancti Benedicti eiusdemque Monasterii et habitus idemptitatem assumptas Sic eciam letentur se bonis conswetudinibus moribus et institucionibus eiusdem Monasterii zu dem holcz et eius personarum conformatas Monitis quoque preceptis et correccionibus tam Magistre quam Priorisse eiusdem

Monasterii pro tempore existencium sine murmure pacientur intendant et obtemperent obedienter quia diguum est ut persone que similem cum aliis vitam suscipiunt similem senciant in legibus disciplinam Ceterum quoniam persone que senciunt onus sentire debent et commodum et econtra statuimus volumus et mandamus vt prefate Magistra Sanctimoniales et Conuentus memoratas sorores de Salmanshouen ad suum consorcium et dum eedem Sorores iu velo habitu et tonsura se eisdem Sanctimonialibus conformauerint ad stallum chori vocemque Capituli et capitulares tractatus et allos honores et prerogatiuas sicut alias dicti Monasterii Sanctimoniales assumant et admittant et cuilibet ex eis sicut vni aliarum Sanctimonjalium eiusdem Monasterii prebendam et porcionem vestes et victualia necnon porcionem anniuersarium et oblaiarum wulgo Selgrat vnd oblay ministrent Quodque nichilominus cuilibet ex eisdem translatis sororibus quolibet anno persoluant et presentes census seu redditus annuos ad tempus vite cuiuslibet earumdem sibi deputatos Easque amicabili pertractent affeccioue pariter et caritatiua si omnipotentis dei et nostram euitare uoluerint indignacionem. In quoquorum omnium et singulorum testimonium et perpetuam roboris firmitatem Sigillum nostrum decreuimus et mandamus vna cum Sigillis Magistre et Conuentus Monasterii zum holcz et olim Congregacionis in Salmanshouen presentibus nostris litteris coappendi Sed mox post hec pretactum Sigillum olim Congregacionis in Salmanshouen quod decreuimus inantea nullius esse fidei roboris vel firmitatis penitus rumpi pariter et anichilari Nos insuper Margareta Marschelkiu et omnes et singule Sanctimoniales prenomiuate atque totum Capitulum siue Conuentus Monasterii zum holcz Nos quoque Guta de Roehlingen Anna de Roehlingen Sophia de Rot et Margareta Remboltin Sorores totaque olim Congregacio de Salmanshouen prenomiuate recognoscimus dicimus et fatemur prescripta omnia et singula vera et ad nostram peticionem de nostris quoque voluntate et consensu facta esse pariter et ordinata Idcirco in earumdem omnium et singulorum testimonium et maius robur Sigilla nostrarum

Abbatisse et Conuentus Zumholcz necnon Sororum et olim Congregacionis in Salmanshouen predictarum eciam coappendi fecimus ad presentes Data et peracta sunt hec Auguste in palacio nostro seu Curia nostra pontificali in Vigilia beati Bartholomei apostoli Anno natiuitatis Christi MCCCC primo.

(c. 4 S.)

LXXV.

Die Schwestern des Klosters Salmanshofen, und die des Klosters zum Holze kommen mit einander überein, dass fürohin beide Klöster nur Eines seyn sollen.

Wir Swester Margreth diu Marschaelkin Maistriu vud gemainlich der Conuent dez Closters ze dem Holtz. wir seyen von Salmanshouen darain komen oder seyen vor dar Inne geweseu. Tiuen kunt offenlich an dem brief vor allermenclich, Vmb die verainunge die wir diu Maistrin vud gemainclich die Conuentswestern dez egenanten Closters ze dem Holtz, die vorher von Alter in dem egenanten Closter geweseu sint. Vnd wir die Conuentswestern dez saelben Closters die von Salmanshouen darain komen sint, mit anander vberain worden vnd komen seien Also daz wir die Conuentswestern dez obgenanten Closters ze Salmanshouen Vusern Orden und Regel hingelaet vnd vfgebeu haben, Vnd haben an vns geuomen den Orden vnd die Regel dez egenanten Closters ze dem Holtz, Vud seyen mit leib vud mit Gut in daz saelb Closter komen. Dar Inne wir vnd alle vnser nachkomen Ewiclich beleiben vnd sein sulleu. Vnd sullent haidiu Closter ain Closter vnd ain

Conuent Ewiclich beleiben vnd sein. Alz die brief weisent vnd
sagent die vns der Erwirdig vnser gnaediger herr Burckhart
Byschof ze Auspurck darvmb geben haut. Vergehen wir für
vns vnd für vuser Closter vnd für alle vnser nachkomen Daz
wir die vorgeschriben verainunge getaun haben mit dez Erwir-
digen vnsers vorbenenten gnaedigen herren herren Burckhartz
Byschof ze Auspurck raut vnd gutem willen. Mit sogtaner be-
schaidenhait vnd geding. Daz er noch sein Gotzhuse noch dhain
sein nachkomen noch Jemant anders von seinen noch seins
Gotzhuses noch von seiner nachkomen wegen. Nu furbaz
Ewiclich an vns die Maistrin noch an vns die Conuentswestern
dez Egenanten Closters ze dem Holtz. wir seyen von Salmaus-
houen darein komen oder seyen vor dar Inne geweseu noch
an vnser nachkomen noch an vnser Closter an vnser Leut noch
vnser Gut sy seyen vns von Salmanshouen worden oder von
wem sy vns worden sint niht mer ze spraechen noch raehtes
haben noch Jehen sullent von der vorgeschriben verainunge
wegen. Alz wir diu obgenanten zwai Clöster ze dem Holtz
vnd ze Salmanshouen mit anander getaun haben. Denn alz vil
sein vorfarn vnd sein Gotzhuse vorher vou Alter vber daz
Egenant vnser Closter ze dem Holtz vber vnser Leut vnd vber
vnser Gut gebebt haund. Vnd wir vnd vnser Closter vnd alle
vnser nachkomen vnser Leut vnd vnser Gut sullen auch Ewic-
lich in dez Erwirdigen vnsers vorbenenten gnaedigen herren
herren Burckhartz Byschof ze Auspurck vnd in aller seiner
nachkomen gnaden vnd schirmen sein vud beleihen in aller der
weise alz wir vorher in seinen vnd in seiner vorfarn gnaden
vnd schirm gewesen seyen. Vnd wir sullen vns auch von In
vzz Iren gnaden vnd schirm Ewiclich niht setzen noch ziehen
in dhain weise noch von kainerlay schlecht sache wegen. Vnd
dez allez zu ainem staeten vrkunde. Geben wir Im vnd sei-
nem Gotzhuse vnd alleu seinen nachkomen für vns vnd für
vuser Closter vnd für alle vnser nachkomen den brief ver-
sigelten vnd geuestent mit vnserm vnd mit vnsers Conuentes
Insigeln diu baidiu daran baugent. Daz geschach nach Chri-

stus geburt vierzehenhundert Jar vnd darnach in dem Ersten
Jare an dem naehsten Frytag nach sant Othmars tag dez hai-
ligen Aptes.   (c. 2 S.)

LXXVI.

Anno 1402. 5. Decembris.

Bischof Burkhart und das Domkapitel kommen überein,
dass um die 1200 Gulden, welche der Chorherr Hein-
rich von Ellerbach wegen der Probstei zu Buchshaim
erlegt hat, Güter angekauft und diese sodann der St.
Ulrichskapelle oder dem Stifte zu Dillingen geaignet
werden sollen.

Wir Barckhart von Gotes vnd dez hailigen Stuls gnaden
Byschof ze Auspurck Bekennen vnd Vergehen offenlich mit
dem brief für vns für vnser Gotzhuse vnd für alle vnser nach-
komen Byschof vnd Phleger vor allermenclich. Daz wir mit
wolbedauchtem mut vnd guter vorbetrachtung vberain werden
vnd komen seyen mit den Ersamen herren herren Walthern
dem Schubel Tumprobt herren Vlrichen dem Burgrauen Tegan
vnd gemainclich mit dem Cappitel vnsers Tums ze Auspurck
von der zwelfhundert Rynisch Guldin wegen, die vnser lieber
vetter herr Hainrich von Elerbach Chorherr dez Egenanten
vnsers Tums ze Auspurck vns vnd vnserm Gotzhuse vnd vn-
sern nachkomen vnd dem Egenanten vnserm Cappitel gehen
vnd bezalt haut. Vnd damit er vns widerlaet vnd widerkert
haut die Gestyfft vnd die Probsti ze Buchshain. Also daz wir
den Ersamen herren herren Walthern dem Schubel herren Vl-
richen dem Burgrauen den vorbenenten herren Frydrichen dem
Hochschlitz vnd heren Eglolfen von Knöringen Chorherren

vnsers Tums ze Auspurck vollen gewalt geben haben. Vnd
geben ia auch vollen gewalt mit kraft des gegenwärtigen briefs
die vorgeschriben zweifhundert Guldin an ze legen inner Jars
fryst von Dato dez gegenwurtigen briefs vnd ligendiu Gut dar
vmb ze kauffen Ez seyen kyrchen Gut oder andriu Gut von
iren trewen so sy best vnd trewlichost vnd fuderlichost kun-
nent vnd mugent aun alle geuaerd vnd aun alle arg liste. Daz
wir noch jemant von vnsern wegen In darvmb nihtz zusprae-
chen sullen in dhain weise noch mit kaiuerlay sache Vnd
welherlay Gut sy also darvmb kauffent diu saelben Gut sullen
wir vnd vnser Cappitel vnd vnser nachkomen Vermachen vnd
verschryben an sant Vlrichs Cappell diu ze Dylingen neben
der Burck gelegen ist Der Maesse diu in dersaelben Cappelle
gestyfft vnd gewidmet worden ist vnschaedlich Vnd auch
in sogtaner weise. Wenn daz also beschiht, So sullen wir
oder vnser nachkomen die saelben Cappell vnserm vorbenenten
vettern Leyhen ob er denn lebt ist er aber denn von tod ab-
gegangen So sullen wir oder vnser nachkomen sy leyhen ai-
nem Chorherren vnsers Tums ze Auspurck aun allez verzieben
vnd aun allermenclichs hinderuusze der Egenauten Maesse auch
vnschaedlich Vnd welhem wir sy denn also verleyhen vnsern
vorbenenten Vettern oder ainem andern Chorherren vnsers
Tums ze Auspurck ob vnser vetter denn von tod abgegangen
ist Der sol alle die nutz vnd gult grozz vnd clain wie die
gebaizzen sint kain vzzgenomen die von allen dem Guten die
vmb die vorgschriben zweiffhundert Guldin deun kaufft worden
sint gantz vnd gar getruwiclich haben haymen vnd einnemen
aun allermenclichs Irrung die weil er lebt oder alz lang biz
daz wir vnd daz Egenant vnser Cappitel oder vnser nachko-
men ain Gestyfft gelegen vnd gemachen in vnser Stat ze Dy-
lingen da Chorherren vnd ain Probsti sei, wan wenn daz be-
schiht So sullen wir oder vnser nachkomen Vnd daz Egenant
vnser Cappitel oder Ir nachkomen Aellin diu Gut diu vmb diu
vorgeschribem zweifhundert Guldin deun kaufft worden sint,
gar vnd gentzlich mit allen iren zugehörenden an die saelben

Gestyfft vnd Probsti geben vnd vermachen alz daz denn krafft
vnd macht haut aun allermenclichs widerred vnd Irrunge. Vnd
wir oder vnser nachkomen sollen auch dann die Probsti der
saelben Gestifft mit allen iren zugehörenden kainerlay noch
nihtz vzzgenomen vnserm vorbenenten vettern leyhen an der
obgenanten Cappell stat ob er dennocht leb. Vnd er sol auch
dann die saelben Probsti mit aller Irer zugehörd Vnd auch
mit allen den rehten geniezzen diensten nutzen vnd gulten vnd
siu gilt oder gelten mag an grozzem vnd an clainem kainerlay
noch nihtz vzzgenomen darnach geruwielich Inne haben vnd
niezzen dieweil er lebt, aun vnser vnd vnsrer nachkomen vnd
allermenclichs von Irn vnd vnsern vnd vnsers Gotzhuses we-

vnder In der da by

aun allez
ainer oder
ben zwelf-
be-
an-
dern oder ander Chorherren vnsers Tums ze Auspurck an dez
oder an der abgegangen stat zu In nemen aun allermenclichs
widerred vnd zuspruche. Vnd dez allez zu ainem staeten
vrkunde. Geben wir dem Egenanten vnserm Cappitel ze dem
Tum ze Auspurck vnd allen iren nachkomen für vns vnd für
vnser Gotzhuse vnd für alle vnser nachkomen den brief ver-

sigelten vnd genestent mit vnserm vnd dez Egenanten vnsers
Cappitels Insigeln diu haidin daran hangent. Daz geschach
nach Christus geburt vierzehenhundert Jar vnd in dem andern
Jare an sant Nyclaus Abent. (c. 2 Sig.)

LXXVII.

**Bischof Burkhart, das Domkapitel und Heinrich von
Ellerbach geben vier Chorherren Gewalt, um die 1200
Gulden, welche letzterer dem Bischof und dem Dom-
capitel erlegt hat, Güter zu kaufen.**

Wir Barckhart von Gotes vnd dez hailigen Stuls gnaden
Byschof ze Auspurck Vnd wir. daz Cappitel gemainlich ze dem
Tum ze Auspurck vnd ich Hainrich von Elerbach Chorherr ze
demselben Tum ze Auspurck Vergehen vnd Tinen kunt offen-
lich mit dem brief für vns vnd für alle vnser nachkomen vor
allermenclich Daz wir mit veraintem mut vnd guter vorbetrach-
tung in vnserm Cappitel da wir alle darvmb ze samen komen
warn mit kraft dez gagenwertigen briefs den Ersamen herrn
Herrn Walthern dem Schubel Tumprobst Herrn Vlrichen dem
burgrauen Tegan herrn Fridrichen dem Hochschlitz vnd herrn
Eglolfen von knöringen Chorherren vnsers Tums ze Auspurck.
Die zwelfhundert Rynischer Guldin die ich Hainrich der ob-
genant von Elerbach geben vnd bezalt haun dem Erwirdigen
minem vorgenanten gnaedigen herren Herren Burckharten By-
schof vnd seinem Gotzhuse vnd seinen nachkomen vnd dem
Egenanten Cappitel ze dem Tum ze Auspurck vnd Irn nach-
komen Vnd damit ich In wider kert vnd wider laet haun Die
Gestifft vnd die Probsti ze Buchsbaim Also daz die vorbenan-

ten vier Ersamen herren Vollen gewalt haund die vorgeschriben zwelfhundert Guldin Inner Jars frist von Dato dez briefs anzelegen an ligendiu Gut Ez seyen kirchen Gut oder andriu Gut von Irn trewen so sy best vnd getrewlichost vnd fuderlichost kunnent vnd mugent aun alle geuerd vnd aun alle arglist Daz wir Byschoff Burckhart noch dhain vnser nachkomen noch Jemant anders von vnsern noch von vnsers Gotzhuses wegen noch wir daz vorbenant Cappitel noch dhain vnser nachkomen noch Jemant von vnsern wegen noch ich Hainrich der obgenant von Elerbach noch dhain min erbe noch friund noch Jemant von vnsern wegen In darumb nihtz zu spraechen sullen in dhain weise weder mit Gaistlichem noch Waeltlichem raehten noch aun geriht noch mit kainerlay sache Vnd waer auch daz der vorbenanten vier Ersamen herren die die vorgeschriben zwelfhundert Guldin anlegen sullent an ligendiu Gut alz vor ist geschriben ainer oder Ir mer by dem anlegen so sy vmb die vorgeschriben zwelfhundert Guldin ligendiu Gut kauffen wend niht gesein möchten von welhen sachen daz beschaehe vngeuarlich So sol Jeglicher vnder In der da by niht gesein möcht ainen Erbern Chorherren vnsers Tums ze auspurck an sein Stat darzu schicken vnd geben aun allez verziehen vnd widerspaechen Waer aber daz Ir ainer oder Ir mer von tod abgieng E daz sy die vorgeschriben zwelfhundert Guldin an liegendiu Gut gelaet haeten Alz offt daz beschaehe Alz offt sullen die andern da beliben Je ainen andern oder ander Chorherrn vnsers Tums ze Auspurck an dez oder an der abgegangen stat zu In nemen aun allermenclichs widerred vnd zusprüche Vnd dez allez zu ainem staeten vrkund Geben wir Bischoff burckhart vnd wir daz Cappitel gemainclich ze dem Tum ze Auspurck Vnd ich Hainrich der obgenant von Elerbach den vorbenenten vier Ersamen herren Herren Walthern dem Schubel Herren Vlrichen dem burgrauen Herren Fridrichen dem Hochschlitz Vnd herren Eglolfen von knöringen vnd Iren nachkomen die furbaz au Ir stat darzu geben werdent den brief versygelten vnd genestent mit vnserm

Byschof Burckhartz vnd vnserm dez Egenanten Cappitels vnd
min Hainrichs dez obgenanten von Elerbach Insygeln diu aelliu
driu daran hangent. Daz geschach nach Christus geburt vier-
zehenhundert Jar vnd In dem andern Jare an dem naesten
samstag nach sant Niclaus tag. (c. 3 S.)

LXXVIII.

Anno 1403. 10. Octobris.

**Bischof Burkhart verleiht dem Herzog Ludwig von
Bayern den Wildbann von der Stadt, wo die Wertach
in den Lech rinnt, bis gen Kaufringen.**

Wir Burkart von gots vnd des hailigen Stuls gnaden Bi-
schof zu Augspurg Bekennen offenlichen an disem brief vnd
tun kunt allermenklich daz wir dem hochgeborn fürsten vnd
herren hern ludwige pfaltzgrafen bi rein vnd hertzogon in
Beirn etc. vnserm gnädigen herren durch siner vlisziger bat
willen vnd von besunder hilflicher fürdrung wegen die vns vnd
vnserm gotzhuse durch In beschehen mögen vnsern vnd vnsers
gotzhuss wiltpau von der Stat da die wertach in den lech
rynnt hie dishalb lechs ze Swaben hin vf bis gen koufringen
mit allen sinen rechten als wir in selber haben solten enpfolhen
haben vnd enpfelhen Im den wiszentlichen mit krafft diss briefs
wie wir daz allerbest getun künnen vnd mögen sin lebtage
vnd nit fürbaz Also vnd mit der beschaidenhait wenn daz be-
schicht da got lang vor sy daz er von tods wegen ab gat, daz
vns vnserm gotzhuse vnd allen vnsern nachkumen der vor-
genant vnser wiltpau von allen seinen erben vnd nachkumen
wider ledig vnd los wirt vnd werden sol vnd die sollen vns,
vnser gotzhus vnd nachkumen fürbaz daran gentzlichen vngeirrt
vnd vnbekommert laszen also daz diser brief vnd dise enpfel-

hunge nach des obgenanten vnsers. gnädigen hern tode, dchain
krafft mer hat noch haben sol oder mag vnd vns vnserm gotz-
huse vnd nachkumen an allen vnsern rechten vad an der aygen-
schafft des obgenanten vnsers wiltpans vnschädlichen sin sol,
in allwege an geuerde. Wir haben auch vns vnserm gotzhuse
vnd vnsern nachkumen In diser eupfelhunge zu allen vnsern
rechten namlichen vzbedingt vad vzgenomen daz wir vnser
nachkumen vud die vnsern die wil der obgenant vnser gnadi-
ger herr lebt vnd vnsern vorgenanten wiltpan also von vnser
eupfelhunge wegen Inne hat darinne auch wol lagen mögen
wa vnd als offt wir wollen vud sin bedörfen an geuerde als
daz aigenlichen auch vzwist der brief den wir von Im darumb
haben, vnd des allés zu vrkund haben wir diseu brief laszen
versiglen mit vnserm anhangenden Insigel. Geben do man zalt
nach Crists geburt viertzehenhundert vnd In dem dritten Jare
an der nahsten Mickten nach sanct Dyonisii tage des hailigen
Martirers.

LXXIX.

Anno 1403. 11. Octobris.

**Herzog Ludwig von Bayern bekennt, dass der ihm vom
Bischof Burkhart verliehene Wildbann nach seinem
Tode dem Gotteshause wieder ledig seyn soll.**

Wir Ludwig von gots gnaden pfaltzgraf bei Rein vnd
Hertzog in Beirn etc. Bekennen offeulichen an disem brief für
vns vnd all vnser erben vnd nachkumen vnd tun kunt aller-
menklich Als der Erwirdig vnser lieber freunt Her Burkart
Bischof zu augspurg vns durch besunder freuntschafft vnd von
vnser vlisziger bat wegen sin vnd sins gotzbuss wiltpan von
der stat da die wertach in den lech rynnt hie dishalb lechs

20 *

ze Swaben hiv vf bis gen kufringen mit allen rechten als er
den selber haben solt enpfolhen hat vnser lebtage vnd nit für-
baz nach vzwisunge des briefs den er vns darüber geben hat
Darumb verhaiszen wir Im sinem gotzhuse vnd allen seinen
nachkumen vnd verschriben vns gen In kreffitiglichen für vns
all vnser erben vnd nachkumen mit disem briefe, wenne daz
beschicht da got lang vor sy daz wir vorgenanter Hertzog Lud-
wig gesterben daz denne nach vnserm tode der vorgnant wilt-
pan dem obgnanten vnserm lieben freunde Bischof Burkarten
seinem gotzhuse vnd allen sinen nachkumen wider ledig vnd
los worden ist vnd sin sol vnd debain vnsern erben noch nach-
kumen noch gar nyemant von vnsern noch von iren wegen für-
baz dehainerlay recht darzu haben sollen können noch mögen
vnd in sin gotzhus vnd sin nachkumen daran gentzlichen vnge-
irrt vnd vnbekommert laszen sollen, also daz der brief vnd die
enpfelhunge die vns darüber geben vnd getan sint nach vnserm
tode dehain krafft mer hand noch haben sollen vnd .Im sinem
gotzhuse vnd nachkumen an der aygenschafft vnd an allen iren
rechten obgnanten irs wiltpans vnschädlichen sin sollen gentz-
lichen in allwege an all geuerde Es sollen vnd mügen auch der
vorgnant vnser lieber freunt der Bischof vnd sin nachkumen
vnd die iren in dem selben iren wiltpan die wile wir leben
vnd in also inne haben auch wol jagen wa vnd als offt sie
wollen vnd sin bedorfen an geuerde Vnd des alles zu vrkund
geben wir für vns all vnser erben vnd nachkumen disen brief
versigelten mit vnserm anhangenden Insigel Gebeu nach Crists
gepurt viertzehenhundert vnd in dem dritten Jare an dem näh-
sten donrstag nach sant Dyonisii tage des hailigen Martirers.

LXXX.

Bischof Burkhart verleiht alle seines Gotteshauses Häuser vnd Gülten zu Regensburg, Jakoben Graner Bürger zu Regensburg zu einem Leibgeding.

Wir Burckart von Gotez Vnd dez hayligen Stuls gnaden Byschoff zu Auspurg Bekennen vnd Verieben offenlich mit dem brief für vns vnd für vnser Gotzhuse Vnd für alle vnser nachkomen Byschoff vnd Pfleger vor allermenclich. Daz wir mit wolbedauchtem mut vnd guter vorbetrachtunge vnd mit Raut willen vnd gunst der Ersamen hern hern Walthers Schobels Tumprobst hern Vlrichs dez Burgrafen Tegan gemainclich vnsers Cappitels ze dem Tum zu Auspurg daz darumb besament ward mit beluter gloggen als Sitlich vnd gewonlich ist vnser vnd vnsers Gotzhusez hus vnd hoff mit samt dem Turn vnd mit samt der Cappell die darinne gebuen sind vnd allez ze Regenspurg in der Stat vor · sant Kassians Kirchen vber die stras gelegen ist vnd genant ist sant Vlrichs hoff vnd elliv enderiv vnseriv vnd vnsers gotzhusez huser hofsach gült vnd zins die wir vnd vnser Gotzhuse ze Regensburg in der Stat haben vnd zu dem egenanten hus vnd hoff oder darein gehörent. Vnd waz zu den vorgeschriben guten allen vnd zu ir Jeglichem besunder oder darein gehöret oder von recht oder von gewonhait gehörn sol an besuchtem vnd an vnbesuchtem an fundem vnd an vnfundem wie ez gehayszen ist kainerlay noch nichtz vzgenomen für ledig vnd vnuerkümert Recht vnd redlich zu ainem rechten libting verkauft vnd ze kauffen geben haben dem Erbern vnd weysen mann Jacoben dem Grauer burger zu Regenspurck frawen Kathrinen siner Elichen wirtin vnd Iren erben zu vier liben daz ist zu ir bayder liben zu Petern lib

ir bayder Sun vnd zu barbarn lib ir bayder tohter vnd hand
vns darumb geben huudert vnd vier vnd nivntzig guter vnd
recht gewegner alter Rinischer guldin vnd derselben guldin
hand sy mit vnserm wiszen vnd gutem willen hundert vnd
zwaintzig guldin vf die hoffraytin verbuen vnd die andern vier
vnd Sibentzig guldin band sy vns also berayt bezalt vnd sul-
lent Jacob der vorbenent Graner vnd fraw Kathrin siu egenant
eliche wirtin vnd ir erben daz egenant hus vnd hoff mit samt
dem turn vnd auch der Cappell die darinne gebuen sind daz
allez genant ist sant vlrichs hoff vnd elliv endriv huser hofsach
gult vnd zins die darzu oder darein gehörent mit allen iren
zugehörenden kainerlay noch nichtz vzgenomen vnd auch mit
allen den rechten nutzen und gülten vnd sy geltent oder gel-
ten, mugent an groszem vnd au clainen kainerlay noch nichtz
vzgenomen nu fürbaz elliv Jar die weyl der vorbenenten vier
leybe ainer oder ir mer oder sy alle lebent geruweolich Inne
baben vnd nieszen, in liblings weyse ze geleicher weyse vnd
in allem dem rechten als wir vnd. vnser gotzhuse vnd vnser
nachkomen sy selb in aygens weyse Inne gehebt vnd genoszen
solten oder möchten han Ob wir sy los vnd ledig hetten. Das
wir noch vnser gotzhuse noch dhain vnser nachkomen Byschoff
vnd Pfleger noch dhain vnser noch vnsers gotzhusez noch un-
ser nachkomen Vogt Amptleut. diener noch vndertan noch sunst
iemant anders von vnsern noch von vnsers gotzhusez noch von
vnser nachkomen wegen sy daran die weyl der vorgenant vier
libe ainer oder ir mer oder sy alle lebent nichtz Irren noch
engen noch in darumb in dhain weise zu sprechen sullen we-
der mit gaistlichem noch weltlichem. rechten noch an gericht
noch mit kainerlay sache. Vnd wer auch daz Jacob der vor-
benent Graner sein wirtin oder ir erben Iriv recht an den vor-
geschriben guteu. gulten vnd zinszen verkauffen oder versetzen
oder in ain auder hand bringen wolten daz mugent sy wol toa
ainen burger zu Regenspurg vnd kainen fürsten noch hern Rit-
ter noch knecht noch kainer Stat. Ez sullent auch Jacob der
vorbenent Graner sein wirtin ir erben oder in wez gewalt iriv

recht an dem egenanten hus vnd hoff fürbaz koment daz selb
hus vnd hoff vnd Elliv Endriv huser vnd gut div darzu oder
darein gehörent wesenlich vnd bülich haben vnd halten vnd
vnzergencklich die weil der vorbenenten vier leybe ainer oder
ir mer oder sy alle lebent vnd auch nach der vorbenenten vier
libe tod. Wesenlich vnd boulich vnd vnzergencklich lauszen
ligen nach libtings recht. Es sullent peter vnd Barbara die
Jungstgenanten zwen leybe den Erstgenanten zwain liben daz
ist Jacoben dem vorbenenten irem Vatter vnd frawen Katba-
rinen seiner egenanten elichen wirtin irr mutter oder wem sy
daz vorgeschriben libting gebent verkauffent versetzent schaffent
oder lauscent vf die obgenanten libe oder Jerlich ze nützen ir
zwen libe daran ze triven tragen vnd an schaden vnd sullent
sy auch daran nichtz Irren noch engen in dhainerlay weyse
noch mit kainerlay sache waz sy damit tund oder schaffent by
Irem gesunden lib oder an Irem sichbett oder tottbett Vnd
wenn die vorbenenten vier libe alle gesterbent So ist vns vnd
vnserm Gotzhuse vnd vnsern nachkomen daz egenant hus vnd
hoff mit samt dem turn vnd der Cappelle die darinne gebuen
sind vnd elliv endriv buser hofsach gült vnd zins die darzu
oder darein gehörent mit allen iren zugehörenden keinerlay
noch nichtz vzgenomen gentzlich vnd gar los vnd ledig worden
an alle Irrung vodrung vnd ansprach aller irr erben vnd frivnd
vnd aller der in der gewalt iriv recht fürbaz daran koment
vnd allermenclichs von Irn wegen. Es wer denn daz in ver-
seszer vnd verganger gült oder zinsze von den vorgeschriben
Guten nach der obgenanten vier libe tod dennocht vzlege der
wer vil oder wenig die sullent sy dennocht gentzlich vnd gar
haymen vnd einnemen von den leuten die ins denn schuldig
sind an alle Irrung vnd hindernusze vnser vnd vnser nach-
komen vnd allermenclichs von vnsern vnd von vnsers gotzhu-
sez vnd von vnser nachkomen wegen Vnd dez allez zu ainem
stäten vrkunde Geben wir dem vorbenenten Jacohen den Gra-
ner seiner Wirtin vnd Iren erben vnd allen den in der gewalt
iriv recht an dem vorgeschriben libting fürbaz koment für vns

vnd für vnser gotzhuse vnd für alle vnser nachkomen den brief versigelten vnd geuestent mit vnserm vnd vnsers Cappitels Insigeln div baydiv daran hangent Vnd wir Walther Schubel Tumprobst Vlrich Burgrafe Tegan vnd gemainclich daz Cappitel ze dem tum zu Auspurg vergehen auch offenlich mit dem brief für vns vnd für alle vnser nachkomen daz der vorgeschriben kauff beschehen ist mit vnser gunst wiszen vnd gutem willen vnd haben dez ze Vrkund vnd auch zu ainer bestätigung aller vorgeschriben sache vnsers Cappitels Insigel an den brief gehangen vns vnd vnserm Cappitel vnd vnsern nachkomen an schaden. Daz geschach nach Christus geburt vierzehenhundert Jar vnd in dem dritten Jare an sant Elspethen tag.

LXXX.

Anno 1404. 10. Januarii. Aichach.

Herzog Stephan zu Bayern aignet den Vicarien des Domes zu Augsburg einen Hof zu Mairshofen und die Mühle zu Plankenburg.

Wir Stephan von gutes genaden Pfallenczgrafe bey Rein vnd Herczoge in Beyren etc. Bechennen offenlichen mit dem brief für vns vnser erben vnd Nachkomen, vmb solich gelt als vnser Anherr Kayser Ludweig vnser vatter hertzog Stephan vnser Bruder Herczog Fridrich selig vnd wir Micheln von Agwanng vnd seinen erben schuldig sein vnd darumb wir Si verweyset vnd dasselb gelt verschaffet vnd verschriben haben auf vnserm hof zu Mairshouen vnd auf der Mule zu Plankenburg gelegen in der Herschaft zu Purgaw mit allen irem zugehörn; vnd als Si auch des von vnsern vordern gut brief

hetten,´ vnd von vns vnd die obgenanten Gut vnd Gült der
Ersam vnser Rat vnd liber getrewer. Vlrich Burggrafe Tum
Techant zu Auspurk vou des obgenanten Micheln vou Ag-
wauugen eriben vmb hundert vnd´ vier vnd zwainczig guldein
gelöset vnd die zu seinen handen bracht vnd die obgenanten
Gut vnserm lieben Andechtigen den vicarien des Tumbs zu
Augspurg gegeben vnd eingeantwurtt hat nach lawt vnd´ sag
solicher brief die Si darüber von Im habend Nu haben wir
angesehen solich getrew willig dinst die vns der obgenant
Techant lang zeit getau hat vnd noch hinfür wol tun mag vnd
sol vnd auch durch vnser voruordern sel. vnd vnsers heils
willen vnd haben den vorgenanten vicarieu die obgenanten hof
vnd Müle mit irem zugehörn geaygent vnd aigen In auch die
wissentlich vnd in chraft des brifs. Also das Sy nu fürbas
Iren frumen damit tun vnd schaffen mögen, als mit anderm
irem aigem gut, vnd darauf gebieten wir allen vnsern Ambt-
lewten, Vicztumen, Pflegern, Richtern, die wir yeczo haben
oder fürbas gewinnen vnd allen andern den vnsern· wie die
genant sind, das Ir die obgenanten vicarien bey der obgenanten
aigenschaft also behalt vnd von, vnsern wegen darczu schirmet
vnd nicht gestattet daz In yemant Irrung oder einuäll darinn
tue, Das ist genczlich vnser haissen vnd geschäfft. Vrchund des
brifs der geben vnd mit vnnserm anhanngendem Insigel ver-
sigelt ist, zu Aichach an Pfincztag nach dem heiligen Obristen
Nach Kristi gepurd vierczeheuhundert vnd darnach In dem
vierden Jare.

LXXXI.

Anno 1404. 15. Maii.

Ulricus Decanus eccl. Aug. missam in ecclesia Sti. Petri in Dilingen fundatam confirmat.

In nomine domini amen Vlricus Burggauii Decanus ecclesie Augustensis nunc sede Episcopali vacante habentes ex consuetudine approbata eiusdem sedis et ecclesie potestatem in spiritualibus generalem Vniuersis et singulis ad quos preseutes litere peruenerint Salutem in domino. Cum inter alia pietatis opera nostrum affectum tangencia hoc quasi precipuum dinoscatur, vt ea que diuini nominis cultum et augmentum concernunt per nos promoueantur sollicite cum effectu ac deuote et vt populum Christianum nostre iurisdictioni pronunc subiectum et ad hoc faciendum feruentius incitemus. Cum itaque honesti viri Magister ciuium et Consules opidi in Dilingen augustensis dyocesis de voluntate et expresso consensu Venerabilium virorum dominorum Waltberi prepositi et Capituli ecclesie Augustensis prefate, quibus eciam ecclesia parrochialis sancti Petri ibidem incorporata dinoscitur et annexa ac eciam de voluntate honorabilis viri domini Johannis Walken perpetui vicarii seu plebani eiusdem ecclesie et nostra auctoritate ordinaria interuenientibus prebendam seu vnam primam missam sacerdotalem futuris temporibus per presbyterum specialem cottidie salua tamen debita honestate ob suorum singulorum progenitorum animarum et salutem in dicta ecclesia parochiali sancti Petri celebrandam de certis suis bonis et redditibus ad eandem deputatis dotandam duxerint et deuocius promouendam Nobisque supplicarunt vt eandem eorum ordinacionem et dotacionem tamquam bonam et laudabilem confirmare et approbare redditusque et bona ad ipsam missam pro sustentacione sacerdotis eam futuris temporibus celebrantis cum spiritualia sine temporalibus diu subsistere non possint iam deputatos seu in posterum deputandos incorporare annectere et vnire auctoritate ordinaria diguaremur Quorum precibus fauorabiliter annuentes et pium propositum considerantes cum eciam iuste et racionabiliter petentibus consensus minime sit denegandus. Prefatam ordinacionem et dotacionem ratificamus approbamus et ex certa sciencia effectualiter confirmamus modis tamen et condicionibus subnotatis. Primo enim ordinamus statuendo quotienscunque huiusmodi prebendam beneficium seu primam missam vacare contigerit extunc Venerabiles viri et domini prepositus Decanus et Capitulum ecclesie augustensis prescripte qui pro tunc fuerint idoneum presbiterum secularem ad ipsum beneficium seu prebendam pro beneficiato seu prebendato presentare debent Episcopo Augustensi uel successoribus suis canonice intrantibus a tempore vacacionis infra tempus a iure statutum alioquin ipso tempore elapso Episcopus augustensis uel successor suus qui pro tempore fuerit tamquam de beneficio deuoluto prouidere poterunt et prouidebunt Item quod idem beneficiatus debet dictam primam missam mane quasi omni die et satis tempestiue celebrare antequam laboratores et mercenarii ad sua opera transeant uel inchoent et quod deuocionis causa possint interesse Item statuimus quod idem primissarius debet assistere in debitis festiuitatibus plebano in Dilingen et in cantando et legendo suffragium prestare tempore diuinorum Item ordinamus et statuimus quod idem primissarius omnes et singulas oblaciones ac missarum comparaciones et ipsarum recomendaciones et quecumque sibi in parrochia sancti Petri predicta dantur assignare debeat ipsi plebano in Dilingen sine mora ac fraude et absque dolo et per suum iuramentum corporale quod prestare debet quilibet prebendatus seu primissarius in sua prima recepcione Et quia vidimus et examinauimus patentes literas dotacionis et fundacionis prebende memorate sigillatas et in omni parte saluas in quibus bona redditus et possessiones dicte primissarie deputata conscripta fuerunt clarius et expressa ideo ea presentibus duximus inserenda Primo medietas vnius domus

quam quondam dicta loeblerin possidebat que medietas domus
annuatim solvit primissario quinque florenos Item vna libra hallensium
monete vsualis in Dilingen de domo habitacionis hainrici Sched-
ler Item vna libra hallensium predicte monete de domo habita-
tionis dicti zieglee residentis in preurbio soluenda super festum
sancti Georii et quinque sollidi hallensium purorum de prato
Johannis hörulein quod wulgariter nominatur der Schenkenbühel
soluendi super festum sancti Johaunis baptiste Item quinque
sollidi denariorum monete currentis de domo Conradi Krell sol-
uendi super festum sancti Galli Item due libre hallensium pu-
rorum de domo seu possessione bainrici Mader contiguis pos-
sessionibus dicti Rasp Item octo sollidi hallensium de domo petri
Ravteu Item quinque sollidi denariorum monete currentis de
domo dicte Engelbrechtin Et decem sollidi purorum hallensium
de domo dicte Börschönin sita in preurbio contigua domui dicti
Schainlers, Item octo Maldra tritici mensure in Dilingen Item
vna libra hallensium purorum pro debitis porcorum Triginta oua
et vnus pullus carnispriuialis de vna huba in Schretzhain quam
colit dicta Vebin Item vnum maltrum tritici de domo dicti
kesselmair Item vnum maltrum tritici de domo hainrici schuider
Item sex sollidi purorum hallensium vnus pullus carnispriuialis
de domo Vlrici knobloch in dem Tal soluendi super festum
Galli Item de duabus areis quas possidet dictus Spreng in dem
tal dantur quindecim sollidi hallensium purorum et duo sollidi
wlgariter ze wisat Centum et viginti oua super festum pasche
et duo pulli carnispriuiales Item vnus floreaus de vno agro
quem quidam de Husen colit Item tres libre hallensium de sex
dietariis agrorum wlgariter Morgen quos quondam possidebat
dicta zimermannin vff dem perg Item quindecim floreni qui re-
stant et adhuc conuertendi sunt ad vsum et vtilitatem dicte
primissarie, prout hec et alia in literis wlgaribus desuper
confectis et ut prescribitur latius continentur Vt autem prescripta
fundacio seu dotacio et bonorum prescriptorum incorporacio rata
ac firma permaneant et in posterum propter diuturnitatem tem-
poris a memoria hominum non recedant presentes scribi iussimus

et sigilli nostri appensione legitime communiri Nos vero Waltherus prepositus totumque Capitulum ecclesie augustensis prenominate in Capitulo et tamquam Capitulum ipsius ecclesie prescripta specialiter facienda, more solito congregati premissis omnibus nostrum prestamus consensum pariter et assensum presentibus in premissorum testimonium sigilli nostri Capituli apponentes. Actum et datum Auguste anno domini Millesimo Quadringentesimo quarto feria quinta proxima ante festum Penthecostes. (c. 2 Sig.)

LXXXII.

Anno 1404. 19. Maii. Heidelberg.

Des Römischen Königs Ruprecht Freiheitsbrief für das Kloster zum hl. Kreutz in Schwäbischwörth.

Wir Ruprecht von gotes gnaden Romischer kunig zu allen zyten merer des Richs, Bekeunen vnd tun kunt offenbar mit disem brief, Allen den die In sehen oder hören lesen, Wie wol wir von Romischer kunglicher wirdekeit, dorin vns der almechtig got durch sine luter gute gesetzt hat, pflichtig vnd schuldig sin gemeinen nutz vnd allen vnd iglichen des heiligen Richs vndertanen, Frid vnd gemache nach vnsern besten fursichtikeyten zu schaffen, ydoch so sin wir von Angeborner güte besunder vnd mer dortzu geneiget, Wie das wir gotes dienste furdern, geistlich persone, Clöster vnd Gotzheuser, nemlich die die vns vnd dem heiligen Riche zugehören, by gnaden Friheiten vnd Rechte behalden, vnd die ouch mit besundern vnsern kunglichen gnaden vnd fryheiten also versehen vnd in soliche fride vnd gemache setzen, das sy vnserm scheppher zu troste der gemeinen cristenheit, vnd zu hilfe den Armen selen fridlich

vnd gerulich on vnderlasse gedienen mögen, Wann wir nu
vernomen haben vnd ouch eigenlich vnderwiset sin, Das der
Ersam vnd die geistlichen, Abbt vnd das Conuent des Closters
zu dem heiligen Creutz, in vnser vnd des Richs Stat zu Swe-
bischem werde gelegen, vnser lieben andechtigen von mancher-
lay sachen, angriffen, beswerungen vnd zufelle wegen, die In
vnd demselben Closter vil tzyte bisher geschehen vnd zugefal-
len sind, solich merklich scheden entpfangen haben, vnd in
solich swere schulde komen sin, vnd nemlich, das das Münster
desselben Closters Aingebewe, also gebresthaft ist, das ein
grosse notdurft sy, das wir In vnd demselben Closter mit vn-
sern besundern kunglichen gnaden vnd fryheiten zu helfe ko-
men, vnd In ouch alle vnd igliche Ire briefe, Priuilegia, hant-
festen, gnade, friheite, Fryung vnd alt herkomen die sy von
Romischen keysern vnd kungen oder andern fursten, herren,
oder leuten erworben vnd redlichen herbracht haben, bestetigen,
verneuwen vnd genediclichen confirmieren, das sy solich schul-
den desferbas vberkomen, das egenant Münster, so sy das erst
getun künnen gebessern, vnd dem Almechtigen got dester ge-
ruter gedienen mögen. Dorumb haben wir von Romischer kung-
licher macht vnd gewalt dieselben Abbt Conuent vnd Closter
zum heiligen Creutz, mit sampt allen vnd iglichen Iren leuten,
Es sin Eygen leute oder ander hindersassen, vndertanen, dorf-
fern, gerichten, Rechten, nutzen, gütern vnd haben, varenden
vnd ligenden wie die genant, oder wo die gelegen sind, die
sy itzunt haben oder furbass redlich gewynnen nichtz vssge-
nomen in vnser vnd des heiligen Richs gnade, Fryde vnd
schirme genediclich genomen vnd empfangen, nemen vnd em-
pfaben ouch in craft diss briefs vnd Romischer kunglicher
macht vollkomenheit vnd meinen ouch setzen vnd wollen, das
die vnd das furbass mer in vnserm vnd des Reichs Fryd vnd
schirme sin vnd beliben sollen, von allermeniclich vngehindert,
vnd das ouch kein werntlich man, Er sy furste, Graf, herre,
Ritter, knecht, Amptman, pfleger oder ander, wer die sin, die-
selben Abbt, Conuent vnd Closter vnd solich itzgenant Ire leute

hindersessen, vndertane, Dörffere, gerichte vnd gütere, sy sein
vogtber, oder nicht vogtber, furbass mer nicht bekummern, an-
griffen, pfenden, betrüben, beschedigen, leidigen, beschatzen
oder Steure, dienst oder hilfe, die sy von rechts wegen schul-
dig sind, anfordern, noch von In brengen, oder nemen oder
keynerley samnung In Ir dörffer oder gütere legen, noch durch
keinerley schulde, sachen oder ymantz willen pfantbar machen
solle in dheinwis, Wann sy vnd daz ytzgenant alles weder fur
vns, vnser nachkomen, Romisch keyser vnd kung, das Riche
noch Ire vögte, noch sust ymantz anders pfant oder pfantber
sin sollen in dheinem weg, Wir haben In ouch dise nachge-
schribenn besunder gnade vnd Fryheite getan vnd geben, tun
vnd geben mit disem vnserm kunglichem briefe, das wir In,
vnd dem egenanten Closter, noch solichen ytzgenanten Iren
leuten, hindersessen, vndertanen, dörffern, gerichten vnd gütern
nymant zu vogte geben noch setzen, oder zu vogtrechten ver-
setzen oder verkummern wöllen, Sunder das dieselben .. Abbt,
vnd Conuent, nach vns vnd dem Riche, eynen schirmer kiesen,
vnd nemen mögen, wen sy wollen, vnd den ouch verkeren,
vnd einen andern nemen, als oft vnd als dike, In des notdurftig
oder zu synne wirdet, Ouch sol man sy vnd Ire güter in der
vogtey zu Swebischemwerde by solichen gulten vnd diensten
beliben lassen als von alter herkomen ist, Sy vnd Ir Amptleute
sollen vnd mögen, ouch nu furbass mere vollen gewalt haben,
vber Ir gütere, die sy mit tür vnd mit tor besliesen, selber zu
richten, als von Alter herkomen ist, vnd Ir leute die doruff
gesessen sind oder wonen, zurecht zu stellen, an den steten,
do das billich vnd gewonlich ist, Wer ouch das ein Ir hinder-
sesse oder me, die vff Iren gütern gesessen sind oder wonen,
sich verworchten mit todslegen, diebstalen, nottzögen oder an-
dern sachen, damit sy den tod verdienet hetten, die sollen vnd
mögen, die landrichter, Richter oder gerichte, dorin die von
rechtes wegen gehören, allein an den liben, vnd nicht an gute
das des egenant Abbt vnd Conuentz ist, straffen, vsgenomen
das dorff vnd gerichte zu Münster, do dieselben .. Abbt vnd

Conuent, selber halsgericht vnd tzwing vnd benne haben, dorinn·sol kein ander Richter gewalt haben, zu richten, Es sol ouch nyman wer der ist, Sy noch Ire gůtere gemeinlich noch sunderlich für kein Landgerichte oder ander Richtere oder Richtere von keynerley sache wegen ziehen, heischen, noch laden, noch doruff clagen in dhein wis, vsgenomen vor vns ·oder vnserm vnd des heiligen Richs hofgericht, daselbs sy eym iglichen, der zu In oder Iren gütern zu sprechen hat, alltzyt rechtz gehorsam sin sollen, als recht ist, Was ouch in dem egenanten Closter, sinen Muren begriffungen, Bawhof vnd pfysterye, von derselben .. Abbtz vnd Conuentz vndertanen, die in Irem brot vnd dienst sind, vntzucht oder freuel getan wirdet, die sollen vnd mögen sy selber dorumb bůssen vnd straffen, nach yrer verschuldigunge vnd sollen ouch damit nicht freueln noch missetun, noch dorumb von nymand, wer der sy gebůsset werden in dheinwis, Es sol ouch nymand Sy vnd Ir gůtere, von keins fremden gerichts wegen, pfenden, angriffen, vahen oder in dheynerley wise leidigen, Er hab dann das des ersten vor vns oder dem egenanten hofgericht erfordert vnd mit recht erwunnen, vnd ob dorüber icht geschehen oder gesprochen wurde, das sol gentzlich ab vnd tod sin, vnd In keinen schaden brengen in dheinwis, Was sy ouch zu koste oder zu spise in das egenant Closter zu kouffen bedörffen, das sol man sy an allen enden kouffen lassen, Sy sollen vnd mögen ouch das vnd alles das sy erbuen vnd das In vff Iren gütern gefellet, an allen enden, besunder durch die egenant Stat zu Swebischemwerde vnd vff der Brucken, Stegen vnd wegen daselbs, bis in das egenant Closter zolfry füren, triben vnd brengen, on allermeuiclichs hindernusse vnd Irrung In sol ouch allermeuiclich Ir zinse vnd gulte reichen vnd geben als das von alter herkomen ist, vnd nemlich in der Stat zu Swebischemwerde, In sol ouch nymant wer der sy kein Eygen mensch, Es sey mansbild oder weibsbilbe, enpfremden oder zu burger enpfahen, on Iren willen, Wir haben In ouch dartzu alle vnd igliche Ire briefe, Priuilegia, hantfesten, gnade, Friheite, fryunge, in dem egenanten

Closter, gute gewonheiten vnd alt herkomen, die sy von Romi-
schen keysern vnd kungen oder andern fursten, herren oder
leuten vorher erworben, und redlich herbracht haben, und nem-
lich das dorf Münster mit allen' vnd iglichen sinen leuten, gütern,
nutzen, zinsen, gulten, vellen, herlikeyten, eren, gerichten, Rech-
ten, ettern, zwingen, Bennen; herkomen vnd zugehörungen, nichtz
vssgenomen als sy das gekouffet vnd redlich herbracht haben,
bestetigt, vernewet vnd genediclichen confirmieret, bestetigen,
vernewen vnd confirmieren In die ouch von Romischer kung-
licher macht, in crafft diss briefs vnd gebieten dorumb by vnsern
vnd des Richs hulden, allen und iglichen fürsten, Geistlichen
vnd werntlichen, Grafen, Frien; herren, dinstleuten, Rittern,
knechten, vögten, pflegern, amptleuten, landrichtern, Richtern,
Burgermeystern, Scheffen, Reten vnd gemeinschefften der Stete,
Merkte vnd dorffere, vnd allen andern vnsern vnd des Richs
vndertanen, ernstlich vnd vesticlich mit disem brief, das sy die
egenanten . . Abbt vnd Conuent, Closter vnd die Iren an disen
vorgeschriben vnsern kunglichen gebotten, gnaden, Friheiten vnd
bestetigungen furbass mer nicht hindern oder Irren, noch die Iren
hindern oder Irren lassen, in dhein wis, Sunder sy daby getru-
lichen hanthaben, beschützen, beschirmen vnd gerulich beliben
lassen sollen, Wann wer des nit entut, der sol zuhant, als oft
das geschicht, in vnser vnd des **Richs** swer vngenad vnd dor-
zu eyne rechte pene fünftzig Mark lotigs goltz verfallen sin,
die halb in vnser kunglich Cammer vnd halb den egenanten . .
Abbt vnd Conuent vnteslich geuallen vnd werden sollen. Vr-
kund diss briefs, versigelt mit vnser kunglicher maiestat anhan-
gunden Insigel. Der geben ist zu Heydelberg off den nehsten
Montag nach dem heiligen Pfingstag, In dem Jare als man zalt
Nach Cristi gepurt viertzenhundert vnd **vier** **Jar** **vnsers** Richs
in dem vierden Jare.

LXXXIII.

K. Rupert belehnt den neu erwählten Bischof Eberhart mit den Regalien.

Wir Ruprecht von gots gnaden Romischer Kunig zu allen cziten merer des Richs, Bekennen vnd dun kunt offenlichen mit diesem briefe allen den die yu sehen oder horen lesen. Das wir han angesehen flisszige vnd redeliche bete des Erwirdigen. Eberharts Erwelten vnd bestetigten Bischoffs zu Augspurg vnsers fürsten vnd lieben andechtigen vnd nemliche dienste vnd truwe als vns vnd dem Riche derselbe Eberhart getan hat vnd in kunfftigen ziten dun sal vnd mag vnd haben yme dorumbe mit wolbedachtem mude gutem Rate vnser fürsten Edeln vnd getruewen sin vnd siner Kirchen vnd Stifftes zu Augspurg. Furstentume Regalia Herscheffte, lebenscheffte, manscheffte, Lande vnd Leute mit allen Eren, rechten nützen gerichten vnd zugehorungen gnedeolichen geluben vnd gereichet Lihen vnd reichen yme mit crafft, disszs briefes von Romischer kuniglicher volkomenheit zu haben zu halten zu besitzen vnd der zu geniesszen in aller massz als die sin vorfaren vnd er bisszher gebabt herbracht vnd besesszen haben. Dieselben Furstentume Regalia herscheffte, Lebenscheffte, manschaffte Lannde vnd Leute mit allen iren rechten Eren nutzen gerichten vnd zugehorungen hat der obgenante Eberhart von vns als eyme Romischen kunige syme rechten Herren recht vnd redeliche nach des heiligen Romischen Richs gewonheit mit solicher schonheit vnd zierbeid als sich das heischet euphangen vnd vns dauon gehuldet gelobt vnd gesworn hat als das auch gewonlichen ist, vnd des heiligen Richs geistliche Fursten pflichtig sin zu dun Orkunde disszs briefes versigelt mit vnserm kuniglichen maiestad anhangendem

Ingesigel. · Geben zu Heidelberg vff ·den ·Fritag· nach· dem hei-
ligen· Pfingstage. In· dem· iare··als ·man· zalte· nach ·Christi ·ge-
purte dusent· vier· Hundert· vud· funff· Jare, vnsers· Richs ·in ·dem·
Funfften Jare.

LXXXIV.

Anno 1405. 13. Augusti. Amberg.

Rupertus Rom. rex ecclesiae Aug. omnia privilegia confirmat.

Rupertus dei gracia Romanorum Rex· semper augustus ad
perpetuam rei memoriam Etsi Regie maiestatis prouida benig-
nitas vniuersos ·et· singulos· fideles, quos sacrum· Romanum; ambit;
Imperium, ex innata clemencia pro fauore prosequitur, ad illorum
tamen honores et comoda uberius nititur aspirare, qui ad omni-
potentis dei famulatum, eiusque gloriosissime genitricis Marie
se peculiarius deputarunt. Quique pro exaltandis nostris et sacri
Imperii Juribus, atque· prosperitatibus· adaugendis, interpellare
altissimum ·non desistunt. Eapropter honorabilium Prepositi De-
cani et ·Capituli ac Canonicorum Ecclesie Augustensis deuoto-
rum nostrorum dilectorum supplicacionibus inclinati, vniuersa et
singula priuilegia Jura gracias libertates concessiones donaciones
litteras et munimenta necnon omnia· et singula in eis contenta
vobis· Preposito Decano et Capitulo ac Ecclesie vestre a diuis·
Romanorum Imperatoribus et Regibus predecessoribus nostris
datas ac concessas et concessa, de plenitudine· Regie potestatis,
presentis· scripti patrocinio Innouamus approbamus ratificamus et
perpetua valitudine confirmamus. Nulli ergo omnino· hominum·
liceat hanc nostre approbacionis ratificacionis· concessionis· aucto-
rizacionis Innouacionis confirmacionis et gracie paginam infringere,
uel ei ausu· temerario· contraire. Siquis autem hoc attemptare

22 *

presumpserit, grauem nostre celsitudinis indignacionem, et penam viginti marcarum auri puri, quarum medietatem fisco Regio, residuam vero partem dictis Preposito Decano et Capitulo Ecclesie Augustensis antedicte tociens quociens contra factum fuerit applicari volumus se nouerit incursurum. Harum sub nostre Regie maiestatis sigilli appensione testimonio litterarum. Datum Amberg feria quinta post festum beati Laurencii martyris. Anno domini Millesimo quadringentesimo quinto. Regni vero nostri anno quinto. (c. S.)

LXXXV.

Die Grafen Ludwig und Fridrich zu Oettingen verleihen den Helen die Veste Altheim bei Dilingen zu Mannlehen.

Wir Ludwig und Fridrich grafen zu Otingen Bekennen vnd tun kunt offenlichen mit disem brief allen den die in sehen oder horen lesen Das wir den Erbern vesten Knehten Wilhalmen vnd Dypolten den Helen gebrudern zu rechtem manlehen geliben, die Veste Althein by Dylingen gelegen vnd den Burkhofe genant mit siner zugehorung das alles von vns vnd vnserr grafschaft ze lehen rurt Vnd haben. In das geliben was wir In dann von recht billich daran lihen sullen vnd mugen als vnserr grafschaft vnd lehen reht stat Doch voser vnd ydermans rechten vnschedlichen, Vnd auch also das sy vns vnd vnserr grafschaft getrew vnd gewer dauon sin sullen vnsern schaden wenden vnd frummen vnd tun als ein lehenman sinem lehen herren von lehens wegen billich tun sol getrewlich on alle geuerd. Mit Vrkunt dits briefs versigelt mit vnsern an-

haagenden Insigeln, der geben ist an donrstag nach Vnser
Frawen tag assumptionis Nach Crist geburt viertzehenhundert
Jar vnd darnach in dem funften Jare. (c. 2 S.)

LXXXVI.

Beilegung der Irrungen zwischen dem Bischof und der
Geburschaft in dem Algow.

Wir dez Hailigen Römischen Rychs Stete botten gemain-
lich die die veraynung. mit ainander haltent in Swauben Als
wir vff dis zite ze Isny bi ainander gewesen sien Bekennen
offenlich mit disem briefe Vmb solich widerwärtikait bruch vnd
och stös die vfferstanden vnd gewahsen sint zwischen dez hoch-
wirdigen fürsten vnsers gnädigen herren hern Eberharcz von.
gocz gnaden Bischoff zu Augspurg vnd der vesten vnd erbern
Benczen Cunracz vnd Vlrichs von Haymenhofen vnd walthers.
von lobemberg, Vnd ouch darzu dez erbern Hainrich Chunzel-
mans burger ze Memingen an ainer siten vnd der geburschaft
gemainlich in dem Algow an der andern sit Vmb solich wider-
säcz als sich die selben geburen wider die vorgenanten ir herren
villicht in vnbedachtem mut fräfenlich gesetzt aynung gemacht
vnd in der selben aynung die obgenanten ir herren groblich mit
todslegen nome vnd mit brande beschediget vnd angegriffen hand,
Der brüch vnd stös aller si doch baidersit hinder vns vnd vff
vns als vff recht schidlent vnd fridmacher komen vnd gegangen
sint, Wie wir das zwischen In vsrichten entschaiden vnd dar-
vmb sprechen daz si das baidersit war vnd stät halten vnd lai-
sten sullen vnd wollen getrwlich vnd ane alle geuerde Als och
das der obgenant vnser herre der Bischof vnd och die Ege-

nanten Benoz Cunrat. vnd Vlrich vou Haymenhofen Walther von
Lobemberg vnd Hainrich Chunczelmann bi iren guten truwen ge-
lopt hand vnd die obgenanten geburen alle liplich gesworn zu
got vnd zu den hailigen mit gelerten worten vnd vffgebotten
vingern Vnd als wir darvff baiden Egenanten tailen mit irem
gueten willen vnd gunst tag für vns beschaiden haben gen Isny
vff dis zit Also haben wir der Egenanten vnsers herren dez
Bischofs der von Haymenhofen Wälthers von lobemberg vnd
Hainrich Chunzelmans klag brief vnd rede aigenlich verbört
Vnd haben denn darvff der obgenanten gebürschaft antwurt briefe
vnd widerrede die si baidersit volkomenlich vor vns mit für-
sprechen getan hand och vernomen Vnd nach ir haider fürlegung
vnd antwurt rede vnd widerrede die da vor vns beschechen ist
haben wir dez ersten gesprochen Daz die vorgenanten vnser
herre der Bischoff die von Haymenhofen Walther von lobemberg
vnd hainrich Chunzelman für sich vnd alle die iren oder wer
von ir jeglichs wegen besunder zu der sach behaft oder ge-
want ist gewesen vmb allez das daz die egenanten geburen
wider si in disen sachen geworben vnd getan hand es si mit
todslegen angriffen oder mit veraynung ze machen oder wie
sich das bizher gen In verloffen vnd verhandelt hat oder wer
von iren wegen dawider verdacht oder gewant ist gewesen ir
gnädig herren beliben haissen vnd och sin sullen die sach gen
In Nimmermer ze äffern noch ze rechen noch debain vngnade
noch vigentschaft darvmb zu In niht haben Also daz si alle vnd
ir Jeglicher besunder dez gen In an alle engeltnüsz sin sullen
getrwlich vnd ane alle geuerde Wär och ob der vorgenanten
tail dehainer es were vff der herren tail oder vff der geburen
tail Icht gefanguer hetten die in disen sachen vnd von der wi-
derwärtikait wegen gefangen weren die sullen vff ain slecht
vrfeth ledig vnd los sin Waz och schaczung von gefangner
oder brantschaczung wegen noch vnbezalt vorhanden ist si sien
verbürget oder niht sullen och genczlich absin vnd fürbaz von
entwedrem tail gevordrot noch gegeben werden in debainen
wege Darnach haben wir mer gesprochen daz die obgenanten

geboren die verainung die si zesamen gemachet haud vff die
aide die si hinder vns gesworn band genczlichen abtun vnd ab-
laussen sullen, vnd daz och si vff dieselben ayde dehain ver-
aynung puntnünz noch gelüpte fürbaz zesamen Nimmer mer
tun noch machen sullen weder haimlich noch offenlich denne mit
willen vnd gunst der obgenanten irer herren fürbaz haben wir
gesprochen daz die obgenanten geburen gemainlich vnd ir ieg-
licher besonder iren vorgenanten herren ir ieglicher dem oder
den, den ir ieglicher zugehört uu fürbaz mer verpunden vnd
gewärtig sin sullen aller der gelüpte gehorsamy dienst vnd recht
der si den Egenanten iren herren schuldig vnd verpunden ge-
wesen sint vor anfang dises widersaczes vnd veraynung Also
daz si den selben iren herren fürbaz mer tun vnd geben sullen
allez das daz och si iu vormals biz her getan vnd gegeben hand
ane alle geuerde Vnd dez allez ze warem vnd offem vrkund
So hand die erbern vnd wisen die Burgermaister vnd Rät der
Stat zu Isny von vnser aller haissencz wegen ir Stat Insigel
doch in selb vnd ir Stat vnschädlich offenlich gehenkt an disen
brieff der geben ist an dem nehsten Zinstag vor Sant Michels
tag do man zalt nach Christus geburte vierzechenhundert Jar
vnd darnach iu dem Sechsten Jare. (c. S.)

LXXXVII.

Anno 1406. 11. Octobris. Heidelberg.

K. Ruprecht nimmt das Kloster Ottobeuern in seinen Schirm.

Wir Ruprecht von gots gnaden. Romischer Kunig zu allen
zyten merer des Richs Bekenne vnd tun kund offenbar mit
disem briefe allen den die Iu ansehent lesent oder hörent lesen,
want wir allen vnsern vnd des Richs vnndertanen vnd getruwen

von angeporner miltekeide geneiget sin frieden vnd gemache
zu schafen, yedoch wollen wir daz fürbas tun an den personen,
die dem allmechtigen gote vnserm Schepper In geistlichem or-
den tag vnd nacht dienent vnd yn für vns bittend vnd darumb
So haben wir angesehen demutige vnd flissige bete, Des Er-
samen geistlichen vnsers lieben andechtigen vnd getruwen
Eggen apptes des Closters zu Ottenburen Sant Benedicten or-
dens In augspurger Bisthume gelegen vnd haben yn vnd sin
Conuent alle Ire nachkomen vnd daz selbe Closter mit allen
sinen gütern vnd zugehörungen, wo die gelegen oder wie die
genant sint In vnsern vnd dez heiligen Richs besundern Schirme
guedeclichen enpfangen vnd enphaben sie darinne In crafft dissz
brieffs als sie auch In vnserre furfaren Römischer Keiser vnd
Kunige vnd dez heiligen Richs Schirme von alterher gewesen
sint vnd dariun gehörent. Wir haben auch dem obgenanten
Eggen appte zu Ottenburen mit wolbedachtem mute vnd gutem
Rate vnserr fursten Edeln vnd getruwen sine vnd sins Clo-
sters zu Ottenburen obgenante Regalia werltlichkeit lehenschaffte
vnd mannschaffte mit allen eren nutzen rechten gerichten vnd
zugehörungen gnedeclichen gelichen vnd gereicht lihen vnd
reichen yme die In crafft dissz brieffs vnd Römischer Kunigli-
cher mechte vollenkomenheide zu haben zu halten zu besitzen
vnd der zu geniessen In aller der massen als die sine furfaren
vnd er biszher gehabt genossen herbracht vnd besessen hant,
vnd der Egenant Egg hat auch dieselben Regalia werltlichkeid
lehenschaffte vnd mannschaffte mit allen eren nutzen Rechten
gerichten gütern ziuszen vnd zugehörungen von vns als eyme
Römischen Kunige syme rechten herren rechte vnd redelichen
enpfangen vnd vns dauon gehuldet globet vnd gesworen als
gewonlichen ist vnd Solche des Richs geistliche Prelaten
pflichtig sint ze tune. Dar zu haben wir von besundern gnaden
dem obgenannten appte syme Conuente vnd dem Closter zu
Ottenburen mit gutem Rate rechter wissen vnd Römischen ku-
niglicher mechte vollenkomenheide alle vnd igliche ire rechte
friheide vnd herkomen priuilegia hantfesten vnd briefe, die yme

von Seliger gedechtnisse Römischen Keisern vnd Kunigen
vnsern fürfaren an dem Riche oder von anndern fürsten vnd
herren verlieben vnd gegeben worden sint Bestetiget beuestet
vernuwet vnd Confirmieret, Bestetigen beuestren vernuwen vnd
confirmieren yn die In crafft dissz brieffs mit allen Iren mey-
nungen puncten vnd artikeln glicherwyse als ob dieselben briefe
alle von worte zu worte In disem vnserm brieffe begriffen we-
ren vnd gepieten darvmb allen vnd yglichen fürsten geistlichen
vnd werltlichen Grauen fryen herren Rittern knechten Gemein-
schefften der Stette Merkte vnd dorffere vnd sust allen anndern
vnsern vnd des Richs vnndertanen vnd getruwen das sie die
obgenanten appte vnd Conuent vnd daz Closter zu Ottenburen
an den vorgenanten Iren Rechten friheiden kerkomen pruilegien
vnd briefen nit hindern noch besweren. Sunder sie daby von
vnsern vnd dez Richs wegen getruwelichen hanthaben Schutzen
vnd Schirmen vnd auch geruweclichen vnd vngeleidiget ver-
liben lassen sollen, als liebe yn vnser hulde sy vnd vnser vnd
des heiligen Richs Swere vngnade zu uermiden vnd darzu ein
pene zehen marcke lotiges goldes die halbe In vnser vnd des
Richs kamer vnd daz aundere halbe teil den obgenanten appte
vnd Conuent vnd dem Closter zu Ottenburen als dicke daz
an yne uberfaren wyrde ane mynernisse gefallen sollen vrkunt
dissz brieffs versiegelt mit vnser kuniglicher maiestät anhangen-
dem Ingesiegel. Geben zu Heidelberg Nach Cristi gepurte
viertzehenhundert vnd Sechs Jare vff den nehsten Mantag vor
Sant Gallen tag des heiligen Bichters vnsers Richs In dem
Siebenden Jare ad mandatum domini Regis Johannes winheimer.

LXXXVIII.

Anno 1407. 6. April.

Bischof Eberhart sichert den Kaufleuten, welche durch sein Schloss zu Füssen fahren und Kaufmannsgewerb treiben, auf seine Lebenszeit sicheres Geleit zu.

Wir Eberhart von Gotts vnnd des hailligen Stuls gnaden Bischoff zue Augspurg, Bekennen mit dem offen brieue fur vnns vnnd all vnnser nachkommen vor allermenigklich, das wir mit gueter Vorbetrachtungen, vnnd auch mit Rath Willen vnnd Wissen, der Ersamen Herrn, Herrn Friderichs Burggrauen, Thumprobsts, Hern Vlrichs Burggrafen, Techands vnnd vnsers Capituls zue Augspurg gemainlichen, das darumb besampnot wardt, mit beleutter glocbhen, alls sittlichen vnnd gewohnlichen ist, Besunder dem heilligen Romischen Reich zue ehhren, desselben Reichs Stetten zue Freundtschafft vnnd gemainckhlichen Lanndt vnnd Leuten zue Nutz Allen Kauffleuthen vonn allen Lannden Stetten, vonn allen Märckbten, vnnd wa sie vberal gesessen sindt, sie seyen des obgenannten Reichs, oder der Fürsten vnnd herrn, gaistlichen oder weltlichen oder sy seyen frey oder aigen, wie sie genant oder gehaissen sindt, die Kaufmansschatz vber Lanndt füren, vnnd füren lassen, vnnd Kaufmans gewerb treiben. Inn allen gemaincklichen vnnd Jegklichen besondern, vnnd Ir aller vnnd Jeglichs leib vnnd guth, vnnd allen den, die zu In vnnd zu Ihrem guth gewant sindt, durch vnnser schloss zue Fuessen ein vnnd aus, vsserhalb vnnd Inn dem schloss alls verr vnnser gebiett vnnd glayt raicht sicher zu faren vnnd zu wandlen, Niderlage zu haben, vnnd alles gewerb zu treiben, alls Ihn zugehördt, ain frey sicher Kaufmans glait gegeben haben, Vnnd geben mit Krafft des briefs, für allermenigk-

lichen vnser Lebtäge, dieweil wir Bischoff zue Augspurg sindt,
vnnd darnach ein gantz Jar, vnnd ainen Tag ohn geuerde Vnnd
ohn alles absagen vnnd gehaissen, Ihn hey gueten Treweu für
vnns vnnd all die vnsern, das vestigkliche vnnd stett zu hall-
ten, vnnd sie mit aller vnser macht Dabey zu schirmen vnnd zu
schützen, Trewlichen ohn all geuerde. Wie man ain frey sicher
Kaufmaus glayt vonn Rechts wegen, vnnd billichen ballten,
schützen, vnnd schirmen soll. Vnnd sollen all vnnser nach-
kommen, Bischoff zue Augspurg Jegklicher, der hernach Bischoff
wirde denn gegenwärttigen brief von newem mit Iren besonn-
dern brieuen vnnd Innsigeln bestetten, vnnd daruff mit anndern
Articuln die sie gehaissen vnnd geloben zu hallten, so sie erst
erweblt werden, alls sittlichen vnnd gewohnlichen ist auch ge-
haissen vnnd geloben das obgeschriebeu glait allso zu hallten ohn
alles absagen, vnnd Inn all der mass alls der gegenwärttig brief
aussweist ohn geuerde. Vnnd wenn das were, da Gott Lanng
vor sey, daz wir oder ainer vnnser nachkommen, vonn Todts
wegen abgiennhgen; oder mit freyen willen das Bisthumb vfgeben,
oder wie wir vonn dem Bisthumb kemen, So sindt wir mit vnn-
serm vorgenannten Capitul, vnnd das Capitul mit vnns ainmütig-
lichen vberain worden, ohn alles widersprechen, vnnd verainen
vnns auch mit Crafft des briefs, das die pfleger des Bisthumb
welche denne je zu den zeitten nach vnserm oder vnnser nach-
kommen Todte oder bey vnnserm Leben so wir oder vnnser
nachkomen, sonnst von dem Bisthumb kemen zu pflegern gesetzt
werden, das obgenant vnnser Schloss Fuessen, Vesten vnd Statt
mit aller Zugehörde, Leuth vnnd guth Einnemen vnd behallten,
vnd es Kainem künfftigen Bischoff zue Augspurg, nach vnns
nimmer vfgegeben noch eingeantwurtten sollen, biss vor all
Kauffleuth, die den In dasselb vnnser Schloss vnnd glait, alls
verr vnser gebiet raicht, komen sindt, mit Irem Leib vnnd gueth
wider daraus, biss au Ir gewarhait komen, ohngeuerde Vnnd
biss der gegenwärttig brief vonn ainem Jeglicken Künfftigen
Bischoff mit Iren besonndern briefen vnnd Insigeln bestett wirdt,
vnnd biss sie gehaissen vnnd geloben, das glait zu halten vnnd

zu schirmen, alls vorgeschriben steht, darumb anch die vorge-
schrieben pfleger die je zu den zeitten, ober das Bisthumb ge-
sesetzt werden, ainen aydt zu den hailligen schweren sollen,
zu thun vnnd zu ballten, was an dem brieue von In geschriben
steht Trewlichen ohn all geuerde vnnd daruf haben wir ge-
schafft vnnd schaffen mit Krafft des briefs, mit allen vnnsern
pflegern, vögten, Pröbsten, vnnd ambtleuthen die wir Inn dem
obgenanntem vnnserm Schloss Jetzo haben, oder fürbass ge-
winnen vnnd mit vnnsern Burgern daselbst Reichen vnnd Armen
gemaineklichen das sie den pflegern welchi nach vuns alls vor
geschriben steht dem Bisthumb zu pflegern gesetzt werden, das
obgenant vnnser Schloss Vesten und Statt, ingeben vnnd Ant-
wurtten, vnd In an alles widerreden damit gewartten sollen, biss
alles das beschicht vnnd vollendt wirdt, das da vor geschriben
steht, ohn geuerde. Vnnd des alles zue ainem stetten Vrkhundt
geben wir den brief versigelt, vnnd gevestnott, mit vnnserm vnd
vnsers Capituls Innsigeln die haidt daran hanngen, Vnnd Wir
Friderich Burggrafe Thumbprobst, Vlrich Burggrafe Techandt,
vnnd die herrn gemaineckblichen des obgenanten Capitels zue
Augspurg, Bekennen auch offentlichen mit dem brieue, fur vnns
vnnd all vnnser nachkomen, das all vorgeschriben sach mit vnn-
serm gueten willen vnnd wissen beschehen sindt, vnnd vnns
des mit dem obgeschriben vnnserm genedigen herrn, allso gar
ainmütigklichen Veraint haben, vnnd es alles stett halten wollen,
vnnd dess zue vrkundt haben wir vnnsers Capituls Insigel, an
den brief lassen bengen. Der geben ist do man zalt Nach Christi
geburth Vierzehenhundert Jar, vnd darnach Inn dem Sibennoden
Jare au der uechsten mickhten Nach Sannct Ambrosius Tage.

Ex copia vidimata.   -

LXXXIX.

Anno 1407. 3. Augusti.

Eberhardus ep. institutionem et fundationem conventus
religiosorum virorum Ord. Carthus. in Buchshaim ex
redditibus ecclesiae collegiatae ibidem ratam habet.

Nos Eberhardus dei et apostolice sedis gracia Episcopus
Augustensis Honorabilibus et nobis in Christo dillectis Friderico
Burggrauii preposito Vlrico Burggruii decano Totique Capitulo
ecclesie nostre Augustensis Salutem et sinceram in domino ca-
ritatem. Dudum bone memorie dominus Burkardus Episcopus
Augustensis inmediatus predecessor noster dum vixit Salutem
anime sue et multorum hominum felicitatem perhennem. Attendens
quod Collegium secularium clericorum in Bucshain habens eciam
prepositum et Canonicos nostre augustensis dyocesis in diuino
officio miserabiliter ac dampnabiliter destitutos huiusmodi Colle-
gium de consensu prepositi decani et Capituli nostre ecclesie
Augustensis et in eodem loco Buchshain Conuentum Religioso-
rum virorum fratrum ordinis Cartusiensis ordinauit et instituit
Religiosis ibidem fratribus redditus Collegiate ecclesie predicte
tradendo et pro perpetuis temporibus assignando ex causis eum
mouentibus que omnia premissa habentur et describuntur clare
in litera prefati domini Burkardi suo et Capituli nostri augu-
stensis sigillis super premissis narratis legitime communitis Ve-
rum in predicta ordinacione honorabilis vir dominus Hainricus
de Ellrbach Canonicus augustensis et pre ositus ecclesie Col-
legiate predicte omnibus Redditibus et frucțibus ad preposituram
suam supradictam pertinentibus ad ordinacionem et inmutacionem
predictam ad eum pro tunc pertinentibus et in quorum fructuum
possessione tunc fuerat ad voluntatem et ordinacionem prefati

domini Burkardi Episcopi Augustensis predecessoris nostri
cessit et eis abdicauit et renunciauit et cum hoc dedit in Re-
compensum prepositure iamdicte Mille et ducentos florenos pro
quibus empte sunt decime infra descripte videlicet ex viginti
sex feodis in Menchingen ex triginta quinque Jugeribus in Hil-
tifingen, necnon ex sex feodis in weringen prout eedem decime
cum feodis et Jugeribus ac nominibus propriis eorum qui iam
pro tempore ipsas decimas dant seu feoda et Jugera prescripta
colunt in Registris Capituli nostri predicti plenius et clarius
continentur, quas quidem decimas idem Capitulum nostrum pre-
dictum ad se recepit et in recompensam et refusionem fructuum
prepositure predicte prefato domino Hainrico de Ellrbach dant
singulis annis quinquaginta sex florenos Rinenses Jure personali
pro tempore vite sue et non vltra nec amplius quouismodo que
omnia premissa sunt emulgata approbata recepta et confirmata
per dominum Burkardum sepe dictum et Capitulum nostre ecclesie
augustensis predictum Cum igitur premissa sic peracta pondera-
verit prudens prouidus et discretus vir dominus vlricus Burg-
grauii nostre ecclesie augustensis sepedicte decanus Attendens
et considerans quod vtilitas maior est private preferenda et
ponderans quod Episcopus augustensis qui pro tempore existit
ex ordinacione prefacta potest tantum vni canonico prouidere et
fructus decimarum predictarum loco prepositure supradicte sibi
pro tempore vite sue conferre Melius et vtilius esse vt fructus
decimarum antedictarum non tantum vnus leuaret et perciperet
sed multi consulacionem reciperent et haberent Cogitauit pie
et pie quod premissi decimarum fructus diuiderentur in vsus
omnium Canonicorum quam in vsum vnius Canonici tantum et
sic per inspiracionem vtique diuinam ordinauit quod prefatas
decimas et earundem fructus percipere habere et leuare deberet
deinceps Capitulum nostrum predictum pro tempore vite prefati
domini hainrici sibique annuam summam florenorum predictorum
de eisdem porrigere ut prefertur. Et post mortem vel sponta-
neam cessionem ipsius deberent sepedictarum decimarum fructus
si decanus noster antedictus post mortem vel cessionem domini

Hainrici predicti superstes existeret et viueret tunc pro tempore
vite ipsius domini decani deberent et debent fructus decimarum
pretactarum diuidi inter Cenonicos Capitulares ecclesie nostre
predicte in sacris existentes hoc excepto quod quatuor canoni-
corum sacerdotibus vocem capituli non habentibus et duobus
leuitis annuatim de predictis fructibus cedere debent tres floreni
rinenses et Sex sociis lectoribus eorum duo floreni eciam Ri-
nenses hoc tamen pro rata si grandines vel alia pericula quod
absit euenirent et talis distributio pro tempore vite decani nostri
predicti fieri debet singulis annis in die Natalis Christi de nocte
in primis vesperis et de mane in publica missa presentibus tantum
post mortem vero ipsius decani nostri supradicti eadem distri-
bucio fiet eciam singulis annis in Anniuersario suo prout in
libro oblagiorum capituli nostri predicti clarius continetur. Qua
propter Nobis humiliter supplicauit ut premisse eius ordinacioni
et decimarum distribucioni ut prefertur perpetuis temporibus
valituris auctoritate nostra ordinaria appropriare et confirmare
dignaremur humiliter et deuote Nos vero intendentes dacani
nostri prefati deuocionem ac iustam piam et debitam ac racio-
nabilem petitionem eciam quia nobis et ecclesie nostre multa
gratuita seruicia inpendebat et in posterum inpendere poterit
Nobisque et ecclesie nostre ut predicta per eum ordinata con-
firmaremus dedit ducentos florenos vngaricos et Bohemicos no-
bisque plenarie satisfecit et nos ipsos florenos in vsum nostrum
et ecclesie nostre conuertimus necessarium. Idcirco vobis do-
mino decano totique Capitulo nostre ecclesie Augustensis more
pii patris specialis gracie indicium inpertiri et in hiis que ra-
cione vtuntur vberius complacere volentes omnem ordinacionem
factam ut prescribitur pro nobis et successoribus nostris appro-
bamus Ratificamus Ratam et gratam habemus ac auctoritate or-
dinaria confirmamus presentibus in hiis scriptis Renunciamus
nichilominus quo ad premissa pro nobis et successoribus nostris
vniuersis accionibus et excepcionibus doli mali in factum ingra-
titudinis beneficio restitucionis in integrum omnique iuris auxilio
vel defeusione iuris canonici vel ciuilis conswetudinibus vel

statutis tam publicis quam priuatis excepcionibus et defensioni-
bus aliis quibuscunque quibus iuuari possemus ad faciendum
contra premissa vel aliquid premissorum in Judicio vel extra in
posterum vel ad presens et specialiter legi hoc ius porrectum
et iuri dicenti Renunciacionem in genere factam non teneri. In
quorum omnium et singulorum euidens testimonium presentes
vobis dedimus literas nostri sigilli appensione legitime commu-
nitas Datum et Actum Anno domini Millesimo Quadringentesimo
septimo Tercio Nonas Augusti.

XC.

Anno 1408. 17. Februar. München.

**Der Herzoge Ernst und Wilhelm von Bayern Schied-
spruch in einer Irrung zwischen den Bürgern von Augs-
burg und dem Domkuster Anshelm dem Nenninger.**

Wir Ernst und Wilhalm von gotes genaden Pfalltzgrauen
bei Rein vnd Hertzogen in Beyrn etc. Bechennen offeulich mit
dem brief vmb all die stözz vnd zwayung die zwischen vnser
lieben besundern der Burger gemeinlich zu Auspurg ainhalb vnd
Hern Anshelm des Neningers vnsers Dieuer vnd Kuster da-
selben anderhalb bis auf den heutigen tag gewesen sind vnd
der sy baident halben hinder vns gegangen vnd bey vns beliben
sind sy darumb ze entrichten vnd auz zesprechen. Also sprechen
wir zum ersten das sy zu baiderseit für sich selb all ir frewnd
helffer vnd diener vnd all die auf baiden tailen darunder ver-
dacht oder gewaut siud gewesen gut frewnd sein sullen vnd
den obgenauten vnwillen weder mit Wortten noch mit Werchen
gen einander nymer mer äfern in dhain Weis getrewlich an
geuerd dann vmb das abprechen das die von Auspurg dem ob-

genanten Nennynger getan habent Sprechen wir daz also be-
leiben sol vnd ob mon ainen gankh machen wolt zu dem Turm
den die von Auspurg angeuangen habent ze pawen Sprechen
Wir das yetwedrer tail zwen dartzu geben sol vnd wie dann
die vier erchennent das der gankh sein sull do er dem Nen-
ninger vnd seinen höfen aller vnschedlichist sey dabei sol es
beleihen Sunder sprechen wir ob die von Auspurg oder die
iren zu dem egenanten Nennynger hinfür icht ze sprechen ge-
wunnen waz sein person alain antrifft Mug das dann mit güt-
licher mynn nicht gerichtt werden. So sullen sy es zu baider-
seit mit ainem frewntlichen Rechten gen einander auztragen des
zu vrchund geben wir den Brief mit vnsern anhangenden In-
sigeln versigelten zu München an freitag nach sand Valteins
tag anno Domini Millesimo Quadringentesimo Octano.

XCI.

Anno 1408. 17. Februar. München.

Der Herzoge von Bayern Schiedspruch in der näm-
lichen Streitsache.

Wir Ernst vnd Wilhalm von gotes genaden pfalltzgrauen
bey Rein vnd Hertzogen iu Beyrn etc. Bechennen offenlich mit
dem Brief vmb den auzspruch den wir zwischen hern Anshelm
von Nenniugen vnsers diener vnd der burger gemeinlich zu
Auspurg getan haben nach solicher Brief sag die wir yn zu
baiderseit darumb geben haben, iu denselben auzspruch die von
Auspurg nicht wolten schreiben lassen wie ez vmb den Turn
besteen solt den sy in des egenant vnsers diener garten ange-
uangen habent ze pawen. Doch sein wir Indenkh vnd die her
nach geschriben mit sambt vns das Vlrich Chuntzelman vnd
Eberhard Liehär an dem tag alz der Brief geben ist vor vns

offenlich bechant vnd geredt habent von des Rats wegen von auspurg, ob daz wär daz mon den Turn pawen wurd So sol mon denselben Turn pawen nur mit pimen vnd chainem anderm lupaw vnd sol auch nicht besetzt werden dann zu der Stat zu Auspurg grossen notdurfft Item do die obgenant von Auspurg die red vnd täding vor vns getan habent dabei sint gewesen Jobs von Reichen Gabriel Ridler Hanns Rudolf Ludwig Gerbmair vnd Johannes Fuchsmundl des zu vrchund geben wir den Brief versigelten mit vnsrer obgenanten haider herrn Insigeln zu München des nechsten freitags nach Valentini Anno domini Millesimo Quadringentesimo Octavo.

XCII.

Anno 1408. 27. Aprilis.

Bischof Eberhart bestätigt mit Einwilligung seines Kapitels, Elisabeth der Röhlingerin Bürgerin zu Augsburg, Ulrich des Röhlingers sel. Wittwe, die Veste Pfersee, welche von seinem Gotteshause erkauft wurde, in der Art, dass dieselbe, so lange sie lebt, nicht eingelöst werden soll.

Daz beschach do man zalt nach Crists geburt viertzehenhundert Jar vnd darnach in dem achtenden Jare an dem nehsten Donrstage nach sanct Geörgen tage des Hailigen Martirers.

XCIII.

Herzog Stephan zu Bayern aignet Konraden Panbrecht Bürger zu Augsburg den von ihm zu Lehen gebenden Hof zu Gunntraming.

Der geben vnd mit vnserm anhangundem Insigel versigelt ist zu Aichach an mitwochen vor dem Heiligen pfingstag, do man zalt von Kristi geburde virtzebenhundert vnd in dem achten Jaren.

XCIV.

Schiedspruch in verschiedenen Irrungen zwischen dem Bischof Eberhart, und dem Abt von Ottobeuren, dessen Conventbrüdern und der Gebauerschaft des Gotteshauses zu Ottobeuern.

Ich Hartman Ebinger vnd Ich Hanns Ot Burger ze Vlme, Ich Hainrich faynak by den ziten Burgermaister ze Memingen Ich Hanns Rup Burger daselbs vnd Ich Hainrich von Phlumern Burger ze Bibrach Bekennen offenlich mit disem brief Vmb solich vnwillen brüch vnd och stöss die gewesen sind zwischen dem Hochwirdigen fürsten Herrn Eberharten Bischof ze Augspurg vnserm gnädigen Herren ainer syt vnd des erwirdigen Herren Abbt Eggen des Gotshus ze Vttenburen ander syt,

24 *

Vnd denn vmb sölich zwayung vnd stöss die derselb Abbt Egg
besunder mit sinen Couventbrüdern gebebt hat, Vnd denn aber
vmb die brüche vnd stöss die derselb Abbt Egg mit sin vnd
sins gotshus geburschaft gehebt hat, Derselben vorgenante brüch
stöss vnd misshellung aller Si vff allen obgenanten tailen gentz-
lich by vns beliben sind, Wie wir das zwischen In vsrichten
vnd entschaiden. Daz Si das alles vollkommenlich war vnd stät
halten vnd vollfüren sullen vnd wellen getrewlich vnd ane all
geuerd als das der edel wolerborn vnser gnädiger Herr Graf
Chunrat von Kirchberg für den egenanten vnsern Herren von
Augspurg verhaissen hat vnd denn der vorgenennt Abbt Egg
vnd die Couuentherren vnd och die geburschaft die vff die zit
by vns was, das alles by iren guten treuwen gelobt vnd ver-
sprochen hand. Also haben wir zwischen In des ersten vsge-
sprochen daz der vorgenant vnser Herr der Bischof vmb alle
die vngnade die er zu dem obgenanten Abbt Eggen bisher
gebebt hat vnd was sich bisher vntz vff diesen hewtigen tag
als dirr brief gehen ist zwischen In verloffen hat, es syen wort
oder werk oder wie sich das verhandelt hat gen demselben
Abbt gentzlich ablassen sol vnd den in sin Huld vnd gnade
nemen, vnd die sache gen Im nymmer mer ze arg gedenken
noch debains wegs engelten lassen ane all geuerd So haben
wir fürbas gesprochen, daz der vorgenant Abbt Egg dem ege-
nanten vnserm Herrn dem Bischof vndertenig gewertig vnd ge-
horsam sin sol mit vogtyen vnd mit allen andern nutzen gülten
rennten vnd rechten ze richten ze antwurten vnd ze gehen als
sin vordern an der Abbty dem obgenanten vnserm Herren dem
Bischof vnd sinen vorfarn vormals bisher gericht vnd gegeben
hand getreuwlich vnd ane all geuerd. Vnd doch daz der ege-
nent vnser Herr der Bischof nach sinen gnaden dem obgenan-
ten Abbt Eggen vnd sinem gotshus ainen solchen vnderuogt
setze vnd geb der sich freuntlich gen In halte vnd Si beschai-
denlich beschirme zu Irem Herkomen vnd als Sie des ain
gantz getreuwen zu dem egenanten vnserm Herren dem Bischof
haben sullen. So sol och der vorgenant vnser Herr der Bischof

den obgenanten Abbt Eggen vnd sin gotshus getreuwlich schirmen vnd versprechen als ir gnädiger vogt vnd Herr. Sunderlich vnd mit namen So sol der egenant Abbt Egg nu fürbas dehainen schirm mer suchen noch nemen wider den egenanten vnsern Herren den Bischof vnd ane sin wissen vnd wider sinen willen in debainen weg ane all geuerd doch vsgenomen des Bürgerrechts als er Burger ist ze Memmingen, daz er wol Burger sin mag ob er wil ane allermenklichs Irrung ane all geuerd Vnd sol dartzu die veste Hittelspurg in Jarsfrist dem nebsten mit willen vnd wissen des vorgenanten vnsers Herren des Bischofs verkoffen. Oder aber mit sinen lieb fürbas vberwerden. Och haben wir gesprochen daz der vorgenant vůser Herr der ·Abbt des obgenanten sins Conuents Insigel vnuertzogenlich hinder ainen erbern man ze Memingen legen vnd ze behalten geben sol vnd sol man dartzu machen dry slüssel die dasselb Insigel besliessen vnd derselben slüssel sol man ainen geben dem vorgenanten vnserm Herren dem Bischof oder wem er den denn haisset geben an siner statt. So sol der egenant Abbt Egg selb ainen och dartzu haben vnd der obgenant sin Conuent och einen slüssel. In solicher mass was man fürbas von desselben gotshus wegen damit versigeln wölt, daz das allweg beschech mit ir aller dryer tail willen vnd wissen vnd nicht anders ane all geuerd denn vmb die Zwayung vnd stöss die gewesen sind zwischen dem obgenanten vnserm Herren dem Abbt vnd sinen Conuentherren. Haben wir gesprochen, Wie sich das zwischen In bisher verloffen hat daz das och gentzlich absin sol vnd daz der egenant vuser Herr der Abbt Si des nicht entgelten lassen sol in kainen weg vnd sol Si fürbas halten in rechter ordnung vnd gehorsamy vnd mit der pfründe erberklich nach sinen eren vnd irem nutz vnd notdurft vnd als Si bisher in erberkeit komen sind ane all geuerd So sullen denn die egenanten Conuentherren vnserm vorgen. Herren dem Abbt widerumb aller rechter vnd redlicher sache geistlicher vnd weltlicher gehorsam sin als irem Herren vnd Abbt getreuwlich vnd ane all geuerd Waer aber ob ir dehainer ir

wer ainer oder mer sich darinn misshielt oder anders gefür
oder tät denn er billich solt. Darumb sol Si doch der egenant
vnser Herr der Abbt nicht ze red setzen noch straffen vor den
layen noch vor sinen knechten Vnd sol Si darumb zesamen
vordern in das Capittel vnd Si da büssen nach des Ordens
gewonhait vnd herkomen doch daz die erst straffe nicht anders
sy, denn daz er den oder dieselben sin Conuentherren büsse
ze beliben Innerhalb den vier muren zwen oder dry tag. min-
der oder mer nach dem als die sache denn gestalt waer. Be-
deucht aber den vorgenanten vnsern Herren den Abbt, daz div
sache vnd getat als hastig wurd oder, waer daz es vber die
vorgenante Buss rürte So sol der egenant vnser Herr der Abt
das denn fürbas bringen an den obgenanten vnsern Herren den
Bischof vnd das nach des rat fürbas handeln vnd vsrichten vnd
fürbas nicht mer dartzu tun ane all geuerd. Denn zu dem drit-
ten mal vmb die brüch vnd stöss die der vorgenant vnser herre
der Abbt mit sin vnd sins gotsbus geburschaft gebebt hat vnd
Si widerumb zu Im haben wir gesprochen was sich bisher
zwischen In baider sit verloffen hat, datz das och gentzlich
absin sol vnd entweder tail gen dem andern darumb dehainer-
lay vyentschaft noch Hass tragen noch haben noch das dehains
wegs äfern noch rechen sol mit dehainen sachen in kainen
weg vnd daz Si der egenant vnser Herre der Abbt fürbas ge-
treuwlich schirme vnd ir gnädiger herr sy So sullen die ge-
burschaft gemainlich Im widerumb och gehorsam sin vnd ir
zins gült vnd fälle Järlich tugentlichen richten vnd gehen als
si och von alter bisher getan hand, es wer denn ob dehains
jars schad oder gebrest zufiele es wer von Hagel von Wind
von fraises von raise oder von andern solichen redlichen sa-
chen ane geuerd, denselben schaden sol der obgenent vnser
Herr der Abbt gen sinen armen leuten ansehen vnd liden nach
gelegenhait desselben schaden oder als ander Leut den solicher
schad widerfarn waer hinder Im vnd vor Im tund aber ane alle
geuerd Waer aber siner geburn dehainer Im alt gült schuldig
die sol Im derselb gebur och bezaln nach gelegenhait der Jare

ob div gut oder swach wurden och ane all geuerd. Doch so
mag der vorgenent vnser Herr der Abbt sin vnd sins gotshus
arm leut vnd hinndersezzen vmb sin Hubgelt zins vnd och gült
wol beschaidenlich pheuden vnd angryffen. Beschaech och daz
debain sin gebur maynte daz solich gut die er bute ze vast
vbersetzt waer vnd solich gült nicht ertragen möchten das mag
denn derselb gebur wol bringen an den vorgenanten vnsern
herren den Bischof vnd der sol denn dartzu kuntleut schicken
den vmb solich sach ze wisent ist, ze erfarn woby es bestan
mug vnd erfindet sich daz dasselb gut vbersetzt ist, was sich
denn vnser Herr der Bischof darumb erkennet oder das setzt
daby sol es gentzlich beliben. Erfund sich aber daz es die
gült wol ertragen möcht. So sol der obgenant vnser Herr der
Abbt billich by derselben gült beliben. Waer aber ob dehain
gebur der dem obgenenten gotshus zugehörte ir waer ainer oder
mer sin Lib oder gut von demselben gotshus zu Vttenburn
emphremden oder emphären oder sust dehainerlay vnlust ge-
walt oder fraeuel an den egenanten vnsern herren deh Abbt
oder an sin gotshus legen wolt wie sich das fügte.
So sol doch der egenant vnser Herr der Abbt selb darumb
nicht straffen noch das schaffen getan, denn daz er das allweg
verhin an den vndervogt bringen sol vnd ist daz er sich mit
demselben vogt veraynen mag vmb dieselben bessrung vnd
straff daz Im das zu sinen Handen gesetzt wirt. So mag
denn der egenent vnser Herr der Abbt dieselben gehurn oder
die die solichs gen Im vnd sinem gotshus vberfarn hetten dar-
umb wol straffen vnd Büssen. Möchten Si sich aber nicht
veraynen vnd daz den vogt bedeucht daz man das an vnsern
Herrn den Bischof bringen solt oder müst So sol man das denn
aber an den obgenanten vnsern Herren den Bischof bringen
vnd Im das fürlegen vnd wes sich der denn darumb erkennt
oder damit tut. Daby sol es beliben vnd sol och sich der ege-
nant vnser Herr der Abbt des benügen lassen. Vnd mit disen
hie vorgeschribnen stuken vnd sachen sullen all vorgenant tail
mit ainander vnd gen ainander vmb alles das daz sich bis vff

disen hewtigen tag als dirr Brief geben ist zwischen In ver-
loffeu hat gentzlich verricbt vnd vesünet sin aue all geuerd.
Vnd des alles ze warem vnd offem vrkúnd. So haben wir vor-
genant schidman alle fünf vnsriv aigen Iusigel doch vns selb vnd
vnsern erben vuschädlich offenlich gehenkt an disen Brief. Wir
Egg von gots guaden Abbt des Gotshus ze Vttenburn Beken-
nen och sunderlich an disem brief, daz dise sprüch vnd alle
vorgeschribne sache mit vnserm willen vnd wissen beschehen
sind, vud daz wir dieselben sprüch vnd alle vorgeschribne
sach vnd yeglich besunder getrewlich war vest vnd stat halten
sullen vnd wellen ane all arglist vnd geuerd als och wir das
vormals by vnsern guten treuwen gelobt haben. Vnd des ze
vrkund So haben wir vnser aigen Insigel offenlich och gehen-
ket an disen brief. Sunderlich so bekennen wir vorgenanter
Graf Chunrat von Kirchberg, daz wir mit vollem gewalt des
obgenanten vnsers lieben Herren vnd Bruders Herr Eberharts
Bischof ze Augspurg by dem obgenanten spruch gestanden
syen vnd den an siner stat also vfgenomen haben vnd ver-
sprechen och für denselben vnsern Herrn vnd bruder daz er
den obgenanten spruch täding vnd alle vorgeschribne sach och
halten vnd daby beliben sol ane all geuerd Vnd des ze vr-
kund so haben wir vnser aigen Insigel offenlich och gehenkt
an disen brief der geben ist an dem nebsten Zinstag vor sant
Oswaldstag, do man zalt nach Christs geburt viertzehenhundert
vnd in dem achtenden Jaren.

XCV.

Anno 1408. 30. August.

Heinrich Burggraf erkauft von dem Bischof Eberhart das Burggrafenamt zu Augsburg auf Wiederlosung.

Ich Hainrich Burggraff Bekenn öffenlich mit dem brief vnd tun kunt menglich Als mir der Hochwirdig fürst vnd Herr her Eberhart Bischof ze Augspurg min gnadiger Herr Sin vnd sines gotshus Burggrafen ampt ze Augspurg mit allen sinen nutzen vnd rechten zu rechten lipding verkaufft vnd Ingeben hat, vff vier lib das ist uf min selbs lib vff Hainrichs vnd vlrichs Baider miner sun lib vnd uf Hainrichs von Ettmanshouen miner swestersun lib vmb fünfhundert guter vnd gaber Rinischer guldin. Also hon ich angesehen besunder gnad vnd fürderung die mir der uorgenant min gnadiger Herr in den vnd andern sachen geton hat vnd noch mir hinfür wol geton mag. Vnd honn im die lib widerumb geton vnd wil Im auch gunnen mit vrkund diss briefs wenne das ist das er dasselb sin vnd sines Gotzhus Burggrafen ampt von mir ledigen vnd losen wil vber kurtz oder lang vnd das Im selb vnd zu sinen handen haben vnd niessen wil des wil ich Im allweg verhengen gunnen vnd gut stat tun widerumb zu lösen zu sinen Haunden vmb die uorgeschribnen fünfhundert guter vnd geher Rinischer guldin. Doch also wenn er das also lösen wolt, das sol er mich vor desselben Jars wissen lassen vnd erberglich verkünden zwischen sant Martins tag vnd dem nächsten Obersten ze Wybennachten darnach vnd mich denn der uorgenennt fünfhundert guldin bezalen vnuerzogenlich bis uff den wissen Suntag darnach allerschirst waer aber ob uorgenant min gnadiger Herre Bischof Eberhart das uorgenant Burggrafen ampt von mir nicht löset vnd das ich In vberlebte so sol darnach

debainer siner nchkomen dasselb Burggraffen ampt von mir min
Lebtag nicht lösen hinnach wenn ich nicht eubere so mũgend
all sin nachkomen das uorgenant Burggraffen ampt mit siner
Zugehörung von Hainrichen vnd vlrichen minen Sunen vnd von
Hainrichen von ettmaushouen den uorgenanten die wil derselben
lib aiuer oder mer ist wol widerumb losen nach lutt vnd vss-
weisung des Hoptbriefs den Ich vnd sie von dem uorgenanten
minem gnadigen Herren Bischof Eberharten darumb Inne haben
Vnd des ze vrkund gib Ich dem obgenanten minem gnadigen
Herren den Brief besigelten mit minem aigen anhangendem In-
sigel vnd han datzu flisslich gebetten den frommen vesten
Hainrich von Sweiningen das der sin aigen Insigel zu ainer
Zugnüss vnd gedachtnuss aller uorgeschribnen sach auch ge-
henckt hat an den Brief im selb vnd sinen erben on schaden
Der Gehen ist an dem nachsten mittwoch nach sant Bartholo-
meus tag des hailigen zwelfbotten Als man zalt nach Crists
geburt vierzehnhundert vnd darnach in dem achtenden Jare.

XCVI.

Anno 1410. 24. Julii.

Ainung zwischen dem Bischof vnd den Bürgern der Stadt Augsburg.

Wir die nachgeschriben Vlrich Burggraf Tumtegan Audres
Steck obroster Schulmaister Anshem von Nenningen Cäster
baus von Feringen vnd Ott von Sunthaim alle Chorherrn vff
dem Tume zu Augspurg au ainem tail Johans Langenmantel
zu Radawe Ludwig hörnlin ze den zeyten baide Burgermaister
Johans Langenmantel zu Wertungen Lourentz Egen vnd hain-
rich Smuker alle burger zu Augspurg vff dem andern tail.

Verleihen offenlichen mit dem brief, daz wir von merrung vnd
beszerung guter friuntsobaft vnd fridez vnd den grössern schä-
den in künftigen zeiten ze furohomen, haben wir wolbedächtlicli-
chen mit ainheller stime vnd anoh nach Raute vnd vnderwei-
sung erber vnd weiser leute vsz baiden nachgeschriben tailen
ain friuntlich aynung berett betädingt vnd gemacht zwischen
dez Hochwirdigen Fürsten vnd herren hern Eberharden von
Gotez vnd dez hailigen Stuls gnaden Bischoff zu Augspurg
mit seinem Capitel dez Tunes daselbst mit aller siner Pfafhait
vnd mit allen den iren vff ainem tail, Vnd den erbern vnd
weisen .. den Burgermaistern .. den Rautgeben vnd den bur-
gern gemainlichen Reich vnd Arme der Stat zu Augspurg vnd
allen den iren vff dem andern tail, Vnd die aynuug vnd friunt-
schaft sy auch baider seit mit rechter wilkör vffgenomen ha-
bent ze halten vud zu haben von dato ditz briefs hintz dem
nehsten vnser frawen tag ze Liechtmesz. Vnd darnach Czwai
gancze jar die nechsten nachanander zu zelend nach lut vnd
sag der band vnd Artikel, alz die hienach von wort zu
wort in diesem brief begriffen vnd geschriben staund. Zu dem
ersten ist berett daz baid tail die zeit alz diw aynung weret
triulich anander beigesteudig berauten vnd beholffen sullen sein
aun genärde, Vnd habent daz gelopt by triuwen vnd eren. In
der weis als si daz zu den hailigen gesworen haben triulichen
zu halten on all genärde, Also vnd mit der beschaidenhait,
Waz alter vnd verganger jettweder tail zusprüch haut die
sich verloffen baund vor dato ditz briefs, da ist jettweder tail
dem andern niehtz vmb schuldig, dann alz vil sy von friunt-
schaft vnbedingt tun wellent, Waz sich aber verlauft nach dato
ditz briefs, da jetweder tail vmb zu gelegen tagen chomen
wil vnd sich lazzen rechtez benügen, da ist im der ander tail
schuldig zu zehelffeun mit der hilff alz hie nach geschriben
staut. Item ob vnser herre der Bischoff von sein vnd der seinen
wegen manen wolte, der sol daz tun mit seinem offenn brief,
oder mit ainem der sein gewisser pott sye. Vnd daz Capitel
sol manen von sein vnd der iren wegen mit ainem oder zwain

iren Chorherren, wenne daz Capitel oder der merer tail sich
darumb erohennent daz zu maneut sye, Vnd wenne die den
von Augspurg ir clag fürtragent Iren Räten oder Burgermaistern
dunkt die, daz darumb zu manen sye, die sullen dem vorschri-
ben, von dem diw clag ist, wil der zu gelegenh tagen chomen
vnd sich rechtz lazzen benügen, So sind im oder den, die von
Augspurg nichtz gebunden zu helffen, Wölt er aber ze tagen
vnd dem rechten nicht chomen So wären sy im schuldig zu
helffenu mit der hilff vnd weis alz hernach geschriben ist.
Dewcht aber die von Augspurg daz sy von der manung wegen
vnserm herren dem Bischoff oder seinem Capitel nichtz schuldig
wärn zu helffenn So sullen die von Augsburg zwen darzu se-
tzen vnd geben, vnd vnser herre der Bischoff oder sein Capitel
von wem dann diw manung gieng auch zwen darzu setzzen,
vnd nemen ainen gemainen vsz der von Augspurg Raute, mit
dem die von Augspurg auch schaffen sullen daz er ez tu vn-
uerbundenlich baiden tailen ainem alz dem andern, Vnd waz
sich die fünf oder der merer tail erchennent zu tun von der
manung wegen ob ze belffen sye oder nit, daby sol ez be-
liben. Cze glicher weis ob die von Augspurg mantind vnsern
herren den Pischoff den sullen sy manen in seiner slozz ains
gen Füszen oder gen Dillingen, Vnd daz Capitel iren Tegan,
oder in ir Capitel, Welbiu dann also gemant werdent, die sul-
len dem oder den schriben von der wegen die von Augspurg
gemant häund, will der oder die zu gelegenn tagen vnd zu
dem rechten chomen vnd daby beliben So ist man den von
Augspurg von der manung wegen nichtz schuldig, Wolt der
oder die aber daz nit tun So wär man in schuldig ze helffenn
in der weis vnd mit der hilff alz hernach geschriben staut.
Dewcht aber vnsern herren den Pischoff oder sein Capitel, die
dann also gemant würden daz sy nichtz schuldig wärn ze
helffen von der manung wegen So sol vnser herre der Pischoff
oder sein Capitel, welbiu dann gemant sint, zwen darzu setzzen
vnd die von Augspurg auch zwen vnd sullen die von Augs-
purg ainen gemainen nemen vsser vnsers herren des Pischoffs

Baute ob er gemant ist, oder vsz dem Capitel aiuen ob daz
Capitel gemant ist, die auch daz vnuerbundenlichen tun sullent
alz vorbegriffen ist, Vnd wez sich die oder der merer tail
vnder den fünfen erchennent von der manung wegen daby sol
ez beliben. Ez sullent auch vnser herre der Pischoff vnd sein -
Capitel schaffen die vsz in also ervordert werdent zu gemainen
daz die daz tuen on verziehen vnd widersprechen Wir haben
auch mer berett vnd betädingt, daz vnser herre der Pischoff
sein Capitel vnd alle die zu in gehörent vnd die von Augs-
purg mit allen den die zu in gehörent anander triulich sullent
beholffen sein zu dem rechten als vor geschriben staut, Vnd .
mit sollicher hilff alz hernach beschaiden ist Dez ersten daz
vnser herre der Pischoff sein Capitel vnd auder sein Pfaffheit
zu Augspurg haben sullent Sechz Spiesz, vnd die von Augs-
purg zwölf Spiesz, Also welber tail beswärt würde wider
rechtz daz dann baid tail mit der vorgeschriben hilff vnd
spieszen darzu beholffen sullen sein alz lang bizz dem be-
swärten tail genug beschicht alz recht ist. Wär aber daz die
jetzogenant bilff vnd Spiesz darzu nit genug wären So sol der
egenant vnser herre der Pischoff vnd sein Capitel darzu schie-
ben vnd schicken dreysig man vnd die von Augspurg Sechzig
man alle gewappet vnd zu Fussen halb schützen vnd halb
mit Spiezzen, Ob aber diw sach mit der jetzogenant hilff nit
möcht erobert geendet noch vszgetragen werden So staut ez
dann vff baidertail willen vnd getruwen, Vnd ob daz wäre daz
vnser herre der Pischoff vmb bilff dez zuschubs begertin oder
sein Capitel vnd die von Augspurg dewchte, daz dez nicht
notdurft wäre, Oder ob die von Augspurg dez zuschubs be-
gertin vnd vnsern herren den Pischoff, oder sein Capitel nicht
deuchte daz dez notdurft wäre So sol aber jetweder tail zwen
darzu setzzen, vnd der tail der schubs bedarff ainen gemainen
nemen vsz dem andern tail der aber vnuerbunden vnd vnuer-
dingt sein sol jedwederm tail, Vnd waz sich darumb der me-
ror tail erchennet daby sol ez beliben, Doch aber also ysz
welhem tail gemain ervordert werdent daz derselb tail den

darzu halte daz er ez tu Waz auch Krieg angefangen würden alz vorgeschriben ist in diser aynung die sol jetweder tail dem andern beholffen sein vszzutragen hintz zu ainem ganzen ende, Die aynung sy vsz oder nit. Welher tail auch manot, vnd dem hilff erchennet wirt der sol mit seiner hilff zu dem ersten vff dem velde sein, darumb daz die sach sein ist. Es ist auch berett daz vnserm herren dem Bischoff seinem Capitel aller seiner pfaffhait vnd allen den iren die obgenanten zway jar diw Stat Augsporg vnd alliw iriw vnd aller der iren Slozz diw sy jetzo haund oder in der vorgenanten zeyt gewinnent zu aller ir notdurft offen sein sullent zu ainem rechten alz vorgeschriben ist on all genärde vnd all arglist. Czu glicher weis sullent den von Augsporg alliw vnsers herren dez Pyschoffs seins Capitels, seiner pfaffhait vnd aller der iren slozz zu der von Augspurg notdurft zu dem rechten auch offen sein in aller der weys alz vorgeschriben stant. Ez ist auch berett ob vnsers herren dez Pischoffs Capitel zu Augspurg, andriw sein pfaffhait gemainlichen, ainer besunder, oder yeman anders der Iren gaistlicher oder weltlicher, zu den von Augspurg ir ainen oder ir mer vnd auch zu den iren ichtz zu sprechen betten, Vnd zu gelicher weis die von Augsporg Ir ainer oder mer zu vnsers herren des Pischoffs Capitel seiner pfaffhait vnd den iren auch ichtz zu sprechen hettin, besunder die gesezzen wärn in der Stat zu Augspurg Ez wärn pfaffen oder layen, von derselben haider tail zusprüch wegen Sol jetweder tail von dem andern vnuerweistin recht nemen zu Augsporg in der Stat, alz daz baid tail gen anander herpracht baund mit recht vnd guter gewonhait hintz off disen hewtigen tag alz der aynungbrief geben ist. Doch also daz jettweder tail daz recht, ez sy vmb gaistlich oder weltlich sach vszerhalb Augspurg an ander Stett nit ziehen sol in dehain wise die weyl ditz satzzung vnd aynung wert aun all genärde vnd arglist Ob aber vnser herre der Pischoff, sein Capitel vnd die iren ainer oder mer zu den von Augspurg ainem oder mer vszgenomen gemainlichen der Stat, vnd die von Augsporg herwider ainer

oder mer zu vnsers herren dez Pischoffs sins Capitels vnd der
iren pfaffen vnd layen icbtz zu sprechen hetten mit dem rech-
ten, die vszerbalb der Stat sãzzen in zwingen vnd bäunen, da
sol jetweder tail dem andern nachfarn vnd von in vnüerwistin
recht nemen an den Stetten vnd in den gerichten da er ge-
säzzen ist Ez wär danne vmb gaistlich sach diw billich vsz-
tragen sol werden vor gaistlichen rechten, alz daz baid tail
gen anander hauud mit recht vnd guter gewonhait hintz vff di-
sen hewtigen tag alz diser ayungbrief geben ist herpracht
Mer ist berett ob daz wäre daz vnser herr der Pischoff, sein
Capitel sein pfaffhait oder die iren zu der Stat gemainlich oder
zu den iren die in zwingen vnd in bännen nit gesäzzen wären
ichtz zu sprechen hetten, Vnd zu gelicber weys herwider ob
die von Augspurg gemainlichen oder die iren zu vnserm her-
ren den Pyschoff seinem Capitel vnd den iren die in zwingen
vnd bännen nit gesäzzen wärn auch ichtz zu sprechen hetten
So sullent darzu jetweder tail zwen setzzen vnd beschaiden
die auch dez gewalt haben sullent Also möchten sy die vier
der sach in ain priugen mit der minne daz wär wol vnd gut,
möcht aber dez nit gesein So sol der obgenant vnser herre
der Pyschof vnd sein Capitel vmb ir vnd der iren clag gen
den von Augspurg ainen gemainen nemen vsz dem Raute zu
Augspurg mit dem ez auch die von Augspurg schaffen sullent
daz er ez tue vnuerbundenlichen wenne er also dazu ervordert
wirt vnd wie die fïuff oder der meror tail darumb vszprechent
daby sol ez beliben vnd bestaun Widerumb vnd zu gelicher
weys ob die von Augspurg gemainlich ir ainer oder mer vnd
die iren zu vnserm herren dem Pyschoff seinem Capitel vnd
den iren die in zwingen vnd bännen nicht gesäzzen sind ichtz
zu sprechen hetten oder gewinnen So sullen die von Augs-
purg zwen darzu setzzen vnd vnser herre der Pyschoff von
sein seins Capitels vnd der iren wegen auch zwen darzu
setzzen, besunder ob ez sein Capitel angieng So sol er zwen
setzzen vsz seinem Capitel Möchten dieselben vier sy der
sach vberain pringen, alz an baiden tailen die vier die darzu

genomen werdent, gewalt haund vnd haben sullen, daz wär
wol vnd gut, Möcht aber dez nit gesein So sullen die von
Augspurg von ir vnd der iren wegen ainen gemainen man ne-
men vsser vnsers herren dez Pyschoffs Rätten, oder vsz sei-
nem Capitel ob ez sein Capitel angieng mit den auch vnser
herre der Pyschoff vnd sein Capitel daz auch schaffen sullent
daz sy es tuen aber vnuerbundenlich jetwederm tail, Vnd wez
dieselben fünf oder der meror tail von der clag wegen vber-
ain choment daby sol ez beliben. Ez ist auch mer berett wor-
den ob jemant in die veraynung griffe, wer der wär nymant
hindan gesetzzet da sol die veraynung vnd diw gepurschaft
die zu der veraynung gehörent zu tun ir vermugen daz daz
hie behebt werde vff recht triulichen vnd on all geuärde Es
ist auch nämlichen berett worden welhem tail diw vorgeschri-
ben aynung vnd friuntschaft nit geviel, der mag dem andern
tail die aynung wol absagen mit offenn besygelten briefen, Vn-
ser herre der Pyschoff vnd sein Capitel den purgermaistern
der Stat zu Augspurg in ir Rätte vnd die von Augspurg vn-
serm herren dem Pyschoff gen Dillingen oder gen Füssen oder
vnsers obgenanten herren dez Pyschoffs phlegern daselbst.
Dem Capitel irem Techan oder in ir Capitel, Vnd wenn daz
absagen also beschicht So sol dannoch füro die vorgeschriben
aynunge bestaun vnd beliben zwölf gantz wochen, vnd in der-
selben zeyt Sol yetweders tails lib vnd gut wau daz ist vsz
vnd ein, ein vnd vsz sicher sein in aller der weys alz do die
aynung nit waz abgesagt Ez nement auch vnser herre der
Pyschoff sein Capitel vnd die iren Vnd auch die von Augs-
purg vnd die iren in diser friuntschaft vnd aynung vsz ainen
jeglichen Römischen kayser oder kunig an dem Reyche vnser
genädig herren, die hernach mit ainhelliger wal der Churfür-
sten oder dez merorn tails erwelt werdent Vnd auch vnser
herschaft von Oesterrich vnd von Bayrn, alle die wauppen von
Oesterrich vnd von Bayrn fürent, Darzu nement sy vsz den
hochwirdigen Fürsten vnd herren hern Johansen von gotez
vnd dez hailigen Stuls gnaden Ertzpyschoff zu Mentz, Den

hochgeborn Fürsten hern Bernharden Marggraue zu Baden,
Den Edeln wolgeboren herren Eberharden Graue zu Wirtem-
berg, die fürsichtigen vnd weyseu die Stat zu Strauszburg,
Vnd darnach alle dez Reychs Stette, daz sy anander wider
dieselben herrscheffte vnd Stette daz sy selber angaut nichtz
schuldig noch gebunden sind zu helffen von diser aynung in
dhayn wise Wär aber daz die iren Edel vnd vnedel diener
oder Stette vnsern vorgenanten herren den Pyschoff vnd die
seinen, sein Capitel die Stat zu Augspurg vnd die iren wider
rechtz beswären wolten geu den sullent sy anander beholffen
sein in der weys alz vorgeschriben staut, Ez ist auch nämlich
berett worden ob yemand der zu vnserm herren den Pyschoff
seinem Capitel vnd den von Augsburg zugehöret Er sy pfaff
oder Lay Edel oder vnedel der, oder die in diser aynung nit
sein wolten Daz sol vnser herre der Pyschoff vnd sein Capitel
an ainem tail den von Augspurg verchunden in ainem manot
nach dem vnd die aynung angefangen ist, Vnd zu gelicher
weys herwider die von Augspurg vnserm herren dem Pyschoff
vnd seinem Capitel in dem nechsten manot nach dato ditz
briffs, Vnd welhin sich hindan satztin, alz die der aynung nit
engelten wolten, also solten sy ir nit geniezzen in dhain wise,
Wann aber der manot vergangen ist vnd von nymans wegen
abgesagt wirt, Welcher dann sich vsz der aynung ziehen wolt
Er sy pfaff oder Lay, gen dem oder denselben sullent vnser
herre der Pyschoff, sein Capitel vnd die von Augsburg anan-
der helffen, daz sy den oder dieselben by der aynung behalten.
Czu dem lesten ist berett vnd getädingt worden Wann die
aynung vsz ist So sullent all vorgescriben Artikel baiden tailen
an allen iren rechten ebafftin vnd freyhaitten dhainen schaden
pringen, Vnd die sol jetweder tail dem andern seinen brief
der aynung widergeben aun allez verziehen vnd aun all wider-
rede. Dez czu ainem wauren vnd stäten vrchund haund die
vorgenanten von Augspurg irr Stat Insigel offenlichen an den
brief gehenket all vorgeschriben rede vnd sach triulichen zu
halten on all genärde, Darzu wir obgenanten Tädinger vnseriw

aygeniw Insygel auch an disen brief gehenket haben aller vorgeschriben sach zu ainer wauren vnd guter gedächtnuzz, wanne wir diser obgeschriben ainung vnd friuntschaft reder vnd tädinger gewesen syen. Daz beschach vnd ist diser brief geben do man zalt von Christi geburt vierzehenhundert jar vnd darnach in dem zehenden jare an sant Jacobs aubent dez hailigen zwölfpoten. (c. 10 S.)

XCVII.

Uebereinkunft des Abts von Ottobeuren mit Bischof Eberhart von Augsburg von der Vogtai wegen über das Kloster.

Wir Egge von Gottes genaden abt des Goszhus ze Ottenburen vnd wir der Conuent gemainlich desselben goczhuss Sant benedicten ordens gelegen in Auspurger bistum Tuen kunt allermenklich vnd vergehen offenlich mit kraft dicz briefs das wir angesehen vnd bedavht haben solich grozz kumbernuzz vnd schaden die vnser goczhus vormals angegangen sint von misshell wegen die gewesen sint zwischan vergangnen bischöffeu vnd Aebten von der vogti wegen die ain bischoff vnd sin stifte zu ainem pfand gebebt haut von dem hailigen Rich vnd noch havt veber vnser vorgenantes closter das zu versechent vnd solich schaden vnd misshell zufürkoment so sient wir mit veraintem mut vnd mit belutem Cappitel als sitte vnd gewonlich ist mit dem hochwirdigen fürsten herrn Eberhart Bischoff zu Auspurg vnserm gnaedigen herren vnd siner stift der ze diser zit vnser vogt ist von dem hailigen Rich friuntlich vnd lieplich veber ain komen das er vns gegünnet vnd erloubt haut das wir vnd vnser nauchkomen yn gewinnen aischen vnd nemen sollen

alliv div vogtreht vnd Stiuren Es si an korn an pfennigen an
lemmern an hüner vnd allen dingen die zu der vogti gehoerent
avn sin vnd sinem Stift vnd navchkomen irrung vnd hindernuzz
vnd darumb so geloben vnd verhaissen wir apt Egge vnd der
Conuent vorgenant für vns vnd vnser nauchkomen dem obge-
schribenn vnserm gnädigen herren Eberhart Bischoff von Augspurg
sinem Stift vnd iren navchkomen alliv javr ze gebend vnd ze
raichend avn iren schaden ze mittem Mayen hundert pfund
haller Mämminger werung div denn da gä vnd guot ist vnd
alliv javr vff Sant Martins tag darnavch boch hundert pfund
haller vnd hundert Malter korns der sol sin Sechczig Malter
Roggens zwelf Malter kerns vnd aht vnd zwainczig Malter
habers vnd wenn wir im och das raichin vnd bezalen alliv
Javr vff div vorgeschribenn zil so sollen wir vnser goczhus
vnd nauchkomen vnd all vnser leut vnd gut denn fürbas
allweg das jaur ledig vnd los sin von der vorgenanten nucz
vnd Steuren wegen welhes jaurs aber das wär das wir vnd
vnser nauchkomen die vorgenanten gült korn vnd och pfenning
nit bezalt hetten ze baiden zilen so mag er vnd sin nauchko-
men darvmb angriffen noeten vnd pfenden mit geriht oder aun
geriht wie im allerfüglichost ist als lang bis im houptgut vnd
aller redlicher schad bezalt würt Es ist och namlich berett vnd
gedingt wenn sich das fügti das ain kaiser oder ain kung die
vogty des vorgenanten Closters zu Ottenburen zu in lostin vnd
vss des bistums hand bräht so sol dise beredung gelupt vnd
täding div vorgeschriben stavt gänczlich ab sin vnd sol weder
dem hailigen rich dem bistum von ovsporg noch vnserm vor-
genanten closter zu Ottenbeuren dehainen schaden bringen vnd
des ze ainem waurem vrkund So haben wir apt Egge vud der
Conuent vorgenant vnser insigel offenlich gehenkt an disen
brief Alle vorgeschriben ding war vnd stät zu halten, der ge-
ben ist do man zalt nach Crists geburt vierzehenhundert Jaur
vnd in dem zehenden jaur an Sant Andreas aubend.

XCVIII.

Anno 1410. 4. Decembris.

Eberhardus ep. augmentationem dotationis perpetuae missae in capella St. Udalrici in monte iuxta Dillingen per decanum Ulricum Burggrafium ratam habet.

In nomine domini Amen Pastoralis officii debitum quo sumus vniuersis ecclesiis nostre iurisdictionis subiectis obligati assidue nos compellit, ut circa ipsarum et earundem personarum statum prosperum dirigendum ac utiliter et feliciter adaugendum sollicitis studiis Intendamus, consulendo ipsarum personarum neccessitatibus et oportunitatibus prouidendo Idcirco Nos Eberhardus dei et apostolice sedis gracia Episcopus Augustensis ad perpetuam rei memoriam constare volumus presencium inspectoribus vniuersis, Considerantes itaque illud felix lucrandi commercium in quo venerabilis et in Christo deuotus vlricus Burggrauii decanus ecclesie nostre Augustensis, prudenter terrena pro celestibus eterna pro temporalibus utiliter commutatur et Ecclesiam parrochialem Swenningen iam actu per mortem nouissimi rectoris eiusdem vacantem nostre dyocesis ad ipsius collacionem spectantem vnacum aduocacia et vniuersitate sua videlicet Jure-patronatus decimis fructibus redditibus et singulis pertinenciis suis iusto vendicionis titulo alias emptis et comparatis ob salutem anime sue et omnium progenitorum suorum, propter paucietatem et tenuitatem fructuum et reddituum misse perpetue que alias in Cappella sancti vdalrici in monte extra muros opidi nostri dilingen per eum non tameu ad plenam et sufficientem dotationem erecta est et fundata et pro augmentacione huiusmodi predicte Capelle sancti Vdalrici seu misse perpetue pro congrua sustentacione sacerdotis ipsam missam cottidie celebrantis beniuolo consensu fratrum suorum ad laudem

dei omnipotentis et ipsius diuini nominis cultum, duxit dotandam
et deuocius pleniter fundandam perpetuis futuris temporibus per-
mansuram et deinceps in vsus Cappellani ipsius misse et in
alia pietatis opera ad ipsius decani ordinacionem conuertendam
ut in literis desuper confectis per eum lacius continetur, Quare
nobis tamquam loci ordinario cum solita benignitate et reuerencia
seriosius supplicabat ut prescriptam ipsius dotacionem et ordi-
nacionem dignaremur approbare et auctoritate ordinaria gracio-
sius confirmare redditus et bona ecclesie parrochialis in Swen-
ningen predicte ad huiusmodi cappellam seu missam perpetuam
pro sustentacione plenaria sacerdotis ad eandem instituti et eam
celebranti et propter alia opera caritatis exercenda iuxta suam
ordinacionem vniendo incorporando et perenniter annectendo
Nos vero cum parata mentis affectione iustis et laudabilibus
votis atque precibus ipsius decani ecclesie nostre augustensis
cupientes annuere et desiderabiliter complacere, Consensu et
voluntate venerabilium et nobis in Christo dilectorum Fridrici
Burggrauii prepositi sui Germani et tocius capituli ecclesie
nostre augustensis predicte adhoc plenius accedentibus et sin-
gulis que in talibus requiruntur, adhibitis sollempnitatibus in
premissis tam de consuetudine quam de iure dictam augmentacio-
nem ordinacionem seu fundacionem pro sufficienti et plenaria
prebenda per dictum decanum ut premittitur factas approbamus
et ratificamus ac ex certa sciencia ad honorem domini nostri
ihesu Christi et ipsius matris gloriose et omnium sanctorum
effectualiter confirmamus et cum spiritualia sine temporalibus
diutius subsistere non possunt Ecclesiam parrochialem in Swen-
ningen pretactam aduocaciam et Juspatronatus eiusdem dicte
Cappelle sancti Vdalrici seu misse perpetue cum omnibus suis
fructibus redditibus iuribus et obuencionibus et pertinenciis in-
corporauimus et vniuimus ac presentibus incorporamus annecti-
mus et vnimus hiis inscriptis Dautes et concedentes cappellano
dicte Cappelle seu misse perpetue per nos aut successores
nostros legitime instituto plenam et liberam potestatem omnes
fructus redditus et prouentus eiusdem ecclesie nunc et inperpe-

tuum colligendi recipiendi et in suos vsus pro sua sustentacione congrua et alia opera pietatis prout per ipsum decanum ordinatum est legitime conuertendi ut videbit expedire Hoc tamen semper saluo quod cum quociens et quando dicta ecclesia in Swenningen vacauerit extunc et inantea nobis et nostris successoribus cappellanus dicte misse perpetue Cappelle sancti vdalrici predicte sacerdotem ydoneum attamen secularem pro perpetuo vicario per nos ad eandem ecclesiam rite et legitime instituendum canonice presentet et nobis nostrisque successoribus iura nostra ordinaria primariosque fructus nomine dicte ecclesie ut de iure tenetur donet et assignet ac de eisdem satisfaciat cum effectu Cui sic vicario de eiusdem ecclesie fructibus pro sua sustentacione congrua et necessaria deputetur prebenda de qua hospitalitatem tenere iura episcopalia et archidyaconalia persoluere ac alia emergencia et incumbencia onera dicte ecclesie possit et valeat commode supportare Volumus insuper et ordinamus quod idem sacerdos sic per nos aut nostros successores institutus ad Ecclesiam in Swenningen predictam, residenciam in eadem faciat personalem ut tenetur Quod si idem sacerdos institutus se a dicta sua ecclesia ad sex menses uel vltra contra consensum et voluntatem nostram aut collatoris prefati contumaciter absentauerit sine causa legitima extunc statim ipso facto nulla monicione sen cognicione premissa ipso beneficio seu ecclesia sit priuatus et totaliter destitutus, prefatoque collatori licenciam damus alium presbyterum ydoneum ad eandem ecclesiam presentandi modis et formis preconceptis Nostris tamen iuribus ordinariis in omnibus ut prefertur semper saluis In quorum omnium euidenciam et testimonium presentes conscribi iussimus et nostri ac capituli nostri antedicti Sigillorum munimine roborari. Actum et datum anno domini Millesimo Quadrigentesimo decimo Nonas decembris.

XCIX.

Anno 1410. 4. Decembris.

Eberhardus ep. fundationem et dotationem perpetuae missae in hospitali oppidi Dilingen per decanum Ulricum Burggravium ratam habet.

In nomine domine Amen Pastoralis officii debitum quo sumus vniuersis ecclesiis nostre iurisdictioni subiectis obligati assidue nos compellit ut circa ipsarum et earundem personarum statum prosperum dirigendum ac utiliter et feliciter adaugendum sollicitis studiis intendamus consulendo ipsarum personarum necessitatibus et oportunitatibus prouidendo Idcirco Nos Eberhardus dei et apostolice sedis gracia Episcopus Augustensis ad perpetuam rei memeriam constare volumus presentium inspectoribus vniuersis Considerantes itaque illud felix lucrandi commercium in quo venerabilis et in Christo deuotus Vlricus Burggrauii decanus ecclesie nostre Augustensis prudenter terrena pro celestibus eterna pro temporalibus utiliter commutatur et Ecclesiam parrochialem in Kiklingen vacantem ad presens per liberam resignacionem Vlrici Alberti vltimi et inmediati rectoris eiusdem qui ad collacionem ipsius decani spectat pleno iure nostre dyocesis vnacum filia sua Kirstat et tota vniuersitate videlicet Aduocacia iurepatronatus decimis et singulis fructibus redditibus et obuencionibus et pertinenciis suis quocumque nomine censeantur Ad laudem et honorem dei omnipotentis et ipsius genitricis gloriosissime virginis marie ac omnium sanctorum suorum necnon ob salutem et beatam requiem anime sue et omnium progenitorum suorum et tam viuorum quam defunctorum Christi fidelium remedium alleuacionem et peccatorum remissionem, Ad altare sancti Anthonii confessoris eximii in hospi-

tali sancti spiritus Oppidi nostri in dilingen seu Cappella eiusdem nouiter erectum seu missam perpetuam in eodem altari per
specialem sacerdotem attamen secularem deinceps perpetuis temporibus cottidie peragendam pro congrua sustentacione ipsius
sacerdotis ipsam missam sic celebranti beniuolo consensu fratrum
suorum legitime duxit dotandam fundandam et deuocius erigendam ut in literis patentibus per eum desuper confectis euidenter
apparet. Quare nobis tamquam loci ordinario cum reuerencia et
solita benignitate seriosius supplicabat, ut prescriptam ipsius dotacionem nouam seu ordinacionem et fundacionem approbare et
ratificare dignaremur et auctoritate ordinaria graciosius confirmare
Redditus et bona prescripte ecclesie parrochialis in Kicklingen
et filie sue in Kirstat cum singulis attinenciis suis ut prefertur
ad huiusmodi altare sancti Anthonii seu missam perpetuam pro
sustentacione sacerdotis eam celebranti iuxta suam ordinacionem
alias desuper factam ut prefertur vniendo incorporando et perenniter annectendo, Nos vero cum parata mentis affectioue iustis
et laudabilibus votis atque precibus ipsius decani ecclesie nostre
augustensis Cupientes annuere .et desiderabiliter complacere
consensu et voluntate venerabilium et nobis in Christo dilectorum Fridrici Burggrauii prepositi fratris sui et tocius capituli
ecclesie nostre augustensis predicte adhoc plenius accedentibus
et singulis adhibitis sollempnitatibus, que in talibus requiruntur
tam de consuetudine quam de iure, dictas fundacionem dotacionem
et ordinacionem per dictum decanum debite .et canonice ut pre-.
scribitur factas approbamus et ratificamus, ac ex certa sciencia
ad laudem dei omnipotentis gloriosissime virginis marie atque
omnium sanctorum sine tamen preiudicio ecclesie parrochialis
in dilingen effectualiter confirmamus et cum spiritualia sine temporalibus diucius non subsistunt ecclesiam parrochialem in
Kicklingen pretactam vnacum filia sua Kirstat aduocaciam et
iuspatronatus eiusdem alias per eundem decanum vero et iusto
vendicionis titulo ad id emptas et comparatas cum omnibus
fructibus reddititus iuribus et obuencionibus ac pertinenciis suis
singulis incorporauimus et vniuimus altari sancti Anthonii in

hospitali sancti spiritus Oppidi nostri dilingen predicto seu 'misse perpetue Altaris eiusdem et presentibus vnimus annectimus et incorporamus hiis inscriptis Dantes et concedentes dicto cappellano Altaris sancti Anthonii seu misse ipsius perpetue per nos aut nostros successores ad ipsam debite instituto plenam et liberam potestatem omnes fructus redditus et prouentus eiusdem ecclesie et ipsius attinenciis ut prescribitur nunc et imperpetuum colligendi recipiendi et in suos vsus conuertendi seu deinceps disponendi pro sua congrua sustentacione prout sue vtilitati nouerit expedire. Hoc eciam adiecto quod cappellanus dicte misse perpetue Altaris sancti Anthonii deinceps nobis et nostris successoribus sacerdotem ydoneum secularem pro perpetuo vicario per nos ad eandem ecclesiam parrochialem in Kicklingen seu filiam ipsius in Kirstat cum quando et quocies ipsam vacare contigerit legitime instituendum canonice presentet et nobis nostrisque successoribus iura nostra ordinaria primariorum fructuum et aliorum nomine dicte ecclesie prout de iure tenetur donet et assignet ac de eisdem satisfaciat cum effectu, Cui sic vicario de eiusdem ecclesie fructibus pro sua sustentacione congrua et neccessaria talis deputetur prebenda, de qua hospitalitatem tenere iura episcopalia sic et Archidyaconalia persoluere, ac alia emergencia et incumbencia onera dicte ecclesie possit et valeat commode supportare. Volumus insuper et ordinamus quod idem sacerdos sic per nos aut nostros successores institutus ad ecclesiam in Kicklingen predictam seu eius filiam in Kirstat residenciam in eadem faciat personalem ut tenetur Quod si idem sacerdos institutus se a dicta sua ecclesia seu filia ad sex menses uel vltra contra consensum et voluntatem nostram aut' collatoris prefati contumaciter absentauerit sine causa legitima extunc statim ipso facto nulla monicione seu cognicione premissa ipso beneficio seu ecclesia sit priuatus et totaliter destitutus, prefato quoque collatori licenciam damus alium presbyterum ydoneum ad eandem ecclesiam presentandi modis et formis preconceptis Nostris tamen iuribus ordinariis in omnibus ut prefertur semper saluis. Cum autem Vlricus Burggrauii decanus

ecclesie nostre augustensis sepedicte collacionem dicte prebende
seu misse perpetue altaris sancti Antonii sibi tamquam fundatori
eiusdem et infrascriptis personis retinuit legitime et reseruauit
iuxta literarum suarum desuper confectarum continentiam et te-
norem Ita videlicet quod ipse decanus pro tempore vite sue et
post ipsius decessum Fridricus Burggrauii prepositus dicte
ecclesie nostre augustensis frater suus Deinde eodem preposito
decendente Hainricus Burggrauii armiger frater ipsorum et con-
sequentes perpetuis futuris temporibus decani ecclesie nostre
augustensis canonice et rite intrantes sui successores conferre
habeant ipsam prebendam seu missam perpetuam dicti Altaris·
sancti Anthonii et nobis successoribusque nostris presbyterum
ydoneum et secularem ad instituendum canonice presentare quando
et quociens ipsam prebendam seu missam perpetuam vacare
contigerit ad eandem Volumus eciam et ordinando statuimus quod
cappellanus dicte misse perpetue Altaris sancti Anthonii con-
fessoris Cappellano hospitalis sancti spiritus Oppidi nostri in
dilingen predicti Iu quo missa ipsa perpetua Altaris sancti An-
thonii fundata extitit et erecta qui pronunc est seu pro tempore
fuerit tamquam suus cooperator et fidelis adiutor in diuinis Offi-
ciis adiuuari debet et assistere diebus festiuis nisi legitime fuerit
impeditus et quod sibi uel qui pro tempore fuerit in suis iuribus
parrochialibus non sit onerosus aliqualiter uel·dampnosus nec
se de sacramentorum administracione uel aliis actibus quibuscun-
que ad plebanum dicte ecclesie spectantibus de iure· uel con-
suetudine aliquatenus intromittat, nisi per plebanum dicte ecclesie
fuerit requisitus desuper et rogatus uel neccessitas que lege
caret euidens hoc exigit et requirit. Item volumus quod idem
sacerdos ad ipsam missam debite institutus residenciam ad quam
tenetur de iure in eadem faciat personalem quam sic facere pro-
mittat collatoribus seu patronis eiusdem in sua prima recepcione
ad eandem Si autem idem sacerdos a dicta sua missa contra con-
sensum et voluntatem nostras seu successorum nostrorum aut
patronorum eiusdem misse se ad sex menses uel vltra absenta-
uerit contumaciter sine causa legitima, extunc statim ipso facto

nulla cognicione seu monicione premissa ipso beneficio suo seu
missa perpetua altaris sancti Anthonii sit priuatus et totaliter
destitutus Ipsis quoque patronis seu collatoribus eiusdem misse
licenciam damus alium presbyterum ad eandem presentandi mo-
dis et formis supra expressatis. In quorum omnium euidenciam
et testimonium presentes conscribi iussimus et nostri ac capituli
nostri antedicti Sigillorum munimine roborari. Actum et datum
Anno domini Millesimo Quadrigentesimo decimo II Nonas
Decembris.

C.

**Bischof Eberhart entscheidet den Streit zwischen dem
ernannten Domdechant Götzen Harscher und einigen
Domherren, welche die Wahl desselben nicht anerken-
nen wollten.**

Wir Eberhart von gotes vnd des hailigen Stuls gnaden
Bischof ze Auspurg Tun kunt menglichen mit dem brief. Als
der Ersame vnser lieber getreur Her Vlrich Burggraf sein
Techney vnd sein phrund vf vnserer gestifft, vfgeben hat in
vnsers hailigen vatters, dez Bapsts hand, vnd derselb vnser
hailiger vatter dieselben Techney verlihen hat, hern Goczen
harscher vnd die phrund hern Conraten langen, Dawider aber
sich ettwieuil Tumberren gesoczt wolten haben. Wann vns
nun zugehöret von vnsers Bischoflichen amptz wegen das uns
enpfolhen ist all misshellung vnd stözz die in vnserm Bistum
sind vnd besunder zwischen vnsern gelidern den Tumherren
vnser Stifft ab zetragen vnd vszerewtten, So haben wir mit In
geredt, das sy vns dieselben stozz vnd misshellung in vnserer
hand gentzlich gesetzet haund, vnd ouch gelobt allesampte,

ainbelliclich, was wir sy darumb haissen tun, vnd vszsprechen,
das sy das sullen vnd wellen halten vnd daby beliben aune all
widerrede, Vnd also haben Wir mit der Ersamen weisen Be-
schan Ilsungs vnd Laurenczen Egens vnd Burgermaister Luczen
Hornlins Hansen Minners Eberhart Liebers Burger ze Auspurg
vnd mit vnserer vnd weiser Ratte Raut vszgesprochen vnd
sprechen mit disem gegenwärtigen briefe als hie nachgeschriben
staut. Dez ersten sprechen wir ain gancz freuntschaft, von der
sach wegen, waz sich darinne verloffen hat vngeuarlich dar-
nach sprechen Wir daz all Tumherren vnserer gestift gehorsam
sullend sein den brieffen vnd gebotten vnsers hailigen vatters
dez Bapsts, vnd sullend herrn Götzen Harscher enphaben zu
ainem Techand vnd In ouch halten alz ainen Techand. Wir
sprechen ouch daz derselb her Göcz Harscher hie zwischen
vnd sant Martins tag sol varen gen schule da ain priuilegiert
studium ist vnd sol da studiern vnd beliben driv gancze Jare,
nach anander die nabsten vnd da nicht dannan chomen Es wäre
dann, das solich louffe vf vnser vorgenanten Stifft vffstunden,
das ain Bischof ain Tumprobst, oder ander wirdikait oder ampt
ze wellent wären, da mag er wol zuchomen ob er wil vnd da
beliben alz lang biz das die Wale vergaut, oder ob er von
ainem studio zu dem andern varen wolt, doch waz zeitt sich
da zwischen verloffet, die sol an den dry Jaren nit abgaun
vnd die sol er hinach ervollen, vnd wenn dieselben driv iar
also vsz, vnd ervollet sind, So sol es fürbas an vns staun, ob
er lenger ze schul belibe oder nicht. Mer sprechen wir, das
die weile vnd her Göcz Harscher in studio ist, die Ersamen
vnserer lieb getriven her Fridrich Burggraf Tumprobst, Her
Vlrich Burggraf Maister Rudolf der lewpriester vnd die Tum-
herren, die mit In sind an ainem taile, vnd her Andresz Steck
schulmaister her Anshalm von Neningen Custer, her Fridrich
von Elrbach Keller, vnd die Tumherren die mit In sind an
dem andern tail, das erst iar ain losz machen sullend, vnd wel-
cher tail das losz gewinnet, vsz demselben tail sol der anderer
tail ainen verweser welen vnd nemen, vf iren aid wellicher sy

der best vnd nützlichost duncket, der der Techney verweser
sey, der sol denn daz nähst Jar verweser sein, vnd sol gelo-
ben daz best ze tund vnd baiden tailn gleich ze sein getrivlich
vnd aune all geuerde, So sol man Im ouch gehorsam sein alz
ainem verweser, vnd wenn das iar vsz chompt, So sol denn
der ander tail der ainen verweser gehabt hat vsz dem andern
tail ouch ainen welen vnd der sol daz andere iare ze geleicher
weise verweser sein als vorgeschriben staut, Vnd wenne die
zway Jar vergaund, So sullend aber baid tail lossen in aller
der mausse alz vorgeschriben staut Alle iar alz lang wir In in
studio haissen beliben, Vnd denselben verwesern sol man da-
uon tun wie zwen Erber man sprechend, die baid tail darczu
gebend, Ob aber dieselben zwen darinne stözzig würden vnd
darumb nicht vberain chomen möchten, so sol ez an vns bestaun
vnd sol ouch in der Wale des verwesers niemand bindan ge-
seczt sein, denn her Vlrich Burggraf vnd welcher ouch also
erwelt wirt, der sol sich dez nicht wideren, vnd es aune wi-
derrede tun. Wir haben ouch gesprochen, das der vorgenant
her Vlrich Burggraf sein Tumherren phründ vf vnserer Stifft
Im selb behalten sol, vnd den vorgenanten her Conraten langen
genczlich dauon weisen, daz er kain ansprach fürbas an das
Cappitel noch an die Tumherren von der phründ wegen haben
sol, Wäre ouch das der vorgenant her Vlrich Burggraf hienach
vber kurcz oder vber lanck sein phründ vsz siner hand geben
oder bringen wolt, So sol er dieselben phründe geben vnd
bringen in seins Bruder hainrich Burggrafen Suns hand oder
in ains andern der Wappens genoz sey, vnd mit namen nicht
in des vorgenanten herrn Conratz hand vnd wem er die phründ
also vfgeit, den sullend die Tumherren darczu enphahen. Wir
haben ouch gesprochen das her Fridrich Burggraf Tumprobst
vnser Stifft, die kirchen zu Gysenhusen lihen sol vnd mag
ainem Tumherrn vf vnserer Stifft, welchem er wil. In disem
gegenwürtigen vnserm Vszspruch behalten wir vns den gewalt
ob fürbas darinne kain irrung oder zwilouff würden, daz wir
das entschaiden vnd darumb ob ez notdürfftig würde vszsprechen

vnd da sol ez dann by vnserm entschaiden vnd vszsprüchen
beliben. Des ze vrchunde geben wir disen gegenwürtigen vn-
sern spruchbrieffe, besigelten mit vnserm aigen anhangendem
Insigel, vnd darzu mit der Ersamen vnserer lieben getriven
hern Fridrichs Burggrafen Tumprobsts Herrn Göczen Harschers
Hern Anshalms von Neningen Custer hern Fridrichs von Elr-
bach Kelluer vnserer Stifft vnd Tumherren, vnd ouch mit der
Ersamen vnd weisen Beschan Ilsungs vnd laurenczen Egens
baider Burgermaister vorgenanten anhangenden Insigeln die sy
baid von vorgenanter baider tail wegen zu gezugnüsse aller
vorgeschriben sach zu dem vnsern vnd vnserer vorgeschriben
Tumherren Insigeln an den brief gehenckt haund von der vor-
genanten baider tail fleizziger bett wegen, in selb vnd iren er-
ben ann schaden. Der geben ist an dem nähsten Samstag nach
vnserer frawen tag alz sy geborn ward, Do man zalt nach
Cristi geburd vierczehen hundert vnd Aylnlef Jare.

CI.

Anno 1414. 7. Februarii.

Statuta capituli ab episcopis observanda.

Quoniam sacri canones declarant et ostendunt quemlibet
Episcopum Caput Canonicos vero ecclesie Cathedralis esse
membra inmediata insuper et eorumdem patrem, ipsos adoptiuos
filios et dilectos Ipsumque canonicis debere tamquam caput
membris et pater filiis diligenter sagaciter prouidere Et quia
plus solet timeri quod singulariter pollicetur quam quod generali
sponsione concluditur et cauetur. Idcirco Nos fridericus Burg-
grauii prepositus Gotfridus harscher decanus totumque capitulum

ecclesie Augustensis considerantes et attendentes, ac volentes et intendentes vnacum consensu et auctoritate Reuerendi in Christo patris et domini domini Anshelmi Electi et confirmati eiusdem ecclesie Augustensis, ut vnanimis concordia sit capitis cum membris cordaque filiorum conuertantur ad patrem Necnon sollicita meditacione pensantes et in animo reuoluentes quod ex infra scriptis ordinacionibus articulis et statutis status libertates et consuetudines laudabiles ecclesie Augustensis tam in spiritualibus et temporalibus melius praeseruantur cum virtus vnita sit for....se ipsa dispersa teste namque saluatore regnum in se diuisum desolabitur ideo a contrario sensu vnitum conseruabitur atque durat Maturo freti consilio atque deliberacione prehabita diligenti adhibitis etiam omnibus et singulis solempnitatibus que in talibus requiruntur tam de consuetudine quam de iure, ad sonum campane ut moris est in nostro comuni capitulo omnes pariter congregati nullo nostrum penitus discrepante Infra scriptas ordinaciones et statuta fecimus ac facimus per presentes volentes et statuentes ea irrefragabiliter a nobis sub pena prestiti iuramenti et nostris Successoribus inviolabiliter obseruari et nullus nunc et inantea recipiatur in Episcopum et pastorem ecclesie Augustensis nisi juret cum in ecclesiam cathedralem inducitur et intronisatur iuxta consuetudines et solempnitates hactenus habitas in nostro capitulo comuni coram positis sacrosanctis ewangeliis infra scriptos articulos ordinationes et statuta se sine dolo et fraude fideliter obseruandas. Primo ut dominus Episcopus procuret indilate ut omnes castellani tutores et Custodes castrorum et Oppidorum dent literas promissorias sub suis propriis Sigillis quod domino Episcopo cedente vel decedente cum Castris et oppidis sede vacante capitulo pareant ipsumque respiciant fideliter sine fraude, vsque dum per Capitulum alter episcopus fuerit receptus Sibique tradita castorum et oppidorum possessio cum effectu. Item ut dominus Episcopus nullius fiat fideiussor aut creditor quam ipse administrator rerum ecclesie non hereditarius possessor Item ut bona et res ecclesie non alienet Item ut dominus Episcopus inuiolabiliter

custodeat teneat et seruet Statuta libertates et consuetudines
Capituli et ecclesie Augustensis. Item ut dictus Episcopus
capitulum in omnibus et contra quemlibet totis viribus fideliter
cum effectu protegat et defendat Pater etenim merito suum
filium et Caput protegit sua membra Item ut dominus episco-
pus ecclesiam Augustensem fideliter prouideat gubernet et regat
in spiritualibus et temporalibus rationem pro talento sibi credito
redditurus Supradictos articulos jurabit dominus Episcopus dum
recipitur ut est prescriptum sine dolo et effectualiter sine fraude
Volumus autem et decreuimus ut predicte ordinaciones et sta-
tuta nunc et inantea recipiant et habeant efficaciam et uigorem
Nos Anshelmus dei gratia Electus et confirmatus Augustensis
visis et diligenter inspectis tenoribus ordinationum et statutorum
supradictis· factis per Capitulum et canonicos ecclesie pre-
nominate et ipsorum sigilli munimine roboratis ipsas ordinacio-
nes et statuta prout superius sunt descripta, ac omnia et sin-
gula in eis inserta propter iustas et rationabiles causas, pre-
nominatas auctoritate ordinaria confirmamus ratificamus et
approbamus et eis auctoritatem et assensum nostrum interponi-
mus· et consensum harum sub nostri appensione Sigilli testimo-
nio literarum. Datum Anno domini Millesimo Quadringentesimo
quartodecimo Feria quarta post festum Purificationis domine
nostre uirginis Marie gloriose.

(c. 2. S.)

CII.

Anno 1414. 28. August.

Herzog Ernst von Bayern wird um Hülfe angerufen gegen den Grafen Rudolf von Montfort, welcher Dillingen bedroht.

Hochgeborner durchluchter fürst vnd Herre Vuser wilig vndertänig dienst iwren gnaden allzeit berait, Gnädiger Her Ez hat der wolgeboren graf rudolf von Montfort Landvogt in Schwaben der Statt zu Dilingen ainen Brieff geschickt vnd sy im hin wider geantwurt ouch mit irem Brieff der beider brieff wir iwern gnaden abgeschriften schicken hie inne verschlossen, Nu ist vns darvf warnung komen wie der egenant graf Rudolff den Stetten vast zuspreche vnd werbe vnd ain stimpnung habe vnd er für Dilingen ziechen welle etc. Nun besorgen wir beschäch daz also vns werd so stuntz entseit daz sy villeicht damit die Statt berennen, daz wir nit wol bottschaft zu iwrn gnaden mugen tun etc. darvmb gnädiger Herr bitten vnd rueffen wir ire gnade an mit ernst alz ditz vnser gnädiger Herr Hertzog wilhelm iwer bruder vnd vnser Herr von Auspurg mit vns gelassen hand vnd enpfolhen Iwer gnad in vusern vnd dez gotzhus zu Auspurg nöten vnd ernstlichen sachen an ze ruffen etc. Daz iwer gnad vns avn verziechen gen Dilingen schicken welle zwainzig gutter wolbezugter raisiger gesellen vnd darvnder schützen so ir meist mügt der wir ze rechter not bedürffen alz wir vns auch von Besunders getrewens wegen so vnser Herre von Augspurg vnd wir von seinen wegen zu iwern gnaden haben dez gentzlich an iuch verlassen Darvmb getrewen wir iwer fürstlichen gnaden besunder wol ir lassend vns damit also nit, auch gnä-

diger Herr tun wir iuch ze wissen daz Herr Fridrichs grafen-
eggers vnsers hern widertails gesellen vnd helffer zv Aus-
purg vss der Statt geriten sind vnd vnsern hern vnd seinen
gotzhus zu ainen Margt vnd dorff genant Züsmershusen daz
vich genommen hand vnd daz getriben gen Sifridsperg vnd
auch die armen leut daselbst geschedigt vnd gewuudet etc.
darzu ist vnserm obgenanten Herrn ze Auspurg in der Stat
von dez grafeueggers helffern vnd dienern des Cristan
hoff den er noch hewt ze tag innhat vnd alle gemäche darion
fräuelich vfgebrochen vnd gestossen worden vnd im daz sein
daryss genomen vnd offenlich verkauft vnd gebwtiget worden
die gleser ab den venstern die schloss ab den türen verkauft
zerbrochen vnd
wüstet daz sy
vns zemal vnglimpflich vnd vnbillich dunkt vnd vnserm herrn
vast ze kurtz daran beschicht alz iwr gnad dazselb wol ver-
stät. Geben zu Dilingen an Afftermontag vor Bartholomei etc.
decimo quarto.

           Fritz von Westerstetten Ritter und
           Ytel von Westernegh vogt zu Dillingen.

CIII.

Anno 1415. 28. Jänner. Stain.

Herzog Friedrich von Oesterreich widerspricht dem Ge-
rüchte, als hätte ihm der Bischof Anselm etliche Schlösser
des Bisthums übergeben vnd selbst gegen den Röm.
König geöffnet.

    Wir Fridreich von gots gnaden Herczog ze Oesterreich
ze Steyr ze Kernden vnd ze Krain Graf ze Tyrol etc. Tun
kunt, daz für vns komen ist wie der Erwirdig vnser lieber

freund her Anshalm Bischof ze Augspurg geschuldigt werde
er sull vns etlich Sloss des Gotshaws ze Augspurg vbergeben
vnd auch die wider vnsern herren den Römischen kunig ge-
öffent haben, Sol meniklich wissen vnd reden auch das bey
vnsern fürstlichen wirden daz im daran vngütlich geschicht,
wan er vns weder die Sloss des Gotshawss vbergeben noch
vns auch der jn vorgeschribner mass ine kains geoffent hat So
haben wir des auch an jn nie gemütet, Sunder so ist er vnser
Rat vnd diener schlechtlich vnd an alle solche fürwort, wor-
den daz er gen vns noch wir gegen im solcher sach nie ge-
dacht haben, vnd des ze vrkund geben wir im den brief ver-
sigelt mit vnserm anhangunden insigel. Gehen ze Stain an
Suntag vor vnserer frawen tag Purificacionis Nach Christs
gepurd in dem vierczehenhundertisten vnd dem fünfczehen-
den Jare.

CIV.

Anno 1415. 5. April. Costentz.

König Sigmund recognoscirt über die ihm geöffneten Schlösser des Bisthums Augsburg.

Wir Sigmund von gotes gnaden Römischer kunig zu allen
zyten merer des Richs vnd zu Vngern, Dalmacien Croacien etc.
kunig Bekennen vnd tun kunt offenbar mit disem brief, allen
den die In sehen oder hören lesen, Wann der Ersam Anshelm
von Nenningen, vns die Slosz die zu dem Bischthum zu Ougs-
purg geboren, die Er yeczund ynnehalt, zu vnserer vnd des
heiligen Richs notdurft geoffent hat, Also daz wir vns darin
vnd dorusz behelfen mögen, Dorumbe wollen wir vnd ist vnser
meynung, So wir solich öffenung zu vnsern handen nemen vnd
der gebrachen, daz das dem vorgenanten Anshelm, an siner

gewer, besitzung vnd Slossen keinen schaden brengen solle,
vnd wir wollen auch soliche Slosz vnd Ire zugehörunge schü-
tzen vnd schirmen vnd den vnsern zu schützen vnd zu schir-
men befelhen, getreulich vnd on geuerde. Mit Vrkund disz
briefs versigelt mit vnserer Maiestat Insigel. Geben zu Co-
stentz Nach Crists gebort vierczenhundert Jar vnd dornach in
dem fünfczebendistem Jare des nachsten Sampztags vor Quasi
modo geniti, Vnser Riche des vngrischen etc. in dem xxviiii
vnd des Römischen in dem fünften Jaren.

CV.

Anno 1415. 19. Augusti. Constantie.

**Canonici eccl. Aug. et Parcifal Marschalk de Doners-
perch altercantes de bonis quibusdam in Altheim et
jure patronatus in Ashain ad concilium Constantiense
citantur.**

Jacobus Plocensis Robertus Sarisbiriensis Johannes Vau-
rensis et Matheus Pistoriensis dei et apostolice sedis · gracia
Episcopi Judices et Commissarii per sacrosanctum generale
Concilium Constanciense vniuersalem ecclesiam representans in
spiritu sancto legitime congregatum ad infrascripta et alia que
lacius in infrascriptis et aliis publicis ac auctenticis documentis
super hoc confectis plenius continentur et habentur specialiter
deputati Vniuersis et singulis dominis Abbatibus Prioribus Pre-
positis decanis Archidaconis Scolasticis Thesaurariis Cantoribus
Custodibus Sacristis tam Cathedralium quam Collegiatarum Ca-
nonicis parrochialiumque ecclesiarum Rectoribus et locatenenti-
bus eorumdem plebanis viceplebanis Cappellanis Curatis et non
curatis ceterisque presbyteris clericis Notariis et Tabellionibus ·

publicis quibuscunque per Ciuitatem et diocesin Augustenses
et alias vbilibet constitutis et eorum cuilibet iu solidum ad quem
uel ad quos presentes nostre litere peruenerint seu fuerint pre-
sentate Salutem in domino et mandatis nostris huiusmodi· himo-
uerius huius sacri concilii firmiter obedire. Nuper quandam
exposicionis siue supplicacionis cedulam coram nobis pro parte
Capituli ecclesie Augustensis exhibitam et productam uos cum
ea qua decuit reuerencia recepisse neueritis huiusmodi sub te-
nore exponitur Reuerendissimis v. p pro parte Canonicorum
et capituli ecclesie Augustensis humilium v. p. oratorum quod
licet ipsi a tanto tempore cuius inicii siue contrarii hominum
memoria nou existit fuerint in pacifica possessione quarumdam
Curiarum et bonorum in Althain videlicet et Juris patronatus in
Asbein et aliorum omnesque fructus ex eisdem prouenientes
perceperint et leuauerint absque impedimento et contradictione
cuiuscumque ipsasque Curias possederint iusto titulo et bona
fide per tempora supradicta nichilominus tamen quidam Nobilis
armiger dictus parcifal Marschalck de Dorensperg easdem cu-
rias et bona ad se pretendens pertinere quo ductus spiritu ne-
scitur nondum bimestri lapso tempore dominos de Capitulo eius-
dem ecclesie coram Judicibus Burggrauiatus Nurmburgensis
super hiis et eorum occasione traxit in causam bona huiusmodi
presummens vsurpare interdicendo eciam Colonis eorumdem ne
dominis de Capitulo ammodo respondeant de eisdem, cum au-
tem absonum sit et racioni contrarium ecclesiasticas personas et
presertim super rebus ecclesiasticis ad forum vetidum et secu-
lare trabi recurrit ad R. v. p. humilis vester Rodulphus medici
Canonicos et Archipresbyter ecclesie antedicte procuratur ad
presens sacrum Constanciense Concilium per dominos de capi-
tulo predictos et procuratorio eorumdem et suo nominibus sup-
pliciter deprecando quatenus ipsis pio compatientes affectu ci-
tacionis contra prefatum armigerum omnesque alios et singulos
sua communiter uel diuisim interesse putantes nec non inhibi-
cionis sub pena excommunicacionis late sentencie contra eundem
et etiam contra Judices Burggrauiatus presertim dominos Stef-

phanam de Absperg et Ereafrid de Seggendorf ac alias ne in
causa huiusmodi vlterius procedant in formis solitis et consue-
tis decernere et concedere dignemini Attento quod dicti domini
de Capitulo eidem Armigero parati sunt coram v. R. p. de iusticia
respondere in contrarium facientibus non obstantibus quibuscum-
que. Quaquidem exposicione siue supplicacione per nos ad
plenum intellecta ac concepta subsequenter fuimus per honora-
bilem virum et dominum Rodolphum medici Canonicum et archi-
presbyterum ecclesie Augustensis et dictorum dominorum Ca-
nonicorum et Capituli ecclesie antedicte principalium in dicta
exposicione siue supplicacione principaliter nominatorum Syn-
dicum et procuratorem assertum et se sub penis Centum* flore-
norum Auri de Camera pro vna medietate parti citande pro
alia medietate huic sacro Concilio siue camere apostolice appli-
candorum quod de suo procuracionis mandato nobis legitimam
faciat fidem ac quod omnia et singula acta gesta siue procurata
per eum in huiusmodi causa per dictos suos Concanonicos et
Capitulares ecclesie Augustensis antedicte ante huiusmodi cita-
cionis execucionem ratificabuntur efficaciter obligantem coram
nobis constitutum debita cum instancia requisiti quatenus sibi
citacionem legitimam extra Romanam Curiam et ad partes contra
et aduersus prefatum nobilem Armigerum dictum parcifal Mar-
schalk de dorensperg ex aduerso principalem in dicta nobis
exhibita siue presentata exposicione aut supplicacione principa-
liter nominatum ac omnes alios et singulos sua communiter uel
diuisim interesse putantes iuxta dicte exposicionis siue suppli-
cacionis cedule formam et tenorem in forma solita et consueta
decernere et concedere dignaremur. Nos igitur Jacobus Plo-
censis Robertus Sarisbiriensis Johannes Vaurensis et Matheus
Pistoriensis Judices et Commissarii prefati attendentes requisi-
cionem huiusmodi fore iustam et consonam racioni volentesque
in causa et causis huiusmodi rite et legitime procedere ac par-
tibus ipsis dante domino iusticiam ministrare ut tenemur Idcirco
auctoritate apostolica et huius sacri Constanciensis Concilii qua
fungimur in hac parte tenore presencium vos omnes et singulos

supradictos et vestrum quemlibet in solidum requirimus et mone-
mus Primo Secundo Tercio et peremptorie vobisque nichilominus
et vestrum cuillibet in virtute sancte obediencie et sub excom-
municationis pena quam in Vos et vestrum quemlibet canonica
monicione premissa ferimus in hiis scriptis nisi feceritis quod
mandamus districte precipiendo mandantes Quatenus infra Sex
dierum spacium post presentacionem seu notificacionem presen-
cium vobis seu alteri vestrum factas inmediate sequencium et
dum super hoc pro parte dictorum dominorum Canonicorum et
Capituli fueritis requisiti seu alter vestrum fuerit requisitus Ita
tamen quod in hiis exequendis vnus vestrum alium non expectet
nec vnus pro alio se excuset, Quorum sex dierum duos pro
primo duos pro Secundo et reliquos duos dies Vobis vniuersis
et singulis supradictis pro tercio et peremptorio termino ac mo-
nicione Canonica assignamus prefatam Nobilem Armigerum dic-
tum parcifal Marschalk de Dornensperg, ex aduerso principalem
in eius propria persona accedatis si ipsius presenciam comode
habere poteritis Alioquin in hospicio habitationis sue si ad id
vobis tutus pateat accessus et in parrochiali seu parrochialibus
ecclesia seu ecclesiis sub qua uel quibus degunt et morantur
Sin autem in Cathedrali Augustensi et parrochiali seu parrochi-
alibus ecclesiis antedictis aliisve ecclesiis et locis publicis dum
ibidem populi multitudo ad diuina audiendum aut alias congre-
gata fuerit vbi quando et quociens expediens fuerit et pro parte
dictorum dominorum Canonicorum et Capituli principalium super
hoc fueritis requisiti aut alter vestrum fuerit requisitus publice
alta et intelligibili voce ex parte nostra ymmo verius apostolica
et huiusmodi sacri Constanciensis Concilii peremptorie citare
curetis quos nos eciam tenore presencium sic citamus Ita quod
verisimile sit citacionem nostram huiusmodi ad ipsorum citando-
rum noticiam peruenisse. Quatenus Vicesima die post huiusmodi
vestram citacionem per vos seu alterum vestrum eis factam in-
mediate sequenti Si dies ipsa vicesima Juridica fuerit et nos
uel alteri forsan loco nostrorum Surrogandi Judices et Commis-
sarii ad Jura reddendum pro tribunali sederimus seu sederint

Alioquin prima die Juridica extunc inmediate sequenti qua nos
uel Surrogandos Judices predictos Constancie in ambitu ecclesie
Constanciensis pro dicta audiencia causarum deputata vel alibi
vbi forsan tunc dictum concilium generale vel Romana Curia residebit hora causarum ad Jura reddendum in locis nostris solitis
et consuetis ad Jura reddendum pro tribunali sedere contigerit
Compareant in Judicio legitime coram nobis uel Surrogandis
predictis per se uel procuratorem seu procuratores snos ydoneos
ad causam seu causas huiusmodi sufficienter instructos cum omnibus et singulis actis actitatis literis scripturis Instrumentis priuilegiis juribus et munimentis causam seu causas huiusmodi
tangentibus seu eam vel eas quomodolibet concernentibus prefatis dominis Canonicis et Capitulo principalibus aut eorum legitimo procuratori de et super omnibus et singulis in dicta nobis
facta exposicione siue supplicacione contentis de iusticia responsuri et in toto negocio in causa seu causis huiusmodi ad
omnes et singulos actus gradatim et successiue processuri et
procedi visuri aliasque dicturi facturi audituri et recepturi quod
iusticia suadebit et ordo dictauerit racionis Certificantes nichilominus eosdem citatos quod siue in dicto Citacionis termino ut
premissum est coram nobis comparere curauerint siue non Nos
nichilominus uel Surrogandi nostri predicti ad premissa omnia
et singula prout de Jure poterimus procedemus seu procedent
dictorum citatorum absencia seu contumacia in aliquo non obstantibus. Diem vero citacionis huiusmodi atque forman et quidquid in premissis feceritis nobis per vestras patentes literas
siue publicum Instrumentum harum seriem seu designationem
in se continentes seu continens remissis presentibus fideliter intimare curetis Absolucionem vero omnium et singulorum qui
prefatas nostras sentencias aut earum aliquam incurrerint quoquomodo nobis uel superiori nostro tatummodo reseruamus In
quorum omnium et singulorum fidem et testimonium premissorum
presentes quoque nostras literas siue presens publicum Instrumentorum huiusmodi nostram citacionem in se continentes siue
continens exinde fieri et per Tyczam Notarium publicum atque

nostrum et huiusmodi cause coram nobis Scribam infra scriptum
subscribi et publicari mandauimus nostrique et Sigillorum nostro-
rum Commissariorum et Coiudicum prefatarum iussimus et fecimus
appensione conmuniri. Datum et actum Constancie prouincie Ma-
guntine in domo habitacionis mei Jaboci Episcopi Plocensis Ju-
dicis et Commissarii antedicti mane hora terciarum uel quasi
Sub Anno a Natiuitate Domini Millesimo Quadringentesimo
quinto decimo Indictione Octaua. Die vero lune decima nona.
mensis Augusti Apostolica sede Pastore carente, Presentibus,
ibidem discretis viris ac venerabili domino Guilelmo Kircher
decretorum doctore et Nicholao Grzzimisslai de parzim Testibus
ad premissa vocatis specialiter et rogatis.

S. N. Et ego Tycza Msczislai de Craycowo clericus Plo-
censis diocesis Publicus Imperiali auctoritate Notarius Coram
supradictis dominis Comissariis et Judicibus et cause huiusmodi
Scriba, Quia predictarum literarum Citacionis peticioni et decreto
omnibusque aliis et singulis premissis dum sic ut premittitur per
dictos dominos Judices agerentur et fierent vnacum prenomina-
tis testibus presens interfui, Eaque omnia et siugula sic fieri
vidi et audiui me aliis occupatum negociis per alium fideliter
scribi procuraui me hinc subscribens In hanc publicam formam
redegi Signoque et nomine meis solitis et consuetis vnacum
appensione Sigillorum Jacobi Plocensis Roberti Sarisbiriensis
Johannis vaurensis et Mathei Pistoriensis Episcoporum Judicum
et Commissariorum ipsorum de mandato consignaui In fidem et
testimonium omnium premissorum Constat mihi eciam de rasura
dictionis centum.

*) „Centum" per rasuram ab alia manu scriptum est.

CVI.

Anno 1417. 17. Februar.

Barbara Pflaundorferin Marken von Schellenberg Wirtin,
verkauft die Burg Zusmegg mit allen Zugehörungen,
wie sie dieselbe vom Bisthum Augsburg erkauft hat,
an ihren Ohaim Fritzen Burggrafen um 1520 Gulden.

Ich Barbara Pflaundorferinn Mercken von Schellenberg
elichiv wirtinn Vergich offenlichen mit dem brief, für mich vnd
alle mein erben vnd tun chunt allermenglichen, das ich mit wol-
bedahtem mut mit guter vorbetrabtung vnd mit meins obgenanten
manns vnd ander meiner nehsten frewnd raut vnd gutem willen
Zusmegg die Burg vnd was an lewten vnd guten, an leben-
schefften, an geribten, an vogteyen vnd an allen andern stücken
wie das egenant ist nihts vsgenommen, darczu gohöret als ichs
erchoufft han von dem Gotzhaws vnd Bystumb zu Augspurg,
mit allen diensten nutzen vnd gülten gross vnd clain vnd mit
allen rehten vnd ehaften; alliv meiniv reht als mein houptbrief
den ich darumb von dem benenten Goczhaws vnd Bystumb ge-
hebt han, laut vnd sagt, Red vnd redlichen für ledig vnd vn-
uerhümert verchaufft vnd ze chauffen gegeben han, vnd gib mit
chrafft des briefs dem vesten meinem lieben Ohaim, fritzen
Burggrafen vnd allen seinen erben. Darzu haben wir gebeten
die vesten Ersamen her Egloffen von Schellenberg mein ob-
genanten Mercken bruder Hainrichen von Swenningen vnd
hansen Pflavndorffer mein egenant Barbaren bruder, da sy iriv
Insigel auch daran gehenckt hand zu gezewknüsse in vnd iren
erben on schaden. Der geben ist an Montag nach Saut Va-
lenteins tag do man zalt Nach Cristi geburt vierzehen hundert
jar vnd darnach in dem Sibentzehenden Jare. (c. 5 Sig.)

CVII.

Anno 1419. 26. Aprilis.

Hermannus ep. Eburnens. collationem capellae St. Salvatoris Jesu Chr. in cimiterio parochialis ecclesiae in Giengen, Katharinae priorissae clusulae ibidem resignat.

Nos Hermannus Dei et apostolice sedis gratia Episcopus Ebronensis Recegnoscimus per presentes Quod collacionem Capelle salvatoris Jesu Christi in Cimiterio parrochialis ecclesie opidi Giengen augustensis diocesis que racione fundationis et dotacionis ad nos dinoscitur pertinere damus et resignamus pure propter deum discrete et deuote. Katharine priorisse clusule eiusdem capelle licet non confirmate et omnibus sequentibus seu superioribus in eadem Clusula iusto resignacionis et dotacionis tytulo Vlterius conferendi Et post obitum nostrum perpetue ydoneis famosis et discretis sacerdotibus cum scitu et voluntate cuiusque plebani parochialis ecclesie ibidem Necnon honorabilium et discretorum virorum Dominorum magistrociuium et consulum opidi Giengen eiusdem conferri secundum nostram donacionis formam per nos editam prout hec et alia in nostris literis et aliis munimentis desuper confectis plenius continentur. In cuius rei testimonium presentem literam nostri sigilli appensione duximus conmuniri Datum anno domini Millesimo Quadringentesimo decimo nono feria quarta post Octauas Pasche.

CVIII.

Anno 1418.

-Documenta litem inter episcopos August. Anselmum et Fridericum concernentia.

Judices curie Augustensis Vniuersis et singulis praesentes literas inspecturis visuris et auditoris Salutem In domino cum indubitata noticia subscriptorum, Noueritis quod die date presentium nonnullas literas apostolicas videlicet rescripti seu commissionis a quondam felicis recordacionis Martino papa quinto contra fautores seu adherentes quondam frederici de Graffnegk pro Episcopo Augustensi tunc se gerentis ac detentores honorem dicte ecclesie emanatas necnon processuum inde secutorum vnacum certis execucionibus attergo eorundem descriptis In membrana et pirgameno scriptas debite bullatas et sigillatas sub insertas sanas et Integras non abrasas non viciatas seu cancellatas sed omni prorsus vicio et suspicione carentes nobis pro parte reverendissimi In christo patris et domini domini Henrici dei et apostolice sedis gracia Episcopi Augustensis presentatas recepimus -habuimus vidimus et diligenter inspeximus, qu..rum literarum tenores sequuntur et sunt tales Martinus Episcopus seruus seruorum dei venerabili fratri. Archiepiscopo Maguntino Salutem et apostolicam benedictionem Romanus pontifex qui super vniuersas orbis ecclesias diuina obtinet institucione primatum, illum In exequendis singulis, que ab apostolica sede processere digeste; ordinem complectitur non indigne, per quem, et ipsius etiam a domino ministrata prorogatur auctoritas et illi etiam respiciente nemine vniformiter ab omnibus cum debitis reuerentia et honore, delacione patenter ostensa. reprobis, veluti ingratitudinis labe respersis nota dignus accedat aculeus, acceptis equidem Justo compensato libramine sedis ipsius irrigua vbertate iugiter In omnibus profutura. Sane pro parte dilecti filii Anselm electi Augustensis nobis nuper exhibita peticio continebat quod licet de persona sua ecclesie Augustensi tunc certo modo vacanti auctoritate apostolica prouisum, Ipseque illi In Episcopum et pastorem prefectus fuerit canonice, ac successiue Inter ipsum huiusmodi prouissioni et prefectioni Inherentem necnon venerabilem fratrem nostrum fredericum Episcopum olim Abbatem monasterii Saxardiensis ordinis sancti Benedicti Quinque ecclesiensis diocesis occasione regiminis et administracionis bonorum dicte ecclesie, cui se ipse Episcopus etiam prefectus fore pretendebat, non sine magnis eiusdem Electi laboribus et expensis In Romana Curia ex generalis commissione Constanciensis Synodi antequam diuina fauente clemencia ad apicem summi apostolatus assumeremur, et etiam post assumpcionem eandem, causa diutius ventilata, Inter alia ipsi frederico Episcopo In regimine et administracione ac ecclesia predictis nullum Jus competere declaratum Sibique super illis perpetuo Imposito silentio, dictus electus ab eius Impeticione absolutus fuerit auctoritate memorata. Et subsequenter Electus ipse gregis sibi crediti cure, necnon statui, et Indemnitatibus, animarum quoque saluti accuratius intendens, nonnullas tam ecclesiasticas quam seculares suarum Ciuitatis et diocesis Augustensis. personas eidem Frederico Episcopo temere et de facto ac In prouisionis necnon de ipso Electo vt premittitur facte prefectionis, et declaracionis earundem elisionem sedis predicte pariter et contemptum tenacius fauentes et etiam adherentes nonnulla quoque res et bona ad eius mensam Episcopalem Augustensem pertinentia ausibus reprobis perniciosius detinentes pariter et occupantes ac alias ipsi Electo inobedientes atque rebelles exhortacionibus charitatiuis pariter et Instantiis, rursus vero illorum profundias detestabiliusque malorum tendentium In sentinam Intumescente duricia, vt illos, qui diuinum refutant amorem censurarum saltem ecclesiasticarum metus retraheret a vetitis sub excommunicacionum suspensionum et interdicti aliisque sentenciis penis et huiusmodi censuris, quod corde sanati, suumquoque reuoluentes errorem, et obliquis quibus seductione

lacessite fuere, viis abditis gremio se pietatis concludi permittant,
vicibus monuerit et requisiuerit iteratis. Ipse tamen persone
obstinacie pocius precipitacione concusse, et aduersus patrem
gratuitum suarumque pastorem auimarum, calcaneo fixo, ab ad-
hesione necnon detentionibus et occupacione huiusmodi desistere
abunuat, Ipsumque Electum quominus huiusmodi rebus et bonis
ad mensam reductis eandem, regimen et administracionem predictam
sicut eius Insidet humeris gerere et exercere valeat Impedire
damnabiliter non tepescunt, declaracionem ipsam, que tamen
Juris legitima prodiit et equitatis, labiis vesanis minus emersisse
consulte ambiciosius astruentes vtique in huiusmodi auimarum
suarum periculom, Electi et ecclesie predictorum preiudicium
iacluram atque dampum plurimorum execrabile pariter et exem-
plum. Quare pro parte dicti Electi nobis fuit humiliter suppli-
catum, vt super hiis sibi, ac dictis ecclesie et mense opportune
consulere de benignitate apostolica dignaremur. Nos igitur qui-
bus precipue ex debito pastoralis Incumbit officii, reproborum,
ne presertim per Nos relaxata vindicta, illorum sauquis de no-
stris exigatur maunibus, obuiare conatibus, aliisque viam preclu-
dere anormala committendi, huiusmodi inclinacione Inclinati, fra-
ternitati tue per apostolica scripta mandamus, quatenus etiam
legitimis per prefatum Electum contra dictas personas premisso-
rum occasione habitis per te seruatis processibus, personas
easdem cuiuscunque diguitatis status gradus ordinis vel condi-
cionis fuerint, vt infra certum peremptorium per te illis statuen-
dum terminum, adherentes videlicet atque fauentes Vt ab in-
ordinatis eidem Frederico Episcopo contra prouisionis, necnon
de dicto Electo facte vt prefertur prefectionis ac declaracionis
prefatarum vigorem et subsistentiam per earum aliquam Ingereu-
dis adhesione et fautoria, occupatores vero ac detentores rerum
et bonorum eorundem, etiam ipsi Electo de omnibus et singulis,
que illi debita, vsurpata fuere per eos congrua satisfactione
Impensa ab huiusmodi occupacione et detencione penitus et
omnino desistant. Ipsumque Electum rebus et bonis eisdem vti
ac gaudere libere permittant, nec cuiquam alteri In premissis

vel eorum aliquo, In eorundem preiudicii et jacture fomentum
auxilium consilium prebeant quomodolibet vel fauorem sub si-
milibus sentencüs et censuris ac etiam beneficiorum ecclesiasti-
corum cum cura vel sine cura quorumlibet etiam si dignitates
personatus seu officia fuerint necnon feudorum atque bonorum
que a quibusuis ecclesiis monasteriis siue aliis ecclesiasticis
locis tunc quomodolibet obtinebunt, priuacione Inabilitacioneque
ad illa et queuis alia beneficia et bona ecclesiastica atque feuda
per illos Imposterum obtinenda necnon aliis de quibus tibi vi-
debitur penis, auctoritate nostra moneas et requiras, illasque ex
eis quas etiam summarié simpliciter et de plano ac sine strepitu
et figura Judicii huiusmodi tuis requisicioni et monicioni effec-
tualiter non paruisse reppereris sentencias censuras et penas
predictas, Ipsas propterea quomodolibet contingentes incidisse
declares ac donec et quousque huiusmodi tuis requisicioni et
monicioni realiter paruerint vt prefertur excommunicatas publice
denuncies, ac facias denunciari ab aliis arctius quoque a singulis
vbilibet euitari. Et nihilominus etiam legitimis per te super hiis
habendis, seruatis processibus, eas quociens expedierit aggrauare
procures. Inuocato ad hoc si opus fuerit auxilio brachii secu-
laris. Ceterum si per summariam per te super hiis recipiendam
Informacionem constiterit quod personarum earundem et aliorum
quos huiusmodi processus concernerit, preeentia, pro monicione
et citacione de eis faciendis commode haberi nequeat siue tute,
Nos tibi processus monicionis et citacionis huiusmodi per edicta
publica locis affigendum publicis, predicte ecclesie vicinis, de
quibus sit verisimilis coniectura quod ad noticiam personarum
et aliorum monitorum et citatorum huiusmodi peruenire valeant
faciendi plenam concedimus tenore presentium facultatem Ac
volumus quod processus monicionis et citacionis huiusmodi per-
inde monitos et citatos eosdem arctent, ac si illis personaliter
et presencialiter Insinuati ac Intimati legitime extissent. Non
obstantibus tam felicis recordacionis Bouifacii viij predecessoris
nostri de vna et duabus diutis In Concilio generali Necnon
personis vltra certum numerum ad Judicium non vacandis quam

aliis apostolicis constitutionibus ceterisque contrariis quibuscun-
que. Seu si personis predictis vel quibusuis aliis communiter
vel divisim a prefata sede Indultum existat quod Interdici sus-
pendi vel excommunicari aut ad Judicium euocari non possint,
per literas apostolicas non facientes plenam et expressam ac de
verbo ad verbum de Indulto huiusmodi mencionem Datum Ge-
bennis xiiij kl. Augusti pontificatus nostri anno primo. —
Illustrissimo et Serenissimo principi et domino domino Sigis-
mundo diuina fauente clemencia Romanorum semper Augusto
ac Hungarie Dalmacie Croacie etc. Regi vestrorum regnorum
prosperitatis augmentum necnon reuerendis In christo patribus
et dominis dominis dei et apostolice sedis gracia Treuerensi
Coloniensi Saltzburgensi Madeburgensi Bremiensi et Pragensi
Archiepiscopis necnon Bambergensi Basiliensi Herbipolensi Ar-
gentinensi Eystettensi Ratisponensi Frisingensi Tridentinensi
Brixinensi Veronensi Castellanensi Chumanensi Spirensi Wor-
macensi Constanciensi Curiensi Verdensi Mettensi Monasteriensi
Hildesinensi Halberstattensi Misnensi Nuenburgensi Merseburg-
ensi Osnaburgensi et Olomucensi Episcopis eorumque et cuius-
libet Ipsorum In spiritualibus vicariis et Officialibus generalibus
ac Vniuersis et singulis dominis Abbatibus prioribus prepositis
decanis Archidiaconis Scolasticis Cantoribus Custodibus the-
saurariis Sacristis altaristis tam Cathedralium quam collegiatarum
Canonicis parrochialiumque ecclesiarum Rectoribus seu loca te-
nentibus eorundem monasteriorum et religiosorum quorumcunque
ministris generalibus prouincialibus vicariis Custodibus Guardi-
anis ac sancti Joannis Jerosolimitani et beate Marie theutoni-
corum Magistris Prioribus Commendatoribus preceptoribus et
Ipsorum domorum fratribus ceterisque presbyteris beneficiatis
curatis et non curatis vicariis perpetuis tam regularibus quam
secularibus exemptis et non exemptis clericis Notariis et tabel-
lionibus publicis quibuscunque per dictorum dominorum Archi-
episcoporum et Episcoporum prouincias ciuitates et dioceses
ac alias vbilibet constitutis et eorum cuilibet in solidum. Necnon
illustribus principibus et dominis dominis Frederico marchioni

Brandenburgensi, ludouico et ludouico Ernesto Wilhelmo Henrico Stephano Ottoni Joanni ducibus Bauarie et Comitibus palatini Reni, Necnon Ernesto Frederico et Alberto ducibus Austrie, Bernardo marchioui Badensi, Joanni Burgrauio Nurenbergensi Eberbardo de Wirttenberg ludouico et frederico de Oettingen Rudolfo et Wilhelmo montisfortis, Wilhelmo de Pregnitz, Hugoni de Werdenberg frederico et Joanni de Helffenstain, Eberbardo de Kirchberg Comitibus Ceterisque ducibus Marchionibus landgrauiis Comitibus Baronibus Domicellis militibus et nobilibus, necnon curiarum tam spiritualium quam temporalium terrarum Ciuitatum oppidorum villarum castrorum ac vniuersitatum et presertim Maguntinensis Constanciensis Herbipolensis Eystettensis Ratisponensis Spiriensis Wormacensis Argentinensis et Basiliensis ciuitatum, necnon oppidorum Franckfordensis Erfordensis Heidelbergensis Veneciarum Vienensis Vlmensis Memyngensis Campidonensis Burensis Nordlingensis Werdeusis Nurenbergensis et Monacensis et locorum quorumcunque Justiciariis Judicibus officialibus Vicariis magistris ciuium aduocatis Capitaneis Scultetis Proconsulibus consulibus Scabinis Ciuibus oppidanis Incolis seruientibus Scribis et Preconibus per prouincias Ciuitates et dioceses supradictas ac alias vbilibet constitutis et presertim reuerendo patri domino Frederico Episcopo olim Abbati monasterii Saxardiensis ordiuis sancti Benedicti Quinque ecclesiensis diocesis In literis apostolicis de quibus infra fit meutio principaliter nominato, ac religioso viro Magistro Narcisco monacho professo monasterii sanctorum Vdalrici et Affre Augusteusis dicti ordiuis, Osualdo de mengenfurt, Nicolao gliser asserto canouico sancti Mauricii Wilhelmo Hacker Eberhardo Brun dicto Enser Marquardo Kaltschmid, Joanni medici assertis vicariis ecclesie Augustensis dicto Wideman altariste apud sanctum Nicolaum Augustensem Nicolao Sur pretenso(?) plebano In Weissenhorn, Joanni Welflin dicto poller In Vlma, dicto Ziegler de Memingen cuidam asserto plebano In Gershoffen et Joauui Kesselring pretensis presbyteris ad presens In dicta ciuitate Augustensi vt dicitur morantibus, nec-

non generoso Vdalrico duci de Teck strenuisque Eberhardo de
laudaw Beringero de leymberg, Joanni de Heibach et Egolfo
de Schellenberg militibus Rudolfo et Alberto de Hochentan,
Wolffoni de Graffnegk, Hilboldo de Knoeringen et eius fratri-
bus, Vdalrico de Villebach Frederico Burggrauii et Georgio
ploss armigeris, ac prouidis viris magistris ciuium Consulibus
proconsulibus aduocatis Capitaneis Judicibus Scultetis Scabinis
Ciuibus ciuilitatem habentibus Inquilinis omnibusque aliis et
singulariter singulis ciuibus et Incolis necnon officialibus Ci-
uitatis Augustensis et presertim Joanni de Radaw, Vdalrico
Contzelman, Sebastiano Ilsung, Joanni dicto millin Hartmanno
et Petro langemantel Gabrieli Henrico et Conrado vögelin Her-
manno Nordlinger, Joanni Rem et fratribus suis, Joanni gwär-
lich Petro bachen Jodoco tendrich, Pedro Egen, Eberhardo
Sifrido Eberhardo et Alberto lieber Petro Rechlinger Joanni
Sultzer, Andree Rebhun, Joanni Gabrieli francisco rigler et
fratribus eorundem, Georgio et Joanni mangmeister Georgio
Ilsung Henrico schmucker Conrado portner, Joanni Eudorffer
Jacobo Herbort, Symoni gossenbrott, Caspari Wilbrecht, Bar-
tholomeo Welser, Andree lang, Georgio pfister, thome brischuch,
Conrado schencken, Joanni Keller et fratribus suis, Joanni
alpershofer et fratribus suis, pedro Ridrer, Joanni langenmantel
alias Buggerlin ceterisque eiusdem genealogie, dicto Hoffmair
Nicolao appoteker et fratribus suis atque patri eorum dicto
Rudolff dicto Zeller Jodoco et Vdalrico artzat, Henrico Rott
dicto Creyer, dicto schmechinger, dicto Huffnagel, Joanni Wie-
land dicto dotzman Jodoco Kramer Petro duscherer dictis Korn-
probst Erasmo pannicide dicto Putinger Nicolao Hoppeler dicto
sturen, Bartholomeo Hörlin dicto mörlin, Joanni Brun petro tu-
cher et ludouico Kung ciuibus Augustensibus ac quibuscunque
aliis personis ecclesiasticis et secularibus ciuitatis et diocesis
Augustensis eidem domino frederico fauentibus et adherentibus
In hac parte ac quecunque res et bona ad mensam Episcopalem
Augustensem pertinentia detinentibus pariter et occupantibus
omnibusque aliis et singulis quorum Interest aut Interesse poterit

quomodolibet In futurum quibuscunque nominibus censeantur aut,
quacumque prefulgeant dignitate Joannes dei gracia sancte. Ma-
guntine sedis Archiepiscopus Commissarius et executor vnicus,
ad infrascripta a sede apostolica specialiter deputatus Salutem,
In domino et presentibus fidem Indubiam adhibere et nostris,
Immouerius apostolicis firmiter obedire mandatis, literas sanctis-
simi In Christo patris, et domini nostri domini Martini diuina
prouidencia pape quinti eius vera bulla plumbea cum cardula
canabis more Romane Curie Impendente bullatas sanas Integras,
non viciatas non cancellatas neque in aliqua sui parte suspectas
sed omni prorsus vicio et suspicione carentes nobis per hono-
rabilem virum magistrum Joannem Gwerlich Canonicum ecclesie
Augustensis reuerendi In christo patris et domini domini Ans-
helmi electi et confirmati Augustensis principalis In ipsis literis
apostolicis principaliter nominati procuratorem prout de ipsius
mandato nobis clare constabat coram Notario publico et testibus
Infrascriptis presentatas Nos cum ea qua decuit reuerentia no-
ueritis recepisse. Quarum quidem literarum apostolicarum tenor
de verbo ad verbum sequitur et est talis *ut supra.* Post quarum
quidem apostolicarum presentacionem et recepcionem nobis et per
Nos vt premittitur factas, productis primitus coram nobis per
prefatum magistrum Joannem procuratorem procuratorio nomine
quo supra nonnullis Juribus et munimentis ac testibus fide dignis
ad informandum animum nostrum tam de et super dictis literis
apostolicis contentis quam etiam processibus per prefatum do-
minum Electum contra rebelles detentores et occupatores pre-
dictos etiam vsque ad aggrauacionem reaggrauacionem et Inter-
dicti sentencias Inclusiue habitis, fuimus per eundem dominum
Joannem procuratorem debita cum Instancia requisiti, quatenus
ad execucionem dictarum literarum apostolicarum et contentorum
In eisdem procedere et processus monitorias In forma debita
per edictum publicum In locis predicte ecclesie Augustensis
Uicinis affigendum exequendum et publicandum decernere et
concedere dignaremur, Nos Igitur Joannes Archiepiscopus com-
missarius et executor prefatus attendentes requisicionem huius-

modi fore Justam et consonam racioni, Volentesque mandatum
apostolicum nobis In hac parte directum reuerenter exequi ut te-
nemur, quia tam ex Jurium et munimentorum coram nobis vt
prefertur productorum quam ex summaria Informacione quam
plurium testium fide dignorum per nos recepta Inuenimus In
antedicta nobis vltima facta commissione contenta veritate fulciri.
Iccirco auctoritate apostolica Nobis In hac parte commissa per
hoc presens publicum edictum In locis dicte ecclesie Augusten-
sis vicinis videlicet werd Zusmarshwsen Landsperg, et Bair-
menchingen ecclesiarum parrochialium Augustensis diocesis va-
luis seu portis affigendum axequendum et publicandum ad hoc
per Nos electum et deputatum eo quod ad ciuitatem Augusten-
sem et monendas huismodi pro literarum et processuum pre-
dictorum execucione tutus non pateat accessus, de quo suffi-
cienter et legitime coram nobis edoctum extitit supradictas
literas apostolicas et hunc nostrum processum ac omnia et sin-
gula In eis contenta vobis omnibus et singulis supradictis Inti-
mamus Insinuamus et notificamus ac ad vestram et cuiuslibet
vestrum noticiam deducimus et deduci volumus per presentes.
Processusque per ipsum dominum Anshelmum Electum contra
omnes singulos supra et Infrascriptos habitos ac Sentencias
quascunque In eos eorumque ac loca alia rite latas dicta aucto-
ritate In suo robore volumus permanere ac firmiter et districte
per vos et quenlibet vestrum et presertim omnes et singulos
per Ciuitatem et diocesim nostras Maguntinas ac etiam Ciuita-
tem et diocesim Augustensem predictas constitutas sub penis
et sentenciis Infrascriptis mandamus observari et execucioni
debite demandari prout et Nos tenemus obseruamus et execu-
cioni debite presentium tenore demandamus Et nibilominus quia
vno ligatus Vinculo etiam alio ligari potest vt In sordibus ex-
istens amplius sordescat per huiusmodi edictum modo et forma
predictis exequendum prefatum dominum Fredericum Episcopum
olim abbatem Saxardiensem ordinis sancti Benedicti Ouinque
ecclesiensis diocesis Narciscum Nicolaum Wilhelmum Erhardum
Marquardum Joannem Nicolaum et Joannem ac alios supradictos

presbyteros, necnon ducem Vdalricum et milites et armigeros
supranominatos ac etiam magistros ciuium consules proconsules
aduocatos Capitaneos Judices Scultetos Scabinos Ciues Inqui-
linos et maxime supradictos ac eciam omnes alios et singulariter
seu nominatim singulos Ciues et Incolas necnon officiales Ser-
uientes Scribas et precones Ciuitatis Augustensis predicte alias-
que personas quascunque tam ecclesiasticas quam seculares
Ciuitatis et Augustensis cuiuscunque dignitatis status gradus
ordinis preeminenicie seu condicionis existant eidem domino
Frederico In hac parte fauentes, et adherentes, omnesque que-
cuuque res et bona ad mensam Episcopalem Augustensem per-
tinentia detinentes pariter et occupantes omnesque alios et siu-
gulos sua communiter vel diuisim Interesse putantes dicta
auctoritate apostolica requirimus et monemus primo secundo
tercio et peremptorie eisque nihilominus et eorum cuilibet In
virtute saucte obediencie et sub excummunicacionis suspensionis
et Interdicti ac etiam beneficiorum ecclesiasticorum cum cura et
sine cura etiam si dignitates personatus vel officia fuerint nec-
non feudorum atque bonorum mobilium et Immobilium que a
quibusuis ecclesiis monasteriis et aliis locis ecclesiasticis ob-
tinent priuacione Inabilitacioneque ad illa et queuis alia Im-
posterum obtinenda penis sentenciis et etiam sub pena quod ad
consilia principum et communitatis quorumcunque non admittantur
sed ad huiusmodi consilia necnon dignitates et honores seculares
Inhabiles et Infames declarentur et reputentur quas penas et
sentencias Ipsis et eorum quemlibet prout eos concernunt si
mandatis nostris huiusmodi Immouerius apostolicis non paruerint
Incurrere volumus ipso facto districte precipiendo mandamus
quatenus Infra quindecim dierum terminum post afficcionem et
publicacionem presentium In valuis seu portis ecclesiarum pre-
dictarum factas Immediate sequentium quorum quindecim dierum
quinque pro primo quinque pro secundo et reliquos quinque dies
eis et eorum cuilibet pro tercio et peremptorio termino ac mo-
nicione canonica assignamus Ipsi videlicet fauentes et adheren-
tes supranominati ac quicunque alii ab Inordinatis eidem domino

Frederico Episcopo contra prouisionis necnon de dicto domino
Anshelmo Electo et confirmato facte prout In dictis literis apo-
stolicis continetur prefectionis ac declaracionis prefatarum vigo-
rem et subsistenciam per eorum aliquam Ingerendis adhesione
et fautoria. Occupatores vero et detentores rerum et honorum
eorundem etiam ipsi domino Anshelmo Electo de omnibus et
singulis que illis debita vsurpata fuere per eos congrua satis-
factione Impensa ab huiusmodi occupacione detencione et Im-
pedimentis penitus et omnino desistant Ipsumque dominum An-
shelmum Electum rebus et bonis eisdem vti et gaudere libere
permittant nec cuiquam alteri In premissis vel eorum aliquo In
eorundem preiudicii et jacture fomentum auxilium consilium pre-
beant quomodolibet vel fauorem. Quin Immo Infra dictum quin-
decim dierum terminum prefato domino Anshelmo Electo eius-
que Vicariis et officialibus seu nunciis debitas obedientiam seu
reuerenciam prestent et quilibet eorum prestet Ipsumpue domi-
num Anshelmum tamquam verum pastorem animarum suarum
recognoscant et eorum quilibet recognoscat, Ac ipsi domino
Anshelmo Electo velut vero dicte ecclesie Augustensis sponso
de singulis Juribus redditibus et prouentibus ipsius ecclesie
respondeant et quilibet eorum respondeat realiter et cum effectu
Alioquin In omnes et singulos In premissis aut eorum aliquo
delinquentes seu delinquentem et In premissis contradictores et
rebelles ac Impedientes Ipsum dominum Anshelmum Electum
quominus omnia et singula premissa suum debitum consequantur
effectum Et presertim dominum Fredericum Episcopum et cete-
ros nominatos clericos et laicos Necnon Impedientes eundem
dominum Anshelmum Electum In premissis dantes auxilium con-
silium vel fauorem publice vel occulte directe vel Indirecte
quouis quesito Ingenio vel colore ex nunc prout extunc et ex-
tunc prout exnunc singulariter In singulos excommunicacionis
ac etiam beneficiorum ecclesiasticorum cum cura et sine cura
etiamsi dignitates personatus vel officia fuerint necnon feudorum
atque mobilium et Immobilium que a quibusuis ecclesiis mona-
steriis et aliis locis ecclesiasticis obtinent priuacionis Inabilita-

cionisque ad illa et queuis alia Imposterum obtinenda ac alias
supra expressas penas, In Capitulo vero In premissis delinqen-
tia suspensionis a diuinis, et In ipsorum delinquentes ecclesias
atque loca Interdicti sentencias auctoritate apostolica In hiis
scriptis ferimus et promulgamus. Certificantes eosdem, si qui
forte reperti fuerint Inobedientes et rebelles quod nisi Infra
quindecim dierum prefatorum terminum a premissis adhesione
fautoria et occupacione illicitis destiterint, dictumque reueren-
dum patrem dominum Aushelmum Electum pro Episcopo et pa-
store animarum suarum recognoscant aliasque premissis nostris
Immouerius apostolicis mandatis satisfaciant realiter et cum effectu
nos ipsas rebelles et Inobedientes dicto quindecim dierum lapso
termino ipsis pro omni dilacione canonica monicione ac termino
peremptorio presentibus assignato sexta die Juridica dictos
quindecin dies Immediate sequentes aut alia si predicta sexta
dies Juridica non fuerit proxima die Juridica sequente qua Nos
pro tribunali In loco subscripto aut alio nostre diocesis ad quem
forsan Nos declinare contigerit sedebimus quem etiam terminum
eis et eorum cuilibet pro peremptorio termino ac canonica mo-
nicione presenti assignamus. Recepta prius summaria ac sim-
pliciter et de plano siue strepitu et figura Judicii de eorum
rebellione et Inobediencia Informacione, Ipsos et eorum loca
sentencias censuras et penas predictas eos propterea quomodo-
libet contingentes incidisse declarabimus, dictasque Sentencias
atque penas denunciabimus et denunciari, eosque vitari manda-
bimus. Collatoribus quoque beneficiorum eorundem clericorum
necnon dominis feudorum que prefati rebelles aut eorundem ali-
qui aut aliquis a quibusuis ecclesiis monasteriis et locis aliis
ecclesiasticis obtinent de eisdem prout voluerint et debuerint
disponendi auctoritate apostolica plenam dabimus facultatem.
Necnon per modum aggrauacionis reaggrauacionis et alias ad
arctiores penas et sentencias etiam vsque ad Inuocacionem au-
xilii brachii secularis inclusiue absque alia vacacione juxta tra-
ditam a sede apostolica nobis formam contra dictos rebelles
eorum exigentes proteruia et rebellione procedemus. Loca vero

valuarum et portarum predictarum tanquam publica et idonea ad literas et processus nostros huiusmodi publicandum et exequendum duximus eligenda ad instar edictorum publicorum que olim In albo pretorio scribebantur, que presentes nostras literas et processus suo quasi sonoro preconio et patulo Judicio publicabant. Cum non sit verisimile apud ipsos sic monitos remanere incognitum, quod tam patenter et notorie extitit omnibus publicatum. Volumus nihilominus et dicta auctoritate decernimus apostolica quod huiusmodi nostre litere modo premisso execute dictos monitos perinde arceant et astringant ac si personaliter apprehensi et huiusmodi nostre litere In eorum et cuiuslibet ipsorum presentia legitime fuissent et essent publicate. Prefatasquoque literas et hunc nostrum processum volumus penes eundem dominum Anshelmum Electum Augustensem vel eius procuratorem remanere et non per Vos seu aliquem vestrum contra ipsorum voluntatem quomodolibet detineri Contrarium vero facientes prefatis nostris sentenciis eo modo quo late sunt ipso volumus facto subiacere. Mandamus tamen vobis copiam fieri de premissis si eam pecieritis et habere volueritis, Petencium quidem sumptibus et expensis. Vobis itaque vniuersis et singulis personis ecclesiasticis supradictis Archiepiscopis et Episcopis quibus ob reuerentiam pontificalis dignitatis defereudum duximus dumtaxat exceptis auctoritate prefata apostolica sub excommunicacionis pena, quam in vestrum quemlibet premissa trium dierum canonica monicione quos pro omni dilacione ad hoc cuilibet vestrum assignamus quibus presentibus non obedierint ferimus solenniter In hiis scriptis districte precipiendo mandamus quatenus hunc nostrum monitorium processum et omnia in eo contenta dum quando et prout pro parte dicti domini Anshelmi Electi et confirmati requisiti fueritis In monasteriis et ecclesiis vestris dum populi multitudo ad audiendum diuina congregata fuerit denuncietis, quodque in hiis exequendis alter alterum non expectet nec vnus per alium se excuset. Absolucionem vero omnium et singulorum qui prefatas nostras Sentencias aut earum aliquam Incurrerint seu incurrerit quouis modo nobis vel superiori

nostro tantummodo reseruamus, In quorum omnium et singulorum
fidem et testimonium premissorum presentes literas siue presens
publicum Instrumentum exinde fieri et per Notarium publicum
Infrascriptum subscribi et publicari mandauimus, nostrisque si-
gilli fecimus appensione communiri. Datum et actum In castro
nostro Gersheim sub anno a natiuitate domini Millesimo quadringen-
tesimo decimo octauo Indictione vndecima Pontificatus sanctissimi
In christo patris et domini nostri domini Martini diuina pro-
uidencia pape quinti predicti anno primo die vero Jouis vnde-
cima mensis Augusti hora nonarum diei eiusdem vel quasi pre-
sentibus ibidem nobili et egregio viro domino Wilhelmo Comite
de Nassaw preposito Necnon venerabilibus viris dominis Joanne
de libinstein alias de Randeck, Theodorico Knebel, Petro Ech-
ter Canonicis ecclesie Maguntine Joanne Adolfi de Nassaw
prouisore Curie archiepiscopalis Erfordensis Joanne pistoris
Canonico ecclesie sanctorum Petri et Alexandri aschaffeburg-
ensis necnon strennuis viris Helmanno de Beldersheim milite,
Wigberto rabenolt Henrico de Bernbach armigeris et quam
pluribus aliis fidedignis testibus ad premissa vocatis specialiter
requisitis et rogatis. Et ego Joannes Eygirtantz de Fritzlaria
clericus Maguntine diocesis publicus Imperiali auctoritate No-
tarius, Quia premissis omnibus et singulis dum sic vt premittitur
per reuerendissimum In Chrito patrem et dominum dominum
Joannem Archiepiscopum Maguntinum predictum et coram eo
agerentur et fierent vnacum preuominatis testibus presens inter-
fui, Eaque sic fieri vidi et audiui Ideo presens publicum In-
strumentum per alium me aliis occupato negociis fideliter con-
scriptum de mandato ipsius reuerendissimi patris exinde confeci
publicaui et In hanc formam publicam redegi Signoque et no-
mine meis solitis et consuetis vnacum appensione sigilli dicti
domini Archiepiscopi consignaui rogatus et requisitus In fidem
et testimonium premissorum, Et ego Conradus coci de Smal-
kalden clericus herbipolensis diocesis publicus apostolica et
Imperiali auctoritatibus Notarius Quia retroscriptis literis seu
processibus consimiles literas seu processus Anno Indictione et

pontificatu sicut In ipsis describitur die vero dominica vicesima
prima mensis Augusti hora primarum vel quasi In presentia ho-
norabilium virorum dominorum Iudouici seug decani et Erhardi
Zeller capellaui In Beirmenchingen ad hoc specialiter vocatorum
pluriumque fidedignorum ad diuinum cultum ibidem congregato-
rum In valuis seu portis Beirmeuchingen loco per edictum pub-
licum ad hoc deputato affixi ad horam et vltra affixas stare
permisi sciscitantibus que et quales forent exposui et cum de-
bita diligentia publicaui postea de valuis seu portis predictis
ammoui et earum copias fideliter collaciouatas ibidem affixi et
affixas stare permisi In signum vere et realis execucionis li-
terarum et processuum earundem Et eodem die hora vesperarum
vel quasi. In presentia honorabilium virorum deminorum Mar-
quardi Walkircher Canonici et Andree diet vicarii sancti Mau-
ricii Augustensis hermanni decani In landsperg et vdalrici Bin-
felden Notarii publici ad hoc specialiter vocatorum multorumque
ibidem ad officium vespertinale congregatorum Iu valuis seu
portis ecclesie In landsperg loco similiter per edictum publicum
ad hoc deputato consimilem execucionem affigendo publicando
ammouendo et copias dimittendo cum debita diligentia feci. Id-
circo hec scripta manu propria scripsi signumque meum solitum
et consuetum apposui In fidem et testimonium omnium pemisso-
rum. Et ego Marquardus Winckler clericus Ratisponensis dio-
cesis publicus Imperiali auctoritate Notarius Quia retroscriptas
literas seu processus Anno Indictione pontificatu sicut In ipsis
describitur die vero dominica vicesima prima mensis augusti
hora primarum vel quasi In presentia honorabilium virorum do-
minorum Henrici plebani Conradi primissarii In Zusmerhusen
Jacobi aman et Vdalrici hinr vogt ad hoc specialiter vocatorum
pluriumque fidedignorum ad diuinum cultum congregatorum In
valuis seu portis ecclesie parrochialis Zusmerhusen loco per
edictum publicum ad hoc deputato affixi ad horam et vltra stare
permisi, sciscitantibusque et quales forent exposui, et cum di-
ligentia debita publicaui, postea de valuis seu portis predictis
ammoui et earum copias fideliter collaciouatas ibidem affixi et

affixas stare permisi In signum vere et realis execucionis lite-
rarum et processuum earundem. Et eodem die hora vesperorum
vel quasi In presentia honorabilium virorum dominorum henrici
Cantzler plebani in Berg heurici rectoris In Bellenheim Joannis
nobili coadiutoris plebani in Werd diuinis ad hoc specialiter
vocatorum multorumque ibidem ad officium véspertinale congre-
gatorum In valuis seu portis ecclesie parrochialis In Werde
loco similiter per edictum publicum ad hoc deputato consimilem
execucionem affigendo publicando ammouendo et copias dimit-
tendo cum debita diligentia feci. Idcirco hec scripta manu mea
propria scripsi signumque meum solitum et consuetum apposui
In fidem et testimonium omnium premissorum. Joannes eadem
gracia sancte Maguntine sedis Archiepiscopus Commissarius et
executor vnicus ad Infrascripta a sede apostolica specialiter
deputatus Salutem in domino et nostris huiusmodi immo uerius
apostolicis firmiter obedire mandatis Nuper siquidem vigore li-
terarum apostolicarum sanctissimi In christo patris et domini
nostri domini Martini diuina prouidencia pape quinti eius vera
bulla plumbea cum cordula cauapis more Romane Curie Impen-
dente bullatarum sanarum integrarum non viciatarum non cancella-
tarum sed omni prorsus vicio et suspicione carentium nobis pro
parte reuerendi In Christo patris et domini Anshelmi et electi
et confirmati Augustensis In eisdem literis apostolicis principa-
liter nominati presentatarum et per Nos cum debita reuerentia
vt decuit receptarum ad eiusdem domini electi et confirmati
procuratoris legitimi coram nobis constituti Instantiam per edic-
tum publicum In locis ciuitati et ecclesie Augustensi vicinis
affigendum et publicandum, eo quod ad ipsos supra et Infra-
scriptos pro ipsarum execucione legitime facienda tutus non pa-
tebat accessus, de quo etiam legitimam recepimus Informacio-
nem seruatis et ratificatis ac vbilibet obseruari mandatis, pro-
cessibus per prefatum dominum electum auctoritate sua ordinaria
tam contra prenominatos quam alios quoscunque sibi Inobedien-
tes et rebelles suarum ciuitatis et diocesis Augustensis habitis
et decretis prefatum dominum Fredericum Episcopum omnesque

alios et singulos ecclesiasticos et seculares Ciuitatis et diocesis Augustensis prenominatos eidem domino Frederico fauentes et adherentes In hac parte necnon quemcunque res et bona ad mensam Episcopalem eiusdem ecclesie Augustensis spectantia detinentem et occupantem aliosque sua communiter vel diuisim Interesse putantes In genere et In specie auctoritate apostolica nobis In hac parte tradita per nostras certi tenoris literas monuimus et requisiuimus monerique et requiri fecimus quatenus sub excommunicacionis In personas, suspensionis a diuinis In capitula, et Interdicti In ipsorum ecclesias et loca ac etiam beneficiorum ecclesiasticorum curatorum et non curatorum etiam si dignitates personatus seu officia fuerint necnon feudorum atque mobilium et Immobilium bonorum que a quibusuis ecclesiis monasteriis et aliis locis ecclesiasticis obtinent priuacionis inabilitacionisque ad illa et queuis alia Imposterum obtinenda penis et sentenciis ac etiam sub pena quod ad consilia principum et communitatis quorumcunque non admittantur, sed ad huiusmodi consilia honores seculares Inhabiles et Infames declarentur et reputentur. Quas quidem penas et sentencias In ipsos et eorum quenlibet nisi Infra certum terminum tunc expressum et Jamdudum elapsum, ipsi videlicet fauentes et adherentes ab adhesione et fautoria, occupatores vero et detentores rerum et bonorum predictorum ab occupacione detencione et Impedimentis desisterent deindeque reuerendum patrem dominum Ausbelmum Electum rebus et bonis eisdem vti et gaudere libere permitterent Sibique et eius vicariis officialibus seu nunciis obedientiam et reuerentiam debitas prestarent, ac ipsum tamquam verum pastorem animarum suarum recognoscerent et sibi vti vero sponso ecclesie Augustensis de singulis Juribus redditibus et prouentibus eiusdem ecclesie responderent ac responderi facerent et permitterent realiter et cum effectu In scriptis tulimus et promulgauimus. Certificantes eosdem quod sexta die Juridica post lapsum termini antedicti recepta Informacione summaria de ipsorum Inobedientia et rebellione ad declarationem penarum et sentenciarum predictarum ac ad vlteriora scilicet aggrauacionis

et reaggrauaciouis ac alias grauiores penas et senlencias vsque
ad Inuocacionem auxilii brachii secularis inclusiue absque alia
ipsorum vocacione contra eosdem procedere Collatorique bene-
ficiorum ecclesiasticorum necnon dominis feudorum que prefati
rebelles aut eorum aliquis a quibusuis ecclesiis monasteriis et
aliis locis ecclesiasticis de eisdem prout voluerint et debuerint
disponendi auctoritate apostolica plenam vellemus dare faculta-
tem aliasque processimus et fecimus prout In eisdem literis no-
stris plenius continetur ac etiam ex dictarum literarum apposto-
licarum forma potuimus, quarum tenor de verbo ad verbum se-
quitur et est talis *ut supra.* Quibusquidem literis nostris mo-
nitorialibus debite In locis ad hoc per Nos electis et deputatis
publicatis et executis ac coram nobis · Iu termino ad hoc In
eisdem prefixo et assignato vnacum earum execucione per dis-
cretum virum dominum Conradum Coci rectorem parrochialis
ecclesie prelibati. domini Electi procuratorem prout nobis de
sue procuracionis mandato legitimis constabat et constat docu-
mentis Judicialiter reproductis Idem dominus Conradus procu-
rator nomine quo supra procuratorio dictorum monitorum Inobe-
dientium et rebellium mandatis nostris huiusmodi Immouerius
apostolicis minime parentium neque comparentium contumaciam
accusauit Ipsosque·contumaces reputari, et In eorum contuma-
ciam per Nos ad declaracionem sentenciarum et·penarum pre-
dictarum ac ad omnia alia ut singula premissa contra eos Juxta
vim formam et-tenorem literarum apostolicarum predictarum pre-
dictàrum procedi debita cum Iustancia postulauit Nos tunc Jo-
annes Archiepiscopus Commissarius et executor prefatus dictos
monitos Inobedientes et rebelles In termino prefixo vt prefertur
non comparentes reputauimus merito suadente Justicia contuma-
ces et In eorum contumaciam attendentes requisicionem predic-
tam Justam fore et consonam rationi, volentesque mandatum
apostolicum nobis In hac parte directum vt predicitur ad plenum
exequi nihil de contentis In eodem obmittendo vt tenemur, Et
quia per Informacionem summariam testium coram nobis pro-
ductorum receptorum In nostris manibus Juratorum et diligenter

examinatorum quam etiam ex facti euidentia et notorietate repperimus preuominatos monitos Inobedientes et rebelles a suis Inobedientia et rebellione Ipsique fauentes et adherentes a fautoria et adhesione necnon occupatores et detentores rerum et honorum predictorum ab occupacione et detencione premissis minime destitisse, neque nostris Immo uerius apostolicis monicione et mandatis In aliquo paruisse. Iccirco auctoritate apostolica nobis in hac parte commissa omnes et singulos prenominatos monitos Inobedientes et rebelles dictarum literarum nostrarum monitos et requisitos In genere et In specie tam ecclesiasticos quam seculares excommunicatos, Ipsasque ecclesiasticas beneficiorum ecclesiasticorum cum cura et sine cura etiam si dignitates personatus et officia fuerint necnou Jurium ipsis et eorum cuilibet In eis seu eorum altero competeutium, Seculares vero personas feudorum omnium atque bonorum mobilium et Immobilium que a quibusuis monasteriis ecclesiis ecclesiasticis obtineat et obtinere pretendunt priuacionis Inabilitacionisque ad illa et queuis alia Imposterum obtinenda, et etiam quod ad consilia principum et communitatum quorumcunque non admittantur, sed ad huiusmodi consilia necnou dignitates et honores seculares Inhabiles et Infames sint et reputentur. Capitula vero et collegia delinquentia suspensionis a diuinis, et ipsorum ecclesias et loca Interdicti penas et sentencias Incidisse declarauimus et declaramus, Ipsasque et eorum quenlibet modo premisso priuauimus et Inhabilitauimus ac priuamus et Inhabilitamus per presentes. Et nihilominus collatoribus beneficiorum dignitatum personatuum et beneficiorum necnon dominis feudorum predictorum de eisdem tamquam per priuacionem et Inabilitacionem Inobedientium et rebellium supradictorum vacantibus prout voluerint et debuerint auctoritate apostolica supradicta tenere presentium plenam concedimus facultatem. Que omnia et singula supra et Infrascripta per edictum publicum In locis dicte ecclesie Augustensis vicinis videlicet Werd Zusmerszhusen landsperg et Bairmenchingen ecclesiarum parrochialium Augustensis diocesis valuis seu portis affigendum et exequendum ac modo et forma Ia dictis nostris monitorialibus literis expressis publicandum ad hoc per Nos electis et deputatis eo quod ad ipsos monitos et denunciatos supradictos pro presentium execucione legitime facienda tutus non patet accessus, vobis vniuersis et singulis Intimamus notificamus Insinuamus ac ad vestram cuiuslibet vestrum noticiam deducimus et deduci volumus per presentes, Vosque et vestrum quenlibet et presertim ecclesiasticas personas auctoritate apostolica supradicta requirimus et monemus ac sub Infrascriptis sentenciarum penis districte precipiendo mandamus quatenus visis presentibus et postquam pro parte dicti domini Electi super hoc fueritis requisiti aut alter vestrum fuerit requisitus prelibatos dominum Fredericum et personas ecclesiasticas et seculares eidem domino Frederico fauentes et adherentes in hac parte necnon res et bona ad mensam Episcopalem pertinentia detinentes et occupantes aliosque omnes et singulos supradictos cuiuscunque dignitatis status gradus ordinis et condicionis sint et specialiter supra nominatim descriptos per Nos vt premittitur excommunicatos, Ipsorumque Capitula et collegia a diuinis suspensa, ac ecclesias et loca interdicta, Ipsasque personas ecclesiasticas ecclesiasticorum beneficiorum dignitatum personatuum et officiorum a Jurium Ipsis competencium In eisdem, Seculares vero feudorum omnium bonorumque mobilium et Immobilium que a quibusuis ecclesiis monasteriis et aliis locis ecclesiasticis obtinent priuacionis et Inabilitacionis penas indicidisse, ac easdem per Nos priuatas et Inabilitatas ad eaque et alia queuis Imposterum obtinenda inhabiles et quod ad consilia principum et communitatum quoruncunque non admitti sed ad huiusmodi consilia necnon dignitates et honores seculares infames et Inhabiles reputari debeant Singulis diebus dominicis et festiuis In vestris ecclesiis monasteriis et capellis aliisque locis de quibus fuerit visum expedire publice nuncietis et ab aliis nunciari ac vt tales ab omnibus arcius euitari faciatis tamdiu et quousque aliud a nobis receperitis In mandatis. Quod si prefati denunciati huiusmodi denunciacionem non curauerint et easdem per sex dies post publicacionem et affixionem presentium pertinaciter susti-

nuerint, extunc processus tam dicti domini Electi quam nostris
huiusmodi contra Ipsos continuando et aggrauando Attendentes
quod tanto grauiora sunt peccata quanto diucius infelices animas
detinent alligatas Quodque crescente contumacia crescere debeat
et pena, ue facilitas pene audaciam tribuat delinquendi extunc
prout exnunc et exnunc prout extunc per simile edictum modo
et forma premissis dicta auctoritate vos omnes et singulos supra-
dictos presertim ecclesiasticas personas requirimus et monemus.
Vobisque et vestrum cuilibet *In virtute sancte obedientie ' et
sub similibus infrascriptis sentenciarum penis districte precipi-
endo mandamus quatenus singulis diebus dominicis et festiuis
vbi quociens et quando pro parte dicti domini Electi vigore
presentium fueritis requisiti seu vestrum alter fuerit requisitus
Iufra missarum et aliarum horarum ecclesiasticarum solemnia,
populo ibidem ad diuina audiendum congregato, predictas de-
claracionem et denunciacionem Innouantes prefatos dominum
Fredericum Episcopum eique fauentes et adherentes necnon
occupatores et detentores et specialiter superius nominatos om-
nesque alios et singulos ecclesiasticos et seculares contradicto-
res et rebelles campanis pulsatis, candelis accensis ac demum
extinctis et In terram proiectis cruce erecta et religione induta
aquam benedictam aspergendo ad fugandum demones qui eos
sic detinent ligatos et suis laqueis catenatos, orando quod do-
minus noster Jhesus christus Ipsos ad catholicam fidem reducere
dignetur, ne Ipsos In tali duricia et peruersitate dies suos finire
permittat Cum decantacione responsorii Reuelabunt celi Iniqui-
tatem Inde etc. ac psalmi Deus laudem meam ne tacueris etc.
et antiphona Media vita Et demum vnacum clericis et subditis
vestris Januas ecclesiarum accedentes ad terrorem vt ipsi de-
nunciati eo citius ad obedientiam et sancte matris ecclesie gre-
mium redeant tres lapides versus habitacionem eorum proiciendo
In signum maledictionis eterne quam deus dedit dathan et ab-
yron quos terra viuos absorbuit, etiam post missam et In ser-
monis publicis solenniter publicetis et ab aliis publicari et ar-
cius euitari faciatis et permittatis quousque alius a nobis vel

superiori nostro habueritis In mandatis. Si vero prenominati
denunciati et aggrauati huiusmodi denunciacionem et aggraua-
cionem modo premisso publicatas per alios sex dies proxime
dictos sex dies Immediate sequentes animis quod absit sustinue-
ritis Induratis, quia exigit peruersorum audacia presumptiuä vt
vnica pena non contenti forcioribus penis arceantur, Ne forte
fides illorum ledatur qui semper debitam obedientiam suis su-
perioribus Impenderunt extunc processus nostros reaggrauando,
omnes et singulos christifideles vtriusque sexus homines requi-
ratis et moneatis prout Nos eosdem presentium tenore requiri-
mus et monemus, eisque et eorum cuilibet In virtute sancte
obedientie, et sub excommunicacionis pena quam In eos et
eorum quemlibet contrafacientes ferimus In hiis scriptis districte
Iniungatis prout nos etiam Iniungimus eisdem et precipue fami-
liaribus et seruitoribus prefatorum denunciatorum et aggrauato-
rum quatenus Infra sex dierum spacium post monicionem et re-
quisicionem vestras huiusmodi eis vt premittitur sequentes quo-
rum sex dierum duos primo duos pro primo et reliquos duos
dies eis et eorum cuilibet pro tercio et peremptorio termino ac
monicione canonica assignetis, quos et Nos assignamus sic eis-
dem ipsi familiares et seruitores a familiaritate et seruitio ceteri-
que christifideles vtriusque sexus homines a participacione et
communione ipsorum denunciatorum et aggrauatorum penitus et
omnino desistant et quilibet eorum desistat, nec cum eisdem
seruiendo famulando loquendo stando sedendo ambulando salu-
tando hospitando commedendo bibendo coquendo molendo cibum
potum vel aquam seu ignem aut alia quecunque vite seu victus
necessaria quomodolibet ministrando aut alio quouis humanitatis
solacio In aliquo participare presumant seu alter eorum pre-
sumat Et si contrarium fecerint huiusmodi excommunicacionis
sentencias incurrendo, extunc vobis omnibus et singulis supra-
dictis presertim ecclesiasticis modo et forma premissis commit-
timus et mandamus quatenus singulis diebus dominicis et festiuis
quociens vbi et quando pro parte dicti domini Electi requisiti
fueritis seu alter vestrum fuerit requisitus prefatos familiares et

seruitores et alios quoscunque christifideles cum prediotis de-
nunciatis aggrauatis et reaggrauatis modo premisso participantes
In vestris ecclesiis monasteriis et capellis Infra missarum so-
lennia dum ibidem populi multitudo ad diuina audiendum con-
uenerit per Nos vt premittitur excommunicatos publice denun-
cietis et ab aliis denunciari ac ab omnibus Christi fidelibus
arcius euitari faciatis donec et quousque aliud a nobis vel su-
periori nostro receperitis In mandatis Ipsique excommunicati
absolucionis beneficium meruerint obtinere. Volumus autem et
dicta nostra auctoritate modo et forma premissis vniuersis et
singulis christifidelibus precipimus et mandamus ac Inhibemus
sub penis et sentenciis Infrascriptis ne ipsi seu aliquis ipsorum
prefatis deunnciatis aggrauatis et reaggrauatis quamdiu in huius-
modi rebellione perstiterint et obedire non curauerint super de-
bitis et aliis negociis In foro ecclesiastico vel seculari respon-
dere presumant seu presumat et omnis Juris ordo et solus
Judicialis eis precludatur penitus et etiam negetur, nec eorum
testimonio fides adhibeatur. Ipsi tamen aliis et nullus eisdem
omnino respondere teneantur, donec et quousque ad obedientiam
spiritualem ecclesie vnitatem reconciliacionis graciam et In
premissis omnibus ad debitam satisfactionem humillius fuerint
inclinati Si vero prelibati denunciati aggrauati et reaggrauati
per alios sex proxime dies Immediate sequentes et postquam
vobis ecclesiasticis personis supradictis constiterit huiusmodi
reagrauacionem modo premisso ad eorum noticiam deuenisse
premissa omnia animis quod absit sustinueritis Induratis pharao-
nis duriciam Imitando admodum aspidum surdarum aures suas
obdurantium ne vocem audiant Incantatam. Nos enim exunac prout
extunc et extunc prout exnunc dictis Vltimis sex diebus elapsis
quem terminum eis et eorum cuilibet super hoc pro omni dila-
cione et monicione canonica assignamus omnes et singulas ciui-
tates oppida terras villas castra suburbia et quarumcunque
ecclesiarum tam cathedralium quam collegiatarum Collegia Ca-
pitula parrochias et queounque loca alia In et sub quibus dictos
denunciatos aggrauatos et reaggrauatos morari et ad quos seu

que eosdem declinare contigerit quamdiu ibidem fuerint seu
aliquis eorum fuerint In hiis scriptis ecclesiastico supponimus
Interdicto. Mandantes vobis omnibus et singulis personis eccle-
siasticis suprascriptis modo et forma premissis sub eisdem In-
frascriptis sentenciarum penis et sentenciis quatenus extunc
quamdiu dicti denunciati aggrauati et reaggrauati ac partici-
pantes cum eisdem aut eorum aliquo In locis predictis fuerint
seu fuerit cessetis et ab aliis cessari faciatis apertis Januis In
presentia populi a diuinis. Quam quidem cessacionem per tres
dies continuos post eorum vel alterum eorundem abinde reces-
sum obseruetis et continuetis et ab aliis obseruari et continuari
faciatis et procuretis Ita et taliter quod stante Interdicto nulla
ecclesiastica sacramenta In et sub eisdem locis sub quibus dicti
denunciati aggrauati et reaggrauati fuerint aut aliquis eorum
fuerit penitus ministrentur, nisi poenitentia et baptismus omnibus
Indifferenter, eucaristia Infirmis tantum, et matrimonium sine
ecclesiastica solennitate contrahatur In et sub eisdem locis de-
cedentibus ecclesiastica denegetur sepultura. Si vero prelibati
denunciati aggrauati et reaggrauati Infra alios sex dies icminus
et dilacionem supradictos Immediate sequentes nostris Immone-
rius apostolicis processibus monicioni et mandatis huiusmodi non
paruerint cum effectu quod deus auertat. Nos attendentes quod
mucrone non proficiente ecclesiastico temporalis gladius non
Immerito suffragatur auxilium brachii secularis merito duximus
Inuocandum vt quod timor dei a malo non reuocat temporalis
saltem coerceat seueritas discipline, Hinc est quod vos serenis-
simum principem et dominum dominum Sigismundum Romanum
etc. Regem prenominatum principalem dicti gladii vibratorem et
Justicie Zelatorem ad execucionem presentium exhortamur nec-
non dictos dominos Archiepiscopos Episcopos Abbates et per-
sonas alias ecclesiasticas quascunque vosque principes dominos
duces marchiones landgrauios comites et alias seculares pote-
states predictas quibus presentes nostre litere diriguntur aucto-
ritate prefata modo et forma premissis monemus primo secundo
tercio et peremptorie communiter et diuisim vobisque nibilominus

32*

et vestrum cuilibet In virtute sancte obediencie et sub Infra-
scriptis sentenciarum penis districte precipiendo mandamus qua-
tenus Infra sex dies post lapsum terminorum et dilacionum pre-
dictarum et postquam huiusmodi nostre litere seu presens noster
processus vobis aut alteri vestrum In vestris Jurisdictionibus
et districtibus fuerint publicate vel fuerit publicatus Immediate
sequentes quorum sex dierum duos pro primo duos pro secundo
et reliquos duos dies vobis pro tercio et peremptorio termino
ac monicione canonica assignamus Vos omnes et singuli et qui-
libet vestrum quorum omnium super hoc auxilium brachii secu-
laris Inuocamus quociens et quando pro parte dicti domini Electi
Augustensis principalis vigore presentium fueritis requisiti seu
alter vestrum fuerit requisitus In Juris presidium contra pre-
fatos denunciatos aggrauatos et reaggrauatos dicta auctoritate
apostolica per capcionem Inuasionem Incarceracionem et de-
tencionem personarum corporum et rerum ipsarum insurgatis et
alios Insurgere faciatis necnon personas corpora et res ac bona
eorum capiatis Inuadatis incaroeretis arrestetis et In custodia
detineatis et occupetis Ipsosque modo premisso compellatis et
astringatis potenter et etiam manu forti per Vos vel alium seu
alios libere et licite Super quibus omnibus vobis vniuersis et
singulis licentiam et plenariam auctoritate predicta concedimus
facultatem per presentes vsque ad integram satisfactionem om-
nium et singulorum premissorum ac donec et quousque prefati
denunciati aggrauati et reaggrauati a predictis rebellionibus de-
stiterint ac prelibato domino Augustensi Electo de premissis
omnibus et singulis debitam et plenariam satisfactionem impen-
derint et ad sancte matris ecclesie gremium redierint, absoluci-
onisque beneficium a prefatis sentenciis meruerint obtinere, aut
aliud a nobis vel superiori nostro desuper habueritis In man-
datis. Inhibemus nihilominus vobis omnibus et singulis supra-
dictis tam ecclesiasticis quam secularibus personis cuiuscunque
status gradus ordinis condicionis aut preeminencie extiterint, ne
prenominato domino Electo aut procuratori suo eius nomine
quominus presens noster processus et in eo contenta debite

execucioni demandentur omniaque et singula supradicta seum debitum sorciantur effectum Impedimentum aliquod prestetis seu prestet aliquis vestrum neque Impedientibus detis seu det auxilium consilium vel fauorem publice vel occulte directe vel indirecte quouis quesito colore. Quod si forte vos illustrissime princeps domine Sigismunde Rex executor Justicie presentis nostri processus et mandatorum nostrorum Immouerius apostolicorum transgressor contradictor vel neglector fueritis quod tamen vestre serenitatis prefulgide Jamdudum per orbem diuulgata obedientia suspicari non sinit procul dubio etiam Justi Judicis Judicium offenderetis et premium alias vobis pro execucione Justicie a deo paratum nihilominus amitteretis vos huiusmodi sentenciis nostris Iufrascriptis noluuus sic ligari. Vestram tamen serenitatem Justicie intuitu ad prefatam execucionem fiendam et efficaciter edimplendam prout ad vestrum serenissimum culmen pertinet In domino exhortamur Si vero vos reuerendi patres domini Archiepiscopi Episcopi duces marchiones landgrauii Comites Barones milites nobiles magistri ciuium Rectores potestates Consules Scabini Justiciarii et alii prenominati tam ecclesiastice quam seculares persone huiusmodi nostris Immouerius apostolicis monicione et mandatis non parueritis seu alter vestrum non paruerit cum effectu aut aliquid In contrarium feceritis seu alter vestrum non fecerit extunc prout exnunc supradictis canonicis monicionibus premissis singulariter In singulos excoommunicacionis, In capitula vero et Conuentus rebellium suspensionis a diuinis, Et In ipsorum delinquentes Ciuitates oppida castra vniuersitates communitates villas districtus necnon monasteria ecclesias et alia loca quoruncunque rebellium et Inobedientium Interdicti sentencias ferimus In hiis scriptis et etiam promulgamus, vobis vero reuerendis In christo patribus dominis Archiepiscopis et Episcopis quibus ob reuerentiam vestrarum pontificalium dignitatum deferre volumus In hac parte si contra premissa vel aliquod premissorum feceritis seu alter vestrum fecerit per vos vel alium seu alios publice vel occulte directe vel indirecte quouis quesito colore exnunc prout extunc et extunc prout exnunc sex dierum canonica monicione premissa Ingressum ecclesie Interdicimus In hiis scriptis. Si vero huiusmodi Interdictum per alios sex prefatos sex dies Immediate sequentes sustinueritis vel simili monicione premia In hiis scriptis suspendimus a diuinis. Verum si prefatas Interdicti et suspensionis sentencias per alios sex prefatos duodecim dies Immediate sequentes animis quod absit sustinueritis Induratis vos exnunc prout extunc, et extunc prout exnunc simili monicione premissa. In eiadem scriptis execucionis sentencia Innodamus, loca vero valuarum, et portarum predictarum tamquam publica et idonea ad literas, et processus nostros huiusmodi publicandos et exequendos duximus eligenda ad instar edictorum publicorum que olim In albo pretorio scribebantur, qbe presentes nostras literas et processus suo quasi senoro preconio et patalo Judicio publicabunt. Cum non sit verisimile apud ipsos denunciatos aggrauatos et reaggrauatos remanere incognitum quod tam patenter et notorie omnibus extitit publicatum. Volumus nihilominus et dicta auctoritate decernimus quod huiusmodi nostre litere modo premisso execute dictos denunciatos aggrauatos et reaggrauatos perinde arceant et astringant ac si personaliter apprehensi et huiusmodi nostre litere In eorum et cuiuslibet ipsorum presentia legitime fuissent et essent publicate. Prefatas quoque literas et hunc nostrum processum volumus penes eundem dominem Anshelmum Electum Augustensem vel eius procuratorem remanere et non per vos aut quemcunque alium contra ipsius, domini Electi vel dicti procuratoris voluntatem quomodolibet detineri. Contrarium vero facientes prefatis nostris sentenciis, eo modo quo late sunt ipso facto volumus subiacere. Mandamus tamen copiam vobis fieri de premissis si pecieritis et, habere volueritis. Petentiam quidem sumptibus et expensis. Absolucionem vero omnium et singulorum qui prefatas nostras sentencias aut earum aliquam Incurrerint seu Incurrerit quoqao modo nobis vel superiori nostre legitimo reseruamus. In quorum omnium et singulorum fidem et testimonium premissorum, presentes literas siue presens publicum Instrumentum huiusmodi

nostrum processuum In se continentes siue continens exinde fieri
et per Notarium publicum Infrascriptum subscribi et publicari
nostrique sigilli mandauimus et fecimus appensione communiri.
Datum et actum In castro nostro Aschaffinburg dicte nostre
diocesis Sub Anno a Natiuitate domini Millesimo quadringen-
tesimo decimo octauo Indictione vndecima die vero lune duo-
decima mensis Septembris eiusdem diei hora vesperarum vel
quasi pontificatus dicti domini nostri pape Anno primo, presen-
tibus ibidem nobili et venerabilibus viris dominis Conrado Co-
astle Siluestro Petro echter Canonicis ecclesie nostre Magun-
tine Joanne Pistoris Tilmanno Holskose et philippo Itstein
Canonicis ecclesie sanctorum petri Alexandri Aschaffinburgen-
sis dicte Maguntine diocesis ac strenuis viris Joanne de Bil-
stein milite Henrico de Staffel et Wigando Gawgrebe armige-
ris testibus fide dignis ad premissa vocatis specialiter et ro-
gatis. Et ego Conradus leitsagk de frislaria clericus Maguntine
diocesis publicus Imperiali auctoritate Notarius. Quia pre-
missis omnibus et singulis dum sic vt premittitur per reueren-
dissimum In Christo patrem et dominum dominum Joannem
Archiepiscopum Maguntinum predictum et coram eo agerentur
et fierent vnacum prenominatis testibus presens Interfui Eaque
sic fieri vidi et audiui Ideoque presens publicum Instrumentum
per alium me aliis prepedito negociis fideliter conscriptum de
mandato ipsius reuerendissimi patris exinde confeci publicaui
et In hanc publicam formam redegi Signoque et nomine meis
solitis et consuetis vnacum appensione sigilli dicti domini Ar-
chiepiscopi consignaui rogatus et requisitus In fidem et testi-
monium omnium et singulorum premissorum. Et quia easdem
preinsertas sic vt premittitur nobis presentatas et per Nos visas
et diligenter inspectas sanas Integras et omni prorsus vicio et
suspicione carentes vt prefertur comperimus. Iccirco peticioni
pro parte prelibati reuerendi domini Henrici Episcopi August-
ensis nobis desuper facte tamquam licite annuentes dictas literas
preinsertas per Notarium publicum Scribamque nostrum Juratum
Infrascriptum transcribi exemplari et vidimari ac presentibus de

verbo ad verbum nil addendo mutando vel minuendo inseri
mandauimus Sigillique dicte Curie Jussimus appensione com-
muniri In fidem robur et euidens testimonium omnium et sin-
gulorum premissorum. Datum et actum Auguste Anno domini
Millesimo quingentesimo terciodecimo pridie Idus Nouembris.

Vise et cum literis originalibus diligenter auscultate fuerint
suprainserte litere per me Vdalricum Layman clericum August-
ensis diocesis publicum sacra Imperiali auctoritate Notarium
Causarumque Curie Augustensis Scribam Juratum et concordant
cum suis veris originalibus, In cuius rei fidem de mandato do-
minorum Judicum predicte Curie me propria manu subscripsi.

CIX.

Anno 1418. 3. Decembris.

Absolutio civitatis August. ab excommunicatione.

Uniuersis et singulis Reuerendis in Christo patribus et do-
minis Archiepiscopis et Episcopis ac Venerabilibus viris domi-
nis, Abbatibus, prepositis, Prioribus, Archidiaconis, Decanis,
Scolasticis, Cantoribus, Custodibus Thesaurariis, preceptoribus
Ebdomedariis tam Cathedralium quam Collegiatorum, Canonicis,
parrochialiumque et diuinorum Rectoribus vicariis perpetuis,
Cappellanis, Altaristis curatis et non curatis seu locatenentibus
eorumdem, Clericis Tabellionibus et notariis publicis quibus-
cumque per prouincias Cinitates et dyoceses Maguntinenses,
Colonienses Treuerenses Salczburgenses Magdeburgenses pra-
genses Augustenses, Bambergenses Brixinenses Frisingenses
Ratisponenses Eystetenses Herbipolenses et constantienses, ac
alias vbilibet constitutis Necnon Illustribus et Spectabilibus do-
minis Principibus, ducibus, Marchionibus, Purggrauiis, Comitibus,

Baronibus, Millitibus, Ciuitatum Opidorum Castrorum et villarum
Communitatibus omnibusque et singulis aliis Christifidelibus
vtriusque sexus hominibus ad quos presentes littere nostre per-
uenerint, Georius Miseracione diuina Abbas monasterii sancti
Egidii Scotorum in Nurmberg ordinis sancti Benedicti Bamberg-
ensis dyocesis Commissarius seu Executor ad infrascripta a
Reuerendissimo in Christo patre et domino domino Branda per-
missione diuina tituli sancti Clementis sacrosancte Romane eccle-
sie presbitero Cardinali placentinensi wlgariter nuncupato Judice,
et Commissario principali, per Sanctissimum in Christo patrem
et dominum nostrum dominum Martinum diuina prouidencia pa-
pam quintum deputato specialiter Subdeputatus, Salutem in do-
mino, et presentibus fidem indubiam adhibere, Litteras dicti
Reuerendissimi in Christo patris et domini Brande Cardinalis
atque Judicis seu Commissarii ut prefertur eius vero Sigillo
oblongo in cera rubea albe impressa in cordula de filis rubei
coloris pendente more solito sigillatas non abrasas non cancel-
latas non abolitas non viciatas nec in aliqua sui parte suspectas,
Sed omni prorsus vicio et suspicione carentes, pro parte Ciuium
Incolarum et Cleri Ciuitatis Augustensis nobis presentatas Nos
cum ea qua decuit Reuerencia noueritis recipisse huiusmodi sub
tenore. Branda miseracione diuina tituli sancti Clementis sacro-
sancte Romane ecclesie presbyter Cardinalis placentinensis
wlgariter nuncupatus Judex et Commissarius cause et negocii
huiusmodi a domino nostro papa specialiter deputatus, Venera-
bili et circumspecto viro domino, Abbati monasterii sancti Egidii
Scotorum ordinis sancti Benedicti in Nürmberg, Bambergensis
dyocesis Salutem in domino et mandatis nostris ymouerius
apostolicis firmiter obedire Noueritis quod nuper Sanctissimo
in Christo patri et domino nostro domino Martino diuina pro-
uidencia pape Quinto exposicio et supplicatio prout in cedala
cuius tenor inferius sequitur talis, Beatissime pater dudum va-
cante ecclesia Augustensi quidam Anselmus de Nenningen pre-
textu postulacionis de eo, per Capitulum dicte ecclesie ut pre-
tenditur facte non obstantibus reseruacionibus apostolicis et in

contemptum sedis eiusdem Eciam postquam Balthasar olim Jo-
hannes vicesimus tercius, de cuius obediencia partes ille erant
eidem ecclesie de persona domini friderici prouiderat non-
nullorum Castrorum ad ipsam ecclesiam pertinencium possessio-
nem vsurpare non timuit et confingens se electum, eleccionem
huiusmodi que tamen in rerum natura non erat, cum ut pre-
mittitur solum postulatus fuisset per Metropolitanum obtinuit,
confirmari et se administracionem spiritualium et temporalium
ipsius ecclesie quantum potuit in vilipendium apostolice sedis
et scandalum plurimorum se ingessit, Ciues vero et Clerus Ci-
uitatis Regalis Augustensis predicte volentes ut tenebantur
mandatis apostolicis obedire dictum dominum fridericum pro-
uisum apostolicum in eorum, Episcopum Reuerenter susceperunt,
Et exinde inter prefatos fridericum Episcopum et Anselmum in
parte dyocesis intrusum graues distensiones sunt exorte, Et
tandem cum assereretur dictam Olim Johannem ex certis causis
dictum dominum fridericum ad ecclesiam Brandeburgensem trans-
tulisse et de Augustensi prefato Anselmo rouidisse, Ipseque
dominus fridericus translacionem huiusmodi non acceptasse as-
serens illam de inuito non esse factam et alias ex falsis et
illegittimis causis emanasse, et propterea foret inter eosdem noua
materia questionis exorta, Ciues et Clerus prefati consideracione
quod idem Anselmus taliter se intruserat et quod esset de ho-
micidio publice diffamatus et pro tali in partibus publice reputatus,
ac alias de inhonesta vita mala conuersacione suspectus Necnon Iudo
taxillorum rapinis et aliis diuersis criminibus irretitus, Abhor-
rentesque animas eorum tam nephando viro ut eorum Episcopo
subicere ipsum admittere recusarunt, et prefato domino friderico
quem ante de mandato sedis apostolice ac beneplacito domini
Regis Romanorum receperant et eidem fidelitatis Juramenta pre-
stiterant adheserunt, propter quod eciam inter ipsum Anselmum
ac Clerum et Ciues predictos grauia scandala ac multiplices
inimicicie excreuerunt in tantum quod certa pars Cleri et Ciues
prefati nullatenus ipsum in eorum Episcopum suscipere intendunt,
Et licet prefatus Anselmus vigore certarum litterarum Vestre

Sanctitatis per quas Sanctitas Vestra dicitur declarasse trans-
lacionem de persona domini friderici et prouisionem de persona
Anselmi ut premittitur factas fuisse validas eidemque domino
friderico silencium perpetuum imposuisse diuersos processus
excommunicacionis interdicti et alias censuras ecclesiasticas
contra eos fulminauerit Nichilominus tamen ipsi firmiter tenentes,
quod si S. V. sciret qualis sit uita et fama ipsius Anselmi et
qualia scandala et inimicicie propter premissa sunt exorta nulla-
tenus ea cum uisentibus oculis pertransiret deliberauerant pocius
quascunque censuras reuerenter pati quam lupum in animarum
suarum pastorem suscipere, Quapropter S. V. pro parte devo-
tissimi filii vestri, Sigismundi Romanorum et Hungarie Regis
domini temporalis dicte Ciuitatis Imperialis supplicatur quatenus
ad tollendum scandala et opprobria predicta et prouidendum
saluti animarum Cleri et populi dicte Ciuitatis et ipsius Anselmi
dignetur S. V. alicui ex Reuerendissimis patribus dominis Car-
dinalibus committere ut personaliter vocato dicto Anselmo eciam
per edictum si opus fuerit et ad eum non pateat tutus accessus
de premissis se informet summarie et de plano sine strepitu et
figura Judicii, sola veritate facti inspecta et ex officio et vestre
referat sanctitati ut S. V. possit per translacionem uel priua-
cionem ipsius Anselmi prout melius videbitur prefate ecclesie
desolate ac eciam Clero et populo predictis de pastore ydoneo
prouidere. Insuper beatissime pater cum non sit conueniens quod
Ciues dicte Ciuitatis de bono opere lapidentur, et ex processi-
bus fulminatis per dictum Anselmum contra eos grauiora scan-
dala sint exorta, et diuinus cultus impediatur. Sitque dubitandum
ne idem Anselmus postquam de premissis noticiam habuerit bona
ecclesie dilapidet ut faciat sibi amicos de mammona iniquitatis
Te eciam propter inimicicias et alia supradicta ecclesia paciatur
in Spiritualibus et temporalibus detrimentum et populus dicte
Ciuitatis sine gubernatore vagetur Supplicatur S. V. pro parte
dicti domini Regis Romanorum quatenus eidem domino Cardinali
committere et mandare dignemini ut prefato Anselmo omne genus
alienacionis aut impignoracionis quorumcumque bonorum dicte

33 *

-ecclesie interdicat Necnon alicui probo viro exercicium cure
Episcopalis et omnimode Jurisdiccionis ac administracionis om-
ᶜnium spiritualium et temporalium ad Episcopum dicte ecclesie
spectancium plenarie committat quousque per S. V. fuerit dicte
ecclesie prouisum Cum clausulis et non obstantibus opportunis
·Et cum potestate dictas censuras tollendi et relaxandi Ipsosque
Ciues Clerum et sibi in hac parte complices et adherentes ab-
·solueudi, et cum illis de Clero qui stantibus premissis processi-
bus se diuinis immiscuerunt super irregularitatibus quam uel quas
propterea incurrerunt dispensandi ac omnem inhabilitatis maculam
abolendi ac alia faciendi que sibi in premissis videbuntur ne-
cessaria seu quomodolibet opportuna in contrarium facientibus non
obstantibus quibuscunque huiusmodi siquidem exposicionis siue
supplicacionis cedule per dictum dominum nostrum papam tenore
ad plenum intellecto nobis Braude Cardinali Judici et Commis-
sario sepedicto commisit quod de et super in ipsa exposicionis
siue supplicacionis cedula contentis causas audiremus cognosce-
remus decideremus et fiue debito terminaremus ac summarie
simpliciter et de plano siue strepitu et figura Judicii procede-
remus eciam ex officio si constaret saltem per famam de in
sepedicta commissionis siue supplicacionis cedula contentis,
Huius vero Commissionis vigore recepta persummarie de et
super in prelibata commissionis siue supplicacionis cedula con-
tentis et quia huiusmodi per famam inuenimus veritate fulciri
Nos contra ipsum Reuerendum patrem dominum Anselmum de
Nenningen asserentem se Episcopum Augustensem Citacionem
legitimam et deinde Iubibicionem contra eundem ac omnes et
singulos se de huiusmodi causa et negocio intermittentes extra
Romanam curiam et ad partes decreuimus et emisimus, Tandem
domino nostro pape supradicto exposicio vlterius et supplicatio
prout in vna alia exposicionis cedula cuius tenor inferius est
insertus plenius continetur et habetur, Beatissime pater alias ex-
positio S. V. ut supra ponatur, S. V. commisit Reuerendissimo
patri domino Braude tituli sancti Clementis Cardinali placenti-
neusi wlgariter nuncupato ut prefatum Anselmum per suas lit-

teras ad partes coram se legittime euocaret ac citaret et de
premissis criminibus ex officio se informaret ac referret prout
hec et alia in huiusmodi commissionis cedula supra plenius con-
tinentur, Quiquidem dominus Cardinalis recepta informacione
summaria Citacionem ad partes decreuit, Verum beatissime pater
licet supra petitum fuerat quod S. V. dignaretur committere Ab-
solucionem omnium-predictorum a censuris contra eius fulminatis
et eciam prouidere ne populus dicte ciuitatis sine gubernatore
vagetur de administratore ydoneo ad ea tamen S. V. responsum
non dedit, Ne igitur beatissime pater Ciues prefati de bono
opere lapidentur et eciam coutingat dictum Anselmum bona
ecclesie dilapidare et ad prouidendum eciam futuris periculis
atque scandalis obuiandum Supplicatur. S V. pro parte dicti
Romanorum Regis quatenus eidem domino Cardinali committere
et mandare dignemini ut per se uel alium seu alios probos vi-
ros in illis partibus per eum ad id deputaudos et quibus super
hoc vices suas duxerit committendas, Vniuersos et singulos Ci-
ues Incolas et clericos predicte Ciuitatis et alios ipsis adheren-
tes et complices cuiuscumque status gradus ordinis dignitatis
uel preeminencie existant ab omnibus et singulis excommunica-
cionis suspensionis et Iuterdicti Sentenciis aliisque censuris et
penis predictis per ipsum Anselmum uel alias eciam auctoritate
apostolica premissorum occasione quomodolibet latis eciam si
per S. V. approbate fuerint et usque ad aggrauacionem reag-
grauacionem etc. brachii secularis invocacionem et inclusiue
semel aut pluries processum fuisset predicto Auselmo prius vo-
cato et requisito eciam non consenciente absoluant, dummodo
per se uel procuratorem suam prestiterunt iuramentum quod
V. S. et sancte Romane ecclesie parebunt mandatis dictasque
censuras tollant et relaxent, Necnon cum eciam singulis super
irregularitate si quam premissis Sentenciis ligati diuina officia
celebrauerunt uel illis se immiscuerunt intrauerunt dispensent
ac aboleant omnem inhabilitatis et infamie maculam si quam
propter premissa contraxerunt, Necnon interim eisdem uel alteri
seu aliis de quibus eciam videbitur plenum et omne exercicium

Jurisdicioinis ipsius ecclesie in spiritualibus tantum modo pro
dicta Ciuitate sibi adherentibus et complicibus sicut ad Episco-
pum pro tempore. pertinet alienacione bonorum immobilium et
mobilium preciosorum quorumque ipsius ecclesie, ipsi Anselmo
Interdicta penitus auctoritate apostolica et ex officio S. V. tri-
buat et committat in contrarium facientibus non obstantibus qui-
buscuinque, Quamquidem exposicionis siue supplicacionis cedula
per eundem dominum nostrum papam ad plenum intellecta Nobis
Brande Cardinali, Judici et Commissario sepenarrato eciam ulte-
rius commisit quod de et super in huiusmodi exposicionis siue
supplicacionis cedula contentis procederemus Tandem vero fui-
mus per honorabilem virum Magistrum Hermannum Snelle In-
stigatorem siue. promotorem huiusmodi cause et officii nostri in
hac parte per nos deputatum cum instancia debita requisiti vt
per nos ipsum Vniuersos et singulos Ciues Incolas et clericos
predicte Ciuitatis ac omnes alios ipsis in hac parte adherentes
et complices cuiuscumque status gradus ordinis dignitatis aut
preeminencie existerent absolueremus et cum ipsis dispensa-
remus relaxaremus et habilitaremus aut saltim alicui uel ali-
quibus probis viris in partibus deputandis de et super in pre-
missis etc. ut in dicta commissione plenius continetur vices no-
stras committeremus, Nos igitur Brande Cardinalis Judex et
Commissarius prelibatus huiusmodi commissionem circa predicta
per nos aliis occupati exequi non valentes, Venerabili et circum-
specto viro domino, Abbati monasterii sancti Egidii Scotorum
predicto, de quo specialem in domino fiduciam gerimus auctoritate
sedis apostolice in hac parte nobis commissa et de mandato
domini nostri pape predicti, Vniuersos et singulos Ciues Incolas
clericos etc. supranominatos ab omnibus et singulis excommuni-
cationis suspensionis et Interdicti Sentenciis et aliis censuris et
penis predictis per prelibatum dominum Anselmum aut alias
auctoritate apostolica premissorum occasione quomodolibet latis
Necnon si per dominum nostrum papam antedictum fuissent con-
firmate usque ad Innocacionem brachii secularis inclusiue dum-
modo predicti Ciues Incole etc. per se uel procuratorem seu

procuratores suos ydoneos de parendo dicti domini nostri pape
et sancte matris ecclesie mandatis debita prestiterint iuramenta
prefato domino Anselmo prius vocato et requisito eciam non
consenciente in forma ecclesie et iniuncta penitencia pro modo
culpe salutari absoluendi et relaxandi Necnon cum clericis dicte
Ciuitatis super irregularitate si quam premissis sentenciis ligati
diuina officia celebrarunt uel illis se inmiscuerunt incurrerunt
dispensandi ac omnem inhabilitatis et infamie maculam si quam
propter premissa contraxerunt abolendi vices nostras plenarie
committimus per presentes, Volentes nichilominus quod de Jura-
mento predicto ac iniunccione penitencie et aliis que circa pre-
missa feceritis publica Instrumenta fieri faciatis Illaque nobis
diligenter transmittatis, In quorum omnium et singulorum fidem
et testimonium premissorum presentes nostras litteras siue pre-
sens publicum Instrumentum exinde fieri et per notarium publi-
cum infrascriptam subscribi et publicari mandauimus nostrique
Sigilli iussimus appensione communiri, Datum et actum Papie
In domibus habitacionis nostre sub Anno a Natiuitate domini
Millesimo quadringentesimo decimo octauo Indiccione vndecima
die vero Veneris Septima mensis Octobris Pontificatus dicti
domini nostri pape Anno primo, Presentibus ibidem venerabili et
circumspecto viro domino Petro de Castilleone Archipresbytero
ecclesie Mediolanensis et Egregio viro magistro Jacobo de
Mediolano in medicinis doctore, Testibus ad premissa vocatis
specialiter et rogatis Ego Rolandus Phibbe clericus Osnaburg-
ensis publicus Apostolica et Imperiali auctoritatibus notarius ac
dicti Reuerendissimi patris domini Brande Cardinalis Judicis
et Commissarii Necnon cause huiusmodi coram eo scriba, Quia
premissis omnibus et singulis, dum sic ut premittitur fierent et
agerentur, vnacum prenominatis testibus presens interfui Eaque
sic fieri vidi et audiui., Ideo hoc publicum Instrumentum per
alium fideliter scriptum exinde confeci subscripsi et in hanc
publicam formam redegi, Signoque et nomine meis solitis et
consuetis vnacum Appensione Sigilli supradicti Cardinalis Ju-
dicis et commissarii signaui rogatus et requisitus in fidem et

testimonium omnium et singulorum premissorum. Post quarum
quidem litterarum presentacionem et recepcionem huiusmodi
nobis et per nos factas fuimus per Nobilem et Egregium docto-
rem dominum Petrum de Gualfredinis Comitem hanglarii et Ce-
rete Veronensis ac Imperialem palatinum Ac venerabilem et
circumspectum virum Oswaldum de Mengersrewt Magistrum in
Artibus sancti Zenonis In yseu prepositus frisingensis dyocesis
Cleri Ac prouidos et honestos viros Johannem Grumbach et
Petrum Drechsel Ciues Augustenses Ciuium et Incolarum Ci-
uitatis Augustensis predictorum Sindicos seu procuratores, de
quorum procuracionis mandatis sufficientibus nobis constat le-
gitime et facta est plena fides procuratorio nomine et nichilo-
minus per Johannem et Petrum Ciues predictos nominibus pro-
priis, cum instancia debita omnibusque humilitate et reuerencia
requisiti, vt ad absolucionem relaxacionem dispensacionem ab-
olicionem et alia nobis ut prefertur iniuncta et commissa, ac ad
totalem et effectualem predicti mandati nobis facti execucionem
juxta litterarum predictarum formam continenciam et tenorem
curaremus, Vnde nos Georius, Abbas Commissarius seu Exe-
cutor prefatus, volentes mandatum huiusmodi apostolicam nobis
in hac parte directum reuerenter exequi ut tenemur attenta di-
ligenter et considerata exacte eiusdem mandati forma, Reueren-
dum patrem dominum Anselmum de Nenningen asserentem se
Episcopum Augustensem in prefato mandato principali nomina-
tum omnesque et singulos sua forsan interesse putantes, vocan-
dos et requirendos decreuimus ac per litteras nostras authenti-
cas decretas desuper et emissas vocari et requiri fecimus pu-
blice et diligenter, quatenus die hodierna videlicet tercia mensis
Decembris hora vesperorum quem terminum eis et eorum cui-
libet pro primo secundo tercio et peremptorio termino duximus
assignandum et assignauimus Nürmbergae in Curia seu domo
nostra, Abbaciali legitime comparerent coram nobis, Ad viden-
dum et audiendum vniuersos et singulos Ciues Incolas et cle-
ricos Ciuitatis Augustensis predictos et alios eis adherentes et
ipsorum complices cuiuscumque status gradus ordinis dignitatis

uel preeminencie existerent, ab omnibus et singulis excommuni-
cacionis suspensionis et Interdicti sentenciis aliisque censuris
et penis predictis per ipsum Anselmum uel alias eciam auctori-
tate apostolica premissorum occasione quomodolibet latis Eciam
si per Sanctissimum in Cristo patrem et dominum nostrum do-
minum Martinum papam predictum approbate fuerint et usque
ad aggrauacionem reaggrauacionem etc. ac auxilii brachii se-
cularis inuocacionem inclusiue semel aut pluries processum
fuisset, per nos prefata auctoritate, ipso eciam domino An-
selmo non consenciente absolui ac dictas censuras tolli et re-
laxari Necnon cum clericis eiusdem Ciuitatis super irregulari-
tate si quam premissis ligati diuina celebrando officia uel illis
se inmiscendo incurrerunt dispensari ac omnem inhabilitatis
et infamie maculam siquam propter ea contraxerunt aboleri,
Aliasque in premissis per nos fieri et procedi iuxta traditam seu
directam ut pretactum est nobis formam, Termino quoque eius-
modi adueniente et prefatis vocacionis et requisicionis predic-
tarum litteris nostris debite publicatis intimatis et reportatis, ac
cum publicis super publicacione et intimacione huiusmodi confectis
Instrumentis productis seu exhibitis coram nobis prefati domini
Petrus de Gualfredinis et Oswaldus de Mengersrewt, Clerici et
Johannes Grambach ac Petrus Drechsel Ciuium et Incolarum
Ciuitatis Augustensis Sindici seu procuratores nominibus quibus
supra, Absolucionis a sentenciis excommunicacionis predictis sibi
supradicta auctoritate per nos impendi seu impertiri beneficium
censurarum predictarum relaxacionem nec non dispensacionem
et abolicionem predictas aliaque nobis iniuncta ut prefertur et
commissa fieri, deuote et cum instancia debita postularunt se ad
iuramenta de parendo mandatis sancte matris ecclesie ac Sanc-
tissimi domini nostri pape prefati per eos ibidem prestanda hu-
militer offerendo Nos igitur Georius, Abbas Commissarius seu
Executor antefatus ad ministerii huiusmodi nobis commissi exe-
cucionem ac actuum predictorum nobis iniunctorum ut premittitur
fidelem et debitam expedicionem tamquam obediens filius volendo
precedere atque procedendo a prenominatis dominis Petro de

- Gualfredinis et Oswaldo de Mengerscrewt Clericis et Johanne Grim-
bach ac Petro Drechsel Ciuium et Incolarum Sindicis et procu-
ratoribus nominibus supradictis nec non adherencium et complicum
Ciuium Incolarum et clericorum predictorum ac quolibet ipsorum
corporale de parendo dicti domini nostri pape, et sancte matris
ecclesie mandatis coram nobis ibidem tactis per eos sacrosanctis
scripturis ad sancta dei evangelia prestitum seu prestita recepi-
mus Juramentum seu Juramenta et illis sic prestitis Honorabili
viro Magistro Rudolfo Medici Archipresbytero et Canonico
ecclesie Augustensis procuratore nomine procuratorio prefati
domini Anselmi de Nenningen pro Episcopo Augustensi se ge-
rentis qui de huiusmodi suo mandato per publicum ab eo ibidem
productum Instrumentum fidem fecit presente vidente et audiente
licet non consenciente. Vniuersos et singulos Ciues Incolas et
Clericos Ciuitatis Augustensis supradicte et alios eis adherentes
et ipsorum complices cuiuscumque status gradus ordinis digni-
tatis uel preeminencie fuerint ab omnibus et singulis excommu-
nicacionis suspensionis et Interdicti sentenciis et censuris ac
penis aliis quibuslibet per dictum dominum Anselmum asserentem
se Episcopum Augustensem uel alias eciam auctoritate apostolica
premissorum occasione quomodolibet latis, Eciam si per dictum
dominum nostrum papam approbate seu confirmate fuerint usque
ad inuocacionem auxilii brachii secularis inclusiue In personis
Sindicorum et procuratorum suorum predictorum flexis genibus
et alias cum omni humilitate et reuerencia sepedicto nomine pe-
tencium requirencium et acceptancium cum psalmo penitenciali
oracione dominica versiculis collecta et alias in forma ecclesie
consueta auctoritate prelibata duximus absoluendum et absoluimus
et Communioni fidelium et Sacramentorum participacioni resti-
tuimus censurasque et penas predictas relaxauimus atque rela-
xamus ac cum clericis dicte Ciuitatis Augustensis super irregu-
laritate si quam prefatis sentenciis ligati diuina celebrando officia
uel se illis inmiscendo incurrerunt dispensauimus et dispensamus
omnemque inhabilitatis et infamie maculam si quam forsan propter
premissa iidem Clerici contraxerunt auctoritate et mandato supra-

dictis abstersimus et penitus abolemus per presentes, Necnon ipsis Ciuibus Incolis et Clericis sic per nos absolutis in prefatorum Sindicorum et procuratorum suorum et ipsorum nomine acceptancium personis penitenciam iniungendam duximus et pro modo culpe ac alias sicut nobis expedire melius videbatur iniunximus salutarem, Quare vobis vniuersis et singulis supradictis Absolucionem relaxacionem dispensacionem abolicionem ac alia supradicta per nos sic ut premittitur factas et facta significamus insinuamus denunciamus intimamus et publicamus Eaque ad vestram et cuiuslibet vestrum noticiam deducimus et deduci volumus publice per presentes Ad finem et effectum ut Ciues Incole et Clerici ac eorum adherentes et complices memorati per uos ecclesiarum parrochialium ac diuinorum Rectores clericos notarios et Tabelliones publicos ac alios omnes et singulos supradictos ad quos spectat et qui super hoc fueritis requisiti seu alter vestrum fuerit requisitus sic absoluti habilitati et dispensati vbi quando et quociens expedire videbitur publice denuncientur ac pro solutis habilitatis et dispensatis eo modo a vobis omnibus et singulis supradictis teneantur habeantur, nominentur atque reputentur, Quas quidem publicacionem et denunciacionem per uos dominos, Abbates, prepositos, Priores, decanos, Custodes Ebdomadarios plebanos Rectores diuinorum et vices eorum gerentes clericos notarios publicos Tabelliones et alios predictos ad quos pertinet, et quemlibet vestrum sic dicta auctoritate infra missarum solempnia ac alias prout expediens fuerit fieri volumus et mandamus, In quorum omnium et singulorum fidem robur et testimonium presentes nostras Absolucionis dispensacionis et relaxacionis litteras per discretum virum Conradum notarium publicum infrascriptum scribamque nostrum confici subscribi signari et publicari mandauimus et Sigilli nostri Appensione fecimus communiri. Datum et actum Nürmberge in monasterio nostro in bidem Anno A Natiuitate domini Millessimo Quadringentesimo Sanctissimi in Christo patris diuina prouidencia pape quinti predicti, Anno secundo mensis Vndecima Pontificatus nostri domini Martini

34 *

Decembris die tercia hora eiusdem diei vesperorum uel quasi,
Presentibus egregiis dominis Bartholomeo de pisis vtriusque Juris
doctore Johanne Awrbach decretorum doctore et Religioso viro
fratre Heinrico Priore Carthusiensium in Nurmberg Baccallaurio
in decretis assessoribus nostris, Et discretis viris magistro lau-
rencio wendelstein clerico Bambergensis dyocesis et Johanne
Kriczelmaer de Kulmach notariis publicis Bambergensis dyocesis
Pro testibus in testimonium ad premissa vocatis specialiter et
rogatis.

- (S. N.) Et Ego Conradus Merklini alias dictus molitor
Bambergensis publicus Apostolica et Imperiali Auctoritate No-
tarius Quia Requisicioni Juramenti prestacioni Absolucionis im-
pensioni et penitencie Iniunctioni omnibusque aliis et singulis
premissis dum sic ut per Venerabilem virum dominum Georium
Abbatem Commissarium et Executorem predictam et corum eo
agerentur et fierent vnacum prenotatis testibus presens interfui
eaque sic fieri vidi et audiui Ideo hoc presens instrumentum
publicum Absolucionem relaxacionem et dispensacionem predictas
in se continens per alium scriptum de mandato et uuctoritate
domini. Abbatis Commissarii et Executoris predicti desuper
confeci. Meque hic propria mea manu subscripsi publicaui et
in hanc publicam formam redegi, Signoque et nomine meis solitis
et consuetis vnacum Appensione sigilli domini Georii Abbatis
Commissarii et Executoris prefati signaui desuper rogatus et re-
quisitus in fidem et testimonium premissorum.

CX.

Anno 1420. 14. Februar.

Stiftung einer ewigen Messe auf St. Thomas Altar in der Domkirche zu Augsburg.

In gottes namen amen Wir Fridrich Burggranf Tuomprobst Gotfrid Harscher Techant vnd gemainlich das Capitell des Tuoms czu Augspurg bekennen vnd veriehen mit disem offenn brieff das wir mit gemainem Raut willen vnd gunst ainhellenclich da es nyemant widersprach vnd wir alle czu Cappittel waren das darumb besamnot was mit beluter glocken als sitlich vnd gewonlich ist vnseru willen wort gewalt gunst vnd verhencknusz geben vnd erlaubt haben geben vnd erlauben mit craft disz briefs den Erbern Frawen vnd Junckfrawen Elszbeten Büchelerin vnd Junckfrawen Margreten irer schwester genant dy beczinn von Beuren Daz sye in vuserm Tuom vnd Tuomkirchen czu Augspurg ain ewig mesz mit ainem altaristen vnd vicarier vnd ewiger gült darczu stiften ordnen vnd machen sullen vnd mugen durch irer vordern vud nachkomen vnd aller glaubigen sel hail willen eweclichen czu beliben auf Saut Tomas altar auf dem Estrich der nechst an dem Chor gegen dem nidergang der Sunnen. Wir haben auch den vorgeschriben frawen vnd Junckfrawen czu Stiftung vnd ewikait der egenanten Ewigen mesz ainen altaristen vnd vicarier derselben mesz ain Järlich ewig pfründ ab vnserm kasten der vnserer Burs czugehört vnd auch ausz der burs czu kauffend geben vnd geben auch in Craft des briefs fünf Schöffel Roggens zwen schöffel Kerens vnd vier schöffel haberns augspurger mesz vnd drew groszen pfunt augspurger pfening ye zwainczig schilling augs-

purger für ain pfunt vnd zwölf augspurger 'pfenning für ainen
schilling czu beczalen oder werung die danne czu den cziten
dar für vnd als für vil czu augspurg geng vnd gäb sind vmb
fünf hundert guoter Rinischer guldin vnd also sullen wir oder
vnser Bursner von vusern wegen der den czu den cziten ist
die vorgenanten pfund vnd Järlich gült geneczlich vnd gar ainem
altaristen vnd vicarier czu den cziten derselben mesz allew Jar
Järlichen richten geben vnd beczalen trewlich aun alles ver-
czieben vnd aun allen abgang auf Sant Elsebeten tag achtag
daruor oder achtag darnach vngeuarlich aun alles vnser vnd
meuclichs widersprechen vnd Irren Wir sullen auch ainem vi-
carier vnd altaristen der dann czu den cziten czu der mesz
geordnet alle presencz In aller mausz vnd weisz als andern
vnsern vicarien vnd altaristen eweclichen richten vnd geben
vnd schaffen das sy Im vnd ainem yeglichen der danne czu
den ziten die obgeschriben mesz rechteclich Inn haut vnd czu
der belehent ist als hernach geschriben stat aun gebrechen ge-
geben werde trewlich aune geuerd vnd aun allen abgang Vnd
vmb die presencz als vorgeschriben stat haben sy vns gegeben
gericht vnd beczalt Drewhundert guoter Rinischer guldin dye
obgenanten fünfhundert vnd die yeczgenanten drewhundert
die In Summa bringend achthundert guter Rinischer guldin der
wir von In geneczlich vnd gar also berait gericht vnd beczalt
worden sind vnd haben die an vnsers Capitels merklich nucz
vnd notdurft gelait vnd besunder darumb ainen czehenden kauft
der gelegen ist czu dem klainen küczenkofen den wir mit den
vorgeschriben güldinn also bar gericht vnd bezalt haben. Es
sol auch ain vicarier vnd altarist der danne czu den ziten ist
vnserm herrn dem Techant vnd Capittel gehorsam sein als an-
der vnser vicarier vnd altaristen gemainlich schuldig vnd ge-
bunden sind. Es sol auch vnd mag Maister Ruodolf arczat
yeczo vnser Liupriester dye oftgenanten vicarie dyweil er lept
verliben als oft sy ledig wirdet vnd wann er gestirbet vnd nit
mer enist So sullen wir das Capittel furbas eweclichen dy vor-
geschriben vicarii verliben ainem priester oder ainem der in

ainem Jaur nächst nach der lebenschaft czu priester werden
mag vnd sullen auch das tun jn dem nechsten Monet von der
czeit als sy ledig wirdet denselben wir auch Investieren sullen
In aller weisz vnd mausz als wir vnd ain Techant von vnsern
wegen ander vuser vicarier Investierend. Es sol auch ain vi-
carier vnd altarist derselben mesz die also ist gestift als vor-
geschriben stat vber den obgenanten altar staun mesz czu ha-
ben nach dem, als dy frwmeszglock czu der frumesz verlutet
ist vnd also mesz haben aun Irrung vnd Hindernuzz vnser vnd
menclichs als auch ander vuser vicarier vnd altaristen ir mesz
vngeirret sprechent vnd habent. Vnd des czu vrkund vnd ewi-
ger bestätigkeit geben wir diseu brief den ain yeglicher vica-
rier vnd altarist derselben mesz der denn czu den ziten ist
Inne haben sol vnd leyen czu andern briefen da vnser vicarier
vnd altaristen Ir Stiftbriefe habend ligen. Besigelten vnd ge-
vestent mit vnsers Capittels Insigel das daranhanget der geben
ist nach Cristi geburt vierczehenhundert Jaur vnd darnauch In
dem czwainczigosten Jaur an der nechsten mitwochen vor Esto
mihi etc.

CXI.

Anno 1490. 22. Februar.

Der Gerichtsstab zu Pfeffling wird der Abtissin von Zimmern gegen die Ansprüche des Kommenturs von Oettingen zuerkannt.

Ich Conrad von Hoppingen bey der tzeit vogt tzu Wemdingen Bekenn ofenlich an disem brieff vor allermeinclich, Das Ich gesessen pin als ayn gemayner, Am nebsten donrstage nach Sant Nyclasz tage, Von der Erwirdigen der Ebtissin von tzymmern auff ayn, vnd des Kometeurs von oeting wegen, auff die andern seyt, Da satzt tzu·mir mein Fraw von tzymmern, Jörgen von tzypplingen vnd hansen Althaymer tzu Vtzmemmingen, Vnd satzt tzu mir der Kometeur Eberharden von Ryeden vogt teutshes ordens tzu Dinkelspuehel, vnd den Frentzlin tzu Oettingen, Vnd also chom mein Fraw von tzymmern für mich mit fürsprechen, vnd rett also, wie ayn kuntschaft verboert wer worden, Als von des gericht stabs wegen tzu Pfeffingen, Vnd batt mich darvmb tzu fragen, ob man die ycht billich aufbrech, vnd die vor mir vnd den tzusetzen verlesz, Wenn die also verlesen wuerd dar auf Ire wort hort, vnd darnach beschech was reht wer. Des geleichen batt Cometeur egenanter mit sein fürsprechen auch als obgeschriben stat. Vnd also ward div kuntschaft offennlich vor mir vnd den tzusetzen verlesen vnd darauff Irer payder wort verboert, Vnd baten mich also tzu fragen wem div kuntschaft tzu sagte, Also fragt Ich des rechten, Da ward mit gemayner vrtail ertailt, das mein Fraw von tzymmer, die eltern vnd bessern sage hette, Als nun das vrtayl vnd recht gab, Da stuud der Kometeur von Oeting dar, Vnd rett durch sein Fürsprechen mit Namen Hansen holtzingern,

vnd batt mich tzu fragen au aym Rechten, Wie mein Fraw
von tzymmern die kuntschaft bestetten solte. Da stand aber
mein Fraw von tzymmern, Vnd rett durch Iren fürsprechen,
Siv hoffte tzu got vnd tzum Rechten, sie hett dem Rechten gnug
tan, wenn sie het die eltern vnd bessern sage, Vnd bat mich
ob man Ir der vrtayl ycht billich brieff gebe, Also fragt Ich
nach Irer payder Red vnd wider Red des Rechten. Da ward
ertaylt mit merer vrtayl der tzusetzen, Möcht mein Fraw von
tzymmern, Da stan vnd sweren tzun heyligen, Die sag die da
bescheben wer von des gerichtstabs wegen tzu Pfeffling, Das
siv den also Inngehebt vnd herbracht hett, siv _vnd Ir Gotz-
hausz tzum bessern rechten, wenn kayn Kometur von Oeting,
Vnd tzwu die Eltesten Amptfrawen nach Ir sweren, das der
ayd wer rayn, vnd nit mayn, Des solt siv genyessen, Vnd
das solten sie tun In Irem Gotzhawsz Im Creutz ganck vor
Irem obersten oder vor sein gewalt. Solch Recht hat siv also
beweyst vnd gétan vnd tzwu Irer Eltesten Amptfrawen nach
Ir, Vnd als siv nun das also getan hat Da hatt mich mein ob-
genante Fraw von tzymmern gebeten, Ir wider tag tzu setzen,
vnd auch der Kometur von Oeting mit Namen herr Sigmund
von leorod, Also han Ich In von Irer payder pett wegen tag
gesetzt auf den Donrstag vor dem weyssen suntag gen Wem-
dingen, Also sint sie tzu payder seyt da hin komen, vnd mich
obgenanten gemaynen gebeten tzu sitzen, Also satzt mein Fraw
von tzymmern tzu mir Jörgen von tzyplingen den Eltern, vnd
hansen von Althaym egenant, Da satzt der Kometur tzu mir
vf die andern seit, Eberharden von Ryeden egenanten vnd
hansen Rabenstayn tzu truchedingen, Vnd also stund mein fraw
dar mit Irem fürsprechen vnd Rett, wann siv nun Ir recht also
volfüret hett, Als vrtayl vnd Recht geben hett, vnd obgeschri-
ben stat, Ob man Ir des ycht billich brief geb, vnd das sie,
der Kometur tzu Oeting vnd all sein nachkomen, sie Ir gotz-
bausz vnd Ir nachkomen, fürbas ycht billich ongeengt vnd on-
geirrt liesz an dem gerichtstab tzu Pfefflingen, Des gleichen
der Kometur egenanter auch Rett durch sein fürsprechen, vnd

begeret ob man Im des auch ycht billich brief geb. Also fragt
Ich des Rechten, Da ward ertailt mit gemainer vrtayl der tzu-
setzen, Das die obgenant mein Fraw von tzymmern, Ir Gotz-
haus, all Ir nachkomen vnd wem sie Iren gewalt geben, fürbas
den gerichtslab tzu Pfeffingen In der haud haben sullen, vnd
frager sein sullen on geuerd, vnd daran soll sie der Kometur
von Oeting, sein hauss vnd all sein nachkomen In Ewig szeyt
fürbas weder eugen noch Irren vnd dabey lassen beleiben on
all einsprechen on geuerd. Zu vrkund gib ich In disen brief
geuestigt vnd besigelt mit mein anhangenden Insigel, vnd dar-
tzu mit Jörgen von tzypplings egenant Insigel der ayn tzusatz
ist gewesen von meiner frawen von tzymmern wegen, vnd mit
Eberhartz von Ryeden egenants Insigel, der ayn tzusatz ist
gewesen von des Kometurs wegen, Die wir all drey an di-
sen offen brief gebeuckt haben vns vnd vnszern erben on
schaden, tzu einer tzeugnusz vnd gedächtnusz, All sach war
vnd stett tzu halten payder seyt was hie vor an disem brief
beschayden vnd geschriben stat on geuerd. Der brieff ist ge-
ben am Donrstag vor dem weyssen suntag Da man zalt nach
Christi geburd vyertzehen hundert Jar vnd darnach Im tzwayn-
tzigestem Jar. (c. 3 S.)

CXII.

Anno 1490. 2. Novembris.

Statutum capitulare quod nullus in canonicum vel ad prae-
bendam nisi nobilis aut doctor seu licentiatus admitti
debeat.

In nomine domini Amen per hoc presens publicum instru-
mentum cunctis ipsum intuentibus pateat euidenter Quod Anno

domini Millesimo quadringentesimo vicesimo Indiccione tredecima
die vero secunda mensis nouembris pontificatus sanctissimi in
Christo patris et domini nostri domini Martini diuina prouidencia
pape quinti Anno quarto venerabiles et circumspecti viri domini
Fridericus burggrauii prepositus Grotfridus karscher Decanus
ceterique canonici capitulares ecclesie augustensis capitulum
ipsius ecclesie pro tunc representantes in loco capitulari hora
consueta ad sonum campane ut est moris in mei Notarii publici
et testium subscriptorum ad hoc vocatorum et rogatorum pre-
sencia capitulariter congregati Considerantes ut asseruerunt ipsam
ecclesiam Augustensem personis literatura fulcitis et nobilitate
preditis qui illam sciencia et potencia contra nonnullos hostiles
invasores et emulos eiusdem ecclesie tam nobiles quam ignobiles
bona eiusdem ecclesie absque causa inuadere recipere illaque
in suos vsus connertere non formidantes et aliis ipsis dominis
preposito decano Capitulo et personis in dicta ecclesia bene-
ficiatis molestias et dampna inferentes et iacturas in ipsius eccle-
sie intollerabile preiudicium defenderent quam plurimum desola-
tam Ne igitur ecclesia ipsa tandem inermis et personis notabili-
bus premissis obuiantibus spoliata desolatione submitteretur Ea
propter omnibus meliori modo via iure causa et forma quibus
melius et efficacius potuerunt et debuerunt iidem prepositus
decanus et Capitulum ex certa sciencia vnanimi consensu nulle
discrepante vera constitucione irrefragabiliter obseruari statu-
erunt et ordinarunt Necnon in libro statutorum ad alia statuta
eiusdem Capituli conscribi fecerunt voluerunt et mandarunt Quod
exnunc in antea nullus in Canonicum eiusdem ecclesie august-
ensis eciam quacunque auctoritate recipi vel ad prebendam in
eadem admitti debeat nisi nobilis uel saltem ex utroque parente
de militari genere procreatus aut Doctor seu licenciatus alicuius
facultatis approbate existat iuxta constitucionem concilii Con-
stanciensis quod sexta pars canonicorum etc. de quibus verisi-
militer presumitur quod eidem ecclesie in suis necessitatibus et
periculis tam in spiritualibus quia doctores seu licenciati quam
eciam temporalibus quia nobiles commode subuenire et ipsorum

pastori Episcopo Augustensi moderno ut plurimum gwerris et
aliis calamitatibus molestato et vexato et eciam pro tempore ex-
istenti assistere queant ita tamen quod de gradu et nobilitate
personarum huiusmodi recipiendarum clare constet. Si vero de
eis clare non liqueret extunc per duas personas ydoneas pro-
bentur gradus et nobilitas antedicti voto simili eandem ordina-
cionem siue statutum affirmantes pro se et suis successoribus
canonicis ad vngwem et perpetuis futuris temporibus in dicta
ecclesia inuiolabiliter debere obseruare Requirentes me notarium
publicum ut ipsis super statutu et ordinacione huiusmodi vnum
vel plura publicum seu publica conficerem instrumentum seu in-
strumenta Acta et facta sunt hec Anno indiccione pontificatu die
mense hora et loco quibus supra presentibus honorabilibus et
discretis viris dominis vlrico kun et Johan wälisch vicariis
chori ecclesie augustensis testibus ad premissa vocatis specia-
liter et rogatis.

S. N. Et ego Johannes loci presbiter augustensis dyocesis
publicus imperiali auctoritate notarius Quia dictis statuto ordi-
uacioni omnibusque aliis et singulis dum sic vt premittitur per
prefatos dominos prepositum decauum et Capitulum coram me
fierent et agerentur vnacum prenominatis testibus presens inter-
fui Eaque sic fieri vidi et audivi ideo hoc presens publicum
instrumentum per alium me aliis occupatus negociis fideliter
scriptum in hanc publicam formam redegi signoque et nomine
meis solitis et consuetis signaui rogatus et requisitus in fidem
et testimonium omnium et singulorum premissorum.

CXIII.

Hans von Nenningen antwortet dem Bischof Anselm seinem Bruder, den Pfandbrief um die Vogtei zu Ottenbeuren und die Gut zu Buchlun und Tullishausen bedingungsweise aus.

Ich hanns von Neningen zu den zyten pfleger zu fueszen Bekenne offenlich mit dem brief vnd tuen kunt mengklich das ich mit wolbedachtem synne vnd vernuefft bedacht vnd fur mich genomen han, das nichts gewisser ist denn der tode vnd nichts vngewisser denne die zyt vnd stunde des todes Als ich denn langzyt von dem erwirdigen vnser lieben frawen zu Augspurg gotzhuss phantschafft gehebt vnd kuertzlich von newem ander phantschafft han, von demselben gotzhouss noch innehalt vnd vzwisung mins phantbriefs den ich darumb han, das ich denselben minen phantbriefe der da seyt vnd wiset vff die vogty zu vttenbueren vnd die guot zu Buchlun vnd Tulliszhusen mit rechter wissen vnd krafft des briefs eingib vnd antwuert dem hochwirdigen fursten vnd herren hern Anshelmen Bischoff zu Augspurg misem lieben herren vnd liplichen bruoder das er der vorbenanten phantschafft furo habe vnd haben sol alle die recht die ich daran han nach lutt vnd vzwisung desselben minen briefes Doch in solicher masze vnd vnderschaid das der obgenant min lieber herre vnd brueder Bischof Anshalm minem lieben elichen wibe Richharten von Fryberg ob got vber mich gebivte vnd das ich vor ir abgienge one libs erben danon vzrichten vnd geben sol für ir widerlegung vnd morgengabe Tusent guter gewoulicher genger vnd gaeber Rinischer guldin die ich ir darumbe vermayne nach minem tode wie wol ich ir so

vil nicht schuldig bin, was der vbrigen summe ist der wil ich
dem obgenanten minem lieben herren vnd brueder als ainem
Bischoff vnd pfleger des uorgenanten vnsern lieben frawen
gotzhuss vnd minem rechten erben ob er mich vberlebt . . . .
vnd auch getruowen vﬀ bruederliche truwe mins vnd sines
lieben vatter saeligen vnd ander vnsern vorderern sele haile
vnd gedaehtnuess, ouch dauou ze machen Des zu vrkund gib
ich im den briefe mit minem aigen anhangenden Insigel besigelt
vnd dazu mit der fromen vnd vesten ytals von westernach des
Eltern mins lieben Oeheius vnd wilhalm haelen anhangenden
Insigeln die Sye durch miner vlisziger bete willen zu gezugk-
nuesze aller uorgeschribner sach daran gehencket hand in vnd
iren erben on schaden. Der geben ist an Donrstag nach dem
hailigen pfingstag Nach Cristi gebuort vjerzehenhundert vnd
in dem ainem vnd zwayntzigisten Jare.

CXIV.

Anno 1421. 5. September.

Hanns von Nenningen bekennt, dass die neue Pfand-
schaft, um die Vogtei zu Ottenbeuern auf seinen Bruder
den Bischof übergehen solle, wenn er vor diesem
sterben sollte.

Ich Hanns von Nennyngen zu den tziten Pfleger zu Füs-
zen Bekenne mit dem offen briefe für mich vnd all mein erben
vnd tun kunt allermenklichen Wann der hochwirdig fürst mein
guediger herr vnd leiplicher bruder her Ansbalm Bischof zu
augspurg vnd Ich die tzit bisher nach vnsers vaters vnd vnser
mutter toden den got guedig sy allez vnser vaterlichs vnd.

mütterlichs erbe nye von einander geteilt haben vnd mir der-
selb mein gnediger herr vnd lieber bruder recht brüderlich
trew gegoennt hat solch vnser väterlich vnd mütterlich erb auf
pfantschafft ze legen vnd dieselben pfantschafft auf mich vnd
mein erben zuuerschriben vnd die nutzung derselben pfantschafft
Inzenemen vnd ze nieszen Sunderlichen als ich von vnser lie-
ben frawen stifft zu augspurg lang tzit mit vnser beider väter-
lichen vnd mütterlichen erbe die vesten Kulliotal mit aller tzu-
gehörung verpfendt han gehept vnd mir gütlichen da von ist
beschehen, vnd darnach der obgenant mein gnädiger herr vnd
lieber bruder von gots gnaden Bischof desselben vnser lieben
frawen stiffts zu augspurg ist worden vnd mir ein ander nütz-
licher pfantschafft mit namen die vogty zu vttenburen vnd die
gut zu Buchlan vnd zu tullishusen in mein hant aber mit vnser
beider väterlichen vnd mütterlichen erbe bracht vnd auf mich
vnd mein erben verschriben laszen hat nach vzwisung des
pfantbriefs den ich von Im vnd seinem Capitel darüber han,
vnd wann derselb pfantbrief mit einem besundern artikel vz-
wiset; wer den brief mit meinem guten willen Innhab vnd des
einen offen brief mit meinem vnd tzweier oder drier Insigeln
hab daz der all die recht soll han die mir vnd meinen erben
an dem obgenanten pfantbriefe sint verschriben Darümb han ich
mit wolbedachtem synne vnd mute vnd In rechter brüderlicher
trew angesehen vnd betrachtet den merklichen nutz der mir
durch meinen obgenanten gnedigen herren vnd leiplichen bru-
der also mit vnser beider väterlichen vnd mütterlichen erb bis-
her zugegangen ist vnd erst mit solicher newer nutzung die
er mir zugefügt hat ob got wil nützlicher zugen mag in künff-
tigen tziten, vnd han Im denselben newen pfantbrief vber die
vogty zu vttenburen vnd vber die gut zu Buchlan vnd tullis-
husen mit rechter gewiszen zu den tziten do ich es wol getun
mocht vnd als es billichen vnd von recht krafft vnd macht hat
Ingegeben vnd geantwurtet Ingib vnd antwurtt mit krafft diss
offen briefs vnbetzwungenlichen durch recht lieb vnd bruderlich
trew vnd mit fryem gutem willen, als ich Im des ouch von

rechts wegen schuldig bin ze tun Also vnd mit der bescheidenheit daz got der allmechtig In vnd mich noch lang fryst vnd leben lasz, ob ich aber als nichts gewichser denne der tod vnd vngewischer denne die tzit des tods ist vor Im von tode abgieng daz er denne alle die recht an der obgenanten newen pfautschafft nach Innhalt des pfautschafftbriefs hab vnd haben sol als mir vnd meinen erben daran ist verschriben vnd Im derselb pfantbrief mit allen worten stücken puncten vnd artikeln die darInne sint begriffen vor allen 'leuten vnd gerichten geistlichen vnd wertlichen vnd zu aller siner notdorfft vnd nach allem seinem willen als krefftig vnd nüczlichen sin sol als ob er von wortt zu worte mit namen auf sin selbst person geschriben were, all geuerd vnd argelist gentzlich vzgescheiden. Vnd des zu warem vrkund haun ich Im disen offen wilbrief gegeben mit meinem eigen anhangenden Insigel versigelten vnd han gebeten die erbern Vesten ytal von Westernach zu den tziten vogt zu dillingen meinen lieben obem Jacoben von althain vnd frantzen vom stein zu diemenstein daz sie Ir Insigel zu dem meinem ouch an disen brief gehengt haben zu einer zeugnuss der vorgeschriben sach Iu selber vnd iren erben an schaden. Daz ist beschehen do man tzalt nach christi geburt viertzehenhundert tweintzig vnd ein Jar an dem nebsten Frytage vor vnser lieben frawen tage als sie wart geboren. (c. 4 S.)

CXV.

Anno 1422. 13. September. Nürenberg.

König Sigmund erlaubt Ulrichen von Heymenhoven zu Obersdorf ein Gericht zu besetzen, das um Unzucht und Geldschuld richten möge.

Wir Sigmund von gotes gnaden Romischer Kunig zu allen czeiten Merer des Richs vnd zu Vngern, czu Behem, Dalmacien, Croacien etc. Kunig. Bekennen vnd tun kunt offenbar mit disem brieff, Allen den die In sehen oder hoeren lesen, das wir angesehen vnd betrachtet haben, solich willig vnd getreue dienste, die der Strenge Vlrich von Heymenhouen, vnser vnd des Richs lieber getreuer, vns vnd demselben Riche offte vnd dicke getan hat vnd furbasz tun sol vnd mag in kumftigen czeiten, Vnd haben Im dorumb mit wolbedachtem mute, gutem Rate vnd rechter wissen gegunnet vnd erloubet, gunnen vnd erlouben, Im von Romischer kuniglicher macht in craft disz briefs, das Er eyn Gerichte zu Obersdorff, Im dorffe beseczen möge, das vmb vntzucht vnd geldschuld richten möge die in denselben dorff vnd pfarre zu Obersdorff geschehen, vnd das solich leute, die dortzu gesetzt vnd gekorn werden, solich Recht zu sprechen frome, vnuersprochen leute sind, vnd glich vnd recht nach Irer besten vernunft vnd erkentnusze dem. Richen als dem Armen richten sollen vngeuerlich. Vnd wir gebieten dorumb allen vnd iglichen Lantrichtern, Richtern, Burgermeistern, Reten vnd Gemeinden, aller vnd iglicher Stete, Merkte vnd dorffere vnd suszt allen andern vnsern vnd des Richs vndertanen vnd getreuen, ernstlich mit disem brieff, das Sy den vorgenanten Vlrichen an solichem vorgenanten Gericht zu Obersdorff nicht hindern oder Irren, Sunder In des geruelich, vn-

gehindert gebrauchen lassen, bey vnsern vnd des Richs hulden.
Mit vrkund disz brieffs versigelt mit vnserm kuniglichen Anhangendem Insigel. Geben zu Nuremberg, Nach Crists geburt
Vierczehenhundert Jar vnd dornach in dem Czwenvndczwenczigisten Jare, Am nechsten Suntag vor des heiligen Crewts
tag Exaltacionis. Vnserr Riche des Vngrischen etc. in dem
Sechsunddrissigisten, des Römischen in dem Czwelfften, vnd
des Behemischen Im dritten Jaren.

Ad mandatum domini Regis Haupt Marschalk de Pappenheim referentis Michael
prepositus Boleslaviensis.

CXVI.

Anno 1422. 19. November. Presburg.

König Sigismund bestätiget dem Stifte St. Mang zu Füssen alle Rechte und Freyheiten.

Wir Sigmund von gotes gnaden Romischer kunig zu allen
czeiten Merer des Reichs vnd zu Vngern, zu Behein, Dalmatien Croacien etc. Kunig. Bekennen vnd tun kunt offenbar mit
diesem brieff allen den die In sehen oder hören lesen, Als
wir besunder gnad vnd lieb haben zu furderen vnd zu meren
gotzdienste, vnd den zu beschirmen vnd hanthaben gegen meniclichen, besunder sant Benedicten Orden, wann die des besunder
notdurft sind, vnd wir damit ansehent den Almechtigen Got,
die kuniglich muter Marien vnd alle gotes heiligen, das die in
allen Gotshusern desterbasz mit singen vnd mit lesen geeret
werdent, haben wir angesehen vnd betracht solich notdurft vnd
ernstlich gebet, So vns der Erwirdig Yban Abbt des Closters
und Maangen zu Füssen sand Benedicten ordens in Augspurger

Bischtum gelegen, vnser lieber, getrewer vnd andechtiger getan
hat, Im vnd synem Gotzhaws zu confirmiren, zu bestetigen vnd
zu befestnen, alle vnd igliche seine priuilegia, brieue, freihait,
Gericht pawdingk gericht, gewonheit, herkomen vnd Recht vnd
als vns got in ewikeit sunder gnad getan hat zu beschirmen
allermenglichen, So haben wir von besunderer liebe vnd ernst-
licher bete wegen, die vns vou desselben Gotzhaws wegen
bescheheu ist, vnd wir ouch allen den gnad, schirm vnd hilff
tun sollen, die da got teglichen dienent vnd dauon vns czeitlich
gebett begerend sind, Demselben obgenauten Abbt von Füssen
seynem Gotzhaws vnd nachkomen solich gnad vnd frybeit ge-
tan vnd tun In ouch die, vnd freyen Iu, sein Gotzhaws vnd
Nachkomen mit disem brieff, vnd bestetigen, confirmiren, freyen
approbiren vnd bekreftigen von newes Im, seynem Gotzhaws
vnd Nachkomen sant Mangen zu füssen alle die priuilegia,
brief, gerichte pawdingkgericht, freyheit, gewonheit, herkomen
vnd recht, so dasselb Gotzhaws hat oder gehaben mag, von
allen keisern, kunigen, hertzogen vnd Bischouen, Edelen vnd
vnedelen, die an dasselb Gotshaws gegeben oder gekaufft sind,
vnd confirmieren demselben gotzhaws sant Mangen zu füssen,
dem Abbt vnd seynen Nachkomen alle Ire güter, Czinse, velle,
Csehood, lewt vnd güter wunn vnd weyde, acker, Matten,
enger, wysen, feld, reben, wiltbenn, vischben, holts, weld,
wasser, Mulen, gewonheit, gericht, pawdinkgericht, herkomen
vnd Recht, alle eigenschafft, wa die gelegen oder wie die ge-
naut oder geheissen sind, mit tzwing, ban zugehörung vnd al-
lem begriff, So dasselb gotzhaws saud Mangen zu füssen hat,
oder von Rechts wegen haben sol, nichts vszgenomen, mit
tzwing, Baun, gericht, pawdinkgericht, gewonheit, freyheit,
herkomen vnd recht, lewten vnd gütern, mit allen Iren begriffen,
rechten vnd zugehörungen, vnd als leyder die gotzhauses nu
vil trang vnd czwang haben au Iren gütern, genellen, nutzen
vnd rechten, von Edeln vnd vnedeln, So haben wir demselben
Abbt seinem Gotzhaws sand Mangen zu füssen, seynem Con-
uent vnd Nachkomen, die besunder gnad ouch getan, das Im,

noch seinem gotzhaws, noch nachkomen, nyemand, weder eyn
Bischoff zu Augspurg noch gestift oder Capitel daselbs noch
die Stat zu füssen dorynn dasselb Gotzhaws gelegen ist, noch
ander nachgebawren darumb gesessen noch nyemand anders
czwang, noch drang, vberfal noch laydsami wider recht tun sol,
bey vnsern hulden, weder von czols wegen, schatzung, stewr,
au leuten, au gütern, au vellen, czinseu, czehenden, diensten,
vogtrechten, gerichten, pawdingkgerichten, weder mit vberfal
edeler noch vnedeler, vnd mit namen dere, die des Gotzhaws
vogt sind, wer die, oder wie die genant sind, die zu dem hei-
ligen Riche gehörent, Sy seyn geistlich oder werltlich, weder
mit hunden, Jägern, pferden, knechten oder leuten in raysen
noch suszt mit dhaynem vberfal, traug, czwang, schatzung noch
vbernlessung der vogtrechten, noch suszt mit andern dingen,
dauon dasselb gotzhaws besweret, beschediget oder bekummert
werden mocht in dheynen weg, suszt, noch so nichtzit auszg-
genomen vnd nement In yetzund, sin gotzhaws vnd nachkomen
in vnsern vnd des Richs schirm, vnd geben Im zu eynem
schirmer, vnd seynen Nachkomen zu beschirmen alle vorge-
schribenn ding zu behalden, vnd stet zu beliben vnd zu schir-
menden vnsern vnd des Richs vicarien, alle Landuogt vnd
Richstete, das die sament oder besunder, welichen oder welichi
Er dann anruffend ist, vmb rat hilff, vnd von schirms wegen,
wie die genant oder geheissen sind, dem oder den gebieten
wir bey vnsern vnd des Richs hulden vnd bey den eyden die
sie vns getan hand, dasselb Gotzbaws sand Mangen zu füssen zu
beschirmen vnd zu hanthabeu zu allen seynen froyheiten, Rech-
ten, berkomen vnd gewonheiten. Vnd wollen das Sy vnd alle
des Reichs getrewen das vorgenant Gotzhaws sand Mangen
zu füssen schirmen vnd hanthaben sollent, in allen vorgeschri-
ben artikeln vnd Rechten, als vorgeschriben stet, bey eyner
pene hundert Mark goldes, were das yemand geistlicher oder
werltlicher, wie der genant oder geheissen wer, hie wider tete
in dheinen weg, als vorgeschribenn stet, das der dieselben
hundert Mark goldes verfallen were, halbs in vnser kuniglich

Camer vnd das ander halbteil demselben Gotzhaws sand Mangen zu füssen, vnleszlich zu betzalen. Mit vrkund disz brieffs veraigelt mit vnserm Anhangendem Insigel. Geben zu Presburg Nach Crists geburt vierczehenhundert Jar vnd dornach in dem Czwenundczwenczigisten Jare An sand Elizabeth tag, vnserr Riche des Vngerischen etc. in dem Sechshunddrissigisten, des Römischen in dem dritzehenden vnd des Behemischen Im dritten Jaren.

CXVII.

Bischof Anselm schlichtet einen Streit zwischen dem Domkápitel und dem Domherrn Markwart von Schwangow.

Wir Anshelm von gotes genaden Bischof ze Augspurg Bekennen mit dem offen brief vnd tun kund allermanigklich von aller stöss krieg vnd misshelung wegen dy gewesen sind zwischen der Ersamen vnsern lieben andechtigen vnd getrewen hern hainrichen Truchsessen, Tumbrobst hern Godfrid harscher Tum Tegand vnd den hern gemainklich vnsers Capitls ze Augspurg an aynem vnd Marquart von Swangow yrm mit Tumhern an dem andern taylen als sy dez auf vns als yren bischoff vnd rechten Richter mit gutem willen vertädingt vnd veranlasst worden sind yn sollicher mass das wir ir baider tail klag Red vnd wider Rede verhorn solten vnd wez wir sy mit der mynn vnd gutlichait mit ir baider tail wissen nicht entschaiden möchten das solten wir darnach mit Recht entschaiden als vns zu gehört Das alles mit mer wortten aigenklichen ausweysend ist der anlassbrief, mit dez framen vesten Caspars vom Tor zu

den czeiten phleger zu Lanndsperg Insigel versigelt vnd der
selb anlassbrief auch mit aynem besundern artikel ausweist
das baid vorgenant taz begirlich werent, ynen zu sollicher vsr
richtung tag ze seczen in vnser. Slos gen füssen, da wir dem
czu vns nemen möchten nach vnserm wolgeuallen wer vns dar
czu gut bedeucht etc. Das wir also von beider teyle vleissiger
bete willen vns der sachen angenomen vnd yn tag für vns yn
dasselb vnser Slos auf den nechsten tag nach den Ebenbeich
tag in latein genant circumcisio domini beschaiden vnd zu vns
ze siczen geheten haben dy frumen vesten hern berchtold vom
Stain zu Roudsperg Ritter vnd Dyethern vom Stain zu Klingen-
stayn dy czeit vnsern phleger zu fässen, Da sind von des ob-
genanten vnsers Capitels wegen mit vollem gewalt für vns
kumen dy Ersamen her hainreich Truchsess vnser Tumbrobst
vnd her Rudolf von westersteten obrister Schulmaister vnd
Tumher zu Augspurg, vnd auch der obgenant Marquart von
Swangow ir mitkorher von sein selbs wegen vnd da wir bai-
der tail klag Red vnd wider Rede verbörten Darnach habend
sy dy sache genczlich zu der gutleichait mit gutem willen an
vns vnd an dy obgenanten zwen geseczt vnd mit yren trewen
gelobt waz wir drey zwischen yn mit der Mynn vnd gut-
leichait beredten vnd ausprechen, daz sy dabey wolten beleiben
trewlich on all geuärd. Also haben wir all drey ainmütigklich
mit baider tayl willen vnd wissen heredt vnd ausgesprochen
als hernach geschriben stat. Des ersten das all stöss krieg
vnd misshelaug dy bayd tayl zu einander gehabt habend vnd
waz sich darunder verhanndelt hat biz auf dysen heutigen tag
genczlichen absind vnd sy vnd all ir helffer vnd wer von bay-
den taylen darczu gewannt oder verdacht ist gut verricht frewnd
sein sullend Item daz dy czuspruch dy der obgenant Marquart
von Swangow zu dem obgenanten Capitel vmb ettlich ver-
gangen jarnucz seiner phrund gehebt hat genczlichen ab sind
das er vnd nyemand von seinen wegen vmb all vergangen jar-
nucz kain vordrung noch ansprach nymmermer gehaben sol
wann er aber fürbaz kunftigklichen sein phrund verdient nach

der gesworn statut ausweysung So ist man in dez schuldig zu
geben als einem andern seinem mitkorhern der sein phrund
verdient hat. Item das auch all zuspruch als dy obgenanten
Tumbrobst Tegand vnd das Capitl gemainklich zu demselben
yrm mitkorhern Marquarten von Swangow gehebt habend von
Brand brandschaczung ezugriff nam vnd beschedigung wegen
vnd auch vmb all ander stuk dy sy mainten dy ir Statut vnd
gut gewonhait anrürten auch gancz vnd gar ab sind das dy
czu ym vnd seinen helffern nymer mer geänert noch gerochen
werden sullen, Yn dem allem geuärd vnd arglist genczlich aus-
geschaiden Vnd czu erkantnuss das dem obgenanten Capitl mit
brand vnd nam vngutlich ist beschehen haben wir auch all drey
ainmütigklich yn ze besserung ausgesprochen das dy frumen
vesten Vlreich vnd Chunrad von Swangow des obgenanten
Marquartz brüder demselben Capitl ein gancz jar nach datum
des briefs nechst künftig mit zehen Spiessn gewärtig seyn sul-
lend mit der beschaidenhait wann sy des in derselben jarsfrist
von dem Capitol gemainklich mit briefen vnd boten ermont
werden So sullen sy nach der manung in den nachsten dreyn
wochen von hawz ausreiten vnd yn zu irer notdurft ynnerhalb
der vier wellde wohin sy dez ermonet werden, Doch da sy
es mit ern getan mugen mit zehen spiessen einen ganczen mo-
nad dienen auf dez Capitls kost vnd schaden Also wann sy
von hawz ausreiten So sol sy das Capitl verkosten als laung
sy in dem dinst auss sind, bis wider haim in ir hawz da sy
ausgeriten sind, Doch nicht lennger denn aynem monad wann
der anz ist, oder wann sy von hawz zu sollichem dinst auz-
geriten wern vnd yn der dinst vnderwegen wider boten wurde
so habend sy genug getan vnd sind nicht mer darumb schull-
dig vnd giengen yn icht geraysiger mayden in dem dinst ab
dy sol yn das Capitl beczaln vnd möchten sy sich der becza-
lung nach geleicher dingen mit einander nicht veraynen so sul-
len sy dez kumen auf vns vorgenanten bischof vnd vnser Rate
vnd wie wir sy darumb entschaiden daz sy bayder seitt dabei
sullen beleiben. Das auch also ze tun vnd vnserm spruch trew-

lich vnd vngeuarlich ze hallten dy vorgenanten vlrich vnd
Chunrad von Swangow vns bei guten treweu gelobt habend.
Vnd dez alles zu guter gedächtnuss ist diser brief geschriben
vnd mit vnser vorgenant dryer spruchleuten insigeln versigelt
worden dy wir all drey vou baider tail vleissiger bete willen
vns selber on schaden darau gehenkt haben. Das geschach da
man czalt nach kristi geburtt vierczehn hundert zwainczig vnd
drew jare an dem nechsteu montag vor dem obristen tag ze
weyhenechten.

CXVIII.

Anno 1423. 22. Aprilis.

Priorissa monasterii in Gingen Katharinae quondam
priorissae liberam facultatem monasteriun derelinquendi
concedit.

Reuerendis Iu cristo patribus ac dominis venerabilibus
Archiepiscopis Episcopis Abbatibus Prioribus Prepositis Eccle-
siarum Rectoribus et eorum loca tenentes. Ego Elysabeth hu-
milis Priorissa Monasterii noue fundacionis iu Giengen ordinis
sancti Benedicti Augustensis diocesis, Oraciones In Christo de-
uotas, Patres ac domini, vestre caritati cupio Innotescere, Quod
venerabilis deo deuota et nobis professa in Christo dilecta
Katherina quondam Priorissa nostre congregacionis propter ali-
quod canonicum sibi immineus a nobis licenciam eliminandi ac-
cepit, non propter crimen, uel demeritum, directe uel indirecte
sit eiecta Sed pro certo absque omni ambiguitate caritatiue sus-
cipiens super se onus peregrinacionis propter tranquillitatem
consciencie sue, mallens libencius, in Christo nomine, In alienis
partibus stare quam operam Inquietitudinis alicui dare, uel ab

aliquo recipere. Ego Inquam soror Elysabeth Priorissa supra-
dicti Monasterii cum sororibus meis, necnon cum Preposito
nostri Monasterii eius peticionibus annuimus quam tamen cum
dolore dimittimus, Damus ei licenciam vsque ad reuocacionem
et concedimus ei liberam facultatem standi In quocunque loco
ydoneo cum honestis et religiosis matronis, sub habitu tamen
sue religionis. Nam pro certo sibi confidimus quod nichil carius
sibi deo preponit. Vestre ergo benignitati cum ea et pro ea
humilime vt decet supplicamus, quatenus eandem Katherinam
ob precium nostrarum Intuitu, atque dei pro amore fauorabiliter
vestris subsidiis dignemini promouere. Datum Sub Sigillo no-
stre appensionis, vna cum Sigillo patris nostri Prepositi Anno
domini millesimo quadriugentesimo vicesimo tercio, proxima
feria quarta ante festum Sancti Georii.

CXIX.

Anno 1423. 13. Septembris. Romae.

**Martinus papa loco destituti episcopi Anselmi Heinricum
de Erenfels praepositum st. Victoris Mogunt. ecclesiae
August. praeficit.**

Martinus episcopus seruus seruorum dei Dilecto filio An-
selmo de Nenninghen, Salutem et apostolicam benedictionem.
Nemini ut consueuimus negautes iustitiam, causam tuam, licet ob
amorem quem ad tuam personam habemus non expedire cupis-
semus, ad denuntiationem iufinitis uicibus nobis factam per Caris-
simum in Christo filium nostrum Sigismundum Romanorum Regem
Illustrem commissimus duobus ex venerabilibus fratribus nostris
sancte Romane ecclesie Cardinalibus, qui seruatis seruandis
retulerunt nobis te ecclesia Augustensi fore de iure priuatum,

et propterea ecclesiam ipsam uacare, uade eidem ecclesie sic uacanti prouidimus de persona dilecti filii Henrici de Erenfels nostri et apostolice sedis Notarii, ac sancti Victoris Maguntini Prepositi, tui ut informati fuimus singularis amici. Eapropter deuotionem tuam exhortamur in domino, quatinus dispositioni nostre et sedis predicte ut debes libere acquiescas, Nos enim tibi compatientes ex corde si poterimus, cum deo et honestate nostra te habebimus recommissum ualde libenter, et in hoc tuum honorem studuimus proposse iustitia seruata non ledere, licet enim propter multa te priuatum de iure commissarii ipsi referrent, uoluimus quod propter non consecrationem infra tempus in Concilio Constantiensi de consecrandis Episcopis statutum diceris esse priuatus, alia enim que asserebantur nimium lesissent famam tuam. Datum Rome apud Sanctam mariam maiorem Idibus Septembris Pontificatus nostri Anno Sexto.

CXX.

1424. 1. Martii. Romae.

Martinus papa Anselmo destituto episcopo annuam pensionem assignat.

Martinus episcopus Seruus Seruorum dei, Uenerabili fratri Anselmo Episcopo olim Augustensi, Salutem et apostolicam benedictionem. Romani pontificis circumspecta prouidentia, illis qui pontificali dignitate insigniti dinoscuntur, quamuis ecclesiarum fructus non percipiant, ne in Episcopalis dignitatis obprobrium, redditibus careant oportunis, libenter prouidet, prout id personarum et partium qualitate pensata cognoscit expedire. Cum itaque nos nuper ecclesie Augustensi Prouincie Maguntine, ex eo Pastoris solatio destitute, quod tu eidem ecclesie presidens, tibi non fecisti infra tempus de consecrandis Episcopis a cano-

.nibus diffinitum munus consecrationis impendi, de persona dilecti filii Petri Electi Augustensis, eidem ecclesie duxerimus auctoritate apostolica prouidendum, ipsum illi preficiendo in Episcopum et pastorem prout in nostris inde confectis litteris plenius continetur. Nos attendentes, quod alias eidem ecclesie aliquorum Annorum curriculis prefuisti, ac uolentes tibi, ut eo decentius statum tuum continuare ualeas, de alicuius subuentionis auxilio prouidere, pensionem annuam Sexcentorum florenorum auri florenorum auri Renensis super Vniuersis fructibus redditibus et prouentibus ad mensam predictam pertinentibus per dictum Electum, qui in hoc consentit expresse eiusque successores, pro tempore existentes Episcopos Augustenses tibi quod uixeris, uel procuratori tuo ad hoc legitime constituto, in loco et termino, per te et dictum Electum ad id statuendis Annis singulis persoluendam, auctoritate apostolica tenore presentium, reseruamus, constituimus, et etiam deputamus, dummodo omnia et singula Castra Terras possessiones et bona,fructus quoque redditus et prouentus ad Episcopalem mensam Augustensem spectantia si qui per te adhuc tenentur occupata eidem Electo infra duorum Mensium spatium, postquam per eum seu eius nomine super hoc requisitus fueris, libere et omnino dimiseris. Alioquin eo ipso ipsius pensionis reseruatio uiribus sit penitus uacuata, decernentes Electum et successores predictos, ad solutionem pensionis huiusmodi iuxta earumdem reseruacionis nostre, necnon Constitutionis et deputationis formam existere efficaciter obligatos. Non obstantibus Constitutionibus et ordinationibus apostolicis ceterisque contrariis quibuscunque. Nulli ergo omnino hominum liceat hanc paginam nostre reseruationis, deputationis et constitutionis infringere uel ei ausu temerario contraire. Si quis autem hoc attemptare presumpserit indignationem omnipotentis dei et beatorum Petri et Pauli Apostolorum eius se nouerit incursurum Datum Rome apud Sanctum petrum Kalendis Martii Pontificatus nostri Anno Septimo.

CXXI.

Petrus ep. omnes clericos dioc. Aug. adhortatur, ut se ipsum agnoscant episcopum et sibi obedientiam praestent.

Petrus dei et apostolice sedis gracia Episcopus Augustensis Venerabilibus viris dominis Abbatibus, Prioribus, Prepositis, Decanis, Scolasticis Cantoribus. Custodibus Archidiaconis. Thesaurariis. Canonicis tam maioris quam Collegiatarum, parrochialium que ecclesiarum Rectoribus seu loca tenentibus eorundem, plebanis viceplebanis, vicariis, perpetuis Altaristis ceterisque presbyteris et clericis Necnon Notariis et Tabellionibus publicis, quibuscumque per Ciuitatem et diocesim nostras constitutis, cuiuscumque gradus ordinis uel condicionis existant ad quem uel ad quos presentes litere peruenerint, communiter et diuisim, et mandatis nostris huiusmodi firmiter obedire. Dudum ecclesia Augustensis ex eo pastoris solatio destituta, quod dominus Anselmus Episcopus olim Augustensis tunc ipsi ecclesie praesidens sibi non fecit impedimento cessante legittimo, et nulla super hoc canonica dispensacione obtenta, infra tempus de censecrandis Episcopis a Canonibus diffinitum, munus consecracionis impendi, Sanctissimus igitur in Christo pater et dominus noster dominus Martinus digna dei prouidencia papa modernus, de persona nostra, predicte ecclesie Augustensi de Reuerendissimorum in Cristo patrum et dominorum sacrosancte Romane ecclesie Cardinalium consilio et assensu paterna beniuolencia duxit prouidendum, Nosque illi prefecit in Episcopum et pastorem, curam regimen et administracionem ipsius ecclesie nobis in spiritualibus et temporalibus plenarie committendo. Mandando eciam Capitulo dicte ecclesie ac Clero Ciuitatis et diocesis Augustensis, ac ceteris aliis tam ecclesiasticis quam secularibus eidem ecclesie subditis et subiectis, queteaus nos in pastores animarum suarum admitterent, nobisque debitas honorem obedienciam et reuerenciam exhiberent, prout hec et alia in certis literis apostolicis veris bullis plumbeis predicti domini nostri pape impendentibus more Romane Curie bullatis omni prorsus vicio et suspicione carentibus plenius continetur. Quarum quidem litterarum apostolicarum videlicet prouisionis nobis facte necnon ad Capitulum et Clerum Ciuitatis et diocesis Augustensis directarum super obediencia nobis exhibenda tenores de verbo ad verbum sequuntur et sunt tales. Martinus, episcopus seruus seruorum dei, Dilecto filio Petro Electo Augustensi Salutem et apostolicam benedictionem Apostolatus officium quamquam insufficientibus meritis nobis ex alto commissum, quo ecclesiarum omnium regimini presidemus utiliter exequi coadiuuante domino cupientes solliciti corde reddimur et solertes, ut cum de ipsarum regiminibus agitur committendis, tales eis in pastores preficere studeamus, qui commissum sibi gregem dominicum sciant non solum doctrina verbi, sed exemplo boni operis informare, commissasque sibi ecclesias in statu pacifico et tranquillo velint et valeant duce domino salubriter regere et feliciter gubernare. Sane dudum ecclesia Augustensis prouincie Maguntine ex eo pastoris solacio destituta, quod venerabilis frater noster Anselmus Episcopus olim Augustensis tunc ipsi ecclesie presidens sibi non fecit impedimento cessante legittimo, et nulla super hoc canonica dispensacione obtenta iufra tempus de consecrandis Episcopis a canonibus diffiuitum munus consecracionis impendi Nos vacacione huiusmodi fidedignis relatibus intellecta, ad prouisionem ipsius ecclesie celerem et felicem ne lengioris vacacionis exponeretur incommodis, paternis et solicitis studiis intendentes, post deliberacionem quam super hiis cum fratribus nostris habuimus diligentem. Demum ad te tunc Celerarium ecclesie Bambergensis Cubicularium nostrum in presbyteratus ordine constitutum, cui de literarum sciencia vite mundicia, honestate morum, spiritualium prouidencia et temporalium circumspectione, aliisque multiplicium virtutum donis apud nos fidedigna testimonia perhibentur, direximus oculos no-

stre mentis, quibus omnibus attenta meditacione pensatis, de per-
sona tua nobis et eisdem fratribus ob dictorum tuorum exigen-
ciam meritorum accepta eidem ecclesie Augustensi de dictorum
fratrum consilio auctoritate apostolica prouidimus teque illi pre-
fecimus in Episcopum et pastorem, curam et administracionem
ipsius ecclesie Augustensis tibi in spiritualibus et temporalibus
plenarie committendo, in illo qui dat gracias et largitur premia
confidentes quod dextera domini tibi assistente propicia prefata
ecclesie Augustensis sub tuo felici regimine prospere dirigetur
ac grata in eisdem spiritualibus et temporalibus suscipiet incre-
menta. Jugum igitur domini tuis impositum humeris prompta de-
uocione suscipiens curam et administracionem predictas sic exer-
cere studeas, solicite fideliter et prudenter quod ipsa ecclesia
Augustensis gubernatori prouido et fructuoso administratori gau-
deat se commissam tuque preter eterne retribucionis premium
nostram et apostolice sedis benediccionem ac graciam exinde
uberius consequi merearis. Datum Rome apud Sanctum petrum
III Kalendas Marcii pontificatus nostri Anno Septimo. Quibus
sic nobis concessis et presentatis literis, Nos Petrus Dei et
apostolice sedis gracia Episcopus prefatus, nolentes propter la-
borum angustias, aut persecutorum incursus deserere sponsam
nostram nec euitare laborem pro subditis, pro quibus eciam ani-
mam nostram ponere tenemur. Idcirco de altissimi qui dat gra-
cias et largitur premia confidentes misericordia, Jugum domini
nostris impositum humeris prompta deuocione suscepimus et sus-
cipimus per presentes, que omnia et singula vobis omnibus et sin-
gulis supradictis et vestrum cuilibet Intimamus Insinuamus et no-
tificamus, ac ad vestram et cuiuslibet vestrum noticiam deducimus
et deduci volumus per presentes. Et nichilominus in huiusmodi
negocio rite et legittime procedere volentes, vos omnes et sin-
gulos supradictos et quemlibet vestrum in solidum tenore presen-
cium in domino exhortamur. Vosque omnes et singulos supra-
dictos et quemlibet vestrum communiter et diuisim tenore presen-
cium requirimus et monemus. Primo secundo tercio et peremp-
torie, vobisque et vestrum ouilibet in virtute sancte obediencie

et sub infra scriptis sentenciarum penis districte precipiendò
mandamus, quatenus infra Sex dierum spacium post presen-
tacionem seu notificacionem presencium vobis uel alteri vestrum
factam inmediate sequencium, quorum sex dierum duos pro primo
duos pro secundo ac reliquos duos dies vobis omnibus et sin-
gulis supradictis pro tercio et peremptorio termino ac moniclone
canonica assignamus. Nos Petrum Episcopum prefatum in patrem
et pastorem animarum vestrarum grato et debito honore recipiatis
et admittatis, ac quilibet vestrum recipiat et admittat, nobis tam-
quam vestro patri et vero pastori animarum vestrarum reueren-
ciam et obedienciam debitas et denotas exhibendo, nostraque
mandata et monita suscipere humiliter et efficaciter. adimptere
curetis et quilibet vestrum suscipiat et adimplere curet, realiter
et cum effectu. Requirimus quoque et monemus modo et forma
premissis vos omnes et singulos supradictos sub infrascriptis
censuris Sentenciis ac penis quatenus, dum, quociens, quando,
et vbi requisiti fueritis, aut alter vestrum fuerit requisitus, mone-
atis et requiratis, omnes et singulos tam ecclesiasticos quam se-
culares, per Ciuitatem et diocesin nostras Augustenses cuius-
cumque status, gradus, ordinis uel condicionis existant, constitutos,
Jura iurisdictiones et cetera bona spiritualia et temporalia in
quibuscumque consistant, ad nos et mensam Episcopalem, uecnon
ius et proprietatem ipsius Episcopatus ac ecclesie nostre Au-
gustensis predicte quomodolibet spectantes et spectancia, deti-
nentes ac quouismodo occupantes et vsurpantes, in eorum pro-
priis persenis si ipsorum presenciam commode habere poteritis,
aut in hospiciis habitacionum suarum, et in dicta nostra ecclesia
Augustensi, Sin autem in Collegiatis et parrochialibus ecclesiis
vestris ac dicte Ciuitati circumulcinis, ubi tute fieri poterit infra
missarum solempnia populo ibidem ad diuina congregato, publice
auctoritate nostra moneatis et requiratis, quos et nos tenore pre-
sencium requirimus et monemus, primo, secundo tercio et peremp-
torie, quatenus sub dictis infrascriptis sentenciis et penis infra
dictum Sex dierum spacium, ab occupacione et detencione Jurium
et Jurisdiccionum, ac rerum bonorum et administracionum ad

eandem ecclesiam et eius Episcopalem mensam pertinencium desistant realiter et easdem deserant, aeque de eisdem decetero nullatenus intromittant, seu alter eorum intromittat. Et nichilominus nobis et dictis nostris procuratoricus. Vicariis et Officialibus seu nunciis infradictum monicionis terminum debitam obedienciam et reuerenciam prestent et quilibet vestrum prestet, Nosque tamquam verum pastorem animarum suarum recognoscant et eorum et vestrum quilibet recognoscat, ac nobis velut vero dicte ecclesie sponso de singulis iuribus redditibus et prouentibus ipsius ecclesie respondeant et quilibet eorum et vestrum respondeat realiter et cum effectu Alioquin in vos omnes et singulos in premissis aut eorum aliquo delinquentes seu alterum vestrum delinquentem, et in premissis contradictores et rebelles, ac impedientes uos quominus omnia et singula premissa suum debitum consequantur effectum Necnon impedientibus nos in premissis dantes auxilium consilium uel fauorem publice uel occulte directe uel indirecte quouis quesito ingenio uel colore dictorum Sex dierum canonica monicione premissa exnunc prout extunc et extunc prout exnunc singulariter in singulos excommunicacionis In Capitula vero in premissis delinquencia suspensionis a diuinis, et in ipsorum delinquencium ecclesias interdicti Sentencias ferimus in hiis scriptis et etiam promulgamus. Certificantes eosdem inobedientes et rebelles, si qui quod absit reperiantur, contra ipsos et eorum quemlibet ad arciores penas et Sentencias, eorum exigente proteruia et rebellione procedemus iusticia mediante. Absolucionem vero omnium et singulorum qui prefatas nostras Sentencias aut earum aliquam incurrerint quoquomodo nobis uel superiori nostro tantummodo reseruamus In quorum omnium et singulorum fidem et testimonium premissorum presentes litteras seu presens publicum Instrumentum exinde fieri et per Notarium publicum infrascriptum subscribi et publicari mandauimus; nostrique Sigilli iussimus appensione communiri. Datum et actum Werdee Augustensis nostre diocesis in domo habitacionis religiosorum virorum dominorum fratrum ordinis beate Marie virginis Theotunicorum, Anno domini Millesimo Quadringentesimo vicesimo quarto. Indiccione secunda Pontificatus Sanctissimi in Christo patris et domini nostri domini Martini diuina prouidencia pape Quarti Anno Septimo die vero Martis secunda Mensis Maii mane hora primarum uel quasi presentibus venerabilibus, Religiosis, et discretis, viris dominis. Petro de Seckendorff canonico ecclesie Eystetensis fratre Johanne de Freytach ordinis beate Marie theotunicorum thesaurario domus in Werdea et Andrea Koszlinger clerico Herbipolensis diocesis Testibus ad premissa vocatis specialiter et Rogatis.

Et ego Heinricus weilerspacher clericus Bambergensis diocesis publicus Imperiali auctoritate notarius. Quia predictis monicioni Excommunicacioni suspensioni interdicti supposicioni omnibusque aliis premissis dum sic ut premittitur per Reuerendum in Christo patrem et dominum. Petrum Episcopum Augustensem fierent et agerentur vnacum prenominatis testibus preseus fui eaque sic fieri vidi et audiui, Ideoque presens publicum Instrumentum per alium fideliter scriptum exinde confeci publicaui et in hanc publicam formam redigi Signoque et nomine meis solitis et consuetis vnacum Appensione Sigilli dicti Reuerendissimi in Christo patris et domini domini. Petri Episcopi Augustensis signaui rogatus et requisitus in fidem et testimonium omnium premissorum.

CXXII.

Anno 1424. 3. Augusti.

Capitulum statuit et se obligat praelatis, canonicis et aliis clericis ecclesiae August. omnia damna quae ex obligatione annuae pensionis episcopo Anselmo solvendae perceperint, refundere.

In nomine domini Amen per hoc presens publicum instrumentum cunctis ipsum intuentibus pateat euidenter Quod sub anno domini Millesimo quadringentesimo vicesimo quarto indiccione secunda pontificatu sanctissimi in Christo patris et domini nostri domini martini diuina prouidencia pape quinti die vero tercia mensis Augusti hora primarum uel quasi diei eiusdem in loco capitulari ecclesie augustensis in mei notarii publici testiumque subscriptorum presencia personaliter constituti venerabiles viri domini Gotfridus harscher decanus burkhardus de Friberg magister Johannes gwerlich Rudolffus de westersfetteu Johannes de westernach georius de Rammingen burkhardus de ysenburg, Johannes de Rot Baltasar de hurnhain georius Schwiczer, Alberchtus de Rechberg Cunradus Rot et jodocus gässler canonici ecclesie augustensis ad sonum campane in loco capitulari iuxta ritum et consuetudinem predicte ecclesie more solito capitulariter congregati ac totum ipsius ecclesie Capitulum representantes Recognouerunt communiter omnes et singulariter singuli quod prehabitis super hic contentis multis preuiis tractatibus et maturis deliberacionibus Capitulariter et extra Capitulum iuxta facti exigenciam Tandem in pretacto Capitulo die datarum presencium concorditer nemine discrepante Attendentes concordiam factam inter reuerendos patres et dominos dominum petrum nunc Et dominum Anshelmum olim Augustenses Episcopos Cuius occasione ad satisfaciendum prenominato domino Anshelmo Ei-

dem pro dicto domino petro se obligauit Ciuitas Augustensis
Cui ciuitati Gotfridus dacanus Canonici totumque capitulum pre-
dictum in genere et in specie se obligarunt ac eciam obligauit
modo et forma prout omnia et singula huiusmodi in literis sigil-
latis desuper confectis et habitis plenius continentur. Que omnia
facta sunt ad preueniendum pericula et dampna maiora atque
lites discensiones gwerras iacturas et destrucciones ineuitabi-
les precauendas Necnon Bonum commune pacem et tranquillitatem
vberius procurandum tam ecclesie et Capitulo predictis quam
eciam omnibus eis. Cum aut irracionabile foret quenquam cano-
nicum aut aliud membrum dicte ecclesie in se suis subditis seu
bonis eius hereditariis aut beneficialibus quibuscunque et qua-
litercumque nominatis pregrauari impediri vexari seu quouis
modo molestari uel in dampnum vocari judicialiter uel extra ju-
dicialiter quomodocumque hoc esset premissorum occasione Id-
circo prenominati gotfridus decanus totumque capitulum recogno-
uerunt et publice confitebantur vnanimiter nullo discrepante Quod
in causa quod absit quo aliquis prelatus canonicus aut membrum
dicte ecclesie propter premissa ut prefertur quouis modo dam-
nificaretur quantumcunque hoc esset huiusmodi nichilominus ob-
ligacionis literis in suo vigore permanentibus huiusmodi dampna
eidem refundere et resarcire tenetur totaliter dictum Capitulum
et eundem ac eosdem penitus de et super huiusmodi reddere
indempne omni fraude et dolo semotis Si vero iure sarciendis
dampnis et iniuriis predictis capitulum negliens foret tunc pas-
sus et passi iniuriam seu dampna ipsi et eorum heredes petere
possint iure a dicto Capitulo Ac eciam propria auctoritate va-
leat et valeant inuadere recipere arrestare impedire predictum
capitulum et ipsius bona siue fuerint mobilia siue immobilia vil-
las domos curias census redditus seu qualitercumque vocentur
seu appellentur Nec in hoc peccet seu peccent contra obedien-
ciam statuta seu consuetudines predicti capituli Episcopi august-
ensis pape seu mandatis eorum seu quorumcunque principum
ecclesiasticorum siue temporalium Item quod propter nulla facta
gesta seu negocia qualitercumque per canonicum seu ecclesie

membrum perpetracta gesta seu acceptata Ipse huiusmodi refusiones perdat seu perdere possit Sed in omnem eueutum Capitulum ad huiusmodi sibi teneatur. Item quando et quociens quiuis canonicus presentes habere voluerit in forma siue sub instrumento publico Quod capitulum sibi tradere teneatur Item quicunque canonicus voluerit habere copiam transumptum siue vidimus literarum pretactarum obligacionum huiusmodi eciam dare tenetur sibi dictum Capitulum ad se defendendum et dampna precauendum volumus autem presentes tamdiu durare quousque leso uel lesis eisdem et heredibus suis plenarie fuerit satisfactum. Supra quibus omnibus et singulis per venerabilem virum dominum hainricum Truchsazz prepositum ecclesie augustensis, fui requisitus, vt vnum uel plura publicum seu publica conficerem instrumentum seu instrumenta. Acta sunt hec Anno indiccioue pontificatu die mense huiusmodi et loco quibus supra presentibus honorabilibus et discretis viris Johanne Münsterlin et Cunrado Stehelin vicariis chori ecclesie augustensis testibus ad premissa vocatis specialiter et rogatis.

S. N. Et ego Johannes grunbach clericus Augustensis diocesis publicus imperiali auctoritate Notarius Quia dictis recognicione omnibusque aliis et singulis dum sic ut premittitur coram me fierent et agerentur vna cum prenominatis testibus presens interfui Eaque sic omnia fieri vidi et audiui Ideo hoc presens publicum instrumentum manu mea propria scribendo exinde confeci et in hanc publicam formam redegi Signoque et nomine meis solitis et consuetis signaui rogatus et requisitus in fidem testimonium omnium et singulorum premissorum.

CXXIII.

Bischof Peter verschreibt dem Domkapitel für das dem vorigen Bischof Anselm jährlich zu entrichtende Leibding die Veste vnd Stadt Dillingen.

Wir Petrus von gottes vnd des hailigen Stuols genaden Bischoffe zu Augspurg Bekennen vnd tuon kunt offenlich mit disem briefe vor allermeniglich für vns vnd alle vnser nachkomen Bischoffe vnd pfleger zue Augspurg. Als wir vnser veste vnd Stat Dillingen mit aller Irer zuogehoerungen leuten vnd guoten, Den Ersamen vnsern lieben Andechtigen vnd getrewen Herren Heinrich Truchsessen Tuomprobst hern Gotfriden Harscher Tuomdegant vnd dem Capittel gemeinlich Vnsers Stifftes zue Augspurg zue vnderphand eingeseczt vnd verschriben haben, Von solichs verschreibens wegen, Als sich die egenanten herren des Capitels vnses Stifftes zu Augspurg gen der Stat zu Augspurg, Von solichs libdings wegen, so sich die von Augspurg fuerbas von Vnsern wegen gen vnserm lieben herren vnd Vatter hern Anselm von Nenningen ettwen Bischoffe zu Augspurg, Im ierlich sin leptag von Vnsern wegen zue bezalen verschriben vnd verpunden haben, nach der besigelten brieue lawt vnd sage die darueber geben seind Vnd mit namen In dem briefe, den Wir Vnserm Capitel zue Augspurg vbergeben haben begriffen ist, das wir mit den von Dillingen schaffen vnd haissen sollen mit wortten oder vnsern ernstlichen brieuen, Das sy dem Capitel zue Augspurg sweren soellen etc. als dann derselb brief mit mer worten Innhaltet Also schaffen wir haissen vnd gebieten auch ernstlichen mit diesem brieue vnd ist auch genczlich vnser gunst wille vnd wort, das die vorgenanten von Dillingen vnserm Capitel zue.

Augspurg, zue den hailigen sweren Vnd sagen sy auch der
eyde de sy vns geton hond ledig vnd lose, Also vnd mit solicher
bescheidenheit, Ob das beschehe da got vor sey das wir mit
der bezalunge des lipdinggelts, als uorgeschriben stet, ettlichs
Jora oder auff. etlichs zil, die weyle dann der vorgenant herre
Anshelm in leben ist, sewmig wuerden, vnd es die vorgenanten
herren vnsers Capitels zue Augspurg bezalen und ausrichten
muesten von vnserun wegen nach der brieue lawt vnd sage,
so sy darueber geben haben So sollen die vorgenanten von
Dillingen Alsdenn wenn sy dorymb ermant werden von dem
egenanten Capitel nach Innhalt des briefs den sy von Vns ha-
ben, Demselben. Capitel vnsers Stifftes zuo Augspurg fuerbas
gewaertig gehorsam vnd verbunden sein, alles daz ze thuen ze
halten vnd volfueren als sy dann vns schuldig vnd verbunden
weren gewesen, ob wir sie nit verseczt hetten Als lang vnd
alle die weyl wir mit der bezalunge des lipdinggeltz, so uor-
geschriben stet sewmig weren vnd dorymb nit genuog geton
hetten In moz als wir vns verschriben haben, Alle die weyle
wir aber die bezalunge selbs. vnd dem genuog tuon, als wir
vns verschriben hon, So sollen die vorgenanten von Dillingen
nyemantz dorymb von Vnsern wegen behafft noch verbunden
sein, in keynerley wise, dann sy soellen vns gewertig vnd
gehorsam sin als Irem rechten Herren vnd nach mosz als sy
vns dann zue den hailigen leiplich gesworn hond, getrewlich
vnd on alle geuerde. Vnd des alles zue vrkuende So geben
wir den vorgenanten von Dillingen disen brieue besigelten
mit vnserm aigem anhangendem Insigel. Vnd haben dartzuo ge-
beten den Erbern Vesten Ritter, Herrn Joerigen von Seckeu-
dorff die zit pfleger zu Werde vnserun besondernn guten frueu-
de, daz er sein Insigel im selbs on schaden zue gezueckinus
aller vorgeschriben sachen auch offenlichen daran gehencht hatt.
Der geben ist In dem Jore Als man zalt narh Cristi geburt
vierzehenhundert Jore vnd dornach in dem vieruudzwaintzigsten
Joren au Sand Gilgen tage.

CXXIV.

König Sigmund belehnt den Bischof Peter mit den Regalien des Hochstiftes.

Wir Sigmund von gotes gnaden Römischer Kunig zu allen czeiten Merer des Reichs vnd zu Vngern zu Behein Dalmacien Croacien etc. kunig Bekennen vnd tun kunt offeubar mit disem brieue allen den die In sehen oder hören lesen vnd ob sich vnser angeborne kunigliche güte gegen allen vnsern vnd des Richs vndertanen allczeit milticlich beweyset, Ir frumen vnd nucz zu schaffen, ydoch ist Si billich mit mererem fleis dorczu geneygt geistlicher leute vnd besunder der die mit willigen diensten vnd ganczer andacht in vnsern vnd des Richs gehorsam vnd trewn herkomen vnd stet beliben sind, ere vnd nucz gnediclichen zu uerwenden. Wann nu der Erwirdig Peter Bischoff zu Augspurg vnser fürste vnd lieber andechtiger für vns komen ist zu Ofen, als wir sassen, in vnser kuniglichen Maiestat gecziert mit solben wirden vnd schönbeiten als sich das von Recht gepürt, vnd bate vns diemuticlich, das wir Im vnd seiner Kirchen zu Augspurg seine Regalia vnd werntlichkeit zu uerliehen. Vnd wann nu sein vorfarn Bischoffe zu Augspurg vns vnd vnsern vorfaren Römischen keysern vnd künigen an dem Riche willig, getreu, gewertig vnd gehorsam gewest sind, Vnd Er auch vns vnd dem Rich willig getreu vnd gehorsam gewest ist, vnd sein sol vnd mag in künfftigen czeiten. Des haben wir angesehen vnd gnediclich betrachtet die obgenant sein diemütig bete vnd haben Im dorumb mit wolbedachtem mute, gutem Rat vnd Rechter wissen die vorgenant sein vnd seiner kirchen zu Augspurg

Regalia vnd werntlichkeit mit allen Rechten wirdikeiten, eren
vnd zirden dorczu gehörunden, von Römischer kuniglicher
macht, mit vnserm kuniglichen Scepter gnediclich verliben vnd
verleihen Im auch die vnd der vorgenant seiner kirchen in
krafft disz briefs vnd Römischer kuniglicher machtvolkomenheit
. Vnd wollen vnd gebieten dorvmb allen vnd yglichen seinen
vnd der vorgenanten Kirchen Mannen vnd vndertanen ernstlich
vnd vesticlich mit diesem brieue; das Si den vorgenanten pe-
tern Bischoffen zu Augspurg als irm Rechten ordenlichen her-
ren, in allen werntlichen gerichten vnd sachen die vorgenanten
Regalia vnd werltlichkeit antreffun furbaszmer ersamlich
gehorsam vnd gewertig sein sullen an alles widersprechen.
Als lieb In sey vnser vnd des Richs swere vngnad zu uer-
meyden. Mit vrkund disz briefs versigelt mit vnserm Maiestat
Insigel. Geben zu Ofen an sant lorenczen tag Nach Cristi
gepurt vierczehenhundert Jar vnd dornach in dem funffvnd-
czweinczigisten Jare vnserer Riche des vngrischen etc. in dem
Newnvnddrissigisten, des Römischen in dem funffczehenden
vnd des Behemischen in dem Sechsten Jaren.

.

CXXV.

Köing Sigmund erhebt das Kirchdorf Roettemberg zu einem Markt mit einem Wochenmarkt. ·

Wir Sigmund von gotes gnaden Römischer Kunig zu allen
czeiten Merer des Reichs, vnd zu Hungern, zu Behem, Dal-
macien, Croacien etc. kunig, Bekennen vnd tun kunt offenbar
mit disem brieffe allen den die In sehen oder hören lesen.
Das wir gutlich betrachtet vnd angesehen haben, gancze true

vnd vnuerdrossen dienste, die vns vnd dem Riche der Erwirdig Peter Bischoff zu Augspurg vnser fürste vnd lieber andechtiger getan hat, vnd fürhasz zu tund willich vnd bereit ist, vnd ouch wol tun sol vnd mag in kunftigen czeiten, Vnd haben dorumb mit wolbedachtem mute, gutem Rate, vnserr vnd des Richs fürsten vnd getruen, demselben Peter vnd synen Nachkomen Bischouen zu Augspurg dise gnade getan vnd fryheit gegeben, tun vnd geben In die mit rechter wissen von Römischer kuniglicher Macht volkomenheit in crafft disz briefs das seyn vnd syner zu Augsporg kirchen dorff Roettemberg, vnder dem Slosz Roettemberg gelegen, fürbaszmer ewiclich eyn Markt seyn vnd beliben sol, vnd das dorynn eyn gewonlich wochenmarkt vff eynen genanten tag, iglicher wochen gehalden sol werden, in aller masse, fryheiten vnd rechten, als dann andere vnsere vnd des Richs Merkte, Ire wochenmarkte halden vnd haben, Vnschedlich doch andern Steten vnd Merkten, die ynwendig eyner Meil vmb den vorgenanten Markt Roettemberg gelegen sind an Iren wochenmarkten, Vnd wir tun ouch dem vorgenanten peter Bischoff vnd den Inwonern desselben Marktes vnd Iren nachkomen dise gnade gunnen vnd erlouben In von Römischer kuniglicher macht in crafft disz brieffs, das sie ouch eynen Jarmarkt alle Jare vff eyn genante czeite, als In das nuczlich vnd bequemlich sin bedunket, in demselben Markt zu Roettemberg, haben vnd halden sollen vnd mögen, in aller der fryheit, gnaden vnd rechten als andere Jarmerkte in andern Steten vnd Merkten, dorumb gelegen gehalden werden, doch vnschedlich allen Steten vnd Merkten inwendig czwen Meilen vmb den vorgenanten Markt Roettenberg gelegen, an Iren Jarmarkten. Ouch tun vnd geben wir dem obgenanten Peter Bischoff vnd den Inwonern des yczgenanten Marktes zu Roettenberg vnd Iren Nachkomen dise besunder gnade vnd fryheit, das die Inwoner daselbst vnder In Richter vnd Scheppfen kiesen vnd erwelen sollen vnd mögen, nach Irer notdurfft, vnd die seczen als In das beste geuallen wirdet. Vnd das sy in demselben Markte

zu Roettemberg vnd synen gebieten vnd zugehörungen, Stok
vnd Galgon haben, nach recht vnd gewonheit des heiligen
Richs, vnd damit richten vnd tun sollen vnd mögen nach ge-
legenheit der sachen, als recht vnd billich ist. Vnd wir ge-
bieten dorumb allen vnd iglichen fürsten, Greuen, fryen, Edeln,
Rittern, kuechten, Amptleuten, Burgermeistern, Roten vnd Ge-
meinden aller vnd iglicher Stete, Merkte vnd dorffere, vnd
suszt allen andern vnsern vnd des Richs vndertanen vnd ge-
treuen ernstlich vnd vesticlich mit disem brieffe, das sie den
ogenanten Peter Bischoff zu Augspurg, syne Nachkomen vnd
die Inwoner des obgenanten Markts zu Roettemberg vnd Ire
Nachkomen an den vorgenanten vnsern gnaden den Jarmarkten
vnd Wochenmarkten nicht hindern oder irren in dheinweis,
Sunder sie dorezu fürdern, hanthaben, schücznen vnd schirmen
sollen, Als lieb In sy vnsere vnd des Richs swäre vngnade
zu vermyden. Mit vrkund disz briefs versigelt mit vnserr
kuniglicher Maiestat Insigel. Geben zu Ofen nach Crists ge-
burt Vierczehenhundert Jar vnd dornach in dem funfvndczwen-
czigisten Jard An vnserr lieben frowen Abend Assumptionis.
Vnser Riche des Vngrischen etc. in dem Nunvnddrissigisten,
des Roemischen in dem funfczenden, vnd des Behemischen Im
Sechsten Jaren.

                           Ad mandatum domini Regis
                           Franciscus prepositus Strigoniensis.

CXXVI.

Anno 1425. 22. Augusti. Bude.

Sigismundus rex ecclesiae Augustensi omnia jura et privilegia confirmat.

In Nomine sancte et Indiuidue Trinitatis feliciter amen. Sigismundus dei gracia Romanorum Rex semper Augustus ac Hungarie, Bohemie, Dalmacie Croacie etc. Rex. Ad perpetuam rei memoriam. Imperialis maiestatis sublimitas, sicut supremi dispensatione consilii et eterni principis digna prouidencia ceteris statibus antefertur Sic eciam singularis inclinacione fauoris, et quadam uberiori prerogatiua gracie, ad subditorum optata comoda zelo benignitatis innate, quasi ex quodam debito dignatur intendere et non inmerito prosit omnibus, Ls qui potestate domini et distense Jurisdiccionis robore imperat vniuersis. Sane licet vniuersalis mundi condicio et singulorum utilitas nostre meditacionis existant, Ad illos tamen amplioris gracie et pietatis oculos, benigue conuertimus, quos in conspectu nostri culminis fidei et uirtutum constancia et laboris diuturnitas ceteris faciunt anteire. Hinc est, quod preclare deuotionis insignia et immote fidei constanciam, quibus Venerabilis Petrus Augustensis Episcopus princeps et deuotus, noster dilectus, approbata sed utilitate eximios non recusando labores nobis complacuit et in futurum utique tanto diligencius placere tenebitur, quanto se amplioribus a nobis beneficiis senserit prosecutum, dare nostre mentis intuitu preclarius intuentes sibi Decano Preposito Capitulo et Ecclesie sue predicte imperpetuum, omnia et singula priuilegia, literas, gracias et indulta, que et quas super donacionibus, largicionibus, cessionibus, libertatibus, emunitatibus, contractibus, emptionibus, obligationibus, pactis, acquisicionibus, exempcionibus, Jurisdiccionibus, Juribus, consuetudinibus, mu-

39 *

nitionibus, Ciuitatibus, villis, prediis, agris, bonis et omnibus dictorum Episcopi, Decani, prepositi Capituli et Ecclesie pertinenciis, quibuscumque distinctis nominibus designari consueuerunt, a diuis Imperatoribus et Regibus Romanorum predecessoribus nostris et ab hiis qui Romani Imperii prefuere regimini hactenus et quibuscumque principibus Ecclesiasticis uel Secularibus personis 'ex' gracia fauore seu indulto iuste obtinuisse noscuntur. In omnibus suis tenoribus, sentenciis, punctis et clausulis prout scripta uel scripte sunt ac si de uerbo ad uerbum presentibus inserta seu inserte consisterent, eciam si de Jure uel consuetudine deberet de ipsis in presentibus seriatim fieri mencio specialis. Animo deliberato sano principum Baronum et procerum nostorum accedente consilio Approbamus, Innouamus, ratificamus et de Romane Regie potestatis plenitudine confirmamus, omnem defectum siquis in premissis, ex defectu sentenciarum, aut obscuritate uerborum, seu quauis interpretacione dubia et sinistra compertus fuerit supplentes de supradicte Romane Regie plenitudine potestatis, nostris et Imperii ac aliorum Juribus in omnibus semper saluis. Nulli ergo omnino hominum liceat hanc paginam nostre approbacionis Innouacionis Ratificacionis Confirmacionis et defectuum supplecionis infringere aut ei ausu temerario contraire. Siquis autem hoc attemptare presumpserit, penam Mille marcarum auri se nouerit incursurum, Quarum medietatem Imperiali fisco nostro et reliquam partem injuriam passis decernimus applicandam, Presencium sub nostre Maiestatis Sigillo testimonio literarum. Datum Bude in die Sancti Yppoliti Anno domini Millesimo quadringentesimo Vigesimo quinto Regnorum nostrorum Hungarie etc. Tricesimo nono Romanorum quintodecimo et Bohemie Sexto Annis.

CXXVII.

Der vormalige Bischof Anselm gibt dem Bischof Peter
alle Briefe um die von demselben eingelöste Pfandschaft
der Vogtei über das Gotteshaus Ottobeuern, die Gut
zu Buchlon und Tullishusen u. a. zurück.

Wir anszhalm vor zyten Bischoff ze Augspurg, verieben
offenlich für vns vnd alle vnser erben vnd nachkommen mit
disem briefe vnd tuen kunt allen den die disen briefe ansebent,
lesent oder hörent lesen Als wir mit dem hochwirdigen fürsten
vnserm lieben herren vnd Sune hern petern Bischoff ze Augs-
purg durch die Erbern vnd wisen petern den vngelter by den
zyten Burgermaister Clausen vngelter vnd Hannsen Ehinger
Johan Ehingers säligen Sune Burger ze Vlme die des tädinger
gewesen sind betädinget vbertragen vnd entschaiden syen etc.
nach lutt vnd begryffung der besigelten tädingsbriefe darüber
gegeben der datum wyset vff frytag nach sant Michelstage
nachstuergangen vnd als vnder andern ain artikel in denselben
tädingbriefen begriffen ist vnd beseit, die maynung, Als der vor-
genant vnser herre Bischoff peter die vogtey vber daz Gotzhus
ze Ottenburren vnd die gute ze Buchlon vnd ze Tullishusen
von vns erledigt vnd erlöset hat etc. das wir Im darumb alle
briefe von der selben pfantschafft wegen vnd darzu ainen will-
briefe vnd verzychbriefe für vns vnd vnser erben vnd menglich
von vnserm wegen übergeben sollen etc. Also mit gutem willen
vnd wollbedachtem mute mit zytiger guter vorbetrachtung vnd
völligem Raute aller der Raute wir denne in der sache
pflegen wolten. So haben wir dem egenanten herren vnd Sune
hern petern Bischoff zu Augspurg vnd allen sinen nachkomen

vnd ouch dem yeczgenauten Goczhus zu Augspurg dise nach-
benempteu briefe vbergeben vnd geben wissentlich mit krafft
dicz briefs. By dem ersten deu kouffbriefe Als Bischoff Bur-
ckart von Augspurg vnser vorfarn sälig mit dès Cappitels willen
gunste vnd verheuknüsz Hern Swyggern vou Mindelberg Ritter
vnd frow kathrynen von fryberg siuer Eelichen huszfrowen den
Markte vnd fleken pfaffenhusen mit luten vnd mit guten dle
wyler dörffer hasperg vnd wiutzern ouch mit luten vud mit
guten vnd darzu dryssig pfunt gelts Augspurger herrengelts
vsser deu guten ze Tullishusen vnd ze Buchlou gelegen das
alles mit aller zugehörnng recht vnd redlich ze kouffent gegeben
hat vmb driv Tusent pfund vnd zwayhundert pfund guter vnd
gaber Iteliger haller vff ainen widerkauffe nach desselben briefs
lut der mit desselben Bischoff Burkarts vnd des Cappittels ze
Augspurg Insigeln besigelt vnd gebeu ist au sant Johauns Aubent
ze Suuweunden nach Christi vnsers herreu gepurte drivzehen-
huudert vnd in dem Ainen vnd Nivnczigisten. Jareu. Jtem den
pfantschafftsbriefe als vuser Bruder hanns von Neuinngen sälig
gehept hat vber die vorberürten güter zu Buchlun vnd zu Tullis-
husen vnd vber die vogtyen des Goczhus zu Ottemburen mit
vnserm vnd des Cappittels ze Augspurg ynsigeln · · · · · · · · · Als

daz driv Tusent vnd funf hundert Rinischer guldin · · · · · · · be-
· · · · · · · · · · · · · · · · · · · an Mittwochen vor de · · · · · · · · · tag in
· undert
vnd darnach in dem zway un · ainen
briefe Als sich vuser bruder · gen
· vnd
müterlich erbe nie von ainander getailt haben vnd wir Im ge-
gounen haben solich vnser vätterlich vnd müterlich erbe vff
pfanntschafft ze legen vnd solich pfanntschafft vff sich vnd sin
erben ze verscbryben vnd die nuczung ynzenemmeu etc. vnd er
nu zu der pfanntschafft der vogty ze Ottenburen vnd der gute
ze Buchlon vnd ze Tullishusen damit kommen sy darumbe so
habe er vns den pfantbriefe vber die yeczgenaunten vogty ze
Ottenburen vnd über die gute ze Buchlon vnd ze Tullishusen

yngeantwurt vnd yngegeben in solicher beschaidenhait, Ob er
vor vns von tode abgieng, vnd er stürbe daz wir denne alle die
rechte an der obgeschriben pfantschafft, nach Innehalt des pfannd-
briefs haben vnd havn solten als Im vnd ainen erben verschriben
ist, der selb briefe mit sinem vnd der vesten ytels von wester-
nach Jacobs von Althain vnd frauczen vom Stain ynsigeln ver-
sigelt vnd gegeben ist nach Christi vnsers Herren geburte vier-
czechen hundert zwainczig vnd ain Jare an frytag vor vnser
lieben frowen tage Als si geborn ward. Item ainen spruch-
briefe als der Strenng her wolff vom Stain von Klingenstain
Ritter als ain gemainer mitsampt den spruchleuten die by Im ge-
sessen sind nach des vorgenannten Hannsen vou Nenningen
vnsers bruders säligen tode vns vnd Rychgarten von fryberg
desselben vnsers bruders säligen Eelich wittwen vnd von iren
wegen den vesten Cunraten von fryberg Iren bruder entschaiden
vnd vszgesprochen haben vnder anderm, daz wir ir für ir vor-
drung vnd zuspruche die si denne zu desselben Hannsen von
Nenningen vnsers bruders säligen gute allem vnd yeglichem ge-
hept hat ald maint ze haben. geben solten funfzechenhundert
guldin guter Rinischer guldin vnd die selb Rychgart von fryberg
solt ouch vns vfgeben alle die rechte verdrung vnd anspruch
die si gehept hat ald haben möcht, zu des egenanten Irs Eelichen
manns Hannsen von Nenningen säligen verlassen gute allem vnd
yeglichem nichtzit vszgenomen vnd solte sich des für sich vnd
ir erben verzyhen etc. der selb briefe mit des obgenanten hern
wolfs vom Stain des gemainen, mit hern Eberhartz von fryberg
Ritters mit Vlrich leowen mit vnserm vnd der vorgenanten Rych-
garten von fryberg ynsigeln versigelt vnd geben ist, vff donrstag
nach des hailigen Cruczes tage als es erhöhet ward nach Christi
vnsers Herrn geparte vierzechen hundert vnd darnach in dem
zwey vnd zwainczigisten Jaren Item ainen verzichbriefe den
vns die dikgenant Rychgart von fryberg vnsers Bruders säligen
wittwe vmb allez daz gute daz denne der vorgenannt Hanns
von Neningen vnser bruder sälig vberale yendert gehept vnd
nach sinem tode hinder Im verlassen hat der mit Irem vnd des

Strengen Hermans vou fryberg Ritter irs vatters vud des ege-
nanten Cunrats von friberg, irs Bruder ynsigeln versigelt vnd
geben ist vff donrstag nach des hailigen Cruczes tage ze herbste
nach Cristi vnsers herren gepurt vierzechen hundert vnd in dem
zway vnd zwainczigisten Jaren vnd vnsern Schultbriefe, den
wir der yeczgenanten Rychgartten von fryberg vmb die ege-
schriben funfzechen hundert guldin verschaidens gelts gegeben
vnd wider von ir erloeset haben der mit vnserm angehenkten
yusigel versigelt vnd vff sant Matheus des hailigen zwölfbotten
vud Evangelisten Aubent nach Christi vnsers Herren gepurte in
dem vierzechen hundertisten vnd zway vnd zwainzigisten Jaren
gegeben ist etc. Vnd bekennen daz der vorgenant vnser herre
vnd Sune herr peter Bischoff ze Augspurg die obgeschrieben
briefe alle vnd jeglich mit vnserm gunsie vnd guten willen Inne
vnd von vns genczlich erlediget vud erlöst hat, wir verzyhen
vnd begeben vns ouch daruf mit disem briefe fur vns vnd alle
vnser erben vnd nachkomen vnd'fur menglich von vnsern wegen
gen dem yeczgenanten vnserm herren vnd Sune hern Petern
Bischoff ze Augspurg vnd gen sinem Goczhus vnd gen allen
iren nachkommen der egeschriben pfantschafft der vogty vber
daz Goczhus ze Ottenbueren vnd der gute ze Buchlon vnd ze
Tullinshusen mit leuten vnd mit guten vnd mit aller vnd yeg-
lieber zuogehörung Also das wir noch dehain vnser nachkommen
noch nieman andro von vnsern wegen den obgenanten vnsern
Herren vnd Sune hern petern Bischoff ze Augspurg sin Gocz-
hus noch dehain sin nachkommen von nieman andro von iren
wegen von der vorgeschriben pfanntschafft, noch dehainer irer
zuogehörung wegen noch dieselben pfantschafft nu furbasz der
vorgeschriben pfantschafft halb noch vmb die Summe die denne
die egeschriben pfantschafft gestannden ist nymmer nichtzit mer
anraichen Irren bekumbern noch bekrenken sullen noch wollen
noch kain vordruug ausprauch noch rechte mit dehainen gerichten
weder gaistlichen nach weltlichen noch ane gerichte noch ge-
mainlich mit dehainen andern gerichten weder gaistlichen noch
weltlichen noch ane gerichte noch gemainlich mit dehainen andern

sachen furzogen noch funden wie man die mit nämlichen wortten
erdenken oder genennen mochte darzuo noch darnach ewiklich
noch nymmer mer sullen noch muegen gewinnen noch haun an
debainen stetten noch in kainen wege. Wir verschryben vnd
verpinden ouch vns des sunderlich ob daz wäre daz wir oder
debain vnser erben ald yeman andro von vnsern wegen
nu fürbasz ymmer debainerlay briefe von der vorgeschriben
pfantschaff wegen der vogtey vber daz Goczhus ze Ottenburen
vnd der gute ze Buchlon vnd ze Tulliszhusen mit aller vnd
yeglicher zuogehörung ald die zu der selben pfantschafft ge-
hoerten furbraechten ald zaigten woelicherlay briefe daz waeren
oder wie daz zugieng daz denne dieselben briefe alle vnd jeg-
lich wa die ymmer ze augen kaemen ald furbracht wurden yecz
als denne vnd denne als yeczo an allen stetten vnd vor allen
leuten vnd gerichten da si denne furkaemen zemale vnnucze
kraftlos vnd tode haissen vnd sin vnd dem vorgenanten vnserm
herren vnd Suue hern petern Bischoff vnd sinem Goczhus ze
Augspurg vnd allen sinen nachkommen debainen schaden kummber
noch gebrechen bringen noch beren sullen noch mugen an de-
hainen stetten noch in kainen wege. Vnd des alles ze waren
vnd offnem vrkund So haben wir vnser aigen Insigel offenlich
tun henken an disen briefe. Darzu haben wir vlyssigklich ge-
betten die Erbern vnd wysen peter vngelter by den zyten Bur-
germaister Claus vngelter sin Bruoder vnd Barthlome Gregge
Richter vnd burger ze Vlme das die ire aigne Insigel anne
schaden in selb zu ainer waren gezwgnicsze vnd gedachtnusze
aller vorgeschriben sache offenlich ouch gehenket hand an disen
briefe der geben ist vff aftermentag vor sant Symon vnd sant
Judas der zwayer hailigen zwölfbotten tage Nach Christi vnsers
Herren gepurte vierzechenhundert vnd darnach in dem fuuf vnd
zwainczigisten Jaren.

CXXVIII.

Anno 1427. 28. Juni.

Verschreibung des Bischofs Peter um 4000 Gulden,
welche zu einem Zug gegen die Hussen von der Pfaff-
heit des Stiftes Augspurg erlegt werden sollen.

Wir Peter von gots vnd des hailigen Stuls gnaden Bi-
schoff zu Augspurg Bekennen offenlich vnd tun kunt aller-
medglich mit disem brieff. Als vns vnser bailiger vatter der
Bapst gebotten die hochwirdigen vnd hochgebornen durchlewch-
tigen des hailigen Römischen richs gaistlich vnd weltlich kur-
fürsten gebetten vnd ermant haben wider die vngloubigen Hus-
sen vnd ketzer zu Beheim mit selbs leibe nach solichs zogs
anslags weisung so, die vorgenanten kurfürsten zu franckfurt
als sie nechst bei ainander gewesen sind mit ainander vberain-
komen sind, mit sampt andern des richs fürsten etc. zu ziehen
das wir zu diesen zeiten nicht vermugen on hilff vnd fürdrung
vnsers Capittels des Tums ze Augspurg vnser Prelaten vnd
gemainlich aller vnser Pfaffhait in vnserm Bystum, die wir
darumb für vns besant vnd geuordert haben, vnd die vns alle
zugeseit hand, das si vns zu hilff vnd fürdrung vmb das wir
den zog in obgeschribener weise dester bass volbringen mügen
geben wollen vier tusent guldin alles guter gerechter voll
swerer Rinischer guldin vnd die bezalen zwuschent dem Ohro-
sten tag der weyhennechten schierst koment nach datum diss
brieffs vnd vnser lieben frowen tag Purificacionis der darnach
aller schirost komet vnd die weyle sie sich nu vns berinne
alle als hillfflich beweiset vnd sich selben als swarlichen an-
griffen haben gereden vnd globen wir bey vnsern guten
trewen den Ersamen vnsern lieben andächtigen in got herren

hainrich Truchsessen Tumprobst Gotfrid härschern degant vnd
gemainlich vnserm Capittel des Tums ze Augspurg allen pre-
laten vnd gemainlich aller vnser Pfaffhait in vnserm vorgenan-
ten Bystum ausagenomen alle exempti die her zu nicht gewant
sind das wir noch yeman von vnsern wegen die vorgeschriben
Summ der viertusent guldin nicht einnemen noch dehain recht
vordrung noch ansprach darzu noch darnach haben sullen noch
wollen weder mit gaistlichen noch mit weltlichen gerichten
noch sunst in dehain weise, Besunder so sollen die vorgenan-
ten Ersamen herren der Tumprobst vnd Tegand vnd gemainlich
vnser Cappitel des Tums ze Augspurg von ir partye, alle vor-
genanten Prelaten auch von ir partye vnd gemainlich alle ander
vnser Pfaffhait in vnserm Bystum von ir Party leute erkiesen
erwelen vnd darzu geben vnd setzen, Die die obgeschriben
Summ der viertusent guldin innement vnd enpfahend vnd were
oder würde yeman vnder in die ir anzal daran geben sullen
saumig weren oder würden vnd ir anzale an die obgeschriben
Summ der viertusent guldin nicht richtent vnd bezaltent, zu dem
zile als sie sich des mit ainander geaint haben So sullen vnd
wollen wir den vorgenanten erwelten dargegebenen gesetzten
leuten mit vnserm Corgerichte briefen vnd vnsers Corgerichtes
knechten hilfflich vnd fürderlich sein gen dem oder den die ir
vorgerurter anzale saumig weren zu bezalende das sie darzu
genott vnd praucht werden ir anzale an die obgeschriben Summ
der viertusent guldin ze richten vnd bezalende vnd sullen vnd
wollen das tun als offt vnd dick sie des bedürffent vnd nott-
dürftig werdent ane der obgenanten Ersamen des Tumprobsts
Tegands vnd gemainlich vnsers Capitels aller vnser prelaten
vnd gemainlich aller vnser Pfaffhait schaden vnd wenne auch
also die obgeschriben Summ die viertusend guldin zusamen
pracht vnd komen sint, Dann fürbass sollen wir mit sampt den
obgenanten Ersamen herren hainrich Truchsess Tumprobst
Gottfrid barscher Tegand vnd gemainlich vnserm Capittel des
vorgenanten Tums ze Augspurg darüber siczen vnd ze erken-
nen wie vnd in welicher masse vnd waran die obgeschriben

40*

Summ die viertusend guldin geleit vnd bewendt werden sullen damit solich schulden bezalt oder Pfantschafften erlediget vnd gelöset werden die vnser vorfaren Bischoffe oder wir schulden gemachet oder versatzunge getan haben als ferre denne die vorgeschriben Summe gelangen vnd geraichen mag ane geuerde vnd. wie vns vnd sie das beduuket vns vnd vnserm gotzhusse allerbeste vnd nutzlichest sein vnd wie wir vnd sie daz also in vorgeschribener weise fürnement, dabey sol es denne gentzlich bleiben vnd also augelait werden ane aller menglichs Irrung inträge vnd widerrede Vnd auf das sullen vnd wollen wir die obgenanten Ersamen vnser lieb andächtigen herren hainrich Truchsess Tumprobst Gotfrid harscher Tegand vnd gemainlich vnser Capittel des Tums ze Augspurg auch alle vnser Prelaten vnd die gemainen Pfafhait in vnserm vorgenanten Bistum von vnser vnd aller menglichs von vnsers wegen als von sante Peters vnd Sante Pauls der hailigen zwayer zwölffbotten tag dere schierest komet nach datum diss briefs das nechst künfftig Jare das darnach aller schierest komet gancz vas von hilff vnd fürdrung wegen wider die obgenanten Hussen vnd Ketzere onangeraicht onangeuordert vnbekümbert vnd geruwig bleiben laussen, des alles ze offnem vnd warem vrkunde haben wir vnser aygen Insigel tun henken an disen brieff, der geben ist auff der vorgenanten Sant Peters vnd Sant Pauls tag aubent des jars do man zalt nach Cristi vnsers herren geporte viertzehenbundert jare vnd darnach in dem Siben vnd zwaintzigistem Jaure.

CXXIX.

Anno 1427. 30. Junii. Dillingen.

Petrus episc. parrochialem ecclesiam in Oberndorf vicariis ecclesiae Augustan. confert.

In nomine domini amen Quia inter cetera nostre solicitudinis circa que nobis ex debito officii pastoralis incumbunt illud precipuum esse dinoscitur, quod cultus diuinus fideique orthodoxe deuocio ubique, nostre cooperacionis ministerio augeatur. Idcirco nos Petrus dei et apostolice sedis gracia Episcopus Augustensis Notum esse volumus presencium inspectoribus vniuersis Quod considerata multitudine personarum Vicariorum ecclesie nostre Augustensis predicte necnon et paucitate reddituum de quibus debent et minus commode poterant persone eedem sustentari ac eciam diuersorum pietate operum que per dictas personas in ipsa ecclesia nostra Augstensi cottidie fiunt et. exerceri laudabiliter consueuerunt pro huiusmodi augmento et aliis piis operibus exercendis parrochiam et ecclesiam parrochialem in Oberndorff nostre diocesis vacantem ad presens per liberam resignacionem discreti uiri Johannis hailger inmediati eiusdem ecclesie Rectoris cuius Juspatronatus ad nos nostrosque. successores pleno jure dinoscitur pertinere cum vniuersis et singulis fructibus redditibus Juribus. et obuencionibus ipsius ecclesie, quocumque nomine censeantur prefatis vicariis ecclesie nostre Augustensis Vnacum consensu venerabilium in Christo nobis dilectorum prepositi, decani et Capituli ecclesie nostre predicte auctoritate Ordinaria ex certa sciencia Incorporauimus vniuimus et presentibus Incorporamus vnimus et annectimus Volentes et concedentes ut ipsi vicarii predicti et ipsorum successores auctoritate propria eiusdem parrochialis ecclesie in Obern-

dorff nunc vacantis, possessionem valeant et possint apprehen-
dere corporalem et illam in suos proprios usus perpetuo retinere
Necnon singulos et vniuersos fructus redditus et obuenciones
cum omnibus Juribus ad ipsam ecclesiam in Oberndorff spectan-
tibus, pro sustentacione ipsorum, recipiant, colligant, ac de ipsis
disponant, sicut suis utilitatibus crediderint expedire Insuper
volumus et ordinamus quod ipsi vicarii nostri iamdicti et ipsorum
successores nobis et successoribus nostris quando et quociens
ipsam ecclesiam in Oberndorff vacare contigerit sacerdotem
ydoneum attamen secularem pro perpetuo vicario per nos rite
et legitime Instituendum, assignent canonice. et presentent pro
cuius sustentacione congrua et honesta de predicte ecclesie
redditibus talis constituatur prebenda quod hospitalitatem tenere,
Jura papalia et Episcopalia se Archidiaconalia exsoluere possit
et valeat, ac commodosius alia incumbencia onera supportare
Item quod predictus sacerdos taliter per nos ad ipsam ecclesiam
Instituendus seu nostros successores in ipsa ecclesia residen-
ciam more solito faciat personalem, quod sic facere promittat
in prima ipsius recepcione collatoribus predictis Et si Idem
sacerdos pro vicario ipsius ecclesie taliter Institutus ad Sex
menses uel ultra se contra consensum et voluntates nostras et
collatorum predictorum contumaciter ab eadem ecclesia absenta-
uerit sine causa legitima extunc statim ipso facto nulla cogni-
cione seu monicione premissa ipso beneficio sit priuatus et to-
taliter destitutus prefatisque Collatoribus licenciam damus alium
ydoneum presbyterum ad eandem ecclesiam in Oberndorff pre-
sentandi modis et formis preconceptis. In quorum testimonium
et euidenciam pleniorem presentes conscribi iussimus et ipsis
tam Sigillis nostri quam Capituli nostri prefati appensione tra-
dimus legitime communitas Nos itaque hainricus Truchsäsz pro-
positus Gotfridus harscher decanus totumque Capitulum ecclesie
Augustensis recognoscimus per presentes et profitemur dictam
Incorporacionem et vnionem ac omnia et singula in dicta litera
conscripta de scitu et voluntate nostris processisse Idcirco Si-
gillum nostrum ad sigillum domini nostri Episcopi prelibati pre-

sentibus duximus appendendum, · Datum et actum · in Castro nostro dillingen ij kl· Julii Anno domini Millesimo Quadringentesimo vicesimo Septimo Indictione Quinta etc.

CXXX.

Anno 1429. 21. Februar.

König Sigmund erhebt das Dorf Sunthoven zu einem Markte mit einem Jahrmarkte.

Wir· Sigmund von gotes gnaden Römischer kunig zu allen ezeiten Merer des Reichs vnd zu Hungern zu Behem Dalmatien Croacien etc. Kunig. Bekennen vnd tun kunt offenbar mit disem brieff allen den die in sehen oder boren lesen, das wir gutlich betrachtet vnd angesehen haben, gancze trewe, vnd vnuerdrossene dienste die vns, vnd dem Riche der Erwirdig Peter Bischoff zu Augspurg, vnser furst, vnd lieber Andechtiger, vnd der veste vlrich von Haymenhofen vnser vnd des Richs lieber getreuer, getan haut vnd furbasz zu tund willig, vnd bereit sind, vnd ouch wol tun sollen vnd mögen in kumftigen czeiten, vnd haben darumb mit wolbedachtem mute, gutem Rate vnser vnd des Reichs getreuen, denselben Peter, vnd synen Nachkomen Bischouen zu Augspurg, vnd vlrichen von haymenhofen, vnd synen Erben, vnd Nachkomen dise gnade getan, gegunnet, erloubet vnd fryheite gegeben, Tuu gunnen, erlouben vnd geben in die mit rechter wissen von Romischer kuniglichen macht·volkomenheit, iu craft disz briefs, das ir dorff Sunthofen furbasz mer ewiclich eyn Markt seyn, vnd bliben sol vnd das Sy, vnd die Inwoner vnd Burger daselbst zu Sunthofen ewiclich alle Jare eynen Jarmarkt iu demselben Markt Sunthofen, den Sy vff eynen bequemlichen genanten tag nennen werden, vnd ver-

kundigen vnd vszruffen lassen, der fumff tage nach eyn ander
weren sol, haben vnd balden sollen vnd mögen vnd das ouch
alle wochen vff den donrstag in demselben Markt eyn gewon-
lich wochenmarkt gehalden sol werden mit aller masse fryheiten
vnd rechten, als dann andere Stete vnd Markte in dem heiligen
Riche gelegen ire Jarmarkte, vnd wochenmarkte haben vnd
halden. Vnschedlich doch andern Steten vnd Merkten die in-
wendig eyner Meile vmb den vorgenanten Markte Sunthofen
gelegen seyn an iren Jarmerkten vnd wochenmarkten. Ouch
tun wir den obgenanten Peter Bischoff vnd synen Nachkomen
vnd Vlrichen vnd synen Erben vnd Nachkomen dise besunder
gnad, das die Inwoner daselbst zu Sunthouen, mit gunst, vnd
willen irer herschafft, vnder in selbs Richter, vnd Scheffen kiesen,
vnd erwelen sollen vnd mögen, die frome biderbe vnd vnuer-
sprochene vnd vnuerrukte leute sind nach irer notdurft, als in
das beste geuallen wirdet, Vnd das sy in demselben Markt zu
Sunthofen, vnd seynen gebieten vnd zugeborungen, Stock und
Galgen haben, nach recht vnd gewonheit des heiligen Richs,
vnd damit richten sollen vnd mögen, nach gelegenheit der sachen,
als recht vnd billich ist. Vnd wir gebieten dorumb allen vnd
iglichen fursten, geistlichen vnd weltlichen Grauen, fryen herren,
Edeln Rittern knechten, Amptleuten, Richtern, Burgermeistern,
Scheppfen, Reten vnd gemeynden, aller vnd iglicher Stete,
Merkte vnd dorffere, vnd suszt allen andern vnsern vnd des
Richs vndertanen vnd getreuen in welichem wesen, state vnd
wirden die sind, die nu seyn, vnd hernach komen werden,
ernstlich vnd vesticlich von Romischer kuniglicher macht mit
disem brieff, das sie die obgenanten Peter Bischoff vnd seyn
Nachkomen vnd Vlrichen vnd sein Erben vnd die Burger vnd
Inwoner des vorgenanten Marktes zu Sunthofen vnd ihre Nach-
komen vnd ouch alle vnd igliche koufleute vnd ander leute vnd
persone die vff die egenanten Jarmarkt vnd wochenmarkt cziehen
vnd komen, vnd von dannen cziehen, an iren liben, gutern, habe
vnd kouffmanschacz wider soliche vorgenante vnsere gnade er-
loubung vnd gunst, nicht hindern, irren, leidigen oder betruben,

vnd ouch an dem vorgenanten Gericht nicht hindern in dhein-
weis, Sunder Sy getrulichen daby hanthaben, schuczen vnd,
beschirmen, Als lieb in Sy. vnsere vnd des Richs swäre vngnad
zu uermyden. Mit vrkuud diez briefs versigelt mit vnserm An-
hangendem Insigel. Geben zu Cassaw Nach Christs gebart
vierczehenhundert jar, vnd darnach in den Neunnudczwenczigisten
Jare, Am nechsten Montag vor sant Peters tag ad Cathedra,
vnsrer Riche des Hungrischen etc. in dem czweuundvierczigisten
des Romischen in dem Nûnczenden vnd des Behemischen im
Nünden Jaren.

CXXXI.

Anno 1429. 16. December.

**Das Domkapitel vergleicht den Streit zwischen dem
Bischof Peter und der Stadt Füssen um den Zoll
daselbst und das Einnehmen der Stadtgefälle.**

Wir Gotfrid Harscher Dechant, Vnd die herren gemainklich
des Capitels zuo dem Tuom ze Auspurg. Tuon kunt von sol-
licher miszhellung vnd zwayung wegen, So gewesen sint, zwu-
schent des Hochwirdigen fursten vnd vnsers gnedigen herren
an ainem, Vnd der Ersamen weysen des Rautes seiner burger
vnd der gantzen gemainde des obgenanten vnsers gnedigen
herren Statt Fuessen, au dem andern tailen, Als von des czolles
wegen daselbst, So dann vor jaren Ott kayser vud Conrade
sailer bed burger czu fuessen gewesen ingenommen haben, vnd
auch von ander der vorgenanten Statt fuessen gemainen czinsen
vnd czwayunge sy aber von baiden tailen gentzlichen vnd gar
vff vns kommen vnd gegangen sind, Mit sollicher beschaiden-
hait, wie wir sy darumb mit vnserm Spruch vszrichten vnd
entschieden, das sy von baiden tailen dabey bleiben vnd das

stat halten woelten getrewlich vnd an alle geuerde Bechennen,
vnd verieben wir offenlich, vnd tuon kunt aller mengklichen
mit dem brieff, Das wir in vnserm Capittel, da wir alle darumb
ze sammen komen waren mit belutter glocken als sittlich vnd
gewonlich ist, Ir baidertaile vordrung rede vnd widerrede nach
aller ir notdurfft gehoert vnd wol vernommen haben, Sunder-
lichen als danne die egenant von fuessen ettlich von irem Raute,
auch von den zwoelffen, auch von der gemainde der benauten
stat fuessen mit des vorgenanten Rautes vnd der gantzen ge-
main czuo fuessen vollen gewalte darumb czu vns geschickt
haben, nach weisung ains offen gewaltbrieffs, den sy vns mit
der egenanten Statt fuessen Insigel besigelt pracht vnd gezäugt
haben, vnd nach dem, wir vns aller vnd yeglicher gelegenhait
der sachen aygentlichen erfaren erkunnet vnd vns daruff wol-
bedacht haben, So haben wir sy in Capitels weise mit vnserm
ainhelligem vnd gemainem spruche entschaiden vnd czwuschent
ir vszgesprochen als hernach geschriben staet, Zuo dem ersten,
das all vngnade so der obgenant vnser guediger herre der Bi-
schoff czuo den egenanten sein Burgern von Fuessen,
vnd all vnwill, so dieselben Burger gen dem obgenanten vn-
serm vnd irem gnedigen herren dem Byschoff als von der
oben beruerten sach wegen gebeppt haben allerding gentz-
lichen vnd gar ab vnd bericht sein sullen, Also das daz
vnder den vorgenanten parteyen dehain tayle gen dem andern,
noch yeman von dehains tayls wegen in argem nymmer affern
noch melden sullen in dehain weise, Sunder das der obgenant
vnser gnediger herre der Bischoff hinfur der egenanten seiner
Burger czuo fuessen gnediger herre sein sol, vnd das auch
sy seinen gnaden allweg willig gehorsam vnd vntertaenig sein
sullen, als sy dann des seinen gnaden als iren rechten herren,
schuldig sind cze tuon, Danne von des vorgemeldten czolls
wegen, haben wir vns aygenlichen vmb erfaren das derselb
czoll dem Gotzhus czuo Augspurg czuogehoeren sol, vnd das
in die egenant von fuessen von gnaden vnd nicht von Rechts
wegen innegeheppt haben, Vnd haben auch füro gesprochen

das derselb czolle hinfür dem obgenanten vnserm guedigen herren dem Bischoff seinem Gotzhuse vnd nachkomen zuogehoeren sol, vnd ob derselb zolle hinfur ymmer den egenanten von fuessen von dem obgenanten vnserm gnedigen herren dem Bischoff oder seinen nachkomen gelaszen wurde, daz daz von gnaden vnd nicht von Rechts wegen beschehen sol, Danne von der egenanten Statt fuessen vorgemeldten gemainen cziusen vnd nutzen wegen warusz in die danne gand, haben wir auch furo gesprochen, das die egenanten Burger zuo fuessen drey Erber manne den ain vsz irem Raute, den andern von den czwölffen vnd den dritten von   de furderlichen vnd als offt das notdurftig wirt, darzuo   setzen sullen, die der egenanten Statt fuessen gem   d nutze hinfur alle Jare wanne die geuallent innemen, vnd an derselben Statt gemainen schinbarlichen nutze vnd notdurfft widerumb vszgeben vnd anlegen sullen, die in auch globen vnd sweren sullen, das also ze tuon vnd vollfueren getrewlich vnd ane alle geuerde. Vnd das ouch dieselben drey Erber manne darumb alle Jare vor dem obgenanten vnserm gnedigen herren dem Bischoff oder vor dem, den sein gnade darzuo beschaidet, auch vor den, die dann vor dem egenanten Raute czuo fuessen, vsz den czwölffen, vnd vsz der gemain darzuo beschaiden werden Ain erber redlich rechnung tuon sullen bey den vorgeschribnen iren gluebden vnd ayden, Vnd daruber czuo vrchund haben wir vnsers Capittels Insigel laszen heucken an disen Spruchbrieff, doch vns vnd vnserm Capittel on schaden, der zwen von wort ze wort gelich sint, vnd der wir yegklicher vorgenanter parteye ain gegeben haben, Das ist geschehen in vnserm benanten Capittel vnd der Spruchbrieff gegeben, vff dem nechsten freytag vor sant Thomans tag des heiligen czwoelffpotten, des jares da man czalt nach Christi vnsers herren gepurte Viertzehenhundert Jare, vnd darnach in dem Nun vnd zwaintzigistem Jare.

CXXXII.

Petrus ep. parochialem ecclesiam in Wolpach in vicariam confirmat.

Petrus dei apostolice sedis gracia Episcopus Augustensis Ad perpetuam rei memoriam Pastoralis nobis iniuncti officii ministerium exequimur dum ad ea que diuini cultus augmentum efficiunt gracili munificencia opitulamur vnde profecto scaturit fonteteuus quod recte gloriantie fidei sectatores tanto ad sapiendum que sursum sunt, redduntur animosiores quanto se fauoribus consolatoriis conspiciunt prosequi pariter et fulciri Sane pro parte deuoti nobis in Christo dilecti Friderici Stainbach rectoris in Wolpach et vicarii capelle Trium regum chori Augustensis nobis fuit sincere expositum quod dudum Conradus Mynner ciuis Augustensis dum in humanis ageret qui ut conicitur fructuosis operibus refertus affectaus transitoria in eterna feliciter commutare capellam siue vicariam trium Regum prenominatam fundasset ac eandem duabus curiis vna videlicet dotali et alia cuiusdam dicti Zehelius quam nunc quidam Mair Gogelin colere dicitur, in villa Wolpach situatam necnon decima maiori dicte ville quas prelibatus Conradus tunc possederat dotasset quenquam plebanum dicte ecclesie in Wolpach retrofluxis temporibus in octo Scaffis siliginis tantumdem auene minoribus decimis et aliis Juribus parrochialibus que omnia vix ad summam viginti septem florenorum ascenderint quia Conradus ipse Juspatronatus ecclesie sepenominate habuit oportuerit remanere contentum et quod subsequenter processu temporis euoluto Juspatronatus huiusmodi ad venerabiles viros dominos decanum et Capitulum ecclesie nostre Augustensis deuenisset Subiunctumque fuit quod census siue redditus predicti pro singulis oneribus supportandis Plebano ibidem non suffocerent, qui eciam dietim malis vndique crebrescentibus diminui et deterioriari timerentur ob quod nisi de remedio salutari prouideretur in futurum lites, anfractus et controuersie inter plebanum in Wolpach et vicarium capelle Trium regum posse oriri, Ipsaque parrochialis ecclesia rectore orbari verisimiliter formidaretur. Quare pro parte eiusdem Friderici fuit nobis supplicatum obnixe quatenus ipsam ecclesiam parrochialem in vicariam perpetuam confirmare ac vicario eiusdem congruam Porcionem necnon vicario capelle trium regum pro tempore existenti census et redditus quos vterque futuris temporibus habere et percipere absque alterius impedimento et contradiccione deberet appropriare et assignare dignaremus Nos vero petrus Episcopus memoratus interne ponderantes, quod ex confirmacione et assiguacione huiusmodi nedum cultui diuino accrescit obsequium verum eciam futuris Jurgiis et dissensionibus salubre preparatur, antidotum, Prefati Friderici precibus fauorabiliter annuere volentes, De venerabilium virorum dominorum Heinrici prepositi Gotfridi decani tociusque capituli ecclesie nostre Augustensis beneplacito consilio voluntate conniuencia et assensu sepedictam ecclesiam parrochialem in Wolpach in vicariam perpetuam auctoritate nostra ordinaria preseutis scripti patrocinio confirmamus. Statuentes et ordinantes quod vicarius eiusdem pro tempore existens habeat et habere debeat maiores et minores in villa et campis Wolpach, preterquam infrascriptas cum omnibus et singulis Juribus parrochialibus ad ecclesiam ipsam quomodolibet spectantibus et pertinentibus decimas quas quidem decimas redditus et prouentus vicario perpetuo ecclesie in Wolpach ut hospitalitem seruare Jura episcopalia et archidiaconalia ac steuras siue collectas soluere et alia incumbencia onera quecunque eo vberius supportare valeat pro congrua singulis annis perpetuis temporibus porcione deputamus et assiguamus Preterea ordinamus quod vicarius capelle trium regum chori Augustensis memoratus habeat Jure vsuario duas curias dotalem et aliam dicti Zebelin superius annotatas quas pro nunc coluiuat et elaborat Mair dictus Gogelin cum omnibus maioribus decimis earundem et presertim quidquid singulis annis creuerit seu crescet ex agricultura et alias de duodecim Jugeribus, vtriusque campi dictarum curiarum. Ordinamus eciam quod idem vicarius capelle trium regum habeat et habere siue percipere debeat decimas agrorum qui dicuntur an dem forst vnd an der Ruben de quibus tricesimus manipulus datur trans fluuium Zusem situatorum. Volumus eciam et presencium auctoritate ordinamus quod vicario dicte parrochialis ecclesie cedente uel decedente seu alias absque legitima et racionabili causa et nostra licencia se absentante collacio seu presentacio ad prefatos dominos prepositum decanum et Capitulum prout hactenus pertinuit spectare et pertinere debebit. Et ut premissa omnia et eorum quodlibet perpetue in suo robore inconuulse subsistant et permaneant duratura presentes nostras litteras exinde fieri nostrique sigilli vnacum prefatorum dominorum prepositi decani et Capituli appensione fecimus et iussimus communiri. Et nos Heinricus prepositus Gotfridus decanus totumque capitulum ecclesie Augustensis fatemur notum facimus et testamur prefatas confirmaciones et assignaciones ac alia prescripta de nostris voluntate beneplacito et consensu processisse et propterea sigillum nostrum vnacum supradicti domini nostri Episcopi sigillo in testimonium premissorum appendisse datum Anno domini Millesimo quadringentesimo tricesimo vi ydus Aprilis octaue Indiccionis.

CXXXIII.

Anno 1430. 14. Julii. Auguste.

Petrus ep. monialibus ord. St. Bened. in Reclusorio
iuxta cimiterium oppidi Gingen commorantibus monaste-
rium Sti. Viti in Weyenberg assignat.

Petrus dei et apostolice sedis gracia Episcopus August-
ensis Vniuersis et singulis presencium inspectoribus Salutem in
domino et presentibus fidem indubiam adhibere. Prothoplastus
cibum vetitum gustando e regione paradisica eiectus est cuius
casui creator omnium condolens verbum ante secula genitum
sacri pneumatis obvmbracione in vtero virginis nature cursu
circumscripto in fine seculorum concipi voluit et incarnari, quod
quidem verbum caro factum de aluo virginis ad instar paranimphi
prodiens, dum penalitates in forma serui multipharias pertulisset,
suo roseo cruore in ara crucis effuso mortem subiit temporalem
per quam microcosmum redemit et dampna celestis Jerusalem
restaurauit Et huius virginis siue puerpere laudes lingua
depromendo de ^cuia_ficit^ superatur ingenium et opprimitur intellectus,
dignum reputamus eos singularibus et amplioribus graciis de-
bere prosequi et fulciri, quos non solum bona temporalia
sed eciam semetipsos vtpota arborem cum fructu omnipotenti
deo et huic virgini intemerate conspicimus offerre et dedicare
presertim quorum conuersacio a mundanis vanitatibus sequestrata
se in dei cultura et vite sanctimonia iugiter exercet. Dudum
siquidem Religiosa mulier Katherina Wagnerin ordinis sancti
Benedicti cum nonnullis aliis eiusdem ordinis et professionis
sororibus in Reclusorio prope cimiterium opidi Giengen nostre
Augustensis diocesis habitare elegerant ac inibi sedulum deo
famulatum reddere satagebant, Sed quia propter hominum
aspectus ac diuersos mundi vanitatum impulsus oracionibus et

vite tam actiue quam contemplatiue exerciciis vacare et insudare
nequiuerunt ex speciali sedis apostolice fauore et permissione
fuit eisdem sororibus indultum ut locum aliquem in nostra dio-
cesi ad regularem obseruanciam aptum et ydoneum dummodo
de voluntate nostra procederet eligere possent atque valerent
prout hec in literis apostolicis desuper confectis plenius cer-
nitur contineri Fuitque nobis per easdem. Katherinam et so-
rores supplicatum obnixe, quatenus ipsis de huiusmodi loco apto
commodo et ydoneo prouidere dignaremur. Nos vero ex intimis
memoratis Katherine et sororibus agratulantes, cupientes easdem
in suo laudibili proposito sinceriter confouere Monasterium sancti
Viti in Weyenburg ordinis sancti Benedicti predicte nostre dio-
cesis pro loco apto et ydoneo cum omnibus et singulis suis
Juribus pertinenciis, possessionibus, pascuis, agris, pratis, curiis
officiis, grangiis, siluis, piscariis, officinis, aquarum decursibus,
ac quibuscumque bonis ad ipsum Monasterium spectantibus seu
pertinentibus prefate Katherine et sororibus eisdem deputamus
et assignamus volentes quod de cetero in eodem Monasterio
Weyenberg regularis obseruancia iuxta dicti ordinis Instituta
inconuulse obseruetur Ipsamque Katheriuam dicto monasterio in
Weyenberg ac sororibus eiusdem in priorissam prefecimus et
preficimus Dei nomine in biis scriptis firmam habentes fiduciam
quod monastice sinceritatis disciplina quam prefate sorores 'in
puritate ordinis eterni conditoris prouidencia tenent et domino
auspice tenebunt, ipsis propositum virtutis augeat et aliorum
deuocio ipsorum prouocetur exemplis, ut per celestem semitam
mandatorum ad promissum vite brauium non seguiter sed agi-
tanter festinent Ipsa namque Katherina ut eius erga dictum or-
dinem et monasterium deuocionis affectus et effectus in lucem
prodiret, donauit ac perpetue donacionis titulo dicto Monasterio
in Weyenberg irreuocabiliter dedit atque in certis redditibus
censibus et obuencionibus comparauit et numerauit valorem sex-
ingentorum florenorum, de quibus ad plenum per insrumentum
publicum donacionem huiusmodi in se continens sumus certificati,
ex quo verisimiliter presumimus et speramus monasterium ipsum

in Weyenberg quod per prius spiritualibus et temporalibus bonis
fuit penitus dilapsum et destitutum in spiritualibus et temporali-
bus cottidianis proficere incrementis Per hanc autem loci et bo-
norum ut premittitur assignacionem nolumus monasterium pre-
dictum seu priorissam et sorores eiusdem pro tempore existentes
eximere quominus ipse nobis et successoribus nostris ad omnia
Jura episcopalia veluti alia monasteria dicti ordinis nostre dio-
cesis nobis sint astricte obligate pariter et subiecte Quo circa
dicti Monasterii connentualibus necnon colonis agricultoribus
decimatoribus censuariis reddituariis terrarum vinearum domorum
et aliarum rerum ad predictum monasterium spectancium posses-
soribus et detentoribus ac omnibus aliis quorum interest seu
intererit quomodolibet in futurum firmiter et districte precipientes
mandamus quatenus sepedictam Katherinam priorissam congruo
preueniant honore ac obediencia et reuerencia sibi debitas et
condignas exhibeant monitis et mandatis eius effectualiter par-
endo. Necnon de singulis fructibus redditibus prouentibus Juri-
bus et obuencionibus vniuersis ad ipsum Monasterium spectan-
tibus sibi tamquam vere priorisse integre satisfaciant et respon-
deant cum effectu contradictoribus perpetuum silencium imponendo
In quorum fidem robur et testimonium presentes nostras literas
exinde fieri nostrique sigilli maioris appensione iussimus com-
muniri. Datum et actum Auguste in aula nostra episcopali Anno
domini Millesimo quadringentesimo tricesimo die quartadecima
mensis Julii octaue Indiccionis.

CXXXIV.

König Sigmund verleiht den Städten Dillingen vnd Füssen das Halsgericht.

Wir Sigmund von gots genaden Römischer Kunig zu allen zeiten Merer des Richs vnd zu Hungern, zu Beheim, Dalmacien, Croacien etc. kunig. Bekennen vnd thun kunt offenbar mit diesem brieff allen den, die in sehen oder hören lesen, Das vns der Erwirdig Peter, Bischoff zu Augspurg, vnserr fürst vnd lieber andechtiger fleissiglich gebeten hat, das wir In in seinen Steten, füssen vnd dillingen, dise freyheit vnd genad zu tun vnd zu gunnen genediglich geruchten, nemlich von der Siboneyde wegen, die mann denn daselbs in den landen über schedlich vnd übeltetig leute zu tun pfleget, nach dem vnd die gericht, offt vnd dicke, dodurch verhindert vnd soliche schedlich leute vngestrafft vnd gefristet werden, dorumb das man an solichen eyden zu stunden gebrechen hat, des haben wir angesehen sine fleissige bete vnd ouch trewe vnd willige dinste, die Er vns vnd dem Riche offt vnd dicke williglich getan hat vnd noch teglichen tun sol vnd mag in künfftigen czeiten, vnd dorumb mit wolbedachten mute guten Rat vnd Rechter wissen, So haben wir den Burgermeister vnd Rat der egenanten Stete füssen vnd dyllingen, die ytzunt scind, oder in künfftigen zeiten sein werden, diese besunder genad vnd freyheit genediglich getan vnd gegeben, tun vnd geben von Römischer kunglicher macht, in kraft dietzs briefs, das Sy vnd Ir nachkomen hinfür in künftigen zeiten alle vnd ygliche übeltetiger leute, als mörder, brenner, felscher, reuber, dieb vnd andere schedlich leute, wo sich die Rete derselben Stete, oder der merer

teyl auff ir eyde, Ere vnd trewe erkennen vnd sprechen, das
Sy -iren Steten, landen vnd leuten, heymlich oder offembar,
schedlich leut sein vnd ouch andere messetetige leut vmb ir
vntat straffen vnd bussen, mögen, mit dem, tod an dem leib oder
an den geliedern als sich dann dieselben Rate zu füssen vnd
dyllingen oder der Merer teyl zu yeden mal auff ir eyde, Ere
vnd trewe erkennen, vnd wie Sy in vorgeschribener masse
erkennen, dabey sol es beleiben vnd Sy sollen der ouch von
einem yglichen in dem heilgen Römischen Rich, wer der were,
vnentgolden seyn vnd wir gebiten doruff allen vnd yglichen
vnsern vnd des Richs vndertanen vnd getreuen von Römischer
kunglicher macht, ernstlich vnd vestiglich, mit diesem brief, das
Sy die egenanten von füssen vnd dyllingen an solichen vnsern
kunglichen genaden vnd fryhiten nit hindern oder irren in
dheinweis, Sunder Sy der gerulich gebrauchen vnd geniessen
lassen, als lieb einem yglichen sey, vnserer vnd des Richs
swer vngenad zu uermeyden. Mit vrkund ditzs briefs versigelt
mit vnserer kunglichen Maiestat Insigel. Gehen zu feltkirch
nach crist gepurt vierzehenhundert jare vnd dornach in dem
Einvnddreissigisten jare am Suntag nach Sand Mauricien tag,
vnserer Rich des Hungerischen etc. im fünffvndvierzigisten, des
Römischen im zwevndzwentzigisten vnd des Behemischen im
zwolfften jaren.

42*

CXXXV.

Anno 1431. 9. September. Augspurg.

König Sigmund bestätiget dem Domkapitel alle Rechte und Freiheiten.

Wir Sigmund von gotes gnaden Römischer Kunig zu allen czyten Merer des Richs vnd zu Hugern, zu Behem, Dalmacien, Croacien etc. Bekennen vnd tun kund offenbar mit disem brieff allen den die in sehen oder hören lesen, wiewol wir von angeborner guete, als dann vnser kunigliche wirdikeit wol angehöret, einen yden man bey seinen Rechten gerne vnd billichen behalten, ydoch so sey wir in sunderheit pflichtig vnd geneigt vnsere vnd des heiligen Richs Stifft vnd kirchen mit sunderlichen gnaden furczuwenden, damit Sy nit besweret werden, vnd wiewol wir ouch vor cziten dem Stiffte zu Ougspurg, der vnser vnd des Richs erbe gelider ist, dem Capitel daselbst vnd wer in zugehöret, alle ire priuilegia, gnade, fryheit, Rechte vnd gute gewonheit, die Sy von vns vnd vnsern vorfaren am heiligen Riche Römischen keysern vnd kunigen erlangt vnd herbracht han mit wolbedachtem mute von kuniglicher mechte volkomenheit haben bestetigt vnd confirmieret nach laut vnser briefe dorüber als wir in die ouch yetzo in krafft disz briefs aber bestetigen vnd confirmiren, yedoch das Sy doran nicht gekrenkt werden, als billich ist, vnd daz alle zwitracht die entsteen möchten, dadurch vermiden werden, So bekennen seczen vnd wollen wir von kuniglicher macht, ob das were, das die Stat zu Augspurg oder ymend anders über des Stiffts fryheite, Statrecht, pflasterczoll ander zoll vnd alte löbliche gewonheit, die der Stifft von alders herbracht vnd erworben hatte, dheinerley brief oder fryheit von vns genomen oder erlangt betten, die den vorgenanten Gotshuse Stifft vnd

Capitel zu Augspurg an iren gnaden fryheiten Rechten vnd alten löblichen gewonheiten schaden bringen oder in dheinerley weise bekrenken moechten, wie das durch vnrechte vnderweisung oder suszt gescheen were das soliche briefe vnd fryheite die von vns also erlangt weren worden oder in künftigen czyten erlangt wurdeu, dem Gotsbusz Stifft vnd Capitel zu Augspurg keinen schaden fügen, sunder alsferre die wider des Stiffts fryheit weren, vnkrefftig vnd an allen enden vntüchtig seyn sollen, wann wir einem yedermann vnser genad also zu geben vnd mitczuteilen pflegen, das die dem andern an seinen Rechten vnd genaden vnschedlich sey, also billich ist. Mit vrkund disz brieffs versigelt mit vnserr kuniglichen Mayestat Insigel. Gebeu zu Augspurg Nach Crists geburt virczehenhundert jar vnd dornach im Einunddreissigisten Jare Am Suntag nach vnser lieben frawen tag Natiuitatis Vnserr Riche des Hungerschen etc. im funfvndfirczigisten des Römischen im Einvndczweinczigisten vnd des Behemischen im zwelften Jaren.

CXXXVI.

Anno 1434. 25. Februar. Basel.

Kaiser Sigmund ladet den Peter von Freyberg auf des Bischofs von Augsburg Klage, dass er von demselben an dem Wildbanne verkürzt werde, vor sein Gericht.

Wir Sigmund von gotes gnaden Römischer Keyser tzu allen tzeiten Merer des Reichs vnd tzu hungern tzu Beheim, Dalmacien, Croacien etc. Kunig, Embieten vnserm vnd des Reichs lieben getruwen Petern von Fryberg, Vnser gnade vnd alles gut, lieber getruer, Vns hat der Erwirdig Peter Byschoff

tzu Augspurg vnser fürst Rate vnd lieber Andechtiger furbracht
Wie das Er an sinem vnd seins Stifftes tzu Augspurg wilt-
panne, den Sy von dem heiligen Reiche haben Von dir vnd
den deynen verkurtzet werden vnd schaden geschicht vnbillichen
vnd ane Recht, dauon Er soliche tzusprüche vnd Clage wider
dich hát vnd rechts gegen dir wol bedürffe, Vnd er hat vns
doruff angeruffen Im Rechts gegen dir tzu gestatten, Vnd tzu
widerfaren lassen, Des wir Im noch nyemand versagen sollen
noch mögen. Dorumb heischen vnd laden wir dich von Römi-
scher keyserlicher macht, vnd setzen dir peremptorie vnd end-
lich einen Recht tag mit disem brieue das du vff den funfvnd-
viertzigisten tag nechst kommende, nach dem tag als dir dann
diser brieue geantwort wirdet, derselben funfvndviertzig tag,
die ersten funftzechen für den ersten vnd die andern funftzechen
für den andern vnd die dritten funftzehen für den dritten letz-
sten vnd peremptorium oder endlichen Recht tag wir dir setzen
vnd ob derselb funfvndviertzigst tag ein Recht tag nicht were,
dass du dann vff den nechsten Recht tag dornach volgende für
vns komest, wo wir dann in dem heiligen Reiche seyn werden
vnd diu kuntschaft es syen brieff oder anders wes du denn zu
solichem Rechten notdurftig sin werdest vff denselben endlichen
Rechtag bringest, Vnd tzum Rechten gesteest Vnd dich durch
dich selbst oder dinen procurator in den sachen mit voller ge-
walt, gen tzusprüche vnd clage des obgenanten Bischoffs von
Augspurg oder seins procurators verantwortest, So wollen wir
die sache vnd ewer beyder teil Rede vnd widerrede verhören
vnd die sachen entscheiden als Recht vnd billich ist. Wann du
komest oder komest nicht, oder du sendest oder sendest nicht,
So wollen wir in den sachen das Recht geen lassen vnd tun
als sich dann das heischen vnd geburet, Dornach wisse dich
tzu richten. Geben tzu Basel Nach Crists geburt viertzehen-
hundert Jare vnd dornach in dem viervnddrissigisten Jare am
nechsten Donerstag nach sant Mathias tag vnserer Reiche des
Hungrischen etc. im xlvii, des Römischen im xxiii, des Be-
hemischen im xiiii vnd des keysertumbs im Ersten Jaren.

CXXXVII.

Anno 1434. 21. April. Basel.

Kaiser Sigmund entscheidet die Irrungen mit Peter dem Freyberger von des Wildbanns wegen zu Gunsten des Bischofes von Augsburg.

Wir Sigmund von gotes gnaden Römischer Keiser zu allen czeiten Merer des Reichs vnd zu Hungern zu Bebeim Dalmacien Croacien etc. Kunig Bekennen vnd tun kunt offembar mit disem brief, allen den die In Sehent, Oder hören lesen Als wir am Mittwoch vor Jorii zu Sand Johans in der grossen Stuben zu gericht sassen, das für vns gwam, der Erwirdig Peter Bischoff zu Augspurg, vnser Furst Rat vnd lieber andechtiger, vnd legt für mit clag, durich seinem fürsprechen, Cunraten Holtzinger, als er vnd sein Stifft, von Römischen Keisern vnd Kunigen vnsern vorfaren, am Riche, vnd von vns gefreyet wer, das nyemant wer der wer, in Irem wiltpannen Jagen, noch eynigen Wiltfang dorynn tun solt wider eines Bischoffs zu Augspurg willen, nach vszwisung solicher brief vnd priuilegia, die derselb Bischoff, als dann doselbst in gericht fürbracht vnd verhören liesse, Also haben darüber, vnsere vnd des Richs liebe getruwe die von Freyberg, vnd von Hohenneck, in solichen seinen vnd sines Stiffts Forsten vnd Wiltpannen in seinen vorgenanten briefen begriffen, gejaget, wiltgeuangen vnd vudertanen erlaubet, von gab wegen, des gelichen zu tun, wider desselben bischoffs willen, vnd an sein erlauben, das Im zu grossem schaden komen were, mit vil mer seiner wort etc. vnd bat also die vorgenanten von Fryberg, vnd von Hohenneck doran zu weisen, das solichs nit mer geschee, vnd Im auch daaumb seiner scheden kerung tetten, dowider die von Freyberg

vnd von Hohenneck, durich Iren fursprechen, Wilhelm von
Stein Ritter antwortten, Als Sy der vorgenant Bischof von
Augsburg beclagt, von des wiltfanges wegen etc. boften Sy
das Sy daz mit Recht tetten, wann Ir vorfaren bisz vff Sy, als
lang als yemants gedencken mocht, solichen wiltfang gerulich
Innegehabt, vnd gebrauchet haben des Sy gut kuntschafft thun
wolten, Ouch weren Ire vorgenant vorfaren, mit dem Erwirdigen
Burckarten seligen Bischof zu Augspurg, darumb zu teydung
komen, vnd sey alsv berett worden, das Sy das wol mit Recht
tun mochten, das Sy auch zu beweisen meinen, vnd Sy hoffen
des auch zu geniessen, an allermeniclichs Irrung, ouch mit vil
mer Iren worten, Daruff aber von des Bischofs wegen wart
geantwort, wir hätten die keyserlichen vnd kuniglichen brief
wol gehört, die clerlich weisten, das dem Stifft vnd Bischof
zu Augspurg solicher wiltpanne in ewikeit geben wer, in so-
licher form, das nyemants, an eins Bischofs willen, dor Inn
Jagen sold etc., Hetten Sy nu gejaget, das mocht villeicht von
gunst eines Bischofs gescheen als den bey Im disem Bischof,
So were Im vnd seinem Stifft, dester lenger vnd mer unrecht
gescheen, getrawt vnd bofft er, das uber solch clar vnd lautter
keyserlich vnd kuniglich vrkund, dhein kuntschafft gehören solt,
ouch mit mer worten etc. Also nach verhörung briefe, rede
vnd widerrede, beyder teyl, biessen wir Sy vsztretten vnd
namen vns mit vnsern Fürsten Geistlichen vnd werntlichen
Grauen, freyen herrn Rittern vnd knechten, Die dozumal bey
vns Im gericht sassen, ein gespreche vnd liessen dornach beyde
teyl wider furfordern, vnd fragten eins Rechten, Do wart ein-
helliclich erkant zum Rechten, vnd wir sprechen vnd vrteyln,
des in crafft disz briefs, von Romischer Keyserlicher macht, das
der vorgenant peter, auch sein nachkomen Bischof vnd der
Stifft zu Augspurg, nach Lautt Irer brief, In von Römischen
Keysern vnd Kunigen, vnd von vns gegeben, bey Iren wilt-
pannen, billich beleiben, vnd daz die obgenanten von Freyberg
vnd von Honneck, noch nymant anders von Iren wegen, sie
dor Inn Irren, sprechen noch jagen sol, er tue es dann mit eins

Bischoffs zu Augspurg willen, vnd was also durich vns geur-
teylt, vnd zum Rechten gesprochen ist, wollen wir daz das
von heyden teyln, vnd auch sust, von yedermann gehalten vnd
volfürt werden sol, an geuerd, vnd dobey sind gewesen die
Erwirdigen Günther Erczbischoff zu Medburg, Anthony zu
Bamberg, Leonhart Bischoff zu Passaw, Allexander zu Tryendt,
Nicodemus zu Freysingen, Johanns zu Meissen Bischoue, der
Hochgeborn Fridrich Marggraff zu Brandenburg etc. Kurfürst
Wilhalm vnd Steffan Pfalczgrauen bey Rin vnd Herczoge in
Beyern, Egloff Abbt von sand Gallen, Niclas Abbt von sand
Blasien, Graf Ludwig zu Ottingen, vnser hofmeister, Brunor
von der Leytter, herr zu Beren, Graff Johanns von Luppfen,
Baptista Cigala, Cunrat Schenk von Lympergk, Berchtolt von
Stoffen, Peter von Michels Perg, Nicolaus Stock lerer geist-
licher Recht, Mitt vrkund disz briefs versigelt mit unserer key-
serlichen Maiestat Insigel Geben zu Basel nach Crist geburd
vierczehenhundert Jar dornach in dem vieranddreissigisten Jare,
an dem tage obenbenent, Vnserr Riche des Hungrischen etc.
Im Achtundvirczigistem des Römischen Im vierundzweinczigistem
des Behemischen Im virczehendem, Vnd des Keysertumbs in
dem ersten Jaren.

CXXXVIII.

Anno 1434. 3. Mai. Basel.

**Kaiser Sigmund bestätiget dem Bischof von Augsburg
den vom Reiche zu Lehen gehenden Wildbann zwischen
dem Lech und der Wertach.**

Wir Sigmund von gottes gnaden Römischer Keyser zu
Allen cziten Merer des Reichs vnd zu Hungern, zu Behem,
Dalmacien Croacien etc. Kunig. Bekennen vnd thun kunt

offenbar mit disem brieff Allen den die in sehen oder hören
lesen. Wann vns der Erwirdig Peter Bischoff, zu Augspurg
ynser furst Rate, vnd lieber audechtiger flisziclich gebeten hat,
das wir im vnd synem Stifft vnd Nachkomen Bischouen zu
Augspurg, alle vnd ygliche irre Wiltpenne, vnd die briene in
von Romischen Keysern vnd Kungen vnsern vorfarn an dem
Riche, vnd nemlich Kung Heinrich dem vierden vnd vnserm
liebeu herren vnd water Keyser Karl dem vierden, vnd von vns
vnd ouch vnsere vrtail brieue nechst albie darüber gegeben vnd
auch den wiltpann zwischen den wassern Lech vnd Werttach
gelegen, anzuheben an den Marken in Kuuig Heinrichs brieue
begriffen vnd denselben lech hinab bisz da, daz waszer werttag
in den vorgenanten Lech rynnet vnd dieselben werttach binuff,
bisz wider an die vorberurte kunig Heinrichs Marken zu be-
stettigen, zu befestenen vnd zu confirmiren gnedigclich geruchten.
Des haben wir angesehen soliche fleiszige vnd redlich bete vnd
auch mauigfeldige anneme und nutze getrewe dinste, die vns
vnd dem Reiche der vorgenant Bischoff Peter offte vnd dike
getan hat vnd furbasz wol thun sol vnd mag in kunftigen zyten.
Vnd haben darumb mit wolbedachtem mute, gutem Rate unserer
vnd des Reichs fursten, Grauen, Edeln vnd getreven vnd rechter
wiszen, dem vorgenanten Peter Bischoff vnd synen Nachkomen,
vnd dem Stifft vnd der Kirchen zu Augspurg alle vnd ygliche
syne vorberurten wiltpenne, vnd nemlich die wiltpenne zwischen
uorgenanten wassern Lech vnd werttach an König Heinrichs
czyle oder Marken anzuheben vnd zu Rechnen vnd zu beduten
als obgeschriben stet vnd briefe, ouch vrteil Syner kirchen vnd
im darüber gegeben gnediglich bestetigt befestnet vernewet vnd
confirmiret bestetigen verneuen befestnen vnd confirmiren in
die von Romischer keyserlichen macht volkomenbeit in crafft
disz briefs vnd meynen setzen vnd wollen daz sy by solichen
iren wiltpennen nach laut der brieue vnd vrteilen darüber ge-
geben bliben vnd der auch gebruchen und geniessen sollen vnde
mogen von allermeinglich vngehindert. Vnd wir gebieten auch
darumb allen vnd yglichen fursten geistlichen vnd werntlichen

Grauen fryen Edeln Rittern vnd knechten Amptluten Richtern Burgermeistern Reeten vnd gemeinden aller vnd yglicher Stete Merckte vnd dorffere vnd sust allen anndern vnsern vnd des Reichs vndertaneu vnd getrewen ernstlich vnd vestigclich, von Romischen keyserlicher macht mit disem brieue, daz sy die vorgenanten Bischoue vnd Stiffte zu Augspurg an den vorgenanten Wiltpennen nicht hindern oder Irren noch dorinn wider iren willen vnd erlauben jagen wilderen oder birsen sollen, noch den iren desglichen zu thun gestatten in dhein wise, by vnsern vnd des Richs bulden vnd by verliesung eyner pene Czweintzig Mark lottges goldes, die ein yglicher der dawider tete verfallen sein sol als offte das beschee, halb in vnser vnd des Rychs Camer vnd halb den vorgenanten Bischouen zu Augspurg vnleszlich zu bezalen. Mit vrkund disz briefs versigelt mit vnser Keyserlichen Maiestat Insigel. Geben zu Basel nach Crists geburde viertzehenhundert Jare vnd darnach in dem vier vnd driszigistem Jare am nehsten Montag nach sant Philipps vnd Jacobstag Vnserer Reiche des Hungerischen etc. im Achtundviertzigistem des Romischen im vierundzweintzigistem des Behemischen im viertzehenden vnd des Keysertums im ersten Jaren.

CXLI.

Anno 1434. 1. Juli. Ulm.

Kaiser Sigmund bestimmt, dass vor dem bischöflichen Gerichte in dem Meierhofe in dem Derfe Burggawe auch andere als des Bischofs und seines Gotteshauses Leute Recht nehmen sollen.

Wir Sigmund von gotes gnaden Römischer Keiser zu allen ziten Merer des Reichs vnd zu Hungern, zu Behemen, dalma-

43 *

cien, Croecien etc. Kunig, Bekennen vnd tun kunt offenbar mit
diesem brieue allen den die In sehen oder· hören lesen, Als
wir dem Erwirdigen Petern Bischoue zu Augspurg, vnserm
fürsten, Rate vnd lieben andechtigen, in dem dorffe Burggawe,
in sinem Meyerhofe daselbs eyn gerichte mit sinen vnd sines
gotshus luden zu besetzen vnd zu halten, vor gegonnet vnd
erlaubet haben, als daz vnsere keiserliche brieue darüber ge-
geben ynnehalden, Also gonnen, wollen vnd setzen wir von
Römischer Keyserlicher macht follenkomenheit, genwerticlichen
mit diesem brieue, daz alle vnd igliche andere leute, wib vnd
Mann, in dem egenanten dorffe oder pfarren Burggawe wo-
nende, die nicht desselben Bisschofes vnd sines Stiffts, sunder
anderer leute sin vnd doch in dhein ander gerichte gehören,
für desselben Bischofs gerichte in dem obgenanten sinem Meyer-
hofe besetzet, nu furtermee gehören, geen, vnd dem auch ge-
horsam vnd gewertig sin, vnd tun sollen, als andere des ege-
nanten Bischoffs leute, vnd in den obgemelten vnseren keiser-
lichen brieuen darüber gegeben clerlicher begriffen ist. Mit
Vrkunde dieses brieues versigelt mit vnserm keiserlichen an-
hangenden Insigel. Geben zu Vlme nach Crist geburt vier-
czehenhundert Jar vnd darnach Im vierunddrissigesten Jare,
am nechsten donnrstage nach sant Peter vnd Pauls der heiligen
Czwelffbottèn tage, vnserer Reiche des Hungrischen etc. Im
achtvudvierczigesten, des Römischen Im viervndzweinczigesten
des Behemischen Im vierczehenden vnd des keisertumbs Im
anderen Jaren.

CXL.

Generalis sinodus Basiliensis ecclesiae August. omnia privilegia et jura confirmat.

Sacrosancta generalis Synodus Basiliensis in spiritu sancto legitime congregata vniuersalem ecclesiam representans. Dilectis ecclesie filiis. Preposito Decano et Capitulo ecclesie Augustensis Salutem et omnipotentis dei benedictionem. Cum a nobis petitur quod iustum est et honestum tam uigor equitatis quam ordo exigit rationis, ut id per solicitudinem nostram ad debitum perducatur effectum. Ea propter dilecti in domino filii vestris iustis postulationibus grato concurrentes assensu omnes libertates gratas immunitates prerogatiuas indulgentias et priuilegia ac indulta a Romanis Pontificibus per litteras apostolicas uobis et ecclesie vestre predicte concessas, necnon libertates exemptiones — secularium exactionum a quibuscumque diuis Imperatoribus, Regibus priucipibus potestatibus et aliis Christi fidelibus rationabiliter uobis et ecclesie vestre indultas sicut ea iuste et pacifice possidetis vobis et eidem ecclesie vestre auctoritate nostra confirmamus et presentis scripti patrocinio communimus. Nulli ergo omnino hominum liceat hanc paginam nostre confirmationis et communitionis infringere, uel ei ausu temerario contraire. Si quis autem hoc attemptare presumpserit indignationem omnipotentis dei et vniuersalis ecclesie se nouerit incursurum. Datum Basilee III. Nonn. Julii Anno a Natiuitate domini Mellesimo quadringentesimo tricesimo quarto.

CXLI.

Julianus Cardinalis etc. mandat episcopo Eistetensi, se de statu monasteriorum Rystingen et Weihenberg informare, atque, si causa daret, proventus eorum mensae episcopali August. ad sustendandos studio litterarum insistentes annectere.

Jvlianvs miseracione diuina Sancte Romane ecclesie Sancti Angeli dyaconus Cardinalis in germania apostolice sedis legatus. Reuerendo in Christo patri . . Episcopo Eystetensi. Salutem in domino Commisse nobis legacionis offidium tunc digne peragere credimus cum ut ea que pro gregis dominici salute et eius statu per viros literarum studiis eruditos in veritatis et iustitie semitis sub altissimi beneplacito confouendi solers gregis ipsius pastoris cura prosequitur, felici exequantur effectu opem et operam efficaciter adhibemus. Sane pro parte Reuerendi in Christo patris Petri Episcopi Augustensis nobis nuper exhibita peticio continebat quod Monasterium monialium sanctorum Cosme et damiani in Wyhenberg ordinis sancti Augustini et secularis ecclesia sanctorum petri et pauli in Rystingen augustensis diocesis in qua olim Abbatissa et nonnulle seculares Canonice esse consueuerunt penitus desolata existunt et adeo quod nulla monialis uel persona Monasterii ac vna sola canonica ecclesie earundem supersint fructusque redditus et prouentus ecclesie qui fere omnes distracti et pignori obligati personis cedunt alienis ita quod ex restantibus ex illis eciam dicta sola canonica que nec apud ecclesiam ipsam residet sustentari non potest ac eciam monasterii earundem adeo sunt diminuti et exiles quod cuiuslibet eorum ducentorum florenorum auri de reno secundum communem extimacionem ualorem annuum non excedunt quodque spes nulla geritur monasterium ad Conuentualitatem mouialium que regularem et ecclesiam predicta ad collegium canonicarum que modestam secundum ipsius ecclesie instituta vitam ducere uelint, posteris temporibus restaurari posse et sicut eadem peticio subiungebat predictus Episcopus fructibus et animarum lucris que ex litterarum studiis quibus bonorum honorabilium noticia panditur iusticia colitur tam publica quam priuata res agitur fides stabilitur catholica et omnis prosperitas humane condicionis augetur excrescunt feruenter intendens ne fructus Monasterii et ecclesie predicti ad prophanos usus deueniant prouideri illosque in fructus et lucra studiorum sorcienda huiusmodi conuerti desiderat necnon eosdem fructus ad hoc ut ex eis aliqui litterarum studiis huiusmodi allecti eisdem studiis insistentes sustentari ualeant mense Episcopali augustensi ex qua fructus ipsi dictis studentibus integre et fideliter ministrentur, perpetuo applicari. Quare pro parte eiusdem Episcopi asserentis quod monasterium et ecclesia prefata sui Episcopalis dominii siue subiectionis et aduocaticii iuris existunt suasque ad recuperacionem et liberacionem distractorum et obligatorum bonorum dicte ecclesie opem et operam impendere pollicitantis nobis supplicatum fuit ut in Monasterio illius titulo et ordine ac Conuentualitate necnon in ecclesia predictis eius collegio suppressis et extinctis illorum fructus redditus et prouentus mense predicte in vsum sustentacionis aliquorum studio litterarum huiusmodi insistencium conuertendos applicare et que circa hec congruerent et expedirent statuere et ordinare dignaremur. Nos igitur huiusmodi in hac parte supplicacionibus inclinati quantum cum deo possumus, et de premissis omnimodam noticiam non habentes circumspectioni vestre legacionis qua fungimur auctoritate per hec scripta committimus et mandamus quatenus uocatis qui fuerint euocandi super premissis et eorum circumstanciis vniuersis auctoritate nostra vos diligenter informetis et si per huiusmodi informacionem ea repereritis ita esse idque uobis expediens fore uideatur super quo conscienciam

vestram oneramus in monasterio illius titulum et ordinem ac
Conuentualitatem necnon in ecclesia predictis eius collegium
quam in illis habitu remanserunt eadem auctoritate nostra peni-
tus supprimatis et extinguatis necnon in predicta vno et in ipsius
Monasterii ecclesiis alio perpetuis ecclesiasticis beneficiis si
que alias in illis non fuerint per uos institutis ac pro ad illa in
ecclesiis eisdem perpetuo beneficiandis super fructibus predictis
congruis porcionibus de quibus decenter sustentari Episcopalia iura
soluere et alia sibi incumbencia onera supportare ualeant similiter
perpetuo reseruatis residuos fructus redditus et prouentus Mo-
nasterii et ecclesie sanctorum petri et pauli predictorum prefate
mense perpetuo applicetis et annectetis statuentes et ordinantes
quod iidem residui fructus redditus et prouentus per Episcopos
Augustenses pro tempore existentes et Episcopali sede August-
ensi uacante per dilectos nobis in Christo Capitulum Augustense
scolaribus usque ad certum statuendum numerum sacre Theologie
et Juris canonici studio in locis ubi illud uigeat generale in-
sistentibus et in huiusmodi studio per Episcopum Augustensem
pro tempore existentem sub equali numero in Theologie et Juris
huiusmodi facultatibus tenendis debeant fideliter et integre mi-
nistrari. Volumus autem per uos et dictum petrum Episcopum
super hoc oportunis condicionibus et cautelis prouideri quod
residui fructus predicti non ad alios sed dumtaxat dictorum stu-
dencium usus integre conuertantur super quo vestram et eiusdem
petri Episcopi consciencias duximus onerandas Preterea omnes
et singulos quorumcumque bonorum dicte ecclesie sanctorum
petri et pauli occupatores seu ea tenentes pignori sibi obligata
illis tamen qui ea sic obligata tenent debita creditorum satisfac-
tione prius impensa ad dimittendum et restituendum libere eadem
bona ecclesie predicte ad usus prefatos per censuram eccle-
siasticam et alia oportuna iuris remedia auctoritate nostra com-
pellatis Invocato eciam ad hoc si opus fuerit auxilio brachii
secularis Datum basilee die iiij. Nouembris Anno domini millesimo
ccccxxxiiij Indictione xij. Pontificatus sanctissimi in Christo
patris et domini nostri domini Eugenij diuina prouidencia pape
quarti Anno quarto.

CXLII.

Anno 1431. 5. Novembris.

Generalis synodus Basileensis mandat abbati Caesariensi,
se de circumstanciis castri Zusmeg informare, et si causa
daret, capitulo August., dictum castrum possidendi licen-
tiam concedere.

Sacrosancta generalis Synodus Basiliensis in spiritu sancto
legitime congregata vniuersalem ecclesiam representans Di-
lecto ecclesie filio Abbati Monasterii Cesariensis Augustensis
diocesis Salutem et omnipotentis dei benedictionem Ad ea que
ecclesiarum vtilitati cedere dinoscantur ut ecclesiis ipsis maior
succedat commoditas nostre solicitudinis partes feruencius adhi-
bemus Sane nuper pro parte dilectorum ecclesie filiorum Pre-
positi Decani et Capituli ecclesie Augustensis peticio continebat
quod olim cum fructus et redditus Castri zusmegg Augustensis
diocesis ad episcopalem mensam Augustensem legitime pertinentis
adeo fuissent exiles quod deductis oneribus custodie modicum
seu nichil supererat Episcopus Augustensis tuuc existens illud
cum suis pertinenciis nonnullis Nobilibus laicis titulo pingnoris
concessit prout iam multis annis ab eisdem laicis possessum fuit
et tenebatur obligatum Et sicut eadem peticio subiungebat quamuis
idem Castrum mense predicte preter expensarum onera modice
fuerit utilitatis attamen cum ex eo in cuius districtu et aduocacio
diuerse possessiones et bona ipsius ecclesie consistunt damna
grauia et multiplicia grauamina nedum personis sed etiam in
bonis et possessionibus ecclesie prefate inferebantur iidem pre-
positus Decanus et Capitulum illis quantum potuerunt obuiare
cupientes Castrum prefatum ab eisdem laicis pro certa florenorum
summa redimentes illud a venerabili Petro Episcopo Augustensi

similiter titulo pignoris ceperunt prout tenent obligatum Quare pro parte dictorum Prepositi Decani et Capituli nobis fuit humiliter supplicatum ut ipsis Castrum predictum de ipsius Petri Episcopi consensu et voluntate in vsum et vtilitatem eorum ac Capituli et ecclesie predictorum perpetuo retinendi habendi et possidendi licenciam concedere diguaremur Nos igitur de premissis certiorem noticiam non habentes huiusmodi supplicacionibus inclinati; Discretioni tue per hec nostra scripta comittimus et mandamus quatinus super hiis et eorum circumstanciis vniuersis diligenter te informes et si ita fore inueneris idque ad euidentem comoditatem ipsius ecclesie cedere dinoscatur super quo tuam conscienciam oneramus premissa predictis Petro Episcopo necnon Preposito Decano et Capitulo faciendi ipsumque Castrum cum omnibus Juribus et pertinenciis suis ab eisdem preposito Decano et Capitulo perpetuo tenendi habendi et possedendi auctoritate nostra licenciam concedas ac etiam facultatem constitutionibus et ordinationibus apostolicis ceterisque contrariis non obstantibus quibuscunque. Datum Basilee Nonas Nouembris Anno a Natiuitate domini Millesimo quadringentesimo tricesimo quarto.

CXLIII.

Kaiser Sigmund bestätiget die Jahr- und Wochen-
märkte der Stadt Füssen.

Wir Sigmund von gotes gnaden Römischer Keiser zu allen
ziten Merer des Richs vnd zu Hungeren, zu Behemen, Dalma-
cien, Croacien etc. Kunig Bekennen vnd tun kunt offenbar mit
diesem brieue allen den die in sehen oder hören lesen, daz
wir angesehen haben soliche geneme vnd getruwe dienste, so
dann der Erwirdiger Peter Bischoff zu Augspurg, vnser furste
Rat vnd lieber andechtiger vns vnd dem Ryche steticlichen vnd
vnuerdrossenlichen getan vnd erczeiget hat. Vnd auch er vnd
sine Nachkomen vns vnd dem Ryche furbasser willichlichen er-
czeigen vnd tun sollen vnd mögen in kunfftigen ziten vnd dar-
umb vnd vmb desselben Peters vnderteniger vnd flissiger bete
willen so er dann dauon an vnserer keiserliche Maiestat getan
hat, So han wir mit wolbedachtem mute, gutem vorrate vnd
rechter wissen, Soliche Jarmarckt vnd Wochenmarkt so dann
die Burgermeister Rat vnd Burgere gemeinlich der Stat zu
fueszen, die dann zu im vnd sinem Stiffte zu Augspurg gehö-
ren, biszher gehabt vnd herbracht han, von Römischer keiser-
licher mechte gnediclichen bestetiget befestenet, confirmeren vnd
geben in die von nuwes von besundern vnsern keiserlichen
gnaden genwerticlichen in crafft diess briefs, also daz daselbs
zu füszen Soliche obengemeldte Jarmerckte vnd Wochenmerkte
nu furtermee ewiclichen sin vnd gehalten werden sollen vnd
mugen, vff die tage vnd zyt als die dann daselbs biszher ge-
west vnd gehalten sin worden, vnd sollen auch vnd mögen
dieselben Jarmerckte vnd wochenmerckte, vnd auch alle vnd
igliche leute die darzu vnd dauon ziehen vnd die suchen alle

guade, friheide, rechte, friede, geleide, schirme, redliche ge-
wonheide vnd herkomen haben vnd genieszen, der dann andere
Jarmerckte vnd wochenmerckte in den nechsten anderen vnsern
vnd des Rychs oder anderen Steten vmb füszen gelegen, vnd
die leute die darzu vnd dauon ziehen vnd die suchen gebruchen
vnd genieszen von · rechte vnd gewonheide von allermeinclich
vngehindert doch allen vnd iglichen anderen Steten vnd dorf-
feren vmb die itztgenante Stat gelegen, den dann von Römischen
Keisern oder Kunigen Jaremerckte oder wochenmerckte er-
laubet vnd gegeben sin an iren jaremerckten vnd wochen-
merckten vnschedelichen. Vnd wir gebieten auch darumb allen
vnd iglichen fürsten geistlichen vnd wermtlichen grauen, Her-
ren, Rittern, Knechten, Vogten vnd Amptleuten, Schultheiszen,
Burgermeistern, Reten vnd gemeinde aller vnd iglicher Stete,
Merckte vnd dorffere, vnd sust allen andern vnsern vnd des
Rychs lieben getruwen vnd vndertanen ernstlichen vnd vestic-
lichen mit diesem brieffe, daz sie den vorgenanten Burgermei-
stern Rate vnd Innewonern zu füsse. an den obgenanten Jar-
merckten, vnd wochenmarckte vnd an den obgemeldten gnaden
friheiden, rechten, geleiden, schirmen, ordenunge vnd gewon-
heiden, vnd nemlich die Kauffleute die mit irer habe, vnd kauff-
manschatz vff dieselben Jaremarckte vnd wocheamarckte ziehen
vnd die suchen furbassermee nicht hindern oder irren in dheine
wise Sunder sie der gerublichen gebruchen vnd geniessen
vnd auch soliche kauffleute vnd andere leute mitsampt irer
habe vnd kauffmanschatz zu vnd von denselben Jaremerckten
vnd wochenmerckten sicher vnd vngehindert ziehen lassen vnd
sie auch geleyden vnd geleidet schaffen wo des. nott ist vnd
wo des an sie gemeinlich oder sunderlich begeret wirdet, daz
ist vns von ir iglichem sunderlich wol zu dancke. Wir wollen
auch setzen, ordenen vnd gebieten von Römischer keiserlicher
macht genwerticlichen in crafft dieses brieffes daz kein Stat,
Dorff, Burgere, ynnewouere oder gebuwere, wer oder weliche
die sin, vmb die obgenante Stat füszen in zwein den nechsten
myle weges ligende oder wonende, eynocherley Jaremarckt,

.wosheomarckt, noch auch feilen kauff uyderlaguuge oder kauff-
mauschatzt haben, tun oder triben sollen oder mögen, die den
obgemeldten Jaremarckte vnd wochenmarckte zu füssen kreug-
konge schaden oder vnstaden tun oder bringen möchten in
dheine wise, es enwere dann daz in solichs zu tunde zu haben
vnd zu triben von yus, vusern Vorfaren Römischer, keiseren
oder kunigen besunder erlaubet, gegonnet vnd verlichen were
oder worde, daun wer solichs vberfure vnd kuntlichen ver-
breche, der solte in vnsere vnd des Rychs swere vngenade,
vnd in eyne pene funff marck goldes so dicke vnd oft daz
geschee verfallen sin, halb in vnsere vnd des Richs kameren,
vnd daz andere teil den geleydigten vnleszlichen zu betzalen.
Mit vrkunde dieses brieffes versiegelt mit vnser kaiserlicher
Majestat Insiegel. Jeben zu Basel Nach Crists geburt Viert-
zehenbundert Jar vnd darnach in dem viervuddrissigisten Jare-
am donnrstage vor dem heiligen Nuwen Jares tage, Vnserr
Rycbe des Hungrischen etc. im Siebenvudvirczigesten, des
Römischen im viervndczweingesten, des Behemischen im vier-
czehenden vnd des Keisertumbs im ersten Jaren.

CXLIV.

Anno 1437. 15. Jänner. Prag.

Kaiser Sigmund urkundet, dass die dem Stifte Augs-
burg versetzten Reichsvogteien während des Bischofs
Peter Lebenszeit niemand lösen soll, als er, der
Kaiser, selbst.

Wir Sigmund von gotes genaden Römischer keiser tzuo
allen czeiten Merer des Reichs vnd zu Huugern, zu Beheim,
Dalmacien, Croacien etc. Kunig, Bekennen vnd thun kunt
offennbar mit disem brief allen den die in sehen oder hören

lesen. Als vormals vnsere vorfaren am Reiche Römische keiser
vnd kunige loblicher gedechtnuss den Bischouen vnd Stiffte zu
Augspurg etliche vnsere vnd des Reichs Vogteien vmb ein
genante Sum gelts verschriben vnd verpfendt haben, nach laute
der brieff darüber gegeben, die das volliclichen Innehalten.
Also haben wir angesehen solich getrewe vnd gehorsam dinst
die vns der Erwirdig her Peter yetz Bischoff daselbst zu
Augspurg vnser fürst Rat vnd lieber Andechtiger offt getan
hat, teglichs vleissiclich tut vnd hinfürer vns vnd dem Reiche
wol tun sol vnd mag. Vnd haben darumb mit wolbedachtem
mute vnd Rechter wissen demselben Petern Bischouen zu Augs-
purg dise besundere genad getan vnd freihait gegeben, thun
vnd geben Im die von keyserlicher macht in Crafft diss briefs,
das bey sein zeiten vnd lebtagen, nyemands wer der sey, So-
liche obgemelte vogteien, die im vnd sein vorfaren, als oben-
gerurt ist, vmb ein Sum gelts versetzt vnd verpfendt sein, vnd
die wir bis auf dato diss briefs vormals nyemands beuolhen
oder gegnnet haben, zu lösen, furter ablösen vnd ledigen sol
noch mag, dann allain wir, oder vnser nachkomen am Reiche
Römisch keyser oder kunig. Mit vrkund diss briefs versigt
mit vnserm keyserlichen Anhangendem Insigel. Geben Prag
nach Crists geburd vierczehenhundert Jar vnd darnach im
Sibenvnddreissigistem Jare an Dienstag vor Anthoni vnser
Reich des Hungerischen etc. Im fünftzigisten, des Römischen
Im Sibenvndzwainzigisten, des Behemischen im Sibenczehenden
vnd des keysertumbs im vierden Jaren.

CXLV.

Des Kaisers Sigmund Verbot, das Stift Augsburg mit Zöllen zu beschweren.

Sigmund von gotes genaden Römischer Keyser zu alln tzeiten Merer des Reichs vnd zu Hungern, zu Beheim etc. Kunig, Ersamen Lieben getrewe, vns ist wol Indenck, wie wir euch vormals ernstlich geschriben vnd gebeten haben von dem Erwirdigen Petern Bischoff zu Augspurg vnserm fürsten Rat vnd liben andechtigen seinem Capitl vnd Kirchen daselbst kein zolle noch pflasterzolle von Iren gutern gulten Renten vnd Zinsen, die In Ire leute vnd dyener zufüren, Insuuemon, als dann solich vnser brieff euch darauf gesandt das clerlicher Inne-hielt, Also haben wir vernomen, wie Ir solichen vnsern may-nungen vnd geboten nit nachkomen seit, noch genug getan habt, Sunder solich Zolle teglichs von In fordert vnd einemet, wider Ir freihait, vnd alt herkomen, das vns etwas fremd vnd vnpil-lich von euch nymbt, Ist noch vnser begerung vnd maynung vnd gebieten euch aber ernstlich mit dysem brief, das Ir dem ge-nanten Petern Bischof sein Capitl vnd Stifte zu Augspurg an Im gemelten Freihaiten nit hindert, noch solich pflaster zoll von La nemet, Sunder sy damit vnbeswert vnd vnbedrungen lasset, damit solich clag fürder an vns nit mer gelange, anders wir muesten dartzu gedencken, zu thun In solicher maaz, damit der genant Bischof vnd sein Stift bei Iren freihaiten vngeirt von euch wurden beleiben. Geben zu Prag an dienstag vor Anthoni vnser Reich des Hungerischen etc. Im L, des Römischen Im xxvii, des Behemischen Im xvii vnd des Keisertumbs Im vier-den Jaren.

CXLVI.

Anno 1438. 2. Oktober.

Verschreibung Wielands von Fryberg über die ihm
vom Herzog Ludwig von Bayern versicherten 60000 fl.
und ihm verpfändeten Kleinode.

Ich wieland von Freiberg des durchleuchtigen hochgeborn
fursten Hertzog Ludwigs des Eltern pfaltzgrafen bey Rein
hertzogen in Bayrn vnd Grafen zu mortoni meines guedigen
hern Kamermaister Bekenn offenlich mit dem brief für mich all
mein erben vnd nachkomen vnd tun kund aller manigclich als
der hochgeboren furst hertzog Ludwig etc. mein obgenanter
guädiger herr angesehen hat solich getrew willig vleissig vnd
vntertänig dinst die ich seinen gnaden bisher getan hab vnd mit-
der hilf gotz hinfür getreülichen tun sol vnd wil vnd hat mir
vnd meinen mänlichen elichen erben von meinem leib geborn die
hernachgeschriben Summa gulden Edelgestain Kleinod vnd guldin
geschirr mit namen tzwaintzig tausent gulden zu Laugingen
tzwaintzig tausent gulden zu Regenspurg vnd tzwaintzig tausent
gulden zu Auspurg macht lxM. gulden So sind das die Klainod
vnd Edelgestain zu Straszburg zum ersten ettlich futeral mit
den Klaineten darinn mit namen ain futeral darauf geschriben
stet das ist der Kunigin gute Kron In ainem futteral mit plabem
Samat vbertzogen vnd mit gulden C versigelt mit der Kunigin
Insigel vnd zwain pettschaften yedlichs dreiist und eingedruckt
in ainem rotem lidrem sack vnd darnach ain ander futteral dar-
auf geschriben stet das ist der Kunigin schappel mit fünff vnd
funfftzig palays vnd mit an tzway, tzway hundert perlen das
futteral ist lang vnd mitten hol versigelt mit der Kunigin Insigel
vnd ainem pettschafft zwir eingedruckt vnd ain anders scheubleit

futteral lang vnd mitten hol mit ainem andern Krantz auch der
Künigin mit perlen vnd gestain versigelt mit aim Insigel vnd
ainem pettschafft zwir eingedruckt vnd ain ander futteral darauf
geschriben stet das ist der Kunigin gute Layffe versigelt mit
ainem Insigel vnd ainem pettschafft zwir eingedruckt vnd dar-
nach das fünfft stuck in ainem Ladlein darauf geschriben stet
das ist der Künigin gurtel mit ainem beslagen trüchel vbergüllt
versigelt mit der Künigin Insigel vnd ainem pettschaft zwir ein-
gedruckt Also sind der stuck fünffe in ainem watsack den von
Straszburg geantwurtt vnd in ain arch beslossen doch haben sy
nit gesehen was In den futteralen oder ladlein ist Auch darzu
zu den vorgeschriben klaineten meins obgenanten gnädigen herrn
Hertzog Ludwig etc. des Elltern acht Egkotz palays solich oben-
geschriben Klainod Im von dem allerdurchleuchtigisten fürsten
Künig Karlen von Franckreich säligen vnd Frawen Elisabethen
Künigin zu Franckreich meins obgenanten gnädigen herrn swester
säligen für ettlich geltschuld die sy meinem herrn von gnaden
wegen geben haben Inn beliben sind So sein das die guldin
geschierre zu Straszburg vorbenanten mit namen ain gulden napf
ain gulden gieszrüssel gemacht mit türndlein vnd ain Grossen
Sinwellen kopf vnd ist meins gnädigen herrn hertzog Ludwigs
des Elltern wappen gesmeltzt an yedes stuck Item zwue gulden
Kandel der hat yede ii quarttl auch mit meins herrn wappen
Item ii gulden peck darausz man wescht auch mit meins gnädigen
herrn vnd seiner gemachel säligen wappen Item iii plat vnd
sechs gulden schüssel auch mit meins herrn vnd seiner gema-
chelen säligen wappen Item Sechs gulden leffell vnd ain gulden
treszney vasz vnd wie wol das auf ettlichen meins gnädigen
hertzog Ludwigs etc. vorgenant gemachel säligen wappen stet
so hat er sy doch von seinem aigen gelt machen lassen als das
alles In den briefen die mir sein gnad darüber geben hat klar-
lichen begriffen ist gnädiclich gegeben vnd damit begabt vnd
fürsehen hat also das ich oder mein manlich elich erben von
meinem leib geborn das obgenante fürn haben vnd an die endt
vnd stet do wir es dann haben wollen vngehindert aller mänic-

lichs vnd die nützen niessen vnd geprauchen sullen vnd mügen
als ander vnser aigen hab vnd gut doch sol ich oder mein män-
lich elich erben von meinem Leib geporn das nicht anlegen dann
nach Rat wissen vnd willen meins obgenanten gnädigen herra
hertzog Ludwigs etc. des Elltern die weil er in leben vnd mit
dem tod da got lang vor sey nit abgangen ist vnd wann nu
der genannte mein gnädigister herr mich vnd mein mänlich elich
erben also gnädiclich fürsehen hat das ich vnd mein erben seines
gnaden des ewiclich gen got dancken vnd ab erdienen sullen
vnd wellen auch aweg seins willen sein Also gered ich ob-
genanter wieland von Freyberg Kamermaister für mich all mein
mänlich elich erben von meinem leib geporen dem benanten
meinen gnädigisten herrn in kraft des briefs was ich also vmb
solich gelt Edelgestain klainod vnd guldin geschierren kauff
oder verpfent es wärn Stet märckgt geslosz dörffer höf oder
hub launnd oder lewt oder ander gült wie die genant vnd ge-
haissen mag sein nach des obgenanten meins gnädigen herrn
abschaiden mit dem tod do got lang vor sey so sol ich aweg
mit ainem ieden pfleger kastner Richter purger oder pawrn in
den selben Stetten margkten Slossen vnd dorffern lannden vnd
lewten vnd allen andern Amptleuten die auf den selben sitzen
oder darob sein bestellen vnd mir darauf geloben vnd sweren
haissen am anfang vnd aweg über das dritt Jar ainest ob ich
stürb an elich mänlich erben von meinem leib geporen oder ob
ich elich leiplich mänlich erben hinder mir liesz die furbas an
elich mänlich erben abgiengen von Irm leib geporn also das von
meinem noch Irm leib geporn nicht mer elich mänlich erben In
dem leben sunder mit dem tod abgangen wärn das sy fürbasz
gewartten buldigen vnd swern vnd zu sten sullen dem pfarrer
zu vnser lieben frawen zu Ingelstat dem pfarrer die zeit zu
sand mauritzen den Kirchenprobsten vnd pflegern daselbs von
wegen der zwair stifft mit namen vnser lieben frawen pfarr
kirchen zu Ingelstat vnd dem Newen pfrundthawsz daselbs In
aller der masz als sy mir vnd meinen mänlichen elichen erben
von meinem leib geporn gewartt gehuldigt vnd gesworen haben

getreulich vnd an alles geuärd Ob auch die benanten pfarrer
Kirchenprobst vnd pfleger der egenanten stifft die ie zu zeitten
sind solichem nicht nachkomeu möchten vnd In ze ferr vnd vn-
gelegen wär, wer dann den brief mit Irm willen vnd wilbrief
Innhat vnd fürbringt der mag solichs von der benanten zwayr
stift wegen erfordern vnd einpringen den vorgenanten zwain
stifften zu nütz In aller der masz vnd in allem dem Rechten
als die pfarrer Kirchenprobste vnd pfleger selb die zu den
Zeitten sind tuu mochten an alles geuärd vnd auf das aber be-
schäch das ich obgenanter wieland von Freiberg kamermaister
von todes wegen abgieng vnd stürb an elich mänlich erben von
meinem leib geporen oder ob ich elich mänlich erben von meinem
leib geporen hinder mir liesz die fürbasz an elich mänlich erben
abgiengen von Irm leib geporen Also das von meinem noch Irm
leib geporn nit mer elich mänlich erben In leben sunder mit
dem tod abgangen wärn So ist mein lesster will maynungen
vnd wolgefallen darzu mein ernstlich geschäfft In form so das
an dem allen pesten kraft vnd macht mag gehaben wissenlich
vnd In kraft des briefs das sölich Summa gulden Edelgestain
klained vnd guldin geschirr so vor benant ist oder was ich
darumb kaufft oder verpfeut oder vmb wew ich das angelegt
het fürbasz gefallen vnd zusteen sullen dem pfarrer zu vnser
lieben frawen zu Ingelstat dem pfarrer die zeit zu sand Mau-
ritzen den Kirchprobsten vnd pflegern daselbs von wegen der
zwayr stift mit namen vnser frawen pfarrkirchen zu Ingelstat
vnd des Newen pfründhausz daselbs dauon sy tuu vnd ausz-
richten sullen solich spent vnd ander gotzdinst der darauf ge-
schafft ist doch behallten vnd auszgenomen von demselben gelt
klainod Edelgestain vnd guldin geschirr zehen tauseud gulden
der wolgeborn Ameleyen geborn von wertheim meinen elichen
gemachel für yr widerlegung die ir dann besunder verschriben
sind Auch mer behalten vnd auszgenomen Acht tauseud gulden
ob ich ain tochter gewunn die ich damit verheiraten vnd ainen
man geben sol vnd die benanten Achtzehentausend gulden In
peden vorbenanten zuuoran gefallen vnd zu steen sullen vnd

werden ob aber yemand wer der mir mein erben oder ander
in dise gab vnd geschafft bey dhainerlay Irrung oder einfäll
tätten Es wär mit Reht oder in recht geistlichem oder weltlichem
wie sich dann das fügen würd kund oder möcht anders dann
nach lawt vnd Innhalt des briefs das sullen mein erben vnd
ander die dann darein sprechen gantz verloren vnd die sich
dann hiellten nach lawt des briefs gewunnen haben des aller
zu warm vrkund hab ich offgenanter wieland von Freyberg
kamermeister mein aigen Insigel an disen brief gehangen vnd
zu mererer sicherhait hab ich gebetten den wolgeborn herr
Michelen Graffen zu werthaim meinen lieben Sweher vnd wil-
halm Graffen zu werthaim meinen lieben Swager vnd Laneta
von Freiberg mein liebe muter das sy Ire Insigel auch an disen
brief haben hencken lassen darunder ich mich verpindt für mich
all mein erben vnd nachkomen alles das vnd yedes besunder
zu hallten vnd zu volbringen das an dem brief geschriben stet
getrulich vnd an alles geuärd der geben ist zu Ingelstat an
pfintztag nach sand Michels tag des heiligen Fürst Engels Anno
domini Millesimo quadringentesimo Tricesimo octauo. *)

*) Ex copia vidimata.

CXLVII.

Anno 1439. 19. Decembris. Florentie.

Eugenius papa Petrum ep. in Cardinaliatus statum assumit.

Eugenius episcopus seruus seruorum dei, Venerabili fratri
Petro Episcopo Augustensi in sancte Romane Ecclesie pres-
biterum Cardinalem assumpto, Salutem et apostolicam benedic-
tionem. Ad exequendum summi Pontificatus officii debitum diuina

dispositione uocati circa ecclesiarum quarumlibet statum salubriter
et prospere dirigendum aciem nostre considerationis libenter ex-
tendimus, et ut earum singule Gubernatorum utilium presidio
fulciantur ac sancte Romane ecclesie Cardinalium oportunitatibus
decentius consulatur opem et operam quantum cum deo possumus
impendimus efficaces. Cum itaque hodie nos in generali Con-
sistorio de fratrum nostrorum consilio et apostolice potestatis
plenitudine te propter grandia uirtutum merita quibus personam
tuam illarum largiter dominus insigniuit ad Cardinalatus statum
pariter et honorem assumendum et in sancte Romane ecclesie
Cardinalem nominandum et publicandum duxerimus tibique de
proximo ecclesiam sancti Vitalis de Vrbe in titulum tui Cardi-
nalatus huiusmodi assignare intendamus, Nos ne ab aliquibus in
dubium uerti possit, an propter hoc ac tuum desuper prestandum
assensum te a vinculo quo tenebaris prout etiam teneris August-
ensis ecclesie cui tunc preeras prout etiam presse dinosceris
absolui uoluerimus ac uelimus ad huiusmodi summouendum du-
bium, motu proprio non ad tuam uel alterius pro te nobis super
hoc oblate petitionis instantiam sed de nostra mera liberalitate
declaramus tempore assumptionis ac nominationis et publicationis
huiusmodi, nostre intentionis fuisse et adhuc esse propter pre-
missa te a uinculo predicto minime absolui, neque ipsam August-
ensem ecclesiam uacare uoluisse aut uelle. Et nichilominus
attendentes multiplicia gratiarum munera quibus etiam circumfultus
existis, et quod tu qui hactenus prefate Augustensis ecclesie
laudabiliter prefuisti etiam in huiusmodi Cardinalatus honore con-
stitutus, illam ulterius scies et poteris auctore domino salubriter
regere et feliciter gubernare eiusque iura atque bona protegere
et etiam defensare, uolumus ac de plenitudine potestatis huius-
modi statuimus et ordinamus tibique concedimus ac tecum plenarie
dispensamus, ut etiam postquam assumptioni nominationi et pub-
licationi assensum huiusmodi prebueris ac prefatam ecclesiam
sancti Vitalis in titulum predictum habueris atque susceperis
etiam Cardinalis existens et ecclesiam sancti Vitalis in titulum
huiusmodi obtinens Augustensis Episcopus remaneas et esse

debeas ac Episcopi Augustensis et pastoris inibi nomine dignitate
et officio fungaris, eidemque Augustensi ecclesie presis et illi
quoad uixeris etiam tali quod ab eo nisi in hoc expresse consen-
seris absolui non possis uinculo astrictus existas et etiam cen-
searis quodque sicut ante assumptionem et nominationem huius-
modi poteras seu debeas, curam regimen et administrationem
dicte Augustensis ecclesie in spiritualibus et temporalibus gerere
et exercere libere et licite possis et valeas, necnon etiam sicut
prius dilecti filii Capitulum Vasalli et subditi prefate Augustensis
ecclesie Clerusque atque Populus Ciuitatis et diocesis August-
ensis tibi tanquam uero Episcopo Augustensi obedientiam et
reuerentiam debitas et deuotas, ac ipsi Vasalli et subditi con-
sueta iura et seruitia exhibere integre teneantur et debeant de-
cernentes exnunc irritum et inane quicquid in contrarium per
quoscunque quauis auctoritate scienter uel ignoranter contigerit
attemptari, Non obstantibus premissis ac felicis recordationis
Bonifacii pape VIII predecessoris nostri et aliis apostolicis Con-
stitucionibus necnon dicte Augustensis ecclesie iuramento confir-
matione apostolica uel quacunque firmitate alia roboratis statutis
et consuetudinibus ceterisque contrariis quibuscunque Nulli ergo
omnino hominum liceat hanc paginam nostre declarationis uolun-
tatis statuti ordinationis concessionis dispensationis et constitu-
tionis infringere uel ei ausu temerario contraire. Si quis autem
hoc attemptare presumpserit, indignacionem omnipotentis dei et
beatorum Petri et Pauli Apostolorum eius se nouerit incursurum.
Datum Florentie Anno Incarnationis dominice Millesimo quadrin-
gentesimo tricesimo nono Quartodecimo kalend. Januarii Ponti-
ficatus nostri Anno Nono.

CXLVIII.

Anno 1440. 30. Augusti. Basilee.

Generalis synodus Basiliensis mandat Petro ep. pecunias
indulgentiarum in civitate et diocesi Augustana
collectas transmittere.

Sacrosancta generalis Synodus Basiliensis in spiritu sancto
legitime congregata vniuersalem ecclesiam representans Venera-
bili Episcopo Augustensi Salutem et omnipotentis dei benedic-
tionem Dudum hec sancta Synodus inscrutabili prouidencia con-
gregata in vnum et diligenter dolenterque intuens atque pros-
piciens fidei christiane et ecclesie sancte dei angustias, et quod
peccatis procul dubio hominum exigentibus undique mala adaucta
essent et adaugerenter christiani ad tranquillitatem subditorum
constituti inter se dissiderent, pauperes subditi opprimerentur
fidelium colla calcaventur, et exaltaventur cornua impiorum, ac
cupiens eadem Synodus hiis malis omnibus salutaribus refor-
macione et pacificacione occurrere, Grecos quoque ab ecclesia
sancta dei diucius prescisos ipsi ecclesie pro suarum saluacione
animarum attrahere et vnire pro hiis omnibus studia solicita et
indefessa in dei nomine adhibuit ac pro ipsorum reduccione
grecorum expedicioneque diuersorum oratorum nostrorum ad eos
successiue missorum et Trium Galearum ac vnius Galeote cum
Capitaneo et tricentis Basiliscariis Ambassiatoribusque nostris
solemnibus inibi ad greciam et Constantinopolim missis destina-
torum Septuaginta Milia ducatorum a dilectis ecclesie filiis Ciuibus
Ammonensibus mutuo recepit preter diuersa alia mutua ab aliis
variis creditoribus recepta que omnia circa Centum et Quadra-
ginta Milia ducatorum se extendunt pro aliis nostris diuersis
ambassiatoribus solemnibus ad omnes fere christiani nominis

Regis et Principes harum saluberrimarum rerum gracia missis
mutui nomine receptis quamquam predicti greci nobis et eidem
ecclesie quod dolenter referimus in promisso deffecerint et per
nos non stetit quum omnia pacta et conuenta cum eis ad umquem
seruauissemus Et quoniam nobis inter rerum agibilium uarietates
agitacionumque angustias undique constitutis hoc altissimus con-
ferre dignatus est ut ipsius gracia in hac Ciuitate Basiliensi
Sanctissimi Felicis pape V Coronacio solemniter extitit celebrata,
nos ita qui cum ipso domino Felice gracia diuina nobis assistente
vlterius solicite laborare cogitareque curabimus quo pacto lan-
gventi ecclesie subuenire perniciosa scismata et principum chri-
stianorum dissidia tollere pullulancium heresum de finibus procul
pellere possumus, attendentes quod ad ea salubria sic feliciter
cepta que restant peragenda et onera expensarum propterea
supportanda necnon ad satisfaciendum creditoribus prefatis nichil
aliud nobis et ecclesie supersit nisi quod christifidelium manus
pro consequendis eiusdem acclesie indulgenciis dudum per nos
fidelibus ipsis ad opus reduccionis dictorum grecorum manus
huiusmodi adiutrices porrigentibus concessis ipsi ecclesie pia
oblacione atulerunt pariter et donarunt. Hinc est quod nos tuam
Circumspectionem quam nobis et ipsi ecclesie plurimum deuotam
tenemus Monemus et ortamur in domino per viscera misericordie
Iehsu Christi requirentes quatenus eadem tua Circumspectio pro
dei et vniuersalis ecclesie reuerencia nobis assistere dignetur
et uelit, ac cooperari viis et mediis omnibus prout catholicum
decet presulem ut huiusmodi pecunie indulgenciarum in tuis
Ciuitate et diocesi illiusque opidis Castris villis et locis quibusuis
collecte et apud quoscumque clauigeros depositarios siue custodes
deposite siue conseruate noscantur pro nobis et eadem ecclesia
dilectis ecclesie filiis Conrado Baroni Baronie de Weinszperg
Imperialis Camere Camerario hereditario et alberto schenck de
limpurg Canonico Maguntino decretorum doctori Collectoribus
nostris uel deputandis ab eis seu ipsorum aut deputandorum al-
tero absque difficultate et subterfugio tradantur et assignantur
ne tanta bona ob expensarum deffectum impedita remaneant Sic

te in premissis habiturum quod tua circumspectio huiusmodi inter optimos eiusdem ecclesie presules debeat non inmerito computari, uosque eciam tibi et ecclesie tue angustiis ad incrementa felicia assurgere teneamur. Datum Basilee iii kalendas Septembris Anno a Natiuitate domini Millesimo quadringentesimo quadragesimo.

CIL.

Anno 1441. 4. Februar.

Schiedspruch in verschiedenen Irrungen zwischen dem Bischof Peter, dann den Gebrüdern von Freyberg und den Hohenekkern.

Wir nachbenempten Walther von Hürnhain Ritter Haptman der gesellschaft der party vnden au der Tonaw Ber von Rechberg von Hochen Rechberg Ritter Haptman der party oben an der Tonaw Bekennen vnd tun kunt allermenglich vmb solich nachgeschriben zwayung irrung vnd myszhellung zwischen dem Hochwirdigen fürsten vnd herren herren petern Byschof zu Augspurg vnserm gnedigen herren ains, vnd der Strengen vesten herre hainrichs herre peters bayd Ritter ynd fridrichs von fryberg gebrüder, auch peters von hochenegg vnd siner Süne Walthers vnd Rudolfs des andern tails, des baid obgenant taile für sy vnd die von iren wegen darczu gewant vff vns komen sind, also das yeder haptman vorgenant zweu vss siner party zu im nemen sollte. Das wir auch getan haben. Sunder Ich egenanter Walther von bürnbain vss miner party zu mir genomen han die Edeln vesten Havpten zuo Bappenhain des hailligen Richs Erbmarschalk vnd frantzen vom Stain, So han ich obgenanter Ber von Rechberg vss miner party zu mir genomen

Die Strengen vesten Wolffen vom Stain von klingenstain vnd
Clausen von Vilenbach bayd Ritter Soelicher mass, das wir
obgenanten havptleut als ain man vnd die vorgeschriben zway-
ungen vnd irrung myn vnd rechts gewaltig syen, Also wie wir
oder der merer tayl vnder vns vmbe das als vnd iglichs in
sunder zu der myn oder zu dem rechten vssprechen vnd setzen
daby sollen vnd wollen sy baidersit beliben vnd das getreulich
halten on geuerde, als das alles ain versigelt anlass wie sy des
vff vns komen sind auch wyset etc. vnd es ward baiden tailen
ain tag darumb gesetzt gen Mindelhain vff Mitwochen nach sant
Michels tag Anno etc. XXXVIII. vnd da wurden die sachen
verhört fürgetragen vnd in geschrift vermercket vnd ward des-
selben mals darumb nit vsgesprochen. Darnach saczten wir ob-
genanten havptleut der sachen halb ainen tag vff Sonnentag nach
der hailigen dryer kunig tag Anno etc. XL. gen Vlm vnd als
der obgenant havpt marschalk layder von tode abgangen war,
dem got gnedig sey, an desselben stat nam ich egenanter Wal-
ther von Hürnhain zu mir den fromen vesten Wilhalm von
Hötingen, da ward soelicher sachen vnd swayung halb vmb
ain tail gar vsgesprochen etlichs vff kuntschaft gesesetzt vnd
vmb etlichs ayde ze tun. Hienach haben wir ain tag darumb
vff heut datum des briefs gen Mindelbaim gesetzt, damit soelich
kuntschaften vnd spräch erleutert vnd zu ende komen würden,
vnd wann die obgenanten Wolf von stain Ritter vnd Wilhalm
von Hütingen nit daby gesein mochten, an derselben stat haben
wir zu vns genomen die Edeln vesten Hainrichen zu Bappen-
hain des bailigen Richs Erbmarschalk vnd wilbalmen von
Freyberg zu pfaffenhusen vnd als die obgenanten Hainrich vnd
peter baid Ritter vnd fridrich von Freyberg gebräder auch
Peter von hochenegg durch iren fürsprechen den Ersamen
vlrichen vogt burger zu kemptun nach form des rechten zu dem
obgenanten vnserm gnedigen herren von Augspurg clagt hand.
Er habe fryhait erworben vber die pfarr Segg, das doch von
alter nit also gewesen sy, damit geschech in abbruch vnd en-
drung an dem iren vnd bitten die ding als das vor herkomen

sey beliben lassen. Dawider vnser her von Augspurg durch
sinen sprechen den fromen vesten hansen von westersteten
genant Schopp auch mit sinem wyser vnd leser nach form des
rechten geantwurt denselben frihait briefe vnd auch sin brief
wie sich peter von Hochenegg selig verschriben, heren lassen
hat, vnd wyset peters von hocheneg brief von wort ze wort.
Also Ich Peter von hochenegg vergich für mich vnd all mein
erben alles den die disen brief ansehent oder horent lesen, das
ich noch kain mein erb nymermer sullent gericht han vnder der
Burg ze hopfen noch by der kirchen daselben aber anderswa
in der pfarr sullu wir gericht han wa wir wollen. Ich vergich
auch für mich vnd mein erben vmb die recht die ich het an
den gerichten ze vsserlengenwauch vnd zem Stadel das ich
mich der luterlich verzigen han, durch bedte mins gnedigen
hern Bischof Fridrichs von Augspurg vnd das ich noch kain
mein erb nymer mer kain gericht daselben sule han mit der
beschaidenhait was ich aigner leute han die in demselben ge-
richt gesessen sind sy sien behubt oder nit, das dieselben leut
mit mins herrn des Bischofs gericht nichtz sullen ze schaffen
han wann als vil ob sy hintz mins vorgenanten herren leuten
icht ze sprechen hetten oder mins hern leut hintz in. So suln
sy das recht tun vnd auch nemen vor mins oft genanten herrn
des Bischofs Richter vnd doch also ob dieselben leute kainer-
lay busz vor dem gericht schuldig wurden so hät min herr mir
vnd minen erben die gnad getan, das wir sy darumb sullen
buessen vnd bessern, vnd das sin richter nichts mit in vmb die
selben busz hat ze schaffen, wer auch ob sy für gericht nit
komen wölten, so in fürgeboten wurd als vorgeschriben stat,
das sol mau mich oder minen Amptman lassen wissen, kömen
sy denn darnach nit für, was busz sy denn darumb schuldig
wurdent, der suln sy schuldig sin mins herren des Bischofs
richter, vnd mir noch mines erben nit, was aber ich vnd min
erben ander leut han oder noch füro gewinen in der pfarr ze
Segg, die suln für mins herren des Bischofs richter ze gericht
stan vnd gan, als von alter herkomen ist. Ich vergich auch

46 *

mer für mich vnd min erben, das wir kain recht haben an dem
wildpann in dem vilstal, denn das ich vnd mein erben mit
gunst vnd mit gutem willen von gnaden mins oftgenanten her-
ren ewigclich darinn iagen sullen vnd mugen vnd doch also,
das min herre selb vnd wenn er sein auch gunnen wil, darinn
auch iagen mugen, vnd die suln wir daran nit irren. Darnach
so vergich ich auch für mich vnd min erben, das mein egenan-
ter herr vnd sein leut in den wassern die oberhalb des Ri-
chenbachs gelegen sind vischen suln vnd mügen; wenn sy
wollen, vnd daran sullent wir sy nichtz irren, aber niderhalb
des Richeubachs bis in den lech ist es min vnd miner erben
gebannes wasser, vnd das das alles also staet vnd vnczerbro-
chen ewigclich belibe, darumb gib ich diesen briefe versigelten
mit minem Insigel das daran hanget, das geschah da man zalt
von Christi geburt drewzehenhundert Jar vnd darnach in dem
acht vnd cwainczigistem iar an sant vits aubent. Vnd nach clag
red vnd antwurt als das mit mer worten für vns komen ist.
Auch nach verhörung der egemelten brief haben wir all Sechs
in der guetlichait gesprochen, wie sich der genant peter von
hocheneg selig in dem vorgeschribnen briefe verschriben hat,
das es an allen puncten vnd artikeln nach innhalt desselben
briefs baidertail halb beliben solle vnd vnser herr von Augs-
purg solle schaffen das gericht zu Segg besecyt, als das her-
komen sey redlich vnd vngefürlich gehalten weree, vnd vmb
die frihait von dem genanten vnserm herren Bischof vber die
pfarr Segg von vnserm herren kayser Sigmund selig erworben
fürgeczogen, sprechen wir in der guetlichait, das vnser herr
von Augspurg die selben fryhait wol nützen müge, doch des
obgenanten von fryberg vnd petern von Hocheneg an ir ge-
rechtikait vnschedlich vnd allweg also der egeschriben briefe,
als sich peter von hocheneg selig verschriben hat by sinen
kreften beliben sol. Item alsdenn hainrich vnd peter baid Ritter
vnd fridrich von fryberg clagt hand zu vnserm ohgenanten
herren von Augspurg von des walds wegen zu hopfen, dar-
umb denn vff den vorgenanten tag ze Vlm ain kuntschaft ze

laiten gesprochen ist, also das der kuntschaft leute nit ob dry-
zechen vnd vnder newen sein solt etc. vnd den vnser herr
von Augspurg an derselben kuntschaft nit mer denn Sechs
man vor vns fürgezogen hat. Da sprechen wir in der gütlichait,
das vnsers herren von Augspurg kuntschaft nach vswysung
der vorgesprochen vrtail nit genug sey vnd als denn der ege-
nanten von freyberg kuntschaft gesagt als wir das wol ver-
nomen hand. Sprechen wir in der gütlichait, das die von fry-
berg die bessern sag vnd kuntschaft haben vnd die iren sullen
vnd mügen triben vnd den wald mit der agst niessen so wyt
die gemaind ist, vnd als och in den sachen etliche banboeltzer
berürt vnd gemeldet ob sy darinn irrig sind, so sprechen wir
das sy sich füro ainer erber redlicher gesworner kuntschaft zu
ainem vndergang nach kuntschaft recht von derselben ban-
höltzer wegen in dem egenanten wald ainen sullen, ob sy sich
nst nit geainen möchten. Item als denn die obgenanten
von freyberg clagt hand zu den von füssen Sy haben in ir
aigen leut eingenomen, die laurentzi Bertelin metzgers Swiger
vnd ire kind vnd die Bentzingerin vnd ire kind etc. darauf
denn ain brief verlesen ward, wyset also. Ich peter von Ho-
cheneg ain Ritter vergich offenlich an disem brief vnd tun kunt
allen den die in ansehent lesent oder hörend lesen, das ich
an dem nechsten Sonnentag vor dem palmtag datz wissense vor
Erbern leuten Rittern vnd knechten mit minem guedigen her-
ren Bischof fridrichen von Augspurg vmb all sach vnd an-
sprach, die ich het herbracht bis vff denselben tag hintz im
vnd sinem gotzhus lieplich vnd freuntlich aller ding bericht pin,
die erst sach was vmb ain Burgsesse zu hopfen vff der Burg
vnd vmb den fulense vnd vmb ainen garten vor der Burg die
ander sach was vmb ain wysen haisset der albing, die drit
sach was vmb den Otolffe von den sachen vnd ansprachen
han ich aller ding gelassen, die vierd ansprach was vmb mein
leut die sein burger sind zu fuessen, das mir die dienen solten
mit steuren mit fällen mit allen dingen als mein aigen leut da
han ich auch allerding von gelassen, denn so verr das sy mir

dienen sollen mit iren vaeilen nach der Stat recht zu füssen, die fuuft sach was vmb zwen man den Tuschelin vnd Swigger butzen, das die min aigen weren, dauon han ich auch gelassen gar vnd gentzlichen. Ich han auch den zel vff der vilse, den ich daher von sineu armen leuten nam durch sinen willen abgelassen vnd hat er mir darumb vnd vmb minen dinst, das ich im getreulich diene, geben viertzig pfund Augspurger pfenning vnd hat mir darumb gesetzt ein zu aiuem pfand den Otolffe also mit der beschaidenhait, wenn er oder sin Nachkomen oder sin Capitel zu Augspurg ob nit Bischofs wer mich oder min erben mit den viertzig pfunden ermanent, so sol derselb se fürbas ledig vnd los sin vnd sol ich vnd min erben dhein recht mer daran han. Er hat auch mir gehaissen vnd sin burger zu füssen mit Im, das er furbas dheinen minen aigen man empfachen sol, noch dheinen der miner aigen leut aigen ist, wer aber das derselben ainer in die stat fuer; so sol ich oder min amptleut in vordern vnd versprechen nach der Stat recht, wer aber das mir oder minem amptman die burger nit gemain sein, so sol ich es fürbas bringen für sinen Amptman ze füssen, wer auch, ob mir derselb sein amptman auch nit richtig wolt sin, se sol ich es für in selber bringen vnd sol er mir denn ain vnuerczogenlich recht darumb lassen widerfarn nach des lauds recht, vnd des zu ainer sicherhait vnd zu ainem vrkund gib ich in disen brief versigelten mit minem Insigel das daran hanget, das geschach da man zalt nach Christi geburt drewzehenhundert iar vnd in dem viervndzwainzigisten iare an dem Sonntag vor dem palmtag. Darnach liessen die von füssen reden, das die von Fryberg die armen leute eruordert hetten, nach Innhalt des briefs etc. vnd nach aller fürgewendter handlung des rechten haben wir all Sechs ainhellenclich zum rechten gesprochen, mügen oder wollen die Burgermaister vnd richter zu füssen gesweren gelert ayde, das sy die von Fryberg uit eruordert haben nach vswysung des vorgemelten briefs, das sy das billich geniessen, die ayde welten sy also getan haben, vnd die egenanten von Fryberg

hand sy des willigclich vertragen in allem rechten als ob sy
die ayd getan hetten. Item als denn fridrich von Fryberg
clegt hat zu den von fússen, von des Smitzers wegen, vnd als
vor zu Vlm vff dem tag gesprochen ist, das in fridrich von
fryberg besetzen soelt nach innhalt der guldin pull, vnd er in
nit also besetzen wil. Sprechen wir in der gutlichkait, das die
von fuessen fridrich von fryberg von des Smitzers noch wan-
dels wegen nichtz schuldig syen. Aber als die von fuessen
hainrichen von fryberg Ritter in das sein komen vnd verbotten
gut darus genomen hand, darumb sullen die von fuessen dem
egenanten hainrichen von fryberg des grossen wandels schuldig
sein, nemlich zechen pfund haller. Item als auch der obgenant
fridrich von fryberg clegt hat, die von Segg die haben ain
graben an der Mülin labach, damit sy das wasser vfhalten vnd
vfswellen vnd im die vischentzen sein vaetterlich erb oeden
vnd wuesten etc. vnd wann baid taile kuntschaft darumb gelait
hand, die wir aigenlich in geschrift vor vns gehebt vnd ver-
nomen haben vnd daruf haben wir Sechs durch das merer zum
rechten gesprochen, das fridrich von fryberg die bessern kunt-
schaft vnd sagen von desselben wassers wegen labach gehebt
vnd gelait habe, vnd das vnser herr von Augspurg vnd die
sinen fridrichen von fryberg an demselben wasser labach vn-
geirt vnd vngeengt, sunder dem wasser sein flus lassen sollen.
Item als denn vnser herr von Augspurg zu fridrichen von fry-
berg clegt hat, von der kloczen wegen vnd dann derselb fri-
drich von freyberg wideramb zu vnserm herren von Augspurg
vnd etlichen den sinen auch clegt von Cristan klotzen wegen,
als das in vil rede vnd wyderred fürgetragen ist, vnd als och
demselben fridrichen von der klotzen wegen ain ayd ze tun,
ist gesprochen, denselben ayde sprechen wir in der gutlichait
ab, vnd alsdenn Cristan klotz fridrichen von fryberg drissig
schilling haller jerlichs zins vss der Mülin ze Enchesteten
verschriben hat nach innhalt ains briefs vnd vnser herr von
Augspurg maint, dieselb verschribung nit kraft han solle, nach
dem etlich den sinen vor zins darus gange etc. Sprechen wir

aber in der gütlichait, das dieselben ‚dreyssig schilling haller jerlichs zins vsz derselben Mülin ganz absein vnd füro nit mer geben sullen werden vnd sol Fridrich von fryberg des egenanten Cristan klotzen gan vnserm herren von Augspurg vnd den sinen gantz muessig gän, vnd vmb die zwaiung zwischen vnserm herren von Augspurg vnd des genanten Cristan klotzen, sollen sy baidersit komen vff die Ersamen vlrichen ledrer oder Conraten Smalholtz burger zu landsperg vff der ainen als vff ain gemainen mit glichem zusatz zu freuntlichen rechten, da mag yeder tail fürcziehen brief wort vnd wes er trawet ze geniessen, vnd was von den oder dem merer tail mit recht gesprochen wirdet, daby sol es baidertail halb beliben vnd suln och daruf baidersit für sy die iren vnd mengclich von haider tail wegen darczu verdacht vnd gewandt gantz geaint vnd geslicht sin, vmb all vergangen sach on geuerde vnd vmb die Mulin genant kloben Mül, als vnser herr von Augspurg maint dieselb Mül sy im lechenfellig. Sprechen wir in der gütlichait das die Mül nit lechenfellig, sunder die fridrich von fryberg von vnserm herren von Augspurg empfachen solle nach lechens recht. Doch als fridrichen von fryberg ain wandel von etlichen den vnsers herren von Augspurg, die fridrichen vff das sein zwayen sinen armen leuten ze Segg in der pfarr frefenlich gezogen sind ze tun gesprochen ist, derselb wandel sol gantz absein. Item alsdenn fridrich von fryberg clegt hat zu vnserm herren von Augspurg vmb hundert guldin von des yorigen Bischof Nenningers seligen wegen vmb sinen dinst, haben wir in der gütlichait darumb gesprochen, das vnser herr von Augspurg fridrichen von fryberg von des zuspruchs der hundert guldin wegen nichtz schuldig sein solle. Item als denn fridrich von fryberg mer clegt hat. Es sy ain fraw zu Nesselwang mit tode abgangen, die habe sich an in ergeben als nach vswisung ains briefs und begerte im havptrecht vnd fal darumb folgen ze lassen etc. haben wir in der gütlichait gesprochen, das man fridrichen zway pfund haller für havptrecht vnd fal derselben frawen geben solle. Item von der trat wegen zu

hirschbüchel soln sy haider sit ain erber redlich geschworn
kuntschaft nach kuntschaft recht darumb laiten. Item alsdenn
fridrich von fryberg mer clegt hat von der wyer vnd wasser
wegen im hoffer wald vnd vnser herr von Augspurg dawider
geret hat, dieselben wasser syen sein vnd sins gotshus recht
aigen, vnd liess daruf brief hören wie die wasser vor zyten
von ainem Byschof verlychen sind ze vischen etc. darumb ha-
ben wir all sechs zum rechten gesprochen. Müge oder wöll
der obgenant vnser herr von Augspurg gesweren ain gelerten
ayd, als denn ain gaistlich fürst sweren sol, das die obgenanten
wasser sin vnd sins gotzhus aigen inuhabend gut sey, das
er des billich geniesz, des aydes hat in fridrich von
fryberg williglich erlassen, in allem rechten als ob der ayde
völliglich geschechen were. Item als denn peter von fryberg
Ritter clegt hat von ains banboltz wegen zu zwyselberg, das
vor zu kuntschaft gesprochen ist vnd och peter von fryberg
darumb kuntschaft gelait, darein denn vnser herr Bischof geret
hät, wann etlich armen leut die peters von fryberg bruder aigen
syen die kuntschaft gesagt haben, hoffe er, es solle kain kunt-
schaft sunder im vnschedlich sein etc. vnd wenn doch diesel-
ben sagen die kuntschaft gesworen hand, das sy weder tail
noch gemain daran haben im weder ze gib noch ze gült sitzen
etc. vnd vnser herr von Augspurg dhain kuntschaft dawider
gelait babe. Sprechen wir ainhellenclich zum rechten das pe-
ters von fryberg kuntschaft genug sy vnd füro billich by dem
banholtz zu zwiselberg von der Sigel tannen bis in die labach
Sunnen wertz belibe. Item alsdenn clegt ist der kolhund vnd
die Rieggen an der langeneg triben wyter denn sy tun sullen
etc. darumb haben wir zum rechten gesprochen das baid taile
von der trat wegen an denselben enden ain erber redlich ge-
sworen kuntschaft darumb laiten vnd darnach das recht ist ge-
schechen sulle. Item alsdenn vnser herr von Augspurg clegt
hat peter von fryberg babe im ain arm man Contz Eberlin ge-
slagen vnd miszbandelt bis vff den tod etc. vnd peter von fry-
berg maint Bintz vom stain sein Sweber solte im das abgetragen

worden vnd wenn er
in in dem von tod abgaugen ist. So sprechen wir in der gut-
lichait den wandel ab. Item alsdenn vnser herr von Augspurg
clegt hat von des Banholtz wegen zu Segg etc. ist von den
Sechsen in der gutlichait gesprochen, das dhein tail dem andern
von der zuspruch wegen nichtz schuldig seyn solle, vnd von
des Banholtz wegen zu Segg suln sy das baidersit halten wie
das herkomen ist, wurden sy aber darüber irrig das sy denn
ain erber redlich gesworn kuntschaft nach kuntschaft recht
darumb laiten vnd darnach geschehe das recht sey. Item als
denn vnser herr von Augspurg clegt hat der obgeuant peter
von fryberg Ritter ziehe sein leut ze Segg vsz dem gericht
zu Segg anders, denn die brief vswysen, vnd begerte darumb
wandels etc. Sprechen wir in der gutlichait den wandel ab,
vnd wie der obgemelt brief als sy denn von der sach wegen
verschriben sind sagt, daby sol es beliben. Item alsdenn vnser
herr von Augspurg clegt hat, er hab ain arm man ze Segg, der
hab ain brief vmb ain gut gehebt, der sey Im verbrunnen, dem
hab peter von fryberg abgebotten etc. Sprechen wir in der gut-
lichait, das peter von fryberg denselben arm man by dem gut
beliben sull lassen, wie er im das gelihen hat, alle die wile
der arm man das gut verwesen müge, möcht aber oder wölt
der arm man das gut nit verwesen als es im gelihen ist. So
solle es petern von fryberg ledig sin. Item füro clegt vnser
herr von Augspurg peter von fryberg habe zu zwiselberg zwen
höfe vnd fünf da gemacht vnd sein arm leute vbertriben die
vnsers herren von Augspurg etc. Haben wir all Sechs in der
gütlichait gesprochen als peter von fryberg fünff gut, da vor
zwen hoefe gewesen sind gemacht hat, die müge er wol da
haben, doch das sy vnserm herren von Augspurg noch den
sinen vff das ir nit triben on ir willen, mainte aber peter von
fryberg das die sinen vff des vnsers herrn von Augspurg vnd
den sinen triben sollen, das er das vffindig mach mit ainer er-
bern redlichen gesworuen kuntschaft nach kuntschaft recht.
Item vmb die zwitracht vnd irrung der trat gen Roszhapten

gen zwyselberg, darumb suln sy baidersit ain erber redlich gesworn kuntschaft laiten nach kuntschaft recht, darnach sol denn geschechen das recht ist. Item vnser herr von Augspurg clegt als ain gaistlich fürste des Richs. Er main fridrich von fryberg habe im sein gelimpf berürt vnd liess daruf ain brief hören darinn fridrich von fryberg begert sicher vor vnserm herrn ze Augspurg ze sin vnd begert darumb wandels etc. haben wir in der gütlichait gesprochen, das dhein tail dem andern von der sprüche wegen nichtz pflichtig noch schuldig sein solle. Item vnser herr von Augspurg clegt mer zu fridrichen von fryberg, er hab ain gericht zum Stadel gemacht vnd die vnsers herren von Augspurg darein gepfendet vnd beswerdt, anders denn die brief darinn sich peter von hocheneg verschriben hat vswysen etc. vnd nach clag red vnd widerred auch nach verhörung des obgemelten briefs haben wir all Sechs ainhelleclich zum rechten gesprochen, wann der obgeschriben briefe darinn sich peter von hocheneg selig verschriben hat, vnd vnder anderm sich des gerichtz zum Stadel vertzyhet dhein etc. das derselb brief by sinen kref-
dhein gericht zum
Stadel han solle vnd der   n begert yder tail
ain brief, die in auch mit   würden zu geben,
vnder vnser obgenanten   hain Bern von Ho-
chen Rechberg, Clausen von vilenbachs, all dry Ritter vnd frantzen vom stain angehenckten Insigeln, die wir in geben zu gezugknusz aller obgeschriben sach doch vns den andern vnsern mitspruchleuten vnd allen vnsern erben vnschedlich. Geben an Sampstag nach vnser lieben frawen tag purificationis von Christi geburt vierczehenhundert und in dem ainsvndvierczigisten Jaren.

_____

47

CL.

Anno 1442. 1. August. Frankfurt.

König Friedrich verleiht dem Bischof Peter die Regalien und bestätiget die Rechte vnd Freyheiten des Stiftes.

Wir Fridereich von gotes gnaden Romischer Kunig zu allen ziten Merer des Reichs Hertzog zu Oesterreich zu Steyr zu Kernden vnd zu portnaw, Graf zu Habspurg zu Tyrol zu phyrt vnd zu Kyburg. Marggraf zu Burgaw vnd lantgraf im Elsass. Bekennen vnd tun kunt offembar mit disem brieff. Allen den die In sehen oder hören lesen, wie wol wir allen vnd yglichen vnsern vnd des heiligen Reichs vndertenigen fursten bereitschafft aller gnad vnd gutikeit zu ertzeigen pflichtig sein, sollen wir daunocht daz milticlicher vnd vollicllcher erstrecken da wir stete trewe, bereite vnd willige dienste on vnderlasz erfinden. Wann der Erwirdig Peter Bischoue zu Augspurg vnser furst, Rat vnd lieber Andechtiger, vns demuticlich gebeten hat, das wir Im seine Regalia Werntlicheit, lehen vnd den Bau, als eym fürsten des heiligen Reichs, den füro seinen Ampt-leuten zu befelhen, vnd mit Im die Ersamen Tumbrobst, Techant capitel vnd Tumherren des Stifftes zu Augspurg vnserer lieben Andechtigen diemuticlich gebeten haben das wir Inen Iren nach-komen vnd dem Stifft alle vnd ygliche Ire priuilegia, Recht, gnade freiheit brieue, hantuesten, zehenden, eigenschafft vnd besitzunge die Sy, vnd Ir Vorfarn, vnd der Stifft von Romischen Keisern vnd kunigen, vnsern vorfaren an dem Reich vnd sunst von allen andern fürsten vnd herren geistlichen vnd werntlichen herbracht haben, zu bestetigen, zu uernewen vnd zu confirmieren gnediclich geruchten. Des haben wir angesehen derselben Bi-schoffs Tumprobsts techants Capitels vnd Thumherrn redliche

vnd demutige bete, vnd auch den stetigen vnd loblichen gotes
dienste der dann in dem vorgenanten Stiffte zu Augspurg teg-
lichen geschicht, vnd volbracht wirdet auch getrew nutz dienste
so der genant Bischoff vnsern vorfarn, vns vnd dem heiligen
Reich maniguelticlich vnd mit willen getan hat, vnd noch tun
sol vnd mag, Vnd haben dorumb mit Wolbedachtem mute gutem
vorrate ettlicher vnser Kurfürsten fürsten grauen Edeln vnd
getrewen, vnd rechtem wissen demselben Bischoue obgenant,
seine Regalia Werntlicheit, lehen, vnd den Ban, obgemelter
masse, in forme vnd nach gelertem eyde, so er vns gesworen
hat, vns vnd dem Reich dauon getrew, vnd gewertig zu sein,
alsdann von alters berkomen Recht vnd gewonlich ist, gnediclich
verliehen vnd verleihen Im das yetz wissentlich in crafft dis
briefs. Haben auch denselben Bischoue tumprobst techant Capitel
tumherren vnd Iren nachkomen, vnd dem Stifft zu Augspurg.
Alle vnd ygliche Ire priuilegia, Recht gnade, freiheit, brief,
hantuesten, zehenden, eigenschafft, vnd besitzung die Sy, Ir
vorfaren vnd der Stifft zu Augspurg von vnsern vorfaren Ro-
mischen Keisern vnd Kunigen vnd sust von andern fürsten vnd
herren, geistlichen vnd werntlichen, erworben vnd herbracht
haben von Romischer kuniglicher macht volkomenheit vnd Rechter
wissen ernewet, bestetiget vnd confirmieret, vernewen bestetigen
beuestigen vnd confirmieren auch die gegenwerticlich In vnd
mit crafft dis briefs Meynen setzen vnd wollen das alle solch
Ir gnad Recht, freiheit priuilegia hantuesten vnd brieue in allen
meynangen puncten vnd Artikeln wie die begriffen sein gantz
stet Vest vnd vnuerruckt bliben vnd von allermeniglich gehalden
werden sollen. Als ob sie alle vnd Ir yglich von Wortt zu
Wortte in disem brief geschriben weren vnd ob Sy auch von
Recht oder gewonheit in disem brieue benennet oder beschriben
sein solten. Vnd wir erfullen auch von obgerürter Romischer
Kuniglicher macht alle vnd yglich gebrechen ob dheine von
vergessenheit oder zierung der worte, vnlauterkeit der meynung
oder sust in dhein wise in den obgenanten priuilegien freiheiten
brieuen vnd hantuesten, oder auch in disem vnsern brieue ge-

scheen weren in dhein weise.. Vnd wir gebieten darumb allen
vnd iglichen fürsten geistlic en vnd Werntlichen Grauen Freien
dinstleuten Rittern vnd Knechten Burggrauen pflegern Amptleuten
Richtern Schultheissen Burgermeistern Reten vnd gemeinden
der Stet zu Augspurg vnd aller an der Stet Merkt vnd Derffere,
vnd aust allen andern vnsern vnd des Reichs lieben getruen
vnd vndertanen, ernstlich vnd vesticlich mit disem brief das Sye
die obgenanten Bischof tumprobst techant Capitel vnd Canoniken.
Ir nachkomen vnd dem Stifft zu Auspurg wider solich vnser
gnade Vernewung bestetigung meynung vnd gesetz, nicht Irren
noch hindern in dhein wise. Sauder Sy dabey von vnsern vnd
des Reichs   rulich vnd vesticlichen hanthaben schutzen
schirmen.   dawider tete vnd solch frenenlichen vber-
fure der sol in solch pene so in der vorgenanten Bischoffs
tumprobstes dechantes, capitels vnd tumherrn priuilegien vnd
brieuen In von vusern vorfaren Romischen Keisern vnd Kunigen
gegeben vnd begriffen sein. Vnd dortzu auch ein pene hundert
Mark lotigs goldes verfallen sein halb in vnser vnd des Reichs
Cammer vnd die andern helffte dem egenanten Stift so dick
vnd offt solch vberfarung gescheen vnleszlich zu betzalen. Mit
vrkund diez briefs versigelt mit vnserr kuniglichen Maiestat
Insigel. Geben zu Franckfurt vff dem Meyn. Nach Christs
gepurd Viertzehenhundert Jar vnd dornach in dem zweyund-
uirtzigistem Jare. An saudt Peters tag ad vincula. Vusers
Reichs im dritten Jare etc.

CII.

Fridericus rex ecclesiam August. in suam protectionem recipit.

In nomine Sancte et Indiuidue trinitatis feliciter, Amen. Fridericus dei gracie Romanorum Rex semper Augustus, Austrie, Stirie, Karinthie et Carniole Dux, Dominus Marchie Sclauonice et Portusnaonis, Comes in Habsburg Tirolis Ferretis et in Kyburg, Marchio Burgouie, Lanntgrafius Alsacie etc. Ad perpetuam rei memoriam notum facimus tenore presencium vniuersis. Ad supreme dignitatis specula quamuis insufficiente meritis diuine dispensacionis munere constricti, licet vniuersos et singulos nostros et Imperii Sacri principes et fideles pro et benigno ex innata nobis clemencia fauore solito prosequamur et ad ea que eorum vtilitatem profectum respiciunt et comodum, oportunum fauoris suffragia libenter impartimur, ad illorum tamen statum et comoda promouenda vberius et specialius aciem mentis nostre conuertimus et ad ea nostra serenitas inclinatur feruentius, quorum fides et sincera deuocionibus integritas amplius est ex laudibus approbata Sane attendentes eximiam deuocionem venerabilis Petri de Schawenberg, Episcopi Ecclesie Augustensis principis et Consiliarii nostri dilecti qua ipse et Predecessores sui Augustenses Episcopi, qui pro tempore fuerunt Nos et sacrorum Romanorum Imperium continuato fidelitatis Studio prosecuti sunt hactenus et ipse Petrus summa fidei puritate in presenti prosequitur et adaucto fidelitatis studio promptius prosequi poterit in futurum, Inherentesque inclite recordacionis diuorum Imperatorum et Regum vestigiis, qui principatus et presertim ecclesiasticas dignitates diuine remuneracione intuitu et pro animarum salute liberaliter confouebant, ipsius Petri Con-

siliarii nostri deuotis supplicacionibus inclinati, ipsum Succes-
sores suos Episcopos et Ecclesiam Augustensem, cum omnibus
eorum hominibus Nobilibus, vasallis, vasalagiis, familiaribus, Ju-
diciis, Jurisdiccionibus, meris et mixtis, ciuilibus et criminalibus,
honoribus, dignitatibus, priuilegiis, libertatibus, Juribus, spiritu-
alibus et temporalibus, Opidis, Castris, villis. terris, districtibus,
dominiis, bonis, censibus, vtilitatibus, redditibus, obuentionibus,
emolumentis, possessionibus, prediis, rusticanis et vrbanis, fore-
stis pariter et wiltpannis, ac rebus mobilibus et immobilibus
quibuscuuque nominibus appellantur, que, quas, seu quod, hucus-
que iuste, rite et racionabiliter possiderunt et in presenciarum
possident et in posterum auctore domino bona fide iustis modis
et Juridicis titulis, absque alieni iuris dispendio poterint adipisci
in nostram et Sacri Imperii proteccionem et tuicionem recepimus,
sub alis protectionis nostre et eiusdem Imperii pro nobis et no-
stris Successoribus Romanorum Imperatoribus et Regibus ex
innate nobis benignitatis clemencia recipimus per presentes, Sed
quia parum esset Jura condere et quempiam. in protectionem
recipere nisi essent, qui Jura eadem et sub protectione receptos
fideliter tuerentur. Nolentes dictum nostrum principem et Con-
siliarium Successoresque suos Episcopos et Ecclesiam August-
ensem, ab aliquo indebite pregrauari, eisdem nostros et Imperii
Sacri venerabiles herbipolensem, Constanciensem, Frisingensem,
Eystetensem Ecclesiarum Episcopos et Illustres duces Bauarie,
Burgrauios Nurembergenses Marchiones de Baden et Comites
de Wirtemberg qui nunc sunt, aut pro tempore fuerint, nostros
et Imperii principes deuotos et fideles dilectos, animo deliberato
non per errorem, aut improuide sed ex certa nostra sciencia,
Sano principum Comitum Baronum, Procerum et nobilium nostro-
rum et Imperii fidelium, accedente consilio auctoritate Regia et
de plenitudine eiusdem potestatis, pro nobis et dictis nostris
successoribus, conseruatores, executores, defensores, protectores,
veros et legittimos constituimus, ordinauimus, fecimus, creanimus-
que facimus ordinamus tenore presencium et creamus. Ita quod
Conseruatores, Executores et Defensores prefati et quilibet eo-

rum in solidum, ita quod non sit melior conditio occupantis, sed
quod vnus eorum inceperit, alter prosequi valeat et finire, dum
et quotiens a sepedicto Consiliario nostro, aut eius Successori-
bus prefatis, super eo fuerint requisiti, inuadentes, turbantes,
offendentes, vel illicite opprimentes ipsos, ecclesiam ipsorum et
eorum homines, vasallos, vasalagia, familiares, iudicia, Juris-
dictiones, meras et mixtas Ciuiles et criminales, honores, digni-
tates, priuilegia libertates, Jura spiritualia et temporalia, Opida
Castra, villas, terras, districtus, bona, dominia, census, vtilitates,
redditus, obuentiones, emolumenta, possessiones, predia, rusti-
cana et vrbana, foresta et wiltpanna, ac res mobiles et immobi-
les, ut prefertur, citare et in causis huiusmodi simpliciter et de
plano et absque strepitu et figura Judicii, iuxta modum et for-
mam Regalis Curie debite procedere et de offensis et Iniuriis
rite cognoscere, ipsosque Inuasores offensores, turbantes et In-
iuriantes ab eorum insolenciis compescere et eos prout iustum
et equum fuerit, ad hoc eciam si opus extiterit execucionem
gladii materialis adhibito figorose comprimere et eisdem silencium
imponere, ac omnia et singula alia facere et auctoritate Regia
libere et racionabiliter exercere possint et valeant, que ad offi-
cium conseruatorum de Jure et consuetudine pertinent et poterunt
quolibet pertinere, eciam Si mandatum erigant magis speciale,
ratum et gratum perpetuo habere volentes quidquid dicti con-
seruatores, communiter vel diuisim egerint, fecerint, aut ordina-
uerint in premissis et quolibet premissorum, Precipientes vniuer-
sis et singulis nostris et Imperii Sacri fidelibus firmiter districte
ut premissa omnia et singula non perturbent neque impediant
quouismodo et presertim dictis Conseruatoribus, et eorum cui-
libet vt eorum officium absque qualibet negliencia legaliter fa-
ciant et fideliter exerceant vt prefertur, Sub pena centum Mar-
carum puri auri, quam ab eo qui contrafecerit, tociens quociens
contrafactum extiterit irremissibiliter exigi volumus et earum me-
dietatem, Regali Camere, residuam vero partem, Episcopo pro
tempore existenti, aut eius Cappitulo Sede vacante decernimus
applicari. Presencium sub nostri Regalis Maiestatis Sigilli

appensione litterarum.' Datum in Opido nostro Thuricensi die vigesima octaua Mensis Septembris, Anno domini Millesimo quadringentesimo quadragesimo secundo. Regni vero nostri anno tercio.

CLII.

Anno 1443. 23. Februar.

Des Domkapitels Ordnung die Beilegung von Irrungen und Streitigkeiten unter seinen eigenen Mitgliedern betreffend.

Wir Hainrich Truchsessz Tumbprobst Gottfrid Harscher Techannt Baltasar von Hurnhain Rudolff von Westerstetten Obroster Schulmaister Jörg von Bernstat Johans Gwerlich Custer Baltasar von Hodorff Diepold von Freyberg Otto von Schawenperg Johanns Wildsgeuert liupriester vnd wilhalm von Santhain alle Briester Albrecht ' von Villenbach vnd Johanns von Hürnhain bayd diacken Cunrat Rott Berchtold von Renhartzweyler Keller Ranold von Geroltzeg Albrecht von Rochberg Wilhalm von Sperbersegg vnd Cunrat Harscher Subdiacken alle Tumherrn zu Augspurg Bekennen Offennlich mit disem brief für vns vnnser Capitel vnd nachkumen vor aller menglichem das wir mit veraintem mut vnd guter vorbetrachtung In vnnserm Capitel darein wir uff hiut datum ditz brieffs zu samen kumen warn, mit belewter Gloggen vnd haben auch dorumb ain Terminum genomen vnd die auszwendigen zu vns berufft, Als Sittlich vnd gewonlich ist gar beratenlich ob vnnsers Stifftes vnd Capitels Anligenden vnd zustennden sachen, yetz vnd uorber zu inengem mal gesessen seyen, Vnd darinne alain Gotz des Almechtigen vnd seiner lieben muter, Der wirdigen Junckfrawen Marien lob vnd Ere vor Augen gehebt, vnd hierinn nit annders -

dann vnsers Stiftes vnd Capitels gemainen Nutz vnd frumen
gesucht vnd angesehen haben Als wir dann von gelubte vnd
aydes wegen vnserm Stiffte Capitel vnd vns selbs wol sohulldig
seyen, Vnd haben nach mengerlay Ratschlagen vnd ersuchen
durch vns mit emssigen vleysse beschechen gemerckt vnd be-
trachtet die vngewonlichen erschrocken hertten vnd vntriuwen
lôuffe so layder diser zeytte sunder in der Refier vmb vns aufer-
erstanden vnd inn den vns denn mengerlay grosser vnd Swerer
geschicht Handel vnd sachen bysher zugezogen beweyst vnd
widerloffen sind Auch täglichs begegnen vnd wol zu besorgen
ist, Vileicht hinfur mer vnd swerlicher zustan vnd begegnen
möchten, darausz vnnserm Stiffte vnd Capitel grosser vnrat vnd
verderblicher schad enntstanden ist, täglich zustat Vnd In kunfftig
zeitt mercklicher erstan vnd wachsen mag Wo das mit bequem-
lichen widerstand vnd geburlicher fursehung nit furkomen ward
Nu solichem vnd vilmanigueltigem gebrechen die wir dann durch
sölichs ersuchen In ettlichen vnsers Capitels sachen gemerkt
vnd erfunden haben So vil vnd an vns ist zu begegnen, die ze
wennden vnd zu furkumen vermainen wir ye unserm Stiffte
Capitel vnd vns selbs als uor begriffen ist wol phlichtig ze
sein Dartzu vns got der almechtig durch eingebung seins hay-
ligen gaistes, barmhertziglich stiurn guad verleihen, vnd darinn
beybestenndig vnd billflich sein wolle, vnd vmb das durch vns
dest bleyblicher vnd auff Rechter inn lautter lieb ainhelliglich
vnsers Stiftes vnd Capitels gemainer nutz vnd frume furge-
nommen vund vestiglich gehrafft vnd gemerkt werd, Setzen vnd
wollen wir am Ersten was sich zwischen vnnser bysher sam-
mentlich oder Sunderlich vnwillens Spenn, oder zwitrecht wie
die genant sind gemacht oder ergangen hetten dieselben sullen
gantz hin, vnd absein noch solichs in dhain weg geefert vnd
weder mit worten noch mit werken gerochen werden getriulich
vnd one geuerde. Wer aber sach das nun hinfur zwischen
ettlichen vnder vns, ainem oder mer, icht vnwill zwitrecht oder
Spenn sich machten vnd erhüben wie das beköm das gott nit
enwell, Darumb sol ain Capitel allweg die selben auff ir ains

48*

oder mér erfordern vmb solich hänndel for sich hayschenn vnd
verhören Vnd was ain Capitel oder der merer tayl, nach solicher
Verhörung erkennt, oder spricht dabey sol es bayder Partey halb
vestiglich beleyben dem nachkumen vnd getriulich gehalten wer-
den, one verrer beruffung vnd waygern Doch ist nemlich ze
wissen wer das derselben ainer oder mer Bruder Vetter oder
nachfriund in dem Capitel sitzen hetten dieselben sullen ausz
dem Capitel gan vnd vmb solichs nit sprechen in dhain weg Ob
aber solich parteyen icht hasz oder vunfriuntschafft von dhainerlay
sachen wegen gen einander hetten oder trügen darumb sy dann
bayde oder der ain tayl der verhörung vnd egemelter erkannt-
nussz In stat zu tund ain Capitel nicht bitten, oder gefordert
erscheinen wollten, sol vnd mag als dann das Capitel nit des-
minder solichen hanndel furnemmen vnd darinn erkennen nach
dem vnd im dann nach gelegenbait der sachen geschen wirt,
dabey es aber one weytter waygern in uorgeschribner massz
beleyben sol. Wer aber das vnnser ainer oder mer wider ain
Capitel in seinen aygen sachen nit Richter sey, sol das Capitel
ainn ausz dem Capitel seins tayls nemmen vnd ge en, vnd diser
tail auch ain ausz dem Capitel vnd was dann die bzwen darumb
sprechen oder erkennen, dabey sol es bestan vnd beleyben vnd
obgeschribner massz gehalten werden Ob aber die zwen nit
ains werden möchten, so hannd dieselben zwen macht den dritten
ausz dem Capitel zu in ze nemmen vnd was dann die drey oder
ir der merer tayl erkennent vnd sprechent, dabey sol es one
weytter beruffung, widersprechen vnd weygrung in egeschribner
massz bestan beleyben vnd gehalten werden Ob aber dieselben
zwen des dritten nit ains werden möchten, so hat das Capitel
allweg macht den dritten ze geben, doch sol sich das Capitel
vleyssen ain ze nemmen der bayden taylen nit arckwenig sey
alles getriulich vnd one geuerde. Furbasz setzen vnd wollen
wir wer das vnnserm Stüffte Capitel vns oder den vnnsern ge-
mainlich oder besunder icht vnfugs Vnrechtens dhainerlay ge-
schicht schaden schmach oder sach von yemand Gaistlichen oder
weltlichem in welchenn wirden stat oder wesen der wär wider

Recht begegnete furköm oder zuständ, oder vns begegnen vnd
zustan besorgten darzu wir dann billich tetten, Vnnd zu solichm
zutund durch ain Capitel erkennt wurd sullen vnd wellen wir
vns alsdann ainbelliglich gen den selben fursechen setzen vnd
dawider mit auffrechtem vnd getriuen beybestannd vnd hilff, vns
auffhalten vnd weren vnser yeder nach seinem hestenn vermugen
vnd In solichem nit anders dann vnsers Stifftz Capitels vnd
vnnsern gemain nutz vnd frumen Auch des belaidigotten Recht
vnd notturfft nach gelegenhait der sach betrachten suchen vnd
ansehen. Mer setzen vnd wollen wir das ain Capitel vnnser
yetlichs zu gleichen billichen Rechten mechtig sein sol Ob aber
vnser dhainer ainer oder mer nach des Capitels oder des me-
rern tayls erkanntnussz Recht zu geben vnd ze nemen sich an
gleichen billichen eunden nit benügen lassen noch dem nauch-
kumen wollte Als dann seyen wir gemainlich vnd besunder dem
oder denselben vngehorsamen nit schuldig Ratt hilff noch bey-
bestand zu tund sonder was ain Capitel oder der merer tayl
furo vmb solich vngehorsamkayt erkennt dabey sol es beleyben
one all auszzug eintrag weygern vnd widersprechen. Wir
setzen vnd wollen auch welich vnder vns ainr oder mer in
sachen vnseren Stifft Capitel vnd vns berurent von ainem Capitel
oder dem merern tail zu botschafften oder andern gewerben
vnd sachen zu brauchen, genent geben oder gefordert wirt oder
werdent, das der oder dieselben sich gehorsam in solichem be-
weysen vnd vinden lassen es wer dann das durch treffenlich
vnd mercklich vrsach von In furgehalten sy von ainem Capitel
des auff dieselb zeyt vertragen vnd mussig gesprochen wurden
Als dann mag ain Capitel oder der merer tayl annder ainer oder
mer zu solichem geben vnd egebegriffner massz nemmen vnd
vordern Wir geloben auch all vnd vnnser yeder besunder bey
vnseren triuwen gelubten vnd ayden So wir vnnseren Stifft
vnd Capitel getan haben disz vnnser Statutt ordnung vnd aynung
an allen vnd yedenn hierinn begriffen Stucken Punckten vnd
Artickeln war stet uest vnd unzerbrochen ze halten vnd zu
volfuren vnd nach vermugen bestellen gehalten werden an All

auszzüg eintreg vnd widerred getriulich vnd yngeuerlich Vnd
des zu mer sicherhait vnd guter gedächtnüasz So haben wir
ditz Ordination zu annderen vnnsern gesworen Statuten In ynn-
ser Statutbuch schreiben laussen Vnd des zu Vrkund haben
wir disen brieff mit vnnsers Capitels Anhangendem Insigel ge-
vestnet der geben ist uff Sampstag nächst nach kathedra Petri
Als man zalt nach Christi Vnsers herren geburt Tausent vier-
hundert vnnd Im dreyundviertzigesten Jaure.

CLIII.

Anno 1444. 4. Februar.

Bischof Peter erkennt zu Recht in den Irrungen um
seines Gotteshauses Erbtruchsessenamt zwischen Engel-
hart Marschalk von Donnersberg vnd Georg von Bach.

Wir Peter von gotes genaden, Bischoue zu Augspurg,
Bechennen vnd tun kúnt, offenlich mit dem briefe vor aller-
mengklichen von des Rechten wegen zwischen den vesten
Engelharten Marschalk von donersperg dem Jungen an einem
vnd Jörigen von Bach an dem andern taylen als von vnser vnd
vnsers gotzhusz Erbtrucksessen Amptmans wegen, dorumb sy
in irrunge miteinander gewesen, vnd des zu recht für vns vnd
vnsers Gotzhusz Erbamptleuten komen seind, Nemlich Rudolff
von Hohenegk, anstat vnd mit vollem gewalt seins vatters Pe-
ters von Hohenegk, vnsern vnd vnsers Gotzhus Erbschenken,
vnd da bayder seyten Ir clage, antwurdt, rede vnd widerrede,
nach aller irer nottdurft, durch ir fürsprechen fürgewendt vnd
erzelt haben, des nit notturftig ist hie ze schriben, dieselben red
vnd widerrede die genanten vnser vnd vnsers Gotzhus Erb-

amptleute, In geschrift, vnd daruf ein bedenken genomen raute
ze haben, was sy darumb vrtailen vnd zuo recht sprechen wol-
ten, Vnd als sy sich min beraten vnd vns ir vrtail in irem be-
sigelten spruchbrieue vbergeben vud zuogesandt haben. So ha-
ben wir bayde parthy für vns bedagt vnd aber die Erbampt-
leute zuo vns geuordert, Do ist Peter von hoheuekg selbs vnd
auch Bartlin von wale bey vns zum rechten gesessen, Do seind
bayde parthy furgestanden mit iren fursprechen, Nemlich Jorig
von Bach mit dem wirdigen Mayster lienhart Gassel, vnserm
vicari vnd official, in gaystlichen sachen, vnd Engelbart Mar-
schalk der junger mit seinem vettern lienharten zu hohenrichen
des hayligen Reichs Erbmarschalk vnd begerten bayderseiten
die vrtail zu uerhoren vnd offenen, die auch also verhort ist,
vne lawtet also, Dem hochwirdigen fursten vnd herren herren
Petern Bischoue zuo Augspurg vnserm genadigen herrn En-
bietten Ich Rudolff von hoheneckg vnd ich Bartlin von waule
vnser willig vndertänig dienste ewrn fürstlichen genaden vn-
uerdrossenlich zuuoran berait, Genädiger her vnd des rechten
wegen, So ewr gnad mit vns als mit des Stiffts Amtlewten,
am meutag nach Bartholomei nächstuergangen zu dillingen in
der Statt besessen habend zwischen der vesten Engelharten
Marschalken von dornsperg des jüngern an einem vnd Jörigen
von Bach der andern seyten, als von des Rechtlichen spruchs
wegen des Trucksessenampt darumbe bayd obgenant tail in
irrung mit einander sind, vnd wann aber wir als dargeuordert
gestifft amptleut vou ewrn gnaden zum rechten gemant sind.
Also hat Engelhart Marschalk von dornsperg der jünger durch
seinen vorsprechen den wirdigen mayster Johansen kantschen,
alten vicari des stiffts ze Augspurg geclagt vnd fürgewendt,
zuo Gorigen von Bach vlrichs von Bach säligen suue, als von
des Trucksessenampts wegen des genauten Stiffts zu Augspurg,
also wie das vor zeiten die Trucksessen von kulntal daselb
Trucksessenampt von der Stiffte ze Augspurg ze lehen innge-
hebt hetten, bis an iren tode vnd dieselben trucksessen werent
derselben marschalk nächst vnd recht frunde vnd glich mit in

gewapnet, von schilte vnd belm, vnd als nun die Trucksessen
von tode abgaugen weren, so sind dieselben leben vnd Truck-
sessenampt an die Marschalk gevallen, vnd ye von ainem bis
an den andern vnd sunder yetz an den benanten Engelharten
Marschalk den jüngern komen vnd gehöre im das ampt von
rechts wegen zuo, das er auch eupfangen vnd seinen genädigen
gichtigen lehenherrn habe, daran enge vnd irre in der vorge-
nant Jörig von Bach, anderst dann billich sei vnd liess in bit-
ten, das er in daran vngeirrt vnd vngeengt liesse, dester gerner
tun wolt, was im lieb wäre etc. Das verantwurt Jörig von
Bach durch seinen vorsprechen, den Ersamen Hansen Ehinger
von vlme genant Rumelin, also wie dasselb ampt sein Aenlin
Conrat von Bach vnd darnach sein vatter vlrich von Bach inn-
gebebt haben, sein änlin bis an sein vater vnd sein vatter vnd
sein änlin, paid an all rechtlich einspruch bis in ir grub inn-
gehebt haben, des er nun ain rechter natürlicher erbe vnd des
Name von schilt vnd belm sei, vnd auch dasselb ampt eupfan-
gen vnd des seinen genädigen gichtigen lehenherren habe vnd
neme in fremd, das in Engelbart Marschalk vorgenant darein
spreche vnd darin enge vnd irre, vnd bitte in auch güttlich zuo
vnderweisen, dauon ze lassen. Ob er aber nit gutlich daruon
lassen wölt, So getraw er wir weisen in billich mit vuserm
rechtlichen spruch, darzu, das er dauon vnd den egenanten
Jörigen von Bach daran vngeirrt vnd vngeengt lasse etc.
Alles nach begreiffung red vnd widerred, vnd aller fürgewen-
ter handlung des rechten, des vns darumbe ain geschrift geben
ist, auff das wir vns daczemale ain bedeucken namen Rat ze
haben, was wir darumbe vrtailen vnd sprechen wölten, als wir
vnd des im anfangkh des rechten bedingten etc. Also lassen
wir in ewr gnad wissen, das wir seyderher weyser läwt rat,
Sunder auch ander stifft ain läwte rat gebebt vnd nach der-
selben vnderweisung vnd auch nach vnser selbs verstantnusse,
Seidenmalen vnd Engelbart marschalk im rechten fürgewendt
hat, als die Trucksessen von kullentall von tod abgangen sind,
der sein vordern vnd er nächst erb vnd glich mit schilt vnd

helm gewäpnet sind, vnd er vnd sein vordern solich ampt von
in ererbt vnd inngehebt habent, als das aigenlich in seiner red
begriffen ist etc. Darwider aber Görig von Bach antwort, wie
das sein Aenlin, Conradt von Bach vnd darnach sein vatter
vlrich von Bach, baid auch das vorgenant ampt inngehebt ha-
bent, on all rechtlich einspruch bis in ir grab, das auch alles
in seiner antwort eigentlich begriffen ist etc.. Seidmalen vnd
baid tail sich auff innhaben, vnd gwer ziehent, So vrtailn vnd
sprechen wir auff vnser aide ainbellicklichen zum rechten.
Nach red, widerred vnd aller handlung des rechten ain erber
redlich kuntschafft, darumbe zu layten vnd darnach geschehe
was recht sei, das zuo vrkunde, so senden wir ewrn gnaden
disen spruchbrieff versigelten, mit vnsern aigen vffgedruckten
insigeln. Der geben ist am Mitwochen nach sant Elspeten tag
Nach Cristi geburd Tauseut vierhundert vnd darnach in den
drey vnd viertzigisten Jarrn. Vnd als die verhört vnd geöffnet
ward, do benügt sy der vrtail baiderseit wol vnd liessen daruff
ir fürsprechen reden vnd in vnderschaide zé geben, wie vnd
in welher zeit vnd vor wem vnd mit wie vil das bescheben
solte, also haben die amptleute zuo Recht gesprochen, das das
vor vns oder vnserm auwalt beschehen sol, in drey viertzehen
vnd drey tagen den nachsten nach datum des briefs, vns irrten
denn sach, das wir des vngeuerlich nit gewarten möchten, das
sol yedwederm tayl an seinen rechten vnschedlich sein, vnd
das sollen sy ton, mit lewten oder mit briefen, des zum rechten
genug sei, Vnd die solich kuntschafft sagen werden, die sullen
erber vnuersprochen lwte vnd wappens genos, vnd vber newn
nit sein, vnd vnder fünfen och nit sein vnd welhe selbs per-
sönlich nit komen möchten, die sollen das in iren besigelt brief-
fen nach kuntschafft recht, vnd als sy pillich sollen schriben
vnd sagen, vnd welhen tail nit souil lwte gehaben möchte, die
eytel layen vnd weltlich weren, So mugen gaistlich Prelaten
oder Prelatin och darumb sagen, oder vnder iren Insigeln schri-
ben, in mass als vorbegriffen ist, vngeuerlich, vnd wenn das
also verhört wirt, So sol darnach beschehen was recht ist,

Diser vrtail begerten baid tail vrtailbrieff, der in auch mit recht
ze geben, ainhellicklich ze geben erkennet sind, vnd darumb so
gehen wir yedwederm tayl diser vrtail einen besigelten vrtail-
brieff, mit vnserm Gotzhus vnd nachkomen on schaden. Der
geben ist an after mentag Nach vnser lieben frawen liechtmess
Do man zalt nach Cristi vnsers herren geburd Tusent vierhun-
dert vnd darnach in dem viervndviertzigisten Jaren.

CLIV.

König Friedrich verurtheilt Rudolphen von Höhenegg
in eine Strafe von zwanzig Mark Goldes, weil derselbe
in des Bischofs Wildbann widerrechtlich gejagt hat.

Wir Friderich von gottes gnaden Romischer Kunig, zu
allen tzeiten Merer des Reichs, Hertzog zu Oesterreich, zu Steir,
zu Kernten, vnd zu Krain, Graue zu Tirol etc., Bekennen vnd
-tuen kunt mit disem brieue allen den, die in sehen oder hören
lesen, das auf heut datum disz briefs fur den Edeln Johannsen
Grauen von Schavnberg als der an vnser statt, vnser kuniclich
Cammergericht besessen hat komen ist, des Erwirdigen Peters
Bischofs zu Augspurg, vnsers fursten Rat vnd lieben andech-
tigen, vollmechtiger anwalt vnd procurator Vlrich Riedrerer, licen-
ciat der Rechten, vnser lieber getreuer, vnd liesz in gericht
verlesen ein glauplich Instrament, damit er beweyszt vnd be-
zeugt, das wir von des yetzgenanten vnsers fursten clag wegen,
als hernach lauten wirdt, Rudolffen von hohnegg, fur vns zum
Rechten rechtenlich geheischen haben, vnd geladen peremptorie,
vnd das der letst, endtlich rechttag, nach anttwurttung vnd ver-
kundung solicher vnser Jadung, vnd nach den gemeinen vnsern

schäben, der vnd anderer sachen so vor vns im Rechten hangten,
vff den heuttigen tag gefallen was, vnd sein sollt, vnd darauff
bracht. der vorgenaut sein Anwalt die clag, so er. wider Ru-
dulphen von Hohnegg vermeint in gericht für vnd redt also,
Wie derselb peter Bischof zu Augspurg vnd sein Stifft, von
vnsern voruaren Römischen Keisern vnd Kunigen, loblich ge-
freyt vnd begnadt wern, das nieman wer der ist, on besonder
vrlob erlouben vnd willen, eins yeglichen Bischoues zu Augs-
purg in Irem wiltpann zwüschen den wassern lech vnd werttach
gelegen, Jagen wildern oder birsen soll, ouch Sy in ander weg
darau nicht binnderen noch Irren bey verliesung zwaintzig Marck
lötigs golds, die ein yeglicher der dawider täte, halb in vnser
vnd des Reichs Camer, vnd das ander halbteile, den Bischouen
zu Augspurg vnablüszenlich zu hezalen veruallen sein sol, der-
selb vnser furst hett ouch vormaln vor seliger gedechtnüsz
Keyser Sigmunden, den von hohnegg vnd andern mit Recht
anbehabt, das Sy on eins Bischoues zu Augspurg willen in dem
vorgemelten wildpann nicht Jagen noch Sy daran Irren oder
dorein sprechen sollen, noch niemals von Iren wegen, als
denn das alles solicher freyheit, vnd der vrteile Keyser
Sigmunds glauplich vidimus die in gericht verlesen, wurden
volkomenlich auszweiszten, Veber das alles So hett Rudolff
von hohenegg nicht allein on des von augspurg willen vnd
vrlob in dem vorbenempten seinem wildpann vederspil gefangen
vnd waidwerk getriben, sunder ouch sich vnderstanden dem
von Augspurg vnd seinen leuten zu weren, das Sy das nicht
tun sollten, des er sich alles als ein Anwalt vnd procurator
vnsers fürsten vorgenanten von Rudolphen von hohnegg beclagte,
batt vnd begert in vumb solich freuel und übergriff in die vor-
gemeldten pen, nach laut der Stifft zu Augspurg fryheit ver-
uallen zsein vnd die zu hezalen mit vrteile vnd Recht zu er-
kennen vnd satzt das zu Recht, Wann nu Rudolff von hohnegg
nicht zugegen was noch niemands von seinen wegen, der auf
solich clag zum Rechten anttwurtte, ward mit einhelliger vrteile
erteilt, das Rudolffen von hohnegg zu dreyen maln sollt öffent-

lich gerüft werden, Wer dann das er oder yemands von seinen wegen qweme, die weile das gericht werot, das sollt gehört werden, vnd darnach beschehen das Recht waere, qweme aber niemands so sollt aber beschehen das Recht waere, Also wurd Rudolffen von hohnegg zu dreyen maln offentlich gerüft, aber er qwam nit, noch niemands von seinen wegen, Vnd gleich als das gericht wollt aufsten, Ward aber auf des egenanten anwalts anruffen, mit einhelliger vrteile erteilt, das vnser fürst Peter Bischof zu Augspurg sein clag vnd aprüch wider Rudolffen von hohnegg behabt vnd erwonnen het vnd derselb Rudolff in sollich pen zwaintzig Marck golds zu bezalen vernallen wäre vnd ouch die bezaln sollt nach laut der Stüft zu Augspurg freiheit in solichem zeit nach des Reichs Rechten, vnd das wir im das zu tunde gebieten sollten, Hiebey seind gewesen die Erwirdigen vnd Ersamen Siluester Bischoue zu Kiemsoe, vnserer fürstenthum Cantzler, Cunrat von Krey, vnser Hofmeister, walther Zebinger, Hanns von Starhemberg, Bernhart von Tähenstein, Jörg Sweinbegg, Cunrat von hallstatt peter Bachmüller licenciaten in den Rechten, Rudolff Trauner, Jacob Büttrich vnd wolffgang dürrembacher. Mit vrkunde diss briefs, versigelt mit vnserm kuniclichen anhangendem Insigel. Geben zu wienn an der nechsten Mittwochen nach sanct Matheus tag, Nach Crists gepurt viertzehenhundert vnd im funfunduiertzigisten vnd vnsers Reichs im sechsten Jare.

Ad mandatum domini Regis
Michael de pfullendorf.

CLV.

Anno 1447. 24. April.

Uebereinkunft der Stadt Kempten mit dem Bischof Peter und dem Abt des Gotteshauses zu Kempten zur Herstellung der wüste liegenden Strasse durch den Kempter Wald.

Wir die Burgermaister Raut vnd alle burger Rich vnd arm gemainlich der Statt zu Kempten Bekennen vnd vergehen offeulich mit disem brief Vnd tuon kunt allen den die in ansehent lesent oder boerend lesen, Wann das ist das die lantstrausz vnd der weg durch den wald den man nempt den kempter wald lang zit her vnfertig wuest vnd zergengklich gewesen ist, das da durch der bilgrin lantfarer kouffman vnd ander werbend leut Rytend farend oder wandlent, nit wol noch bekomenlich aue grosz mue arbeit, schaden oder bekumbernuss komen mochten hierumb vnd voran Gott dem allmaechtigen zuo lob zuo wirden vnd zuo Eren allen Bilgrin lantfarern kouffleuten vnd andern werbenden leuten zuo trost, hilff vnd fürdrung Syen wie als die, die darzuo willig genaigt sind, soelich vnd ander notturfftig steg vnd weg nach vnserm vermugen zu bessern vnd zu machen mit den hochwirdigen vnd Erwirdigen fursten herren hern petern Byschoue zuo augspurg vnd hern Bilgrin abbt des Gotzhus ze kempten vnsern gnedigen lieben herren von desselben wegs vnd der lantstrausz wegen durch den vorgenannten kempter wald den zuo Ewigen ziten zu bessern vnd zu machen lieplich vnd freuntlich über ain vnd in ain komen, in die wise form vnd mainung als denn hienach luter geschriben vnd begriffen ist. Zum ersten das wir obgedachten burgermaister Raut vnd burger gemainlich zu kempten vnd alle vnser

nachkomen die vorgenantten lantstrausz vnd den weg durch den
kempter wald jetz anfahen vnd hinfür allweg vnd ewiclich
buwen bessern vnd machen soellen nach aller notturfft vnge-
uärlich Vnd soellent wir vorgenantten dry parthyen vnd alle
vnser nachkomen je vff denselben weg vnd strausz ains zim-
lichen gelichen vnd billichen weglons mit ain ander ze raut
werden vnd in ain komen den daruff zeschlachen vnd ze se-
tzen wie vns denn je guot vnd bekomenlich bedunck ane ge-
uerd Es sol ouch allweg ainer der denn soelichen weglon
samle vnd inneme darüber von vns egenantten dryen parthyen
gesetzt werden derselb der denn je darzuo also gesetzt vnd
erwellet wirt, sol denn vns den dry parthyen schweren soli-
chen weglon getreulich ze samlen vnd ainer parthy ze sin als
der andern wie sich denn das je bekomenlich haischen vnd
geburen wirt, Vnd was weglons denn je also gesamlet vnd
ingebraucht wirt, dauon sol man vorusz allweg zum ersten be-
zalen vnd vszrichten alle die gueter vnd boedem die man denn
je zu dem weg vnd der strausz nimpt vnd braucht Vnd ouch
darzuo was derselb weg vnd die strausz je kostet vnd darüber
gaut oder gangen ist, ane menglichs widerred vnd irrung Vnd
was vnd als vil denn je desselben gesamloten weglons darüber
je vor gestaut vnd vorhanden belibet des sol vnser jeglicher
vorgeruerter parthy allweg ain drittail uolgen gelangen vnd
werden ane alle geuerde Sunder so sol füro in ewigen ziten
an vnser dryer parthyen wissen vnd willen dhain zoll vff die-
selben strausse erlangt, noch gesetzt werden, Es sol ouch ain
huslin darinne denn ainer der soelichen weglon innemet und
samlet sin wonung haben mug an ain gelegen ende wa wir
uorgenant dry parthyen dez denn ze Raut werden gebuwen
vnd gesetzt werden Vnd kainer ander buw sol an derselben
strausse anders denn sölich strausz je ze bessern vnd ze ma-
chen ane unser aller dryer parthyen gunst und guoten willen
kains wegs gebuwen noch furgenomen werden ungeuärlich
Doch mag ain herre und byschoff zu augspurg wer der je ist,
wol ain niderlegung ze Oew oder ze nesselwang haben und

machen Doch das kain kouffman noch fuorman noch niemau
andrer darzuo nit gehalten, gedrengt, noch genoet werden sol an
denselben zwain enden nider ze legen es tuege denn ainer mit
guotem willen selbs gerne Waer ouch sach das der obgenantť
vnser gnediger herr der bischoff von augspurg oder siu nach-
komen dhain wyger oder wyger stett, vſſ irn oder irs gotzhus
guettern yemer vſſ vahen vnd machen woelten vnd denn das
wasser oder das wuor an den vorgenautten weg vnd die strausz
im kempter wald stiesse oder gieng oder derselb weg über
das selb wär muest gan daran soud si allweg vngeirrt vnd vn-
gehindert sin vnd beliben au alle geuerd Es ist ouch fürnämlich
hierinne beredt vnd bedinget ob das waere oder geschaech das
der obgenant unser gnediger herr der Byschoff von augspurg
sin nachkomen oder das obgena111 ir gotzhus oder die iren au
lib oder an guot durch den uorgeuantten weg vnd strausz im
kempter wald herüber gen kempten wertz yemer angegriffen
oder beschädiget wurd wie warumb ald von wem das zuogieug
vnd beschaech, vnd wir von kempten des gewar oder erinudert
wurden So soellent wir denn allweg als dick das geschaech
nach vnserm vermugen darzuo ze frischer getäut ylen und söllch
näm oder beschaedigung zuo Recht Retten vnd vffhalten wir
syen mit ainem herren und bischoff von augspurg vnd mit siner
gestifft in aynuag oder nit vngearlich Doch hierinne vszgenomen
vnd hindan gesetzt, vnser aller gnedigoster herr der Roemisch
kung oder kaiser vnd alle Richstett vnd alle die so je denn
in fruntlicher aynung oder puntnuss mit vns sind, gegeu deu-
selben syen wir in sölicher vorgeruerter rettung vnd vffhaltung
nit schuldig noch gebunden Waer aber sach das wir vou soe-
licher Rettung vnd uffhaltung wegen mit jeman in krieg oder
vintschafft kaemen wie sich das gefuogte So sol ain herr vnd
bischoff zuo augspurg und sin gotzhus vnd gestifft kainer rich-
tung gegen dem oder denselben vnsern vinden nit ingan noch
vffnemen wir werden denn darinne namlich ouch gezogen be-
griffen und gericht. Alle arg sund bös list valsch vffsaetz und
geuerd hierinne und in allen uorgeschriben stucken und artikeln

gentzlich vsagesundret vszgeschlossen vnd hindan gesetzt Vnd
dez alles zuo warem vnd offem vrkund vnd ewiger sicherhait.
So geben wir dem obgenannten vnserm gnedigen herren dem
bischoff sim gotzhus vnd allen sinen nachkomen disen brief hier-
über geuestnet vnd besigelt für vns vad vnser statt, vnd für
alle vnser nachkomen mit vnser Statt grossem anhangendem in-
sigel Der geben ist an Mentag nach dem sunntag als man in
der hailgen kirchen singet Misericordia domini nach Ostran Nach
Christi gepurt vierzehenhundert vnd im Sibenden vnd virtzigi-
sten jare.

CLVI.

Anno 1447. 10. Mai. München.

**Herzogs Albrecht in Bayern Schiedspruch in den Irr-
ungen zwischen dem Bischof Peter und Hektor Schon-
stetter Betreffs des Schlosses Helmshofen.**

Von gotts gnaden Wir Albrecht Pfalloczgraue bei Rein
Hertzoge in Bairn vnd Graue zu vohburg etc. Bekennen offen-
lich in dem brief als von solicher zwitracht vnwillens vnd
veintschafft wegen So auferstannden was vnd biszher gewesen
ist, zwischen des Erwirdigen in got vnnsers besunder lieben
geuatters Rat vnd guten freundts hern petern Bischouen zu Augs-
purg auf ainen vnd hector Schonsteters zu warmpach des ann-
dern tails von wegen des Slossz Helmshouen, dartzu der benant
Schonsteter gerechtickait als vmb Erbschafft vermaiute zu haben
darumbe wir bayden partheyen auf heut geben des briefs ainen
gutlichen tage für vns vnd vnnser Räte, hieher beschieden haben,
dem auch der benant vnnser geuatter herr peter Bischoue zu
Augspurg durch seinen vicari vnd Rate mit namen den Ersamen

Maister Leonharten Gässel, Hannsen von westerstetten genant Schop Otten Awsenhouer vnd Hannsen Schotten. Auch hector Schonsteter personlich von sein vnd seiner geswistergeit wegen nachkomen sind, vnd hat yetweder tail vor vns vnd vnnsern Räten sein nottdurfft auch hanndlung vnd gestallt der sachen fürbringen vnd ertzelen lassen. Auf das haben wir vns mit sambt vnnsern Räten souerr darinn gemuet und vleis getan. Also das sy zu bayderseitten solicher zwitracht vnd veintschafft bei vns beliben sind, vud haben vns Maister Leonhart Gässel vicari anstatt vnd von wegen des vorgenanten hern petern Bischouen zu Augspurg vnd Hector Schonsteter, für sich vnd seine geswistergeit, mit hanntgebenden trewen ausgeben vnd gelobt stät zu hallten, wie wir die sach zwischen In seczzen vnd machen. Herumb nach Rat vnnser Rat. So sprechen wir zum ersten das solich veintschafft vnd alles das sich mit nam braundt oder aundern zwischen bayder vorgeschriben parthey aller irer hellfer, hellfers hellfer vnd aller der, die in der sach auf hayden tayln von Irn wegen darunder verdacht vnd gewant sind gemacht vnd verlauffen hat vnd sunderlich vmb veyten muller gancz gericht auch schad gein schad hin vnd abe, vnd vnnsrer uorgenant lieber geuatter Hectorn Schonsteters gnadiger herre sein sol. Wir Sprechen auch vmb den kauff, So der yetz genaut herr peter Bischof zu Augspurg au helmshouen getan hat, das er vnd sein nachkomen, uu füro Hectorn Schonsteters vnd seiner geswistergeit halben vnd maniclichs von Irn wegen unbekümert dabei beleiben sollen. Auch Sprechen wir ob Hector Schonsteter oder seine geswistergeit aius oder mer veyten Smieher von Irer gerechtickait wegen die sy au helmshouen vermainten zu haben aulanngen wellten als vmb das leibgeding So im vnnser dickgenanter lieber geuatter schuldig ist zu geben, das mugen sy als recht ist gein veyten Smieher wol suchen, vnd ob sy mit recht erlanngten das Im dasselb leibgeding volgen sollt So sollen sy souil von veyten Smieher zuwegen bringen, domit vnnser lieber geuatter darumb von Im vnangelangt, vnd on schaden beleibe. Mer Sprechen wir das

Hector Schonsteter herrn peters Bischofs zu Augspurg diener
von heut dato disz briefs, bisz über ain gancz Jar von haws
ausz mit vier geraysigen pfärden sein sol. Also wenn er In
domit vorder, das er Im vnd seinem Stifft zu aller irer notdurfft
gewärtig sei, doch auf des benanten vnnsers genattern kost vnd
schaden als annder sein diener vnd vmb solich sein dinst Sol
er Hectorn Schonsteter das benant Jar gehen vnd zu Augspurg
beczaln hundert Reinisch gulden oder souil münsz dofür gewon-
licher lantswerung vnd in solichem wechsel als der gulden auf
dieselben zeit gilltet, wär aber, das vnnser lieber genatter offt-
genanten hectorn Schonsteter die hundert Reinisch gulden oder
souil Münsz dofür als vorgeschriben steet nit gab noch geben
wollt So sollen vnd wollen wir Im die geben, das diser vnnser
spruch vnd Richtung von bayden offtgenanten partheyen stät vnd
unzerbrochen gehallten werde des zu vrkund haben wir yet-
wedern tail solicher spruchbrief geben gleichlauttende mit vn-
serm anhängendem Insigel versigelt. Geschehen zu München
an Eritag vor dem heiligen Auffarttage Als man zelet von Cristi
vnnsers lieben herren gepurt vierozehenhundert vnd darnach in
dem Siben vnd vierczigsten Jare.

CLVII.

Erkenntniss in der Forderung des Klaus Gropp an die Gemainde zu Grossaitingen.

Ich Hartman Müller den man nennt Bäss Vergich vnd Bekenn offennlich mit dem brief vor allermängclichem als Ich vf hiut datum des briefs von bete wegen des Erwirdigen hern Heinrichen Truchsessen Thuomprobst zu Augspurg meins genädigen herrn als ain amman zu Groszaytingen daselbs zum Rechten gesessen bin vnd den Stab in der hand gehebt han vmb sollich vordrung vnd sprüche so dann Claus Gropp zu den Richtern vnd der gantzen gemaind zu Groszaytingen ze haben vermaint dorumb der benaut mein genädiger herr der Thuomprobst obgenant das gericht zu Aytingen vss drey andern gesworen gerichtten besetzt haut Nämlich von Menchingen Cuonradten Rager, Bertelin Müller, Veleu Püchl, Schuster vnd Cuntzen lacher von Hyrloch den Bufen, Josen Schinder vnd leonharten Schmid von Erringen den wanner Gastlen Storhasz Cuntzen Schmid vnd Cristan Brentzer alles nach innhalt des vrtailbriefs mit der Ersamen wisen Steffan Hangenörs vnd Andresen Prickingers Insigeln versigelt vnd zwischen der benanten partyen zu Augspurg gesprochen die benanten zwelff vnd auch mich die vorgenanten bayd partyen als wir nu abgeschribner masz nüder gesetzt wurden zwischen ir suszzesprechen gebeten haud nach vszwisung der läding über den gemeldten vrtailbrief begriffen Also ist des ersten in Recht dar gestanden der benant Claus Gropp mit seinem angedingten fürsprechen als Recht ist vnd hat clagt wie er vor zeyten zu ayüngen mit hannsen Bollinger als von ains gehaisz wegen in Recht gestanden sey, da hab

sich der Bollinger ainer wisung nämlich mit ainem von Renharts-
houen vnd mit Schön Cuntzen über In verfanngen also haben
die Richter die vrtail dorumb der sy villeicht vff dieselben zeyt
nit weisz gewesen seyen Gewiset vnd geschoben für die für-
sichtigen Ersamen vnd wisen Burgermaister vnd Rautt der Statt
zu Augspurg als von wegen den benanten Schön Cuntzen ze
wisen das er ain offner Scholldrer sey vnd sein sulle vnd als
nu durch ain Rautt zu Augspurg dorumb ain vrtail geben vnd
gesprochen sey, dann sey im dieselb vrtail etwas gelenngert
vnd gemeret worden anderst dann durch ain Raut gesprochen
des Er zu Grossen merklichen schaden kommen sey vnd noch
täglich kume vnd batt die von aytingen doran zu wisen das
sy im söllich schaden gutlich abtun bekeren vnd auszrichten
wölten Ob im aber sollichs nit gedeihen möcht So getrawet er
die zwelff solten sy doran wisen mit Irem Rechttichen spruch
Dawider die von aytingen mit irem fürsprechen als Recht ist
redten, Als Claus Gropp durch seinen fürsprechen geclagt hett
wär nit not widerumb ze erzelen dann so uil Es verstönd menck-
lich wol das die gemaind zu aytingen chain vrtail sprechen
schuben noch holoten Sunder sollichs stönd den Richtern zu.
Vnd als er nu vnder anderm in seiner clag darsatzte wie im
ain vrtail die durch ain Rautt zu Augspurg gesprochen gelengert
vnd gemeret worden wär Naudt er pillich wer das gethan hett
vnd beschäch dornach was Recht wär Vnd begerten als dorumb
des Rechten also antwurt, Claus Gropp obgenant durch seinen
reduer von kürtzung wegen domitt er die zwelff des spruchs
vertrieg Bekannt er sollichs pillich sein Vnd nannte nämlich
Siben die dozemal das gericht besessen vnd im die vrtail als
ebegriffen ist gelengert hetten Daruff die von Aytingen durch
iren fürsprechen redten Sy getraweten seytmals der Gropp die
Siben benennt hett so wär recht vnd sölt auch Recht werden
das die gemaind zu aytingen dem Groppen der clag vnd zu-
spruchs halb nichtz schuldig wär dawider Claus Gropp vorge-
nant durch seinen redner Er getrawete das sollichs nit pillich
wär Sunder Im würd pillich zu seiner clag geantwurt vnd be-

schäch dornach was Recht wär Darzu antwurtten aber die von
aytingen guter mausz als nächst begriffen ist Vnd satzten das
bayd egenant partyen mit sollichen vnd andern mer worten der
nit not dut aller hye zu beschribeu hin zum Rechten also nach
clag antwurt red vnd widerred vnd nach allen fürgeweudten
sachen Sprachen die obgenanten zwelf zu Recht, als Claus
Gropp die Siben wilkürlich mit namen benempt hett die im die
gesprochen vrtail gelenngert vnd gemert solten haben, das dann
die von aytingen gemainlich vszgenomen die Siben dem Groppen
vmb die clag vnd zuspruch nichtz schuldig wären Doch dem
Groppen vnd auch den von Ayüngen hehallten, ob dhain tayl
ichts anders ausserhalb der clag vnd vordrung zu dem andern
nach des egemeldten vrtailbriefs vnd der täding darüber be-
scheben innhalt vnd auszwisung ze sprechen hett dorumb möchten
sy hienach sinander wol anlangen so vil vnd Recht wär Der
vrtail begerten in nu die von Ayüngen ain brief ze geben der
in auch vnder meinem des obgenanten Hartmans Müllers Iusigel
Oder ob Ich aigens Insigels nit euhätt vnder meins benanten
genädigen herrn des Thumprobsts Insigel des zwing vnd penn
wären vnd der mich nydergesetzt hett durch die zwolf ainhel-
ligclich ze gehen erkenut vnd gesprochen worden ist Vnd des
zu offem guten yrchund wan ich aygens sigel nit enhab So han
ich mit vlisse erbeten den benanten meinen herrn den Thum-
probst das der sein aygen insigel hieran gehenckt haud zu ge-
ziucknuss obgeschribner sach doch im seinen erben vnd nach-
komen one schaden. Der geben ist vff Sunentag nächst vor
Sandt vlrichs tag in dem Jaure als man zalt von Christi vnsers
hern gepurt vierzehenhundert vnd dornach in dem Sibenund-
uiertzigosten Jaure.

CLVIII.

Anno 1447. 18. Juli.

Marschalk Ulrich zu Oberndorf bekennt, dass sich einer seiner Leibeigenen die Freiheit erkauft habe.

Ich wolrich marschalck die zeit gesessen zu oberdorff, Bekenne vnd vergich offeulich mit dem brief für mich vnd alle mein erben, das sich der beschaiden hans wais des alten waisen sun diezeit gesessen zu Eppispurg vnd der mein leibaigen gewesen ist Bis auf den hewttigen tag nach datum dicz briefs von mir sich erkauft haut vmb zechen Reinisch gut guldin, die er mir schou geben vnd bezalt haut darumb ich in der libaigenschafft frey ledig vnd los sag für mich vnd alle mein erben also das der obgenant haus wais des altten waisen sun zuo epispurg wol mag ziechen wa er wil es sy in stätt in merckt oder auf das land vnd daran soll ich oder mein erben noch vögtt auch sunst niemand von vnsz wegen in daran nicht engen noch irren in dhein weis noch weg Ich sag iu auch frei ledig vnd los für mich vnd alle mein erben vnd von aller menklichs von vusern wegen also das er vns hinfür nichts schuldig ist zu geben wöder steur hemmnfell nach hauptrecht noch dienst wöder liczel noch vil klains noch grosz weun mit seinem gutten willen wir sullen auch hinfür mit im newcz zu schaffen haun wöder liczel noch vil wann mit freuntlichen rechten vnd sullen in auch fürbasser laussen beliben au den stötten vnd enden daw er dann gesessen ist vnd das alles zu warer zeucknus gib ich im den brief besiglutten mit meinem aigen anhaugunden insigel das ich offenlich au den gegenwertigen brief gehenckt haun zu ewiger gedechtnus aller obgeschribner sach darunder ich mich vnd alle mein erben vnd nachkomen pind

war vnd stett zu haben was vorgeschriben staut. Der geben
ist am nehsten afftermentag vor sant marien magdalenen tag
daw man zalt von gepurd cristi vnsers herren tusend vierhun-
dert vnd darnach in dem syben vnd vierzigisten Jar.

CLIX.

Anno 1447. 16. August.

Des Bischofs Peter und des Domkapitels Schiedspruch
in den Irrungen zwischen dem Domdechant und der
Stadt Dillingen um Steuer und Wachgelt von wegen
des Dechaneyhauses daselbst.

Wir Peter von gotes genaden Bischoue ze Augspurg für
vans vnuser Gotzhuse vnd nachkomen Bischoue vnnd pfleger
Vnd wir beinrich Truchsess Thumprobst vnnd gemains Cap-
pitel des Thums zu Augspurg für vnns vnuser Cappitel vnd
nachkomen Bechennen offennlich mit disem brief vnd tuen kunt
allermänglichem gegenwürtigen vnd künfftigen als der wirdig
Gotfrid harscher vnser Thumtechaut zu Augspurg an ainem vnd
die Erbern Burgermeister vnd Rautt vnnser Statt zu dilingen
vff dem andern taylen von söllicher zwayung vnd spenue als
von der Techaney husz wegen ze dilingen gelegen zwyschen
Ir bayderseit vfferstannden vnd gewacsen, vmb stewr vnd
wachgellt vnd annders Als dann die von dilingen dem benau-
ten Deachaut dorumbe mit Recht vor vnss dem obgenanten
Cappitel zugesprochen hand, wie sich das denne bis vff disen
hiutigen tage datum des briefs zwischen der benant parthyen
gemacht verloffen oder gehandelt haut, derselben Irer zwayung
spenne vnd zuspruch sy hinder vnd vff vns als Inn der götlichait
komen vnd gegangen sind also wie wir sy entschaiden oder

was wir zwischen in aussprechen, das sy von bayden taylen
dabey beliben vnd solich ein nachkomen vnd das hallten wel-
len getriulich vnd on als genärde Vnd als wir nu der benent
baydertail rede vnd widerrede auch alle Ir notdurfft wol ver-
nomen vnd verhört vnd was aller vnd yeglicher gelegenhait
der sachen aigenlich erkennet vnd erfaren haben, haben wir
zwischen Ir auszgesprochen vnd sprechen hiemitt auss Also
das der Dechaney husz vorgemeldt hinfür in ewig zeyit die-
wil es dann in der Techaney oder in des Cappitels hannden
ist vngeuerlich der von dilingen vnd mängelichs halb von iren
wegen vnstiurbar vndienstber vnschätzbar vnd vnbottmässig
haissen vnnd sein Sunderlich auch wachens grabens torhütens
vnd aller ander sach vertragen vnnd ledig sein sol in alle wise
das auch die einwoner desselben hauses alle die wil es in den
obgemeldten hannden ist den von dilingen gerichtber sein da-
selbst als aunder burger Recht geben vnd nemen sollen ausz-
genomen ob es Gaistlich person wären von den sol Recht ge-
nomen werden an pillichen ennden Ob aber das hawsz auss
den obgemeldten hannden kome vber kurtz oder vber lanng so
sol es dann füro mit allen sachen als aim der Burgers hüser
zu dilingen sein vnd gehallten werden alles getriulich vnd vn-
geuarlich Vnd vmb sollichs haut der obgenant dechaut den von
dilingen geben fünfftzig guter Rinischer guldin dorau sy ain
gantz volkomen benügen gehebt hand vnd hinfür in ewig zeitt
haben sullen. Des alles zu warem guten vrchunde So geben
wir dem obgenanten vnserm Techant vnd allen seinen nachko-
men den brief für vnns vnd all vnnser nachkomen besigelten
mit vnnsern anbaugenden Insigeln die wir offennlich hieran ge-
henckt haben doch vnns vnd vnnsern nachkomen vnschädlich
Darunder wir baid obgenant taile vnns aller vorgeschribner
sach Bechennen vnd vestigclich verbinden vnser yetweder taile
alles das an disem brief geschriben . statt vnd hieuor begriffen
ist war vnd stätt zu hallten getriulich vnd on alls genärde.
Vnnd des zu vrchunde haben wir bayd obgenant parthyen vnn-
sere Insigel auch offennlich an disen brief gehenckt. Der geben

ist uff Mitwoch nächst nach unnser lieben frawen tag' Assum-
pcionis des Jaurs alls man zällt uon Cristi unnsers herrn ge-
purt Tusent uierhundert und dornach in dem Sibeu und nier-
tzigosteu Jaure. (c. 4 S.)

CLX.

Anno 1447. 4. December.

Erkenntniss in der Klage des Domkapitels gegen den Ritter Buppelin von Ellerbach wegen des Angriffs, den Letzterer gegen einen Hinterassen des Kapitels zu Norndorf getan.

Ich Petrus nithart Kaiserlicher Recht Lerer Tun kunt
allermenglich mit disem briefe, Das für mich vnd offenns ge-
richt Als Ich das uff Mentag vor vnsers herren vffart tag
nechstuergangen austat. In namen vnd mit uollem gewalt des
Erbern vnd vesten Eberharten Blossen der zite Statamman zu
vlme dasselbs uff dem Rathuse in der vordern grossern Rat-
stuben besessen han komen vnd, mit fürsprechen angedingt in
recht gestannden, sind der Ersam her jos halder vicarier des
Thums zu Augspurg in anwalczwise der Erwirdigen des
Thuombrobsts Thechants vnd gemains Capittels des Thums zu
Augspurg der gewalt Er durch ainen besigelten gewalczbriefe
in recht erschaint derselb gewaltzbriefe ouch zu dem rechten
gnugsam zu sin mit vrtaile erkennt warde uff anr Vnd hanns
Schlander in anwaltzwise des Strenngen bern Buppelins von
Ellerbach Ritters des eltern des gewalt Er ouch vor recht
gnugsamlich erscheint uff die andern parthy Vnd begert da
der benant her Jos halder durch sinen fürsprechen ainen vrtail-
briefe vnd daruff sine wort zu uerhören vnd als der verlesen

warde, liesse Er daruff reden man hette an dem verlesen briefe
wol verstannden wie baid parthien yormals mitainander gerech-
tet hetten als von wegen des zugriffs sodann her Buppelin vnd
die sinen ainem des benanten Cappitels hindersassen zu Norn-
dorff getan das sich souerer gefachet das die vrtaile gegeben
hette Mocht her Buppelin von Ellerbach geschweren ainen ge-
lerten aide zu got vnd den hailigen mit uffgebotten vingern das
Er des kriegs nit houptman gewesen were ouch solich anschleg
nicht gewiszt gemacht noch machen helffen hette ouch daby
noch damit nit gewesen were, noch sin knecht daby nicht ge-
hapt vnd dem armman nichtzit genomen hette vnd das Er ouch
Minen herren von dem Cappitel des Thuoms zue Augspurg by
dem zuspruch nichtzit schuldig were, des solte Er geniessen
Mocht oder wolt Er aber solichen aide nicht gesweren noch
getun so solte darnach aber beschehen das recht were, daruff
dann her Buppelin solichen aide zu tuon oder zu miden zug
dry viertzehen tag oder drey tag erlanget hette derselb zug
uss gar erschine Also stund Er da anstat des Cappittels vnd
warte des rechten. Dartzu her Buppelins vorgenanter anwalt
durch siner fürsprechen antwurt vnd sprach wie wol her Bup-
pelin die sachen nit anders dann in masz vnd Er vormals in
dem rechten fürgewenndt gehanndelt bette so wolt Er doch
solichen aide nit schweren dann Er doch vormals in dem rech-
ten bekennt, das Er her viten von Ysemburg ettlich knecht
zugesannt hette des were er noch heut by tag nicht abrede die
mochten nu da oder an andern ennden zuogegriffen haben Er
hette aber umb den anslag nicht gewisset noch sin knecht vnd
Er debain beute dauon genomen getruwete Er nicht billich dar-
umb haffte sin Dawider redt der benant her Jos in anwaltzwise
vnd durch sinen fürsprechen als vor vnd desmer Sidmals vnd
her Buppelin den aide nach innhalt der vrtaile nicht tun wolte
So hoffte Er Min herren von dem Cappittel solten ain behapt
recht haben vnd her Buppelin rechtlich vnderwiset werden dem
arman solich genomen habe ane engaltnisse wider zu geben
oder zu bekeren den schaden abzulegen vnd darumb wanndel

suo tuon in masse vnd das vor mit clag dar gesetzt wer der
armman der ouch persönlich dazugägen stund hette ouch sollich
sin genomen habe by dem minsten angeslagen als umb viertzig
guldin. Er hette ouch desz susz schaden gelitten vnd ob des
nott tätt So mocht der armman solich hauptguot vnd schaden wol
behaben vnd darumb tuon was recht wer. Dartzu antwurt aber
her Buppelins vorgemelter anwalt durch sinen fürsprechen als
vor vnd desmer Er getruwete wann her Buppelin die sache
nicht anders gehanndelt dann inmasse als Er fürgewenndt hette.
Er solte Minen herren von dem Cappittel noch dem armman
weder von wanndels bekerung noch schadens wegen nichtzit
schuldig sin Besunder von wanndels vnd von schadens wegen
angesehen das Er vmb solich anschleg nicht gewiszt ouch Er
noch sin knecht von solichem Name dehain bete genomen hetten
Ob aber die Richter bedunken wolte das Er als von bekerung
des Noms wegen ichtzit schuldig sin solte des Er doch nicht
hoffte, So getruwete Er doch das der armman das mit sinem
aide nit beheben solte, Sunder Min herren von dem Cappitel
solten das tuon dann her Buppelin stunde mit minen herren von
dem Cappitel in recht vnd nit mit dem armman Dawider rette
her Jos halder in anwaltzwise vnd durch sinen fürsprechen zu
glicher wyse vnd in aller masse als vor vnd desmer als her
Buppelins anwalt fürgewenndet hett vff Mainung Min herren
von dem Cappitel solten solichen nome beheben vnd nit der
armman Mainte Er nicht billich sin dann Min herren von dem
Cappittel hetten doch nie anders geclagt dann von des arm-
mans wegen Wann nu der Nome dem armman beschehen were
So wissete den niemant basz zu beheben dann der armman
darumb Er getruwote das Es an des armmans beheben an dem
ennde gnuog sin vnd nit nott tun solte Min herren von dem
Cappittel darumb ichtzit zuo tuon, Vnd als her Buppelins von
Ellerbach vorgenanter anwalt durch sinen fürsprechen zu glicher
wyse vnd in aller massen als och vor antwurt vnd die parthyen
daruff die sache zu recht satztent, die Richter in ouch desmals
sin bedenken nomen, Also hand sich die Richter uff heut datum

ditz brieffs als ich das gerichte an stat mit gewalt vnd an dem
obgenanten eondé besessen. han in gegenwurtikait hern Buppe-
lins obgenant vnd Miner. herren von dem Cappitel anwalt näm-
lich petter witzigs der iren gnuogsamen gewalt durch ainen
besigelten gewaltzbriefe in recht erschaint Nach rede vnd wi-
derrede verlesung des vrtailbrieffs vnd aller fürgewenndter
hanndlung. Erkennt vnd zu recht gesprochen Wann Min herren
die Thuombrost Thechant vnd das Cappitel des Thuoms zuo
Augspurg selbs in recht stunden Mochten oder wollten dann
die Thuombrobst Thechant vnd das Cappitel solichen Nome
das der in vnd irem armman bescheben were mit iren notaiden
in nachgeschribner wyse beheben. doch das Si darfür nicht
über die Summe der viertzig guldin Sunder darunder beheben
des solten Si geniessen Mochten oder wolten Si aber solich
beheben nicht getuon So solte darnach aber bescheben das
recht were, doch aber also, Weren Si gefryet oder mit ge-
wonhait also herkomen, das Si solich sachen als durch ettlich
ir amptherren aide beheben mochten So solte des an dem ennde
ouch gnuog sin Ob Si aber des nicht gefryet noch von alter
also herkomen weren das dann nach gestalt der sache der
Thuombrobst vnd der Thechant als die obern von gantz Cap-
pittels wegen den nome in vorgeschribner wyse mit iren nott-
aiden die Si darumb als in geburt schweren beheben solten,
des solte an dem ende ouch gnuog sin, füro von des schadens
wegen hand Si ouch zuo recht gesprochen das. Min herren
Thuombrobst Thechant vnd das Cappitel obgenant billich be-
nennen vnd darlegen solten wie woran an welichen ennden vnd
wellcher masse ir armman den schaden gelitten, vnd empfangen
hette vnd das her Buppelin sin antwurt darczu zu tuon vor-
behalten sin vnd füro nach ir baidertaile rede vnd widerrede
bescheben solte das recht were, vff das liesse miner herren
der Thuomherren vorgemelt anwalt sinen fürsprechen Hannsen
Ehinger genant Rumilin Burgermaister etc. reden Wann sin
herren der vrtaile vor nicht vnderricht noch wissent weren So
getruwote. Er, man solt im solich vrtail an Si czuo bringen zug

vnd tage vnd darczuo der gesprochen vrtailen vrkund vnd briefe
geben Dargen liesse her Buppelin sinen fürsprechen Hainrichen
krafft alten burgermaister reden, Er mante des nit not sin Ob
aber die Richter das billich bedunken wolt So hoffte Er man
solte Erkennen in welicher zite wa vnd vor wem Si solich
beheben ouch darlegen der schaden tuon solten vnd begert im
desglich ouch vrkund vnd vrtailbriefe ze geben, Also nach
rede vnd widerrede Erkaunten sich die obgerurten Richter vnd
sprachen zu recht wolten min herren die Thumbrobst Thechant
vnd Cappitel obgenant solich beheben vnd darlegen in vorge-
schribner wise tuon das solten Si tuon in driuiertzehen tagen
vnd dry tagen den nechsten Námlich zu dem ersten zu dem
aundern oder zu dem dritten tagen hie zu vlme vor gerichte
Vnd uff welichen der dryer tage ainen Si das also tuon wol-
ten denselben tag solten Si hern Buppelin ouch dem gerichte
acht tag vorhin verkunden Man solte ouch ir ieglicher parthy
weliche des begert dirre vrtaile vnd sache vrkunde vnd briefe
geben vnd wirt der erst tag der ertailten frist uff Afftermentag
vor sant Thomas des hailigen Zwelffbotten Der ander uff
Mitwoch nach Circumcisionis vnd der drit vnd letzst tag vff
donrstag vor sant vicenrien tag alles nechstkunfftig Darumbe
zu warem offem vrkunde aller vorgeschriben sache So haben
ich vorgenanter Eberhart Blosse Statamman wann der egenant
Maister petter Nithart das gericht an miner stat vnd mit minem
vollen gewalt besessen hat vnd wir egenanten zwen fürspre-
chen alle dry vnsre aigne insigel von gerichtz wegen als er-
kennt ist vnd doch ane schaden vns selbs vnd vnsern erbeu
offennlich gehenkt an disen briefe. Der geben ist vff Mentag
Sant Barbaren tag Nach Cristi geburt Tusent vierhundert vier-
tzig vnd inn dem sibenden Jaren. (c. 3 Sig.)

CLXI.

1448. 1. Mall. Dillingen.

Petrus ep. Monasterium desolatum in Weihenberg cum omnibus attinentiis et redditibus hospitali in Dillingen donat.

Petrus Dei et Apostolice sedis gracia Episcopus Augustensis Vniuersis et singulis presencium inspectoribus presentibus et futuris Salutem in domino sempiternam Iniuncti nobis pastoralis officii cura sollicitat ut circa pauperum Christifidelium necessitates intenti calamitati illorum paternis compacientes visceribus sic prouidemus ut vera nostra sit gloria sacro iubente canone pauperum inopiis salubriter prouidere Atque deformata cum eo quo sint vsu constituta reformari vtiliter nequeant in melius emendemus Cum itaque Monasterium nostrum sanctimonialium in Weihenberg ordinis sancti Augustini Canonicorum regularium nostre diocesis pleno Jure nobis subiectum In Spiritualibus et temporalibus mallcia temporum et peccatis exigentibus adeo sit destitutam ut in ipso Monasterio nulla sanctimonialis femina sub dicta regula degens idem tantis inuolutum sit debitis quod monialibus in eodem Monasterio remanentibus ipsum Monasterium in suis redditibus prouentibus officinis atque structuris vix Annis paucissimis subsistere poterit Attendentes denique quod magistre quondam et sanctimonialium ibidem existencium tanta vite fuit deformitas ut nedum babenis impudicitie laxatis dei Omnipotentis timore post posito ac iugo statutorum sancte Regule beati Augustini quo se sua sponte suis professionibus atque votis astrinxerant excusso secularibus conuersacionibus nephandissimis et omnino vetitis miserabiliter inuoluerunt sed et suis vita ac moribus cunctis obprobrium facte sunt quoque locus ille in campestribus constitutus paucitate reddituum illis pensata clausuris atque aliis prouisionibus necessariis pro aliarum deuotarum sanctimonialium deo inibi devote famulancium recepcione commode firmari non poterat Prouide nouerimus considerantes Hospitale sancti Spiritus in Suburbio Opidi nostri Dillingen multorum pauperum debilium et infirmorum ac plurium debitorum oneribus grauatum quod nisi aliter per nos paterno prouideretur affectu pauperes Christi alemonia necessaria priuarentur Ac hospitale ipsum quod in suis edificiis ruinam minabatur periret, Volentes Idcirco ad illius laudem qui pauper et inops factus in paupertatis ac humilitatis forma pro omnium redemcione misericorditer in terris apparuit pauperum necessitatibus ut tenemur subuenire causis ac racionibus supradictis atque pluntibus prefatum Monasterium, iam vacans et fere desolatum cum omnibus suis Juribus redditibus

et emolimenta illius   prouentes
locando dislocando le   prout vtilitati dicti Hospitalis et necessitati pauperum inibi iudicauerint expedire Decernimus demum ut Magistri siue Rectores Hospitalis pro laude dei et animarum fundatorum dicti Monasterii salute in ecclesia Monasterii huiusmodi perpetuam missam pro sacerdote seculari de redditibus Monasterii fondent et statuant cum prebenda competenti, Cuius quidem misse collacionem et prouisionem nobis nostrisque Successoribus pleno Jure reseruamus In quorum omnium fidem robur ac testimonium presentes donationem

ciohis literas fieri nostrique Sigilli iussimus et fecimus appen-
sione communiri Datum Dillingen Prima die Mensis Maii Anno
A Natiuitate domini Millesimo Quadringentesimo Quadragesimo
Octauo.

CLXII.

Anno 1448. 18. September.

**Der Stadt Memmingen Revers, dass dem Bischof Peter
von der Pfarr zu Stainhaim, die derselbe dem Spitale
zu Memmingen incorporirt hat, die ersten Früchte bei
jedesmaliger Erledigung der Pfarrei zukommen
sollen.**

Wir die Burgermeister Rat vnd gemaind der Statt zu Mem-
mingen Vnd sundert Ich Hans Vehlin vnd Ich Wilhelm Bessrer,
Burger vnd von ains Ratz geschaefftz wegen pfleger der armen
durfftigen In dem Spitale des hailgen gaistz daselbst, Bekennen
offenlich mit dem brief vnd tun kund aller mengclich, Als der
Hochwirdig fürst vnd herre her Peter Bischoue zu Augspurg
vnser gnediger herr, vff anbringen vnsrer diemütigen pette, luter-
lich durch gottes vnd grosser notdurfft willen den durfftigen
des obgemeldten Spitals. Inen ze hilff die pfarrkirchen tzu Stain-
hain In Augspurger Bistume gelegen gnaediclich Incorporiert
vnd zuogeleibt hat nach laut siner genaden briefe doruber ge-
geben etc. Das also wir alle vnd alle vnser nachkommen, sinen
nachkommen Bischouen zu Augspurg vmb die ersten frucht der
obgemeldten pfarrkirchen, als offt die ledig wirdt, antwurten
vnd mit Iren genaden tugendlich vnd nach Irem gefallen darumb
einig werden vnd dauon tun sollen, allermasse, als dann ain
andrer pfarrer Ob die nit also Incorporiert wäre, dauon tun

solte. Das ouch diee Incorporation andern Bischoflichen Rechten
vnd herkommen keinen abbruch fügen noch geheren sol In de-
gètreuwlich vnd vngeuerlich. Des ze Vrkund
vnd sicherhait Geben wir fur vns vnd alle vnser nachkommen

Zwelf-
potten vnd Ewangelisten tag Nach der ge   vnsers
herren vierczebenhundert Jar vnd In dem Aechtundvierczigi-
sten Jare.
              (c. 1 S.

CLXIII.

Anno 1448. 31. Octobris. Nürenberg.

Johannes apostol. sedis legatus per Germaniam traditionem
monasterii in Wihenberg, a Petro ep. hospitali in
Dillingen factam, confirmat.

Johannes, Miseracione diuina Sancti Angeli Sacrosancte
Romane Ecclesie Dyaconus Cardinalis Ac sancte Apostolice
sedis legatus per Germaniam. Ad ea libenter annuimus per que
Christi pauperibus salubriter in suis necessitatibus prouidetur,
exemplum Jhesu Christi redemptoris nostri imitantes qui nedum
super hiis misertus verum per elemozinas pauperum eorundem
peccata hominum redimi voluit Exhibita siquidem nobis nuper
pro parte Reuerendi In Christo patris domini Petri Episcopi
Augustensis peticio continebat, quod hospitale Sancti spiritus In
suburbio Opidi Dillingen Augustensis dyocesis multorum pau-
perum et infirmorum qui inibi colliguntur necessitatibus prouidere

habeat paucissimis redditibus ad has supportandas minime suffi-
cientibus dotatum propter quod magistri et rectores illius cuius
fructus redditus et prouentus ut asseritur vix ad valorem duodecim
marcarum argenti secundum communem extimacionem ascendunt
onera pro infirmorum necessitatibus inibi existentium portare non
valentes ipsum hospitale quandoque debitis pluribus inuoluere
sunt coacti, Ob quod idem dominus Episcopus pia deuocione
motus pro alimentis Christi pauperum et infirmorum huiusmodi
Monasterium sanctimonialium In weychenberg Ordinis Sancti
Augustini Canonicorum regularium Augustensis dyocesis, quod
pleno Jure sibi subiectum, In quo nulla sanctimonialis femina sub
dicta Regula degere pluribusque temporibus actis adeo per
Abbatissam siue magistram ac moniales protunc in eodem degentes
debitis inuolutum fuisse dinoscebatur, vt uix monialibus ipsis in
monasterio prefato remanentibus, Idem monasterium in suis reddi-
tibus et prouentibus saluum persistere potuisset, Monasterium
huiusmodi uacans per obitum Magistre et Sanctimonialium omnium
eiusdem cum omnibus Juribus et pertinentiis suis dicto hospitali
auctoritate sua ordinaria libere et spoute pro usu infirmorum et
pauperum dicti hospitalis perpetue donacionis tytulo donauit ac
contradidit, Cum autem sicut eadem peticio subiungebat dubitatur
a nonnullis dictam donacionem et traditionem sic ut premittitur
factas viribus non subsistere, Quare fuit nobis pro parte dicti
domini Petri Episcopi ac rectorum siue procuratorum hospitalis
predicti humiliter supplicatum, Quatenus donationem et tradicionem
predictas confirmare, ac auctoritate legacionis nostre de nouo
dictum monasterium ipsi hospitali vnire annectere et incorporare
dignaremur. Nos itaque peticionibus huiusmodi inclinati auctoritate
legacionis nostre qua fungimur donacionem et tradicionem pre-
missas sic ut prefertur factas ex certa nostra scientia confirmamus
laudamus et approbamus, ac ipsum monasterium cum Juribus per-
tinenciis redditibus prouentibus et emolimentis quibuscunque.
Cuius quidem monasterii fructus redditus et prouentus ut eciam
asseritur Sedecim Marcarum argenti dicta extimacione valorem
annuum non excedunt, ipsi hospitali Sancti spiritus perpetuo

possidendum et tenendum unimus annectimus et incorporamus
pro usu infirmorum et pauperum in illo existentium, Et qui futuris
perpetuis temporibus erunt in eodem, uolentes ac statuentes ut
deiuceps in loco dicti monasterii de illius redditibus perpetuus
ante omnia · capellanus ydoneus instituatur, qui altari deseruiat
ac missas frequentius ibidem celebret, aliasque deo seruiat, ac
personaliter perpetuis temporibus resideat in eodem Iniungentes
nichilominus dictis infirmis et pauperibus nunc existentibus et
inantea extituris in hospitali prefato ut pro animabus fundatorum
sepefati monasterii, orationes frequentes iuxta discretiouem atque
arbitrium dicti Episcopi et eius successorum moderandas atque
inponendas, super quo conscientias tam dicti Episcopi quam om-
nium · successorum suorum necnon Rectorum · seu procuratorum
dicti hospitalis esse uolumus oneratas ad deum misericordiarum
iugiter fundant ac pro illis ut a suis peccatis liberentur ne in
toto sua intencione piissima fraudentur alia iuxta dictorum Epis-
copi ac successorum moderaciones et arbitra caritatis opera
faciant et perpetuis futuris temporibus absque fraude procurare
studeant. In quorum omnium testimonium presentes literas fieri
nostrique Sigilli iussimus appensione communiri. Datum In Opide
Nurenberg Bambergensis dyocesis die vltima Mensis Octobris,
Pontificatus Sanctissimi In Christo patris et domini domini Nicolai
Diuina prouidentia Pape Quinti Anno Secundo. Sub Anno A
Nauitate domini Millesimo quadringentesimo quadragesimo octauo.

CLXIV.

Anno 1448' 19. December. München.

Erkenntniss in den Irrungen zwischen dem Bischof Peter und Veit Schmieher wegen einiger Lehengüter, welche zu dem Schlosse Helmshofen gehören etc.

Ich Ott pientznawer zu Kembnaten hofmaister etc. Bekenn das ich auf heut geben des briefs von beuelhnuss wegen des durchlaachtigen hochgeborn fursten vnd herrn herrn Albrechts pfallntzgrauen bei Rein Hertzogen In Bairn vnd Grauen zu vohburg etc. meins genadigen herren mit den hernachgeschriben seiner gnaden Räten mit namen dem Edeln herr Jorgen von Gundolfing herr Conradten Brobst der Stifft zu Illmunster.Maister Thoman pirckhaimer lerer bayder rechten, herr petern von Freyberg zu wal Jorgen von walldeck ylrichen weichser wilhalmen Machselrainer hannsen pelhaimer wilbalmen Schellemberg vnd petern Rudolf, hofrecht besessen hab, kom fur mich vnd die Rät in recht, Ott Awsenhouer vnd begert anstat vnd von wegen des Hochwirdigen fursten vnd hern herrn peters Bischouen zu Augspurg ains furlegers nämlichen Maister Johannsen kautsch vicari vnd Thumberrn zue Augspurg der Im erlaubt ward, vnd zudinget alles das fursten vnd hofgerichts recht ist ou geuärd vnd redt der benannt kautsch wie das veyt Smieher meinem genadigen herrn dem Bischof zu Augspurg das Slos helmshouen mit allen seinen zugehörungen, besuchts vnd unbesuchts nichts auszgenomen zu kauffen gegeben hab nach lautt ains kaufbriefs den er darumb verlesen liesz, vnd als der verlesen ward, redt der kautsch darauf man hab wol gehört, das in solichem kaufbrief ain hof benennt sei nämlich der hof zu Gutemberg derselb hof ainem burger zu Augspurg genant der lauginger vmb hun-

dert vnd funfvndviertzig gulden Reinisch auf losung die man
darumb tun müge versetzzt sei Nun hab mein herr von Augs-
purg soliche losung vmb den hof an den lauginger eruordert,
vnd hett Im nach lautt des kaufbriefs die vorgenannte Summ
gulden gern darumb betzalt, der Im aber solicher losung biszher
nit hab stat tun wellen vnd dowider furgehallten ettlich brief
So er vmb den hof von dem Smycher zu ewigen zeiten allso
das den nyemant zu losen hab, Darauf getraw er veyt Smycher
werd gutlichen oder ob des nit gesein möcht mit vnnserm recht-
lichen spruch daran geweiszt meinem herrn von Augspurg,
Soliche losung vmb den hof richtig zu machen nach Inuhallt
seins verschreibens, domit Im der nicht vorgehallten werde, zum
hundern So clag er in des namen als vor, wie sich Veyt Smy-
cher ettlicher gut vnderziehe vnd die verleyhe nach seinem
willen mit namen des andre Spieszhof gelegen in dem dorff zu
aufkirch Hannsen des huters halben hof auch zu aufkirch des
vtzen Spiesz gut, das in fünf tayl getailt vnd kain tail noch nit
empfangen sei, auch des Eberleins halben hof, der auch getaylt
sei vnd hanns weber von planhouen ainen tail, auch Andre
Spiesz vnd Conrat Segesser auch ainen tail Innhaben, über das
das dieselben gut allwegen zu dem Sloss vnd perg helmshouen
gehört haben, vnd in dem kaufbrief lautter geschriben stet,
helmshouen mit aller seiner zugehörung, dabei er das nicht be-
leiben lassz Getraw er veyt Smycher, werd auch gütlichen
oder mit vnnsern rechtlichen spruch daran geweiszt, das er
solich sein einzichen der vorgenanten gut, gantz abtun vnd sich
der entslahen soll, meinen genadigen herrn von Augspurg furbas
daran vngeirrt vnd die zu dem Slossz volgen lassz Als dann
die allwegen dartzu gehört haben vnd noch gehörn, Zum dritten
So clag er in namen als vor, Als Hector Schonsteter, meinen
herrn von Augspurg angelanngt hab von sprüch wegen die er
zu helmshouen vermainte zu haben, vnd nu in dem kaufbrief
geschriben stee. Ob Im darein gesprochen wurde das well er
Im helffen verantwürtten etc. Also hab sein gnad veyten Smy-
cher durch geschrifft vnd muntlich offt ersucht vnd begert Im

In solichen sachen beistanndt zu tun vnd vnderweisung zu geben, wie er solich sein spruch zum pessten verantwnrt domit er schadens von Im vertragen beleib des hab sein gnad von Im nye bekomen mugen wiewol er sich des verschriben hab, Getraw er veyt Smycher, werd gütlichen oder rechtlichen daras geweiszt; das er seinen gnaden Solich kost vnd zerung, So er gen dem Schonsteter hab darlegen müssen abtun vnd widerkern soll als recht sei dargegen stund in recht veyt Smicher, vnd begert ains fürlegers der Im erlaubt ward vnd zudinget alles das hofgerichts recht ist on genärd, vnd liesz den reden, die clag So maister Johanns kautsch von meins genadigen herrn von Augspurg wegen zu Im gelegt die hab er wol gehört, beger er das er darumb gewalt zaig vnd wenn er das tue, vnd des zum rechten genug sei, So well er dann zu solicher clag antwurtten, Also liesz der benante kautsch ainen gewaltsbrief verlesen, des zum rechten genug was, darauf veyt Smycher durch seinen furleger Im anfang als von des bofs wegen antwart, Er sei on langen, was der kaufbrief der von Im sei fürbracht, Innhallt, den hab er meinem herrn von Augspurg vnd auch seinen gnaden dartzu all sein gerechtickait, die er vmb die vnd annder pfanntung gehebt hab übergeben vnd arumb genug getan vnd nichts darinn verhallten, darauf In sein gnade seins gellts hab entricht, dabei man wol merck, hett mein herre von Augspurg aincherlay bruch oder Irrung in solichem kauff gebebt Er hett Im die betzalung seins gellts nit getan vnd er main das er vmb die sach von seinen gnaden billich ansprach vertragen wär, Getraw auch zum rechten, das er Im darumb nichts schuldig werden söll Als er dann weiter clag wie er sich ettlicher gut einziehe vnd die verleihe die zu dem Sloss vnd perg helmshouen gehörn vnd in dem kaufbrief verkaufft seyen etc. Nun sei es wol an dem, das er ettliche lehen hab die von dem Frässen an In komen vnd ererbt seien die verleyhe er nach seiner notdurfft vnd getraw, er soll noch also dabei heleiben, Wurd er aber annders dann mit worten erinndert, das soliche gut zu helmshouen gehörten vnd des mit solichen vrkunden vnderricht des zum rechten genug wär. So müsszt vnd wellt er darinn dulden vnd tun als er Im selbs vnd dem rechten schuldig wär, dann als er Im weiter zusprech vmb die zerung, So er gen dem Schonsteter hab dargelegt. Soll er Im widerkern etc. Solich vnd die vordern spruch bedunck In zumal frombd angeseheu; das er Im genug getan hab, dartzu So stee in dem kaufbrief lautter geschribeu Ob meinem herrn von Augspurg das Slos helmshouen mit seiner zugehörung von yemant mit recht auspracü wurd, das Soll er Im mit recht hellfen verantwurtten, doch Im on schaden vnd ob er im in solichem anlangen, von wem das furgenomen worden wäre meinem herrn von Augspurg beistannd vnd hilff getan hielt, vnd das das dannoch verlorn, vnd auss seiner gnaden hannden mit recht wär bracht worden So hett er doch des kain entgeltnuss nach lautt des kaufbriefs, darumb So getraw er zum rechten, das er meinem herrn von Augspurg von des spruchs wegen gar nichts schuldig sei noch mit recht werden soll, dartzu der kautsch von meins herrn von Augsparg wegen redt zu gutermass als vor vnd des mer, die antwurt als von des hofs wegen bedunck In von dem Smycher frombd sein angesehen das er den in dem kaufbrief vmb hundert vnd funfvndviertzig gulden abzulösen verschriben hab, des sein gnad vou dem lauginger uit bekomen müg deszhalben das er ainen brief von veyten Smycher hab fürgehallten in dem Im solicher hof zu ewigen zeiten sei verschriben vnd verkaufft Man müg auch wol versteen, das er dem Smycher die zalung vnpillich deszhalben vorgehallten hielt dann er soliche losung hab tun mügen, wann Im das füglich gewesen sei, darumb So getraw er noch zum rechten Seidmaln vnd der Smycher solichen hof für ablosung verkaufft hab, als vmb hundert vnd funfvndviertzig gulden, vnd derselb hof gar vil besser sei, So soll der Smycher gütlichen oder mit dem rechten erweiszt werden, das er solichen hof mit der losung richtig machen soll, domit der zu meins herrn von Augspurg hannden vmb die hundert fünfvndviertzig gulden komé vnd gebracht werde nach lautt des kaufbriefs Als dann der Smycher von der leben gut wegen hab geantwurt, das die als ererbte

gut an In komen seyen etc. Nun der Smycher, das Slos helm-
houen mit aller seiner zugehörung besuchts vnd vnbesuchts
nichts auszgenomen verkaufft, zu dem die gut vorgenant ye vnd
ye gehört haben vnd noch gehörn, darumb sich veyt Smycher
der gar vnpillichen einziehe vnd verleyhe, vnd Getraw er soll
mit vnuserm Rechtlichen spruch erweiszt werden, das er so-
liche gut billichen bei dem Sloss vnd perg helmshouen beleiben
lassz, vnd daran kain empfromdung tue, dann ob des not tue
So müg mein herr von Augspurg heut oder zu tagen wol für-
bringen wie recht sei das die gut von allter zu dem Sloss vnd
perg gehört haben dann von der zerung vnd darlegens wegen
gen dem Schonsteter, Getraw er als vor nach dem vnd der
Smycher meinem herrn von Augspurg dhainen beistannd noch
vnderweisung wider den Schonsteter nit hab tun wellen, So
soll mit recht erkennt werden, das er solich zerung vnd dar-
legen wider den Schonsteter getan meinem herrn von Augspurg
abtun vnd widekern soll, vnd satzzt soliche clag vmb die drew
stuck mit mer wortten zum rechten dowider veyt Smycher, sei-
nen furleger reden liesz zu guter mass als vor vnd des mer
Man hab an dem kaufbrief gar wol gemerckt, das er meinem
herrn von Augspurg all sein gerechtickait vmb die stuck die
da steend gar vnd gäntzlich übergeben hab. Er hab auch darinn
gar nichts weder wenig noch vil verhallten vnd ob des not tat
So mocht er dartzu wol tun das recht wär, dartzu So hab Im
mein herre von Augspurg zum letzten vmb die zwayhundert
gulden leybgeding ainen brief gegeben, darinn er bekenn, das
Im ain benugen von Im beschehen sei Er hab Im auch solich
leybgeding yetzo wol Im zwelften Jar gegeben vnd hoff
sein gnad tu das füro aber genadiclichen, als er nit zweinel,
daran man aber wol merck, bett sein gnade in solichem kauff
dhaynerlay brüch oder Irrung gehebt oder gewest, Er hett Im
die betzalung des gelts vnd auch das leybgeding Im anfanng
vnd So lanng biszher nit getan noch auszgericht, vnd hoff nach
allem herkomen vnd genügen So er meinem herrn von Augs-
purg getan, als er in dem leibgedingbrief selbs bekennt hab So

sei er seinen gnaden nicht schuldig den hof zu seinen hannden
zu bringen, dann von der lehengut wegen vorgenant dartzu sei
sein antwurt in mass als vor vnd des mer Er hab dieselben
lehenstuck zu den zeiten als solicher kauf beschehen sei vnd
biszher on alle Irrung vnd einsprechen meins herrn von Augs-
purg vnd mainclichs in stiller lehengewer Innegehabt vnd die
verliben getraw er zum rechten das er noch also dabei belei-
ben vnd meinem hern von Augspurg darumb nichts schuldig
sei noch werden soll, Werde er aber vnderricht anders dann
mit wortten, das die lehenstuck zu helmshouen gehören vnd
von alter gehört haben, des dann zum rechten genug sei So
well er darinn tun vnd antwurtten als er hoff, des zurecht ge-
nug sei dann vmb die zerung von des Schousteters wegen
Getraw er zum rechten als vor, das er meinem herrn von
Augspurg darumb dhainerlay widerkerung noch ichts schuldig
sei vnd satzzt solich sein antwurt auf die drei artickel auch
mit mer wortten zu recht, darauf hab ich des rechten gefragt
Conradten von Eglofstain der hat sich mit den anndern Räten
vnderredt vnd ertailt nach dem vnd er do baydertail clag ant-
wurt brief red vnd widerred gehört hab, Also Sprech er Im
anfanng von des hofs wegen zurecht auf seinen ayd Veyt Smy-
cher soll allen seinen vleis tun, Ob er solichen hof meinem
herrn von Augspurg vmb die hundert vnd fünfvndviertzig gul-
den zu seinen hannden bringen mug, Ob er aber des nit getun
mocht Seydmaln vnd dann Maister Johanns kautsch geredt hab,
der hof sei vil besser daun die vorgenant Summ Sprech er
zu recht auf seinen ayd, was durch biderleut erkannt werd,
das der hof nach lanntleuffigen dingen besser sei dann hundert
fünfvndviertzig gulden, dieselb übertewrung Soll veyt Smycher
meinem herrn von Augspurg erstatten vnd darumb genug tun
dann von der lehengut wegen Sprech er zu recht auf seinen
ayd Mug mein her von Augspurg heut oder zu tagen fürbrin-
gen vnd ausztragen des zum rechten genug sei, das soliche
lehengut von alter zu dem Sloss vnd perg helmshouen gehört
haben, vnd noch gehörn, So soll veyt Smycher dieselben lehen-

gut noch dabei beleiben vnd dartze volgen lassen. Möcht aber
mein herre von Augspurg solichs nit fürbringen, So sollen so-
liche leben veyten Smycher vnd seinen erben beleiben in mäss
als er die biszher gelihen habe, dazu vmb die zerung vnd dar-
legen gen dem Schonsteter. Seydmaln vnd der kaufbrief Inn-
hallt ob mein herre von Augspurg vmb helmhouen. mit recht
angelangt wurd, So soll Im veyt Smicher darin beistanndt tun
doch Im on schaden etc. darauf Sprech er zu recht auf seinen
ayd Veyt Smycher Sei meinem herrn von Augspurg nach Inn-
hallt solichs kaufbriefs vmb den spruch nichts schuldig, des
haben Im die andern Rät all veruolgt auf Ir ayde. darauf be-
gerten bayd tail zu fragen in welicher zeit auch wie vnd vor
wem mein herre von Augspurg soliche weysung als die vrtail
vmb die lebengut Innhallt tun soll, darumb hab ich des rech-
tens gefragt an petern Rudolf der hat mit ainhelliger volg der
Rät zu recht auf seinen ayd gesprochen, hab mein herre von
Augspurg brief, die taugenlich vnd der zu recht genug sei. So
mug sein gnad, das domit weysen; hab er aber der nit So mug
er das weysen mit dreyen frommen vnuersprochen lehenmannen
derselben lehen, mug er aber der nicht gehaben, So mug er
das mit anndern dreyen frommen vnuersprochen mannen wey-
sen die weder tail noch gemain daran haben vnd die Im auch
mit sachen verpunden sein. Also das dieselben swern sollen,
das In wars kunt vnd wissenlich sei, das Soliche lehengut von
allter zu dem Sloss vnd perg helmshouen gehört haben dauon
empfanngen, vnd nicht zuvallende lebengut sein, vnd soliche
weysung Soll vor meins genadigen herrn Räten beschehen in
drey stund dreyen vierzehen tagen vnd newn tagen, doch wenn
er die in solicher zeit tun well das sol er meinem genadigen
herrn vnd veyten Smycher vor zeitlich zu wissen tun. Solichs
erganngen rechtens begerten baydtail gerichtbrief die In mit
recht erkannt sind, vnd ich In gib von hofgerichts wegen mit
meinem anhanngendem Insigel versigelt doch mir vnd meinen
erben on schaden, das ist geschehen vnd der brief geben zu

zu München an pfintztag in der heiligen quattember vor weyh-
nachten, do man zalt nach Cristi gepurdt vierzehenhundert vnd
in dem achtvndviertzigisten Jaren.

CLXV.

Anno 1449. 14. Jänner. Augsburg.

**Bischof Peter verbindet sich mit seinem Domkapitel in
den Differentien mit der Stadt Augsburg um Zölle vnd
Umgeld etc.**

Wir Peter von gottes gnaden Bischoue zu Augspurg Be-
kennen vnd tun kunt offenlich mit disem brieue. Nachdem vnd
die Burgermeister vnd Rate vnser Stat zu Augspurg gegen vns
vnser pfaffheit vnd Süffte in der genanten vnser Stat manig-
uelticlich mit mangerlei beswerung vnd zerbrechung vnser frey-
ung, die wir von Bäbsten auch Römischen keisern vnd vsz
loblicher gewonheit herbracht haben vnd von rechtz wegen
haben sollen vber vnser freuntlich ersuchung vnd väterlich ma-
nung, so wir offt vnd dik durch vns selbs vnd ander vnser
Räte, vnd trefflich botschafft, mit erklärung der stund vnd pene,
darein sie vmb semlicher getat willen vielen vnd mer vallen
möchten, ersucht vnd von solchen ze lassen getreulich ermant
vnd gebeten haben vnd wir aber von in bisher keinerley frunt-
schafft von solchem ze lassen, erlangen mochten sunder sie ye
lenger ye mer sich gen vns vnd vnserm Stiffte ze tun vnder-
standen haben vnd vns grosz ze fürchten ist, wo wir darzu
nicht teten, daz wir vnser pfafheit vnd Süffte gantz von vnser
herlicheit vnd freyheit von in gedrungen würden vnd darumb
mit zeitlichen Rate vnd fleissiger betrachtung solchem vor ze
sein, als wir vns vnd vnserem Stiffte des wol schuldig sein,

Haben wir vns vereynet, vereynigen vnd verbinden vns auch
iu crafft ditz briefs mit den ersamen vnsern andechtigen liehen
getreuen Heinrichen truchsessen. tumbprobst Gotfriden harscher
dechant, Meister Johansen kawtschen Custer vnserui vicari
Meister leonharten Gessel vnserm official vnd Albrechten von
Rechberg, allen fünffen tumherren vnsers Stifftz zu Augspurg,
anstat des gantzen vnsers capitels daselbst den genanten fünffen
denn vnser Capitel gantze volle macht vnd gewalt gegeben hat,
sich solchs vnd anders in disen sachen mit vns zu uereynen
als wir des alles wol vnderricht sein, Also daz wir mit Rate
wissen vnd willen der genanten fünffer solch vnser spruch
nemlich zu disem male umb zölle auch pflasterzölle vnd daz
vngelt einen oder mer derselben sprüch gegen den von Augs-
purg fürnemen treiben vnd volstrecken sollen vnd wollen Es
sey mit recht freuntschafft täding oder in ander wege wie sich
daz an dem fuglichsten gebüren wirdet, wir sollen auch noch
wöllen von solcher spruch wegen keinerlei sach recht richt-
tung noch handlung in dheinen weg gegen den von Augspurg
fürnemen in gemein oder sunderheit on gunst wissen oder wil-
len der genanten fünffer, sunder in dem allem tun vnd lassen
nach irem Rate gunste vnd willen getrewlich vnd an alles ge-
uerde. Wir verheissen auch vnd versprechen in craft ditz briefs
daz vnser capitel vnd all sein persone von solcher obgemelten
sach wegen frey gut gantz vnd volkomen sicherheit mit leibe
vnd gute in allen vnsereu schlossen Steten vnd Merckten ha-
ben sullen daz wir auch mit allen vnsern pflegern vögten vnd
amptleuten schaffen sollen vnd wollen, die solchs ze halten an
eids stat getreulich sullen geloben. Wir sollen auch waz Chost
uff die sach gen würde, mit sollicitatoribus, aduocatis, procura-
tóribus notariis, oder bottenlone allweg den halbteil vnd vnser
Capitel den andern halbteil geben, würd man aber zu tagen
darumb reyten, daz sol yglicher teil tun yff sein selbs chosten
Stund auch von solcher sach wegen dheinerlei zwitracht zwey-
ung oder spenne vff zwischen vnser vnd der fünffer anstat
vnsers capitels, Sprechen wir in zu, so sollen wir einen vsz

den fünffen nemen mit gleichem zusatze, Sprechen sie aber wä
zu so sollen die fünff einen nemen vnz vnsern geistlichen oder
werntlichen räten mit gleichem zusatze vnd waz da erkant
wirdet, wol es bey bliben alles getreulich vnd vngeuärlich. Des
alles zu vrkund vnd sicherheit geben wir den genanten fünffen
disen brief mit vnserm anhangendem insigel versigelt vnd geben
zu Augspurg An afftermontag vor sant Anthonien tag Anno
domini MCCC quadragesimo nono. . . . .
. . . .
. . . .
. . . .

CLXVI.

. . . .

Anno 1449. 14. Jänner. Augspurg. . . . .
. . . .

Das Domkapitel verbindet sich mit seinem Bischofe in
den Differentien mit der Stadt Augsburg, um Zölle
. . . . und Umgeld etc. . . . .
. . . .

Wir Heinrich Truchsesse von hefingen Tumprobst Gotfrid
harscher Techan, Johans kawtsch Custer des hochwirdigen
fürsten vnd herren, herrn peters Bischoues zu Augspurg meins
gnedigen herren in geistlichen sachen vicari, lienhart gessel,
des genanten meins gnedigen herrn Official, vnd Albrecht von
Rechberg von hohenrechberg, all fünff tumherrn, der merern
stifft zu Augspurg Bekennen offenlich vnd vnuerscheidelich mit
disem brieue vnd tun kunt allermenglich, Nach dem vnd die
Burgermeister vnd Räte diser vnsers obgenanten gnedigen herrn
Stat zu Augspurg gegen seinen gnaden, seiner pfaffheit vnd
dem wirdigen stifft in der genanten seiner gnaden stat manig-
felticlich mit mangerley beswerung vnd zerstörung seiner gna-
den vnd des stiffts, auch seiner pfaffheit, freyung, die sein gnad,
sein stifft vnd pfaffheit von Bäbsten vnd Römischen keisern vnd
vsz loblicher gewonheit herbracht haud vnd von rechts wegen

haben sollen, über freuntlich ersuchung, vnd väterlich manung, damit der genant vnser gnediger herr in beywesen vnser, auch vil ander des Stifftz vnd seiner gnaden trefflicher vndertan, geistlicher vnd weltlicher, auch durch trefflich botschaft seiner Räte vnd ander mit erklärung der sünd vnd pene, darein sie vmb semlicher getat willen vielen vnd mer vallen möchten, die von Augspurg ersucht vnd von solchem ze lassen treuwlich ermant vnd gebeten hat, vnd aber sein gnad, auch daz capitel vnd die pfafheit zu Augspurg, bisher keinerlei freuntschaft von solchem ze lassen erlangen mochten, sunder sie ye lenger ye mer sich gegen seinen gnaden, dem stifft vnd irer pfafheit ze tun vnderstsanden haben, vnd grosz ze fürchten ist, wo sein gnade auch seiner gnaden capitel obgemelt darzu nicht teten, daz sein gnade der Stifft vnd pfafheit gantz von aller irer herlichait vnd freyheit von in gedrungen würden, vnd darumb mit zeitlichem rate vnd fleissiger betrachtung solchem vor ze sein, als sein gnad auch daz capitel in vnd dem stifft des wol schuldig sein. Haben wir fünff an stat vnd durch beuelhen des offtgemelten capitels, daz vns des vnd anders in disen sachen seinen volkomen gewalt gegeben hat, vns vereynet, vereinigen vnd verpinden vns auch in crafft ditz briefs, mit dem hochwirdigen fürsten vnserm obgenanten gnedigen herren Also daz wir mit Rate wissen vnd willen seiner gnaden solich seiner gnaden des Stifftz vnd pfafheit sprüch, nemlich zu disem male vmb zölle, auch pflasterzölle vnd daz vngelt einen oder mer derselben sprüch gegen den von Augspurg fürnemen, tryben vnd volstrecken sollen vnd wollen, es sei mit recht, freuntschafft täding oder in ander wege, wie sich daz an dem fuoglichsten geburen wirdet, wir sollen auch noch wöllen von solcher vnsers gnedigen hern vnd des stifftz sprüch wegen keinerley sach recht, richtung noch handlung in dheinen weg, gegen den von Augspurg fürnemen, in gemein oder sunderheit, on gunst wissen oder willen des offtgemelten vnsers gnedigen herren, sunder in dem allem tun vnd lassen, nach seiner gnaden Rate, gunst vnd willen getrewlich vnd on alles geuerde

Das vilgemelt capitel sol auch, was Gbost uf die sachen gen
wurde mit sollicitatoribus aduocatis procuratoribus notariis oder
bottenlone, allweg den halbteil vnd vnser gnediger herr den
andern halbtail geben, Würd man aber zu tagen darumb reyten,
daz sol yglicher teil tun uff sein selbs chosie, Stund noch von
solcher sach wegen dheinerley zwitracht, zweyung oder spenne
uff zwüschen dem genauten vnserm gnedigen herren eins vnd
vnser fünffer an des gemelten capitels stat des andern teils.
Spricht dann sein gnad vns za, so sol sein gnad einen vsz
vns fünffen nemen mit einem glichen zusatze, Sprechen aber
wir seinen gnaden zu, so sollen wir fünff einen nemen vsz
seiner gnaden geistlichen oder weldichen raten mit glichem zu-
satze vnd waz da erkant wirt, sol es bey bliben, alles getreu-
lich vnd vngeuarlich. Des alles zu vrkund stäter vnd vester
sicherheit geben wir dem genanten vnserm gnedigen herren di-
sen brief mit des vilgemelten capitels, durch desselben capitels
geschefftz vnd beuelhnus wegen vns getan, anhangendem In-
sigel von des capitels vnd vnseren wegen besigelt vnd geben
zu Augspurg am afftermontag vor saut Anthonien tag Anno do-
mini MCCC quadragesimo nono.

CLXVII.

Anno 1449. 28. Februar. Dillingen.

**Bischof Peter verspricht die Hilf vnd Steuer, welche
ihm das Domkapitel zur Romfahrt zugesagt, im Falle
diese unterbleiben sollte, an seines Gotteshauses Not-
durft zu legen.**

Wir Peter von gottes gnaden Bischoue zu Augspurg, Be-
kennen mit disem brieue, Als der heilig Stuol zu Rome vns
für einen der heilgen kirchen Cardinal benennet hat, deshalb

wir in willen séin, dém nach ze komen vnd als sich gebürt,
in den hofe gen Rome ze fügen. Solchs dester trefflicher vnd
loblicher, als solcher wirdikeit gezymet, zu uolbringen, die pre-
laten vnd priesterschaft vnsers bistumbs vns mit willen des
Ensámea vnsers capitels vnsers tumbs zu augspurg ein freunt-
lich hilff vnd stewre zugesagt vnd eins teils gegeben hand etc.
Daz also wir zu erscbeynung vnserer lutern meynung dem ob-
gemelten vnserem capitel zugesagt haben, sagen in daz zu, ge-
loben vnd versprechen mit craft ditz briefs, Ob sich fugte, durch
waz in fällen daz geschehe, des wir zu got nit getrawen, daz
wir solch Rómfart also nit volbrachten vnd den sachen obge-
melter masse nit nachkemen daz alsdann wir solch gelt vnd
stewre anders nicht dann an vnsers gotzhuss nutz vnd notdurft
mit desselben vnsers capitels wissen legen wöllen, getreulich
vnd yngeuarlich. Zu vrkund vnd sicherheit haben wir vnser
Insigel zu end der geschrifft in disem brief tun drucken. Der
geben ist zu dillingen am freitag in der vasten vor dem Sonn-
tag Inuocauit, Anno domini. MCCCC quadragesimo nono...

CLXVIII.

Anno 1449. 26. Aprilis. Rome.

Nicolaus papa decano ecclesiae St. Mauritii August.
mandat, donationem monasterii in Wihenberg, ab epis-
copo Petro hospitali in Dillingen factam, si causa daret,
confirmare.

Nicolaus episcopus seruus seruorum dei, Dilecto filio Decano
ecclesie Sancti Mauritii Augustensis Salutem et apostolicam be-
nedictionem. Ad ea ex iniuncto nobis desuper apostolice ser-
uitutis officio libenter intendimus per que Hospitalia et alia pia

loca ad statum prosperum redigantur, et in eorum necessitatibus cum oportune subuentionis auxilio releuentur, ut exinde persone miserabiles inibi pro tempore receptande, eo, commodius nutriri possint, ipsaque loca ex hoc continuum recipiant incrementum. Exhibita siquidem nobis nuper, pro parte venerabilis fratris nostri Petri Episcopi Augustensis, petitio continebat, quod dudum dilecto filio nostro Johanni Sancti angeli, diacono Cardinali in partibus Germanie nostro et apostolice sedis Legato, pro parte dicti Episcopi exposito quod hospitale sancti Spiritus in Suburbio Opidi Dillingen Augustensis diocesis multorum pauperum et infirmorum qui inibi receptarentur necessitatibus prouidere haberet paucissimis redditibus et prouentibus ad supportandum onera, ei incumbentia dotatum existeret prefatus, Episcopus prouide attendens quod Magistri et Rectores ipsius Hospitalis onera pro necessitatibus infirmorum inibi pro tempore degentium supportare non ualerent, ne hospitale ipsum debitorum oneribus grauaretur, Monasterium Canonicorum in Wyhemberg ordinis sancti Augustini dicte diocesis cuius Triginta dicto hospitali cuius Decem Marcharum argenti fructus, redditus, et prouentus, secundum communem extimationem ualorem annuum ut ipse Episcopus prefato Cardinali asseruit non excedebant, ordinaria auctoritate cum omnibus iuribus et pertinentiis suis uniuerat annexuerat et incorporauerat et pro usu infirmorum ac pauperum dicti hospitalis duntaxat titulo perpetue donationis donauerat et tradiderat Monasteriumque et ordinem huiusmodi inibi supresserat, idem Legatus supplicationibus dicti Episcopi inclinatus donationem et traditionem aliaque omnia prefata per ipsum Episcopum ut premittitur facta, auctoritate legationis sue qua fungebatur ex certa scientia confirmauit et approbauit aliaque fecit prout in litteris auctenticis dicti Legati suo sigillo sigillatis hec omnia dicuntur plenius contineri, Cum autem sicut eadem petitio subiungebat Magistri et Rectores dicti hospitalis dubitent omnia et singula per legatum et Episcopum prefatos acta et facta ex premissis et certis aliis causis iuribus non subsistere, Quare pro parte Episcopi Magistrorum et Rectorum prefatorum nobis fuit humiliter supplicatum quatinus donationi traditioni unioni annexioni et incorporationi predictis necnon omnibus inde secutis tam per Legatum quam Episcopum predictos ut prefertur actis et factis necnon omnibus aliis et singulis in litteris dicti Legati contentis robur apostolice confirmationis pro illorum subsistentia firmiori adiicere illaque omnia et singula ex certa scientia confirmare et approbare de benignitate apostolica dignaremur, Nos igitur qui de premissis certam notitiam non habemus huiusmodi supplicationibus inclinati discretioni itue per apostolica scripta mandamus quatinus de omnibus et singulis expositis antedictis ac eorum circumstantiis uniuersis auctoritate nostra te diligenter informes et si per informationem huiusmodi ea reppereris ueritate fulciri super quo tuam conscientiam oneramus dummodo ad presens in dicto Monasterio Canonice non fuerint, donationem traditionem unionem annexionem et incorporationem predictas, necnon omnia et singula in litteris dicti Legati contenta pro eorum subsistentia firmiori auctoritate nostra approbes et confirmes supplendo omnes et singulos defectus si qui interuenerint in eisdem necnon dictum Monasterium ne ad prophanos usus redigatur in perpetuum beneficium instituas et erigas, ac de fructibus reddifibus et prouentibus eiusdem pro perpetuo Capellano inibi altissimo in diuinis seruituro sufficientem dotem eadem auctoritate assignes, Non obstantibus Constitutionibus et ordinationibus apostolicis necnon ordinis et Monasterii predictorum iuramento confirmatione apostolica uel quacunque firmitate alia roboratis statutis et consuetudinibus ceterisque contrariis quibuscunque. Datum Rome apud Sanctum petrum Anno Incarnationis dominice Millesimo quadringentesimo quadragesimo nono Sexto kalendas Maii Pontificatus nostri Anno Tertio.

CLXIX.

Herzog Albrecht in Bayern ersucht das Domkapitel
dem Gotteshause Pollingen die Incorporation der Kirche
Waleshausen zu bestätigen.

Von gottes genaden Albrecht Pfalltzgraue bei Rein Hertzog in
Bairn vnd Graue zur voburg etc.

Vnnsern gunstlichen grus zuuor wirdigen lieben besundern
ew ist villejcht wol wissentlich wie das Gotzhaus zu Pollingen
ain kirchen hat genant waleshausen die von im zu lehen rürt
vnd wann aber, das egenant Gotzhauss vor ettlicher zeit gantz
verprunnen ist vnd das der yetzig Brobst vlrich wider erpawen
vnd wesenlich gestellt, Auch sich vnd das Gotzhauss ettwas
hart darinn angegriffen vnd verpawen hat vnd vmb des willen
das daz Gotzhauss gantz widerkome ynd desster mer gaistlicher
person gehaben muge, So mainet der obgenant Brobst die ob-
genanten kirchen walleshausen dem Gotzhauss zu incorperiren
vnd auch als wir vernemen, So hat er darinn vnnsers lieben
genatern herrn Petern Bischofs zu Augspurg willen, erlanngt
der im auch darumb ainen brief vnder seinen Insigel geben hat
daran dann ewr insigel auch hanngen sol herumb wir ew mit
sunderm vleisz Bitten ir wellet ewrn gunst vnd willen zu sol-
licher incorporation geben vnd ewr insigel an sollichen brief
auch henngen daran erzaigt ir vns besunder gut wolgeuallen
das yns auch genadiklich gen ew stet zu erkennen. Datum
München an vonser lieben frawentag Natiuitatis, Anno XLVIIII.

CLXX.

Schiedspruch in verschiedenen Irrungen zwischen dem Herzog Albrecht und dem Bischof Peter.

Wir Peter von gottes gnaden Bischoue zu Augspurg etc. Bekennen offenlich mit dem brieue von der Nachberurten zwitracht wegen, So dann biszher langzeit zwüscheu dem hochgebornen fürsten vnserm lieben hern vnd geuattern, hern Albrechten pfaltzgrauen bey Reine Hertzogen in Beyern vnd Grauen zuo voburg etc. vnd etlicher der seinen, eins vnd vnser vnd etlicher vnser vnd vnser Süfftz vndertan des Andern teils, gewesen sint, darumb dann der selb vnser herr vnd geuatter, auch wir vnsere Raete beiderseit, zu einem gutlichen tage als vff Montag nach sant Martinstag, nechstuergangen gen landspérg zesamen geschickt die in den dingen, doch vff irer herrn als vnsers herrn vnd geuatters obgenant vnd vnser Anbringen vnd geuallen geratslagt haben Als bienach begriffen ist Zum Ersten von der landstrasz wegen, durch den Grecken sol vnser herr von Augspurg vngeuarlich vnd nachbärlichen halten, mit den seinen, da durch vnser herr hertzog Albrecht an sinem zoll vnd Niderlegung zu Schongaw kain abbruch habe vnsers hern von Augspurg vnd der sinen halb Item vmb den zoll zu Seon sol man geben als es herkomen ist Item von des wiltpannes wegen zwüschen des Lechs vnd der wertach sol unser herr hertzog Albrecht vnserm hern von Augspurg nit inträg tun wider vnsers Herrn von Augspurg brief vnd fryheit, Es sollen auch die von Schongau füro wider eins Bischoffs ze Augspurg willen, weder hetzen noch jagen, noch ichtz iu dem forst vff yener seiten des lechs Schwab-halb zu schicken haben mit dheinerlei weiduen doch ein pfleger

zu Schongaw, mag mit sinen winden wol hetzen, so im das
geuallet·vngeuarlich Dann von des lobrechtzholtz wegen mag
fürohin vnser herr von Augspurg, da jagen wann er wil, des-
glich ein pfleger zu Schongaw vngeuarlich doch ob fürohin va-
nerm herren Hertzog Albrechten oder sinen erben Solchs ze
halten nit füglich wäre deaglich vnserm herrn von Augspurg
oder sinen nachkomen, auch nit fügen wölt, So mag yetweder
teil das dem andern absagen, vnd sol dann dise abredung yet-
wederm teil an seiner gerechtigkeit vnschedlich sein, Item von
der pfandung wegen, sollen die von Schongaw gegen vnsers
herren von Augspurg Armen leuten die in schuldig sint oder wer-
dent nachburlich fruntlich vnd vngeuarlich halten als das langczit
herkomen ist Item von des gerichtz wegen zu Burckaw, das
blut vnd leben antreffent, mögen die von Schongaw umb richten,
als es herkomen ist doch sollen die von Schongaw vnd vnsers
herrn hertzog Albrechtz Amptleut mit derselben die also berechtet
werden· hab vnd gut in vnsers herren von Augspurg gerichten
gelegen nicht ze schaffen oder ze tun haben, Es wäre dann ge-
stolen oder geraubet gut vnd hab, die dann dieselben so be-
rechtet werdent gestolen vnd geraubet hetten, des mugen sich
die, von Schongau vnd die Amtleut mitsambt dem schedlichen man
wol vnderziehen, on irrung vnsers herrn von Augspurg vnd der
sinen, Item von der eigen leut wegen vnsers herren von Augs-
purg sollen die von Schongaw fürohin kein zu burger innemen,
Ob sich aber ein man oder fraw on iren wissen verheyrat in
der stat Schongaw, So mag vnser herr von Augspurg denselben
wol vordern, so vil das billich ist vnengolten des·sacramentz
der heilgen Ee, ob der auch der also ingenomen were, ichtz
gutes hette vff dem land sollen die von Schongaw, desselben
gutz müssig gan vnd demselben eygen man darinn kein beystand
tun. Item von des wiltpannes wegen in der möringer awe
sollen vnd mögen beid vnser obgemelt gnedig herren vff yener
seyten des lechs Swaben halb wol jagen so offt sie wöllen
vnd einander daran nit iren, ob sie aber zu beider seiten vnge-
uarlich vff ein zit jagen wollen sollen sie das miteinander tun

vnd sol 'das auch so lang bestan als beiden herren ir nachkömen
oder erben fuglich wirdet, wann in oder ir einem aber das nit
fügen wil, mögen sie beid einander oder einer dem andern ab-
sagen, vnd sol alsdann solch dise täding vnd abredung beiden-
teilen an iren gerechtikeiten des wiltpannes gantz vnschedlich
sein Item dise obgenant punckt vnd artikel 'all vnd yeglich
sullen durch vnser obgenant beyd hern vnd die iren gehalten
werden treulich vnd vngeuarlich so lang in zu beyderseyt iren
erben vnd nachkomen füglich wirdet, welhem teil aber oder
sinen erben vnd nachkomen das nit fügeu wolte, Mugen sie ein-
ander, oder einer dem andern wol absagen vnd sullen dann all
punckt vnd artikel yetwedern teil an siner gerechtikeit gantz
vnschedlich sein, Vnd wann nu dise obberürt täding Anfangs
auch am end anbringunge vnd verwilligung beiderteil berürt,
vnd Nu vnser Peters Bischoffs zu Augspurg Räte, solchs in
obbegriffner forme an vns bracht hand, So verwilligen wir vnd
sagen sölch täding, wie die mit worten vnd meynungen durch
die Rät gemacht vnd hieuor von wort zu wort begriffen sint
vnsersteils vnd als für vns vnd die vnsern mit disem vnserm
brieue zu vnd wollen dem getreulich vnd vngeuarlich nachkomen
des zu vrkund vnd sicherheit, haben wir vuser insigel An disen
brief tun hencken der geben ist zu Dillingen An Sambstag saut
Andres des heilgen zwelffbotten Aubent Anno domini Millesimo
Quadringentesimo Quadragesimo nono. · ·

CLXXI.

Nicolai papae mandatum vexatores et spoliatores in partibus Alemaniae grassantes compescendi.

Nicolaus episcopus seruus seruorum dei Venerabilibus fratribus Archiepiscopis Episcopis ac dilectis filiis Abbatibus Prepositis Prioribus exemptis et non exemptis ceterisque personis ecclesiasticis quibuscunque per Alamauiam ubilibet constitutis Salutem et apostolicam benedietionem Euormitas nephandi sceleris, quod per nonnullos maledictionis filios in partibus Alamanie impudenter ut intelleximus perpetratur mentem nostram taliter perturbauit, quod nisi cum dolore id vobis significare non possumus, Accepimus siquidem, quod ipsi maledictionis et iniquitatis alumpni, prelatos, sacerdotes domini et alias ecclesiasticas personas diffidare et tamquam hostes pertractare, capere, bonis expilare, spoliare ac seuissimis suppliciis affligere, et quod omnis lex diuina et humana detestatur, incarcerare non formidant, et cum premissa perpetrant, ac si gloriosum et laudabile opus fecisseut inde se iactant et gloriantur. Quapropter cum ad nostrum spectet officium super hiis oportune prouidere, vobis Vniuersis et singulis in uirtute sancte obedientie districte precipiendo mandamus, et quemlibet uestrum in uisceribus domini nostri Jehsu Christi hortamur, quatenus contra omnes et singulos sacrilegos predictos cuiuscunque dignitatis status ordinis uel conditionis fuerint, etiam si Ducali Comitali, uel quauis alia mundana dignitate prefulgeant iuxta Constitutionem, per felicis recordationis Martinum papam v, predecessorem nostrum dudum editam, que Carolina uocatur, quam uos et quemlibet uestrum expeditam habere, et quater in Anno ad minus uestris in diocesibus, et ecclesiis coram Plebe et populi multitudine in ambonibus publicari uolumus et mandamus, ne prefati sacrilegi tiranni ignorantiam pretendere ualeant, quouis modo, auctoritate nostra procedatis. Non enim leuiter credendum est quosuis Orthodoxe fidei cultores precipue eos qui de Nobili genere procreati existunt in tante desperationis labem prosilire, ut anguitis tot penarum censuris quibus huiusmodi sacrilegum genus hominum innodatur atque, inuoluitur aliquo modo talia flagitiosa et enormia crimina committere uelle, Inhibeatis nichilominus eadem auctoritate dilectis filiis Nobilibus viris Ducibus Marchionibus Principibus Comitibus Baronibus Militibus Militaribus, Magistris ciuium Ciuibus Consulibus. Proconsulibus Communitatibus et Vniuersitatibus Ciuitatum Opidorum Castrorum et locorum quorumcunque, sub penis et censuris in eadem Constitutione contentis, ac aliis formidabilibus prout uobis uidebitur. ne dictos sacrilegos quouismodo recipiant, siue admittant, seu eis auxilium uel fauorem prestent, aut in Ciuitatibus eorum ditioni subiectis aliquatenus morari permittant, recipi siue hospitari, eis saluum conductum, aut aliam defensionem sub quacunque forma ullatenus prestando Et quia difficile foret; hanc nostre ordinationis et intentionis seriem sub bulla ad quemlibet uestrum destinare, Volumus et apostolica auctoritate decernimus, quod Transumpto bulle huius nostre ordinationis et intentionis, Sigillo dilecti filii nostri Petri tituli sancti Vitalis saucte Romane ecclesie presbyteri Cardinalis Augustensis nuncupati munito et per duos auctenticos Notarios subscripto, illa prorsus fides in Judicio et extra adhibeatur sicut adhiberetur si illam sub bulla nostra cuilibet uestrum mitteremus interclusam. Sic ergo Venerabiles fratres, et dilecti filii, pro ecclesiastica libertate conseruanda pugnetis, quod beato Thome pluribusque aliis sanctis martiribus, qui pro huiusmodi libertate tutanda mori non timuerunt, possitis, quo ad hoc non immerito coequari. Datum Rome apud Sanctum petrum Anno Incarnationis dominice Millesimo quadringentesimo quinquagesimo Quinto Idus Februarii Pontificatus nostri Anno Quarto.

CLXXII.

Anno 1450. 12. Februarii. Rome.

Nicolaus papa immunitates ecclesiae August. confirmat.

Nicolaus episcopus seruus seruorum dei. Uenerabili fratri. Episcopo Augustensi, et dilectis filiis Decano et Capitulo ecclesie Augustensis Salutem et apostolicam benedictionem Cum a nobis petitur quod iustum est et honestum tam uigor equitatis quam ordo exigit rationis, ut id per solicitudinem officii nostri ad debitum perducatur effectum. Ea propter venerabilis frater et dilecti in domino filii, uestris iustis postulationibus grato concurrentes assensu omnes libertates a predecessoribus nostris Romanis pontificibus siue per priuilegia, uel alias indulgentias uobis et ecclesie Augustensi concessas, necnon libertates et exemptiones secularium exactionum a Regibus et principibus, ac aliis Christi fidelibus rationabiliter uobis et eidem ecclesie concessas, sicut eas iuste et pacifice possidetis uobis et per uos eidem ecclesie auctoritate apostolica confirmamus et presentis scripti patrocinio communimus. Nulli ergo omnino hominum liceat hanc paginam nostre confirmationis et communitionis infringere, uel ei ausu temerario contraire. Siquis autem hoc attemptare presumpserit indignationem omnipotentis dei et beatorum Petri et Pauli Apostolorum eius se nouerit incursurum. Datum Rome apud Sanctum petrum, Anno Incarnationis dominice Millesimo quadringentesimo quinquagesimo. Pridie Idus Februarii Pontificatus nostri Anno Quarto.

CLXXIII.

Revers des Domherrn Albrecht von Rechberg, und des Ritters Peter von Freyberg über die ihnen während der Abwesenheit des Bischofs Peter übertragene Pflege des Stiftes.

Ich Albrecht von Rechberg Tumher, der Mererern Gestifft zu Augspurg vnd Ich Peter von Freiberg zum ysenberg Bitter, Bekennen offenlich vnd vnuerschaidenlich mit disem brieue, Als der Hochwirdigest In got vater vnd herre, herr peter der heiligen Römischen kirchen Cardinal- vnd Bischoue zu Augspurg vnser gnediger herr vns dises kunfftig Jare vff hwt datum ditz briefs anzesahen, oder kurtzer, ob sein gnad In disem Jare, wider von Rome keme, dahin dann sein gnad, als durch vnseren allerheiligisten vater den Babst genordert, yetz weguertig ist, sein vnd seins Stiffts gemeine pfleger vnd Statthalter gemacht vnd vns all des Stifftz vestin, Slosz, Stet, Marckt vnd dörffer, lewt vnd gut mit allen zugehöruugen, herlicheiten vnd gewaltsamyn, Ingeantwurt vnd beuolhen hat, Das wir seinen gnaden einen gelerten eyd zu got vnd den heiligen gesworen haben, Ob sein gnad die weil wir solch pfleg iunhetten, mit tode abgieng, da got lang vor sei, oder von dem bistumb stunde vnd das vffgebe, das alsdann wir mit solchen Slossen, Stetten, Märckten vnd dorffereu, leuten vnd guten vnd allen andereu sachen vns in pflegwise ingeantwurt, nyeman, dann den Erwirdigen herreu des Capitels zum Tumb zu Augspurg, so wir solchs tods oder abstands durch sie erberlich vnd guugsamlich erweist werden, gewertig vnd gehorsam sein sollen, Das wir auch also getreulich tun wollen. Des zu vrkund vnd sicherheit

haben wir den genanten vnsern, herren des Tumbs zu Augs-
purg disen brieff mit vnsern anhangenden Insigeln versigelt.
Gegeben zu Dillingen In der vasten an dem Sontag als man
In der heiligen Kirchen singet Oculi Anno domini Millesimo
Quadringentesimo Quinquagesimo.

CLXXIV.

Anno 1450. 26. Julii. Fabriaei.

Nicolaus papa desolatum monasterium Reistingen men-
sae episcopali August. incorporat.

Nicolaus episcopus seruus seruorum dei Ad perpetuam rei
memoriam Ad ea per que ecclesiasticarum personarum preser-
tim pontificali dignitate fungentium et Cathedralibus etiam in-
signibus ecclesiis presidentium omnium statui commodo et utili-
tati consulitur ex iniuncto nobis desuper apostolice seruitutis
officio libenter intendimus, illaque fauoribus quantum cum deo
possumus prosequimur oportunis Accepimus siquidem nuper
quod olim Monasterio sanctorum Petri et Pauli Apostolorum in
Reystingen Augustensis diocesis Abbatissa et Canonissis se-
cularibus per quas gubernari consueuit totaliter destituto di-
lectus filius noster Petrus tituli sancti Vitalis presbiter Cardi-
nalis Augustensis uulgariter nuncupatus, ac ex concessione
apostolica Augustensis Episcopus puouide tunc considerans,
quod Monasterium ipsum propter negligenciam et malum regimen
ultime Abbatisse ac uitam et mores minus laudabiles nonnulla-
rum Canonissarum eiusdem pluribus et diuersis debitis ad
summam Mille uel circa florenorum auri Renensis oneratum ac
in eius ecclesia claustro aliisque pluribus structuris et edificiis
multipliciter defectuosum existebat ac in illis reparatione non

modicum sumptuosa indigebat cupiensque indemnitati dicti Monasterii quod Episcopo Augustensi pro tempore existenti ordinario iure ac eciam aduocaticio in spiritualibus et temporalibus subesse dinoscitur, ne illud ad totalem desolacionem deueniret salubriter prouidere sua ordinaria auctoritate ac etiam tanquam ipsius Monasterii aduocatus per nonnullos etiam tunc eius Officiales atque vicarios fructus redditus et prouentus eiusdem Monasterii exigi colligi atque percipi necnon de illis creditoribus prefati Monasterii census siue usuras ac pensiones personales siue precarias persolui dictamque ecclesiam structuras et edificia conseruari commisit atque mandauit, Nos igitur de premissis plenius informati commissionem et mandatum Cardinalis et Episcopi huiusmodi condignis in domino laudibus commendantes illaque et inde secuta omnia et singula ratificantes et approbantes, nec non tam Monasterii huiusmodi statui et indemnitati quam etiam Cardinali prefato ac successoribus suis pro tempore existentibus Augustensibus Episcopis, ut in eorum statu decentius tenendo aliquale suscipiant releuamen salubriter prouidere uolentes motu proprio non ad ipsius Cardinalis uel alterius pro eo nobis super hoc oblate peticionis instantiam Monasterium predictum cuius fructus redditus et prouentus Decem Marcharum argenti secundum communem extimacionem ualorem annuam ut eciam accepimus non excedunt Abbatissali illius dignitate ex nunc inibi penitus suppressa et extincta cum omnibus iuribus et pertinentiis suis Mense Episcopali Augustensi cuius fructuum reddituum et prouentuum ualorem annuum presentibus haberi uolumus pro expresso auctoritate apostolica ex certa sciencia harum serie perpetuo incorporamus annectimus et unimus ita quod liceat ex nunc Cardinali et Episcopo predicto per se uel alium seu alios corporalem possessionem Monasterii iuriumque et pertinentiarum predictorum auctoritate propria libere apprehendere ipseque et dicti successores perpetuo illam tenere, nec non de huiusmodi illius fructibus redditibus et prouentibus in suos ac Mense et Monasterii prefatorum usus et utilitatem conuertere et exponere alicuius super hoc licentia

minime reqûisita Non obstantibus Constitationibûs et ordinatio-
nibus apostolicis atque nostris illa presertim per quam uoluimus
quod tam in vnionibus quam iu earum confirmationibus etiam si-
mili motu pro tempore faciendis semper ad partes commissio
fieri debeat, necnon prefati Monasterii eciam iuramento confir-
matione apostolica uel quacunque firmitate alia roboratis statutis
et consuetudiuibus ceterisque contrariis quibuscumque Nulli ergo
omnino hominum liceat hanc paginam nostre ratificationis appro-
bationis uoluntatis incorporationis annexionis et vnionis infringere
uel ei ausu temerario contraire. Siquis autem hoc attemptare
presumpserit, indignationem omnipotentis dei et beatorum Petri
et Pauli Apostolorum eius se nouerit incursurum. Datum Fa-
briani Camerinensis diocesis Anno Incarnationis dominice Mil-
lesimo quadringentesimo. quinquagesimo. Quinto Calend. Augusti
Pontificatus nostri Anno Quarto.

CLXXV.

Anno 1450. 8. Augusti. Fabriani.

Nicolaus papa parochialem ecclesiam in Buchloe mensae
episcopali August. de novo incorporat.

Nicolaus episcopus seruus seruorum dei Ad perpetuam rei
memoriam Ad ecclesiarum presertim Cathedralium illisque pre-
sidentium personarum omnium statum salubriter et prospere di-
rigendum paterna solicitudine uigilantes earum profectibus liben-
ter intendimus illaque fauoribus quantum cum deo possumus
prosequimur oportunis. Exhibita siquidem nobis nuper pro parte
dilecti filii nostri Petri tituli sancti Vitalis presbiteri Cardinalis
Augustensis nuncupati petitio continebat quod licet parrochialis
ecclesia de Buchloe Augustensis diocesis olim per plura tem-

pora Mense Episcopali Augustensi incorporata fuisset tamen postea bone memorie Burchardus Episcopus Augustensis dictam ecclesiam cuidam clerico familiari suo auctoritate ordinaria duntaxat contulit et de illa etiam prouidit licet de facto quiquidem clericus illam exinde et successiue nonnulli alii clerici etiam eam occuparunt fructus ex ipsa percipientes etiam de facto. Quare pro parte dicti Cardinalis, qui eciam ex concessione apostolica Augustensis Episcopus existit, nobis fuit humiliter supplicatum ut super hoc suo et successorum suorum pro tempore existentium necnon prefate Mense statui et indemnitati oportune prouidere de benignitate apostolica dignaremur, Nos igitur huiusmodi supplicationibus tanquam iustis et rationabilibus annuentes ecclesiam prefatam cuius fructus redditus et prouentus Duodecim Marcharum argenti secundum communem extimacionem ualorem annuum ut idem Cardinalis asserit non excedunt cum omnibus iuribus et pertinentiis suis eidem Mense cuius fructuum reddituum et prouentuum uerum annuum ualorem haberi uolumus pro expresso auctoritate apostolica ex certa scientia tenore presentium perpetuo vnimus annectimus et incorporamus, ita quod cedente uel decedente moderno pretenso Rectore ipsius ecclesie seu alias illam quomodolibet dimittente liceat prefato Cardinali et Episcopo per se uel alium seu alios corporalem possessionem ecclesie iuriumque et pertinentiarum predictorum auctoritate propria libere apprehendere, eique et dictis successoribus perpetuo illam retinere illiusque fructus redditus et prouentus in suos ac Mense et ecclesie predictarum usus et utilitatem conuertere alicuius super hoc licentia minime requisita. Non obstantibus Constitutionibus et ordinationibus apostolicis atque nostris illa presertim per quam inter cetera uoluimus quod in vnionibus commissio ad partes semper fieri debeat ceterisque contrariis quibuscumque aut si aliqui super prouisionibus sibi faciendis de huiusmodi uel aliis beneficiis ecclesiasticis in illis partibus speciales uel generales apostolice sedis uel Legatorum eius litteras impetrarint etiam si per eas ad inhibitionem reseruationem et decretum uel alias

quomodolibet sit processum quasquidem litteras ac processus
per illas habitos et habendos ad dictam ecclesiam uolumus non
extendi sed nullum per hoc eis quead assecucionem beneficio-
rum aliorum preiudicium generari et quibuslibet aliis priuilegiis
indulgentiis et litteris apostolicis generalibus uel specialibus
quorumcumque tenorum existant perque presentibus non ex-
pressa uel totaliter non inserta effectus earum impediri ualeat
quomodolibet uel differi, et de quibus quorumque totis tenoribus
habenda sit in nostris litteris mentio specialis, Prouiso quod
dicta ecclesia debitis propterea non fraudetur obsequiis et ani-
marum cura in ea nullatenus negligatur. Nulli ergo omnino
hominum liceat hanc paginam nostre uoluntatis unionis annexi-
onis et incorporationis infringere uel ei ausu temerario contra-
ire. Si quis autem hoc attemptare presumpserit, indignationem
omnipotentis dei beatorum Petri et Pauli Apostolorum eius se
nouerit incursurum. Datum Fabriani Camerinensis diocesis
Anno Incarnationis dominice Millesimo quadringentesimo quin-
quagesimo, Sexto Idus Augusti Pontificatus nostri Anno Quarto.

CLXXVI.

Anno 1450. 29. Augusti. Fabriani.

Nicolaus papa clerico Ulrico Wonderlich beneficium primissariae parrochialis ecclesiae in Sunbrun confert.

Nicolaus episcopus Seruus Seruorum Dei Dilecto filio Vlrico Wonderlich clerico perpetuo beneficiato Premissario nuncupato in parrochiali ecclesia in Sunbrun Augustensis diocesis familiari nostro Salutem et apostolicam benedictionem. Grata familiaritatis obsequia que nobis hactenus impendisti, et adhuc solicitis studiis impendere non desistis necnon uite ac morum honestas aliaque laudabilia probitatis et uirtutum merita quibus personam tuam tam familiari experientia quam etiam fidedignorum testimoniis iuuari percepimus nos inducunt ut tibi reddamur ad gratiam liberales. Dudum siquidem omnia beneficia ecclesiastica, tunc apud sedem apostolicam uacantia et inantea uacatura collationi et dispositioni nostre reseruauimus, decernentes extunc irritum et inane si secus super hiis a quoquam quauis auctoritate scienter uel ignoranter contingeret attemptari Cum itaque postmodum perpetuum beneficium Premissaria nuncupatum in parrochiali ecclesia in Sunbrun Augustensis diocesis quod quondam Bartholomeus Stroez in eadem ecclesia perpetuus beneficiatus Premissarius nuncupatus dum uiueret obtinebat per obitum eiusdem Bartholomei qui apud dictam sedem diem clausit extremum apud sedem ipsam uacauerit, et uacet ad presens, nullusque de illo preter nos hac uice disponere potuerit siue possit reseruatione et decreto obsistentibus supradictis. Nos tibi qui etiam noster continuus commensalis existis premissorum obsequiorum et meritorum tuorum intuitu spetialem gratiam facere uolentes, necnon omnia et singula beneficia ecclesiastica

cum cura et sine cura que etiam ex quibusuis apostolicis
dispensationibus obtines et expectas an in quibus et ad que ius
tibi quomodolibet competit quecunque quotcunque et qualiacunque
fueriut eorumque fructuum reddituum et proventuum ueros valo-
res annuos ac huiusmodi dispensationum tenores presentibus pro
expressis habentes beneficium predictum quod sine cura est
cuiusque fructus redditus et prouentus Quatuor Marcharum ar-
genti secundum communem extimationem ut asseris non excedunt
siue premisso siue alias quouis modo, aut per obitum quondam
Georgii Magerbon in Romana Curia defuncti seu ex alterius
cuiuscunque persona uel per liberam resignationem alicuius de
illo in eadem Curia uel extra eam etiam coram Notario publico
et testibus sponte factam uacet etiam si tanto tempore uacauerit
quod eius collatio iuxta Lateranensis statuta Concilii ad sedem
predictam legitime deuoluta ipsumque beneficium dispositioni
apostolice specialiter uel alias generaliter reseruatum existat et
super eo inter aliquos lis cuius statum presentibus haberi uolu-
mus pro expresso in dicta Curia uel extra eam pendeat inde-
cisa dummodo eius dispositio ad nos hac uice pertineat cum
omnibus iuribus et pertinentiis suis apostolica tibi auctoritate con-
ferimus et de illo etiam prouidemus decernentes prout est irri-
tum et iane si secus super hiis a quoquam quauis auctoritate
scienter uel ignoranter attemptatum forsan est hactenus uel im-
posterum contigerit attemptari. Non obstantibus pie memorie
Bouifacii pape VIII etiam predecessoris nostri et aliis apostoli-
cis Constitutionibus contrariis quibuscunque. Aut si aliqui su-
per prouisionibus sibi faciendis de huiusmodi uel aliis beneficiis
ecclesiasticis in illis partibus speciales uel generales dicte se-
dis uel Legatorum eius litteras impetrarint etiam si per eas ad
inhibitionem reseruationem et decretum uel alias quomodolibet
si processum quibus omnibus te in assecutione dicti beneficii
uolumus anteferri sed nullum per hoc eis quoad assecutionem
beneficiorum aliorum preiudicium generari. Seu si uenerabili
fratri nostro. Episcopo Augustensi uel quibusuis aliis communi-
ter uel diuisim a dicta sit sede indultum quod ad receptionem

uel prouisionem alicuius minime teneantur, et ad id compelli non possint quodque de huiusmodi uel aliis beneficiis ecclesiasticis ad eorum collationem prouisionem presentationem seu quamuis aliam dispositionem coniunctim uel separatim spectantibus nulli ualeat prouideri per litteras apostolicas non facientes plenam et expressam ac de uerbo ad uerhum de indulto huiusmodi mentionem et qualibet alia dicte sedis indulgentia generali uel speciali cuiuscunque tenoris existat per quam presentibus non expressam uel totaliter non insertam effectus huiusmodi gratie impediri ualeat quomodolibet uel differri et de qua cuiusque toto tenore habenda sit in nostris litteris mentio spetialis. Nulli ergo omnino hominum liceat hanc paginam nostre collationis prouisionis constitutionis et uoluntatis infringere uel ei ausu temerario contraire. Siquis autem hoc attemptare presumpserit, indignationem omnipotentis dei et beatorum Petri et Pauli Apostolorum eius se nouerit incursurum. Datum Fabriani Camerihensis diocesis Anno Incarnationis dominice Millesimo quadringentesimo quinquagesimo Quarto kalendas Septembris, Pontificatus nostri Anno Quarto.

CLXXVII.

Sententia in lite inter colonos et communitatem villae
Kützenkofen minoris ex una, et capitulum August. et
plebanum ibidem ex altera parte de apero pro usu
communitatis servando.

Judices Curie augustensis Vniuersis et singulis presentiam
inspectoribus Salutem in domino cum notitia subscriptorum Orta
coram nobis cause questione et lite inter Colonos et Communi-
tatem ville in Kützenkoffen minori Actores ex vna ac venera-
biles et Circumspectos viros dominos prepositum decanum et
Capitulum ecclesie Augustensis ac plebanum ecclesie parrochi-
alis in Kitzenkouen minori partibus ex altera de et super apero
siue porco wulgariter Eber per dotarium et Colentem Curiam
dotalem pro vsu et vtilitate Communitatis ibidem seruando et
retinendo, lidem Actores asseruerunt quod ab antiquo et vltra
memoriam hominum ita obseruatum fuisset et esset Ideo petiue-
runt dictum dominum plebanum ut huiusmodi aperum pro eorum
vsu haberet et retineret per nos cogi et compelli Dictis vero
dominis preposito decano et Capitulo ac plebano in contrarium
asserentibus quod huiusmodi aper seu porcus neque de Jure
vel consuetudine per dotarium aut Colentem Curiam dotalem
haberi et retineri deberet Quodque ipsi domini Rei huiusmodi
Curiam dotalem francam et liberam ab omni onere huiusmodi
possidissent pacifice et quiete Ideo petiuerunt se a dictorum
Actorum impeticione absolui et eis silentium perpetuum imponi
Vnde auditis partibus prefatis et eorum probacionibus ac literis
quibus in hac causa vti et frui voluerunt seque tueri Ad no-
stram diffinitiuam Sententiam in hac causa ferendam processimus

Eamque per ea que vidimus et cognouimus tulimus et promulgauimus huiusmodi sub tenore Christi nomine innocato pro tribunali sedentes et solum deum pre oculis habentes Quia intentionem Actorum non inuenimus concludenter ac de Jure sufficienter ad victoriam cause fundatam Ideo dominos de Capitulo et eorum plebanum absoluimus ab impeticione Actorum imponentes Actoribus super impeticionibus suis' perpetuum silentium Expensarum condempnationem in hac causa ex causis animos nostros mouentibus omitteutes In quorum omnium et singulorum fidem et testimonium premissorum presentes nostras literas fieri nostrique Sigilli appensione iussimus et fecimus communiri. Datum et Actum Auguste Anno domini Millesimo quadringentesimo quinquagesimo Quarto Idus Decembris.

Jacobus Wirsing
Notarius ast.

CLXXVIII.

Anno 1451. 27. Juli.

Des Bischofs Peter specielle Bestimmungen Betreffs des dem Spitale in Dillingen geschenkten Klosters Weihenberg.

Wir Peter von göttlicher erbermde der hailgen Römischen Kirchen des Tittels sant Vitals Priester, Cardinal Vnd durch verhenknüsze des hailgen stuls zu Rome Bischoue zu Augspurg Bekennen offenlich mit dem briene für vns vnser gotzbusz vnd nachkomen Bischoue und pfleger vnd ' tun kunt allermenclich Als wir am Anfang das Closter zu weyhemberg mit siner zugehörung vnserm spital zum hailgen gaiste. in vnser vorstat zu Dillingen gelegen gegeben haben, vff treflich: vrsach, dasselb

nachdem der Erwirdigost vnser lieber herr vnd freundt ber
Johanas der hailgen Römischen kirchen Cardinal als desselben
mals des hailgen stuls zu Rome legat in teutchen landen vnd
darnach yetz vnser hailger vatter Babst Nicolaus der fünfft,
loblich bestettet vnd dem gemelten spital, das vorgenant Closter
von Newen gegeben hand, alles nach lawt der Balle vnd brieue
darüber begriffen, Hand seidher des vilgemelten spitals pfleger
vns solcher gnad vnd gabe mit grosser dankberkait erinnert
vnd fürgehalten nach dem sie in dem vnsern guten willen vnd
ernstlich auch entlich meynung, das weyhenberg das Closter
füro in ewig zeit bei dem gemelten spitale bliben solle, ver-
standen haben, das auch mit bullen vnd brieuen nach notturfft
versorgt sey, vnd wann nu, nachdem kein zeitlich sach gewiss
sey, nichtzit zu wol versorgt werden möge zweiuele in nit
möchten wir die ding zu bestendikait vnsers willens noch bas
versorgen wir wurden des willig sein, vnd hand vns daroff
fürgehalten einen gantzen vnuerserten vnargwenigen briefe mit
vnsers vorfarn Bischoff Volrichs vnd vnsers Capitels Anhangen-
den Insigelu versigelt der hernach volget vnd also lautet (vid.
Vol. XXXIII. P. II. Nr. LXVII.) Vnd band dieselben pfleger
sich begeben sie wöllen für sich vnd ir nachkomen pfleger als
in namen vnd mit vollem gewalte des vilgemelten spitals die
viervndzweintzig malter Roggen vnd dry pfund haller, So
wir vnd vnser nachkomen demselben spital vss vnserm zehen-
den zu Merslingen nach innhalt des obbegriffen brieues jerlich
vnd ewiclich ze geben pflichtig seyen ze geben in ewig zeit
erlassen, Also wo dem Spital zu dillingen an solcher vnser
gnad vnd gabe des closters von vnsern nachkomen inträg ge-
schehen oder demselben durch sie genomen würde das dann
dasselb closter auch die viervndzweintzig malter Roggen vnd
dry pfund haller obgemeldet vnserm Spital zu Augspurg werde
vnd hand vns angerufft das also anzenemen vnd si darinne vnd
damit gnedlich zu uersorgen wann wir in zuo bestendikait
vnsers offtgemelten guoten willens zu Trost der armen dürfftigen
vnd flissiger übung der hailgen sechs werk der Barmhertzikait

hoch geneigt sein vnd wol verstan das dartzuo der spitalmaister
meynung trefflich diener, Darumh so haben wir solch ir may-
nung guediclich erhört vnd angenomen vnd ist vnser ernstlich
vnd entlich meynung, wöllen setzen vnd ordnen diser ding vff
die vorberürten babstlichen meynung bulle vnd brieue zuo merer
beuestigung mit vnserm bischofflichen gewalte in crafft ditz
briefs, ob füro in ewig zeit über kurtz oder über lang die off-
gemelt babstlich auch vnser meynung bulle, brieue, gnad vnd
gabe des closters weyhemberg mit aller siner zugehörung durch
vnser nachkomen Bischoue oder pfleger, abzetriben oder ze
uernichten fürgenomen würde vmb was sach oder in was farb
oder schein das were oder geschehe, das alsdann zestund das
closter zu weyhemberg mit aller siner zugehörung Nutzungen
Eeren rechten vnd gewonhaiten, auch die viervndzweintzig
malter Roggen vnd dry pfund haller obgemeldet vnserm grossen
spital auch zum hailgen gaiste zu Augspurg, desselben spitals
dann der Ewirdig vnser vorfar Bischoff Hartman loblicher ge-
dechtnusse so wol als dieses spitals zu dillingen rechter Stiffter
ist, in crafft vnd allem rechtem Babstlicher auch vnser vnd an-
der meynung bulle vnd brieue obgemeldet so vnserm spital zu
dillingen sagen, vnd wie dasselb spital das bisher inngehabt
hat ze niessen ze brauchen vnd inzenemen, Auch dartzu so
vil korns vnd geldes, so vnserm Spital zu dillingen nach inn-
halt seins vorbegriffen brieues von datum ditz briefs an, bisz
vff die zeit solcher inträg vslege von vnsern nachkomen, die
solch inträg täten werden dienen vnd volgen sollen, So lang
vnd vil vntz vnser spital zu Dillingen durch solch vnser nach-
komen einer oder mer als offt sich das begibt an dem Closter
weyhemberg mit aller siner zugehörung nach laut der vilgemel-
ten bulle vnd brief vngeirrt blibt vnd des versichert auch bisz
das spital zuo Augspurg der Costung ob im daruff icht gangen
were, damit es Weyhemberg vnd anders vorgelatet zu seinen
handen bracht bette bezalt vnd entricht wirt, Alsdann sol vn-
serm spital zu dillingen weyhemberg mit seiner zugehörung in
massen Im das gegeben ist, one alle inträg vnd hindernüsse

wider werden vnd volgen vsgenomen das obberûrt korn vnd
gelt der viervndzweintzig malter vnd dry pfund haller ob das
spital zu Augspurg des von vnsern nachkomen in crafft diser
vnser meynung icht iubracht hette sol dasselb spital zu Augs-
purg innhaben vnd sollen alsdann auch dieselben viervnd-
zweintzig malter Roggen vnd dry pfund haller offt berûrt
durch vnser nachkomen vff vorbegriffue meynung, nit mer ge-
geben werden wann das also anzenemen vnd ze handeln ge-
ben wir vff crafft der vilgêmelten vnser gabe, vnd vff die
bâbstlichen bestätigung vnserm spital zu Augspurg vnd allen
sinen ordentlicheu pflegern in kûnftig zeit ewiclich, mit gunst
wissen vnd willen vnsers vilgenanten spitals vnd desselben
pflegere gantz volkomen macht vnd gewalt wissentlich in crafft
ditz briefs vnd bitten daruff all vnser nachkomen Bischoue vnd
pfleger mit gar ernstlichem flisse vnd gemût, flehlich als ob wir
in leib vnd leben vor iren augen stûnden, vnser spital zu dil-
lingen by disen bâbstlichen auch vnser selbs gnaden, bullen
vnd brieuen auch meynungen gnediclich bliben ze lasseu,
vnd dabey als recht vôgt vnd heru darüber zu hauthaben ze
schützen und ze schirmen, Bitten auch desglich die pflegere
vnsers spitals zu Augspurg fleissiclich, sie wôllen dise ding
ob es in kûnfftig zeit ze schulden komen werde, als offt des
not beschicht annemen die ze bestendikait.vnser guten meynuug
nach begreiffung dises brieues handeln vnd darinn als dann sie
als gut cristen lewt, got vnd ineu selbs schuldig sint, vnd got
an dem jungsten gerichte darumb antwurt geben müssen, tun,
wirt on zwieuel got gegen einem yeglichen mit gnaden vnd
Barmhertziclich erkennen, wir wôllen auch got fûr soliche an-
dechticlich mit flisse vnd innikait bitten doch so nemen wir in
disen dingen nemlich vsz, das vogtrecht das vnser gotzhuse
über das vilgemelt closter weyhemberg, mit siner zuogehöruug
hat, auch vnser vorfaren vnd wir bisher darusz gehabt vnd
noch haben, das solch vogtrecht wie das von alter herkomen
ist fûro ewiclich bey vnserm gotzhuse vns vnd vnsern nach-
komen bliben sol alles getreulich vnd vngeuârlich des alles zu

ewiger vrkund stäter vnd vester sicherhait sint diser brieue
zwen glichlutend, einer vnserm spital zu dillingen vnd der an-
der vnserm spital zu Augspurg Mit vnserm vnd des vilgenanten
vnsers spitals zu dillingen anhangenden Insigeln versigelt ge-
ben vnd Ich Johannes Mader pfarrer des spitals zu dillingen
Vnd Ich Mathias Nawter schulmaister vnd statschriber daselbst
diser zeit beid des vilgemelten spitals pfleger Bekennen für
das gemelt spital, auch für vns vnd alle vnser nachkomen,
pfleger aller vorgeschriben sachen, das die also vnd wie diser
brief das innhalt ergangen vnd an in selbs also sint darumb
so haben wir des zu vrkund vnd sicherhait des gemelten spi-
tals insigel auch gehenkt an disen brief. Der geben ist Am
Sambstag nach sant Jacobs des Hailgen zwelffbotten tag Anno
domini Millesimo quadringentesimo quinquagesimo primo.

(c. 2 Sig.)

CLXXIX.

Anno 1453. 1. Martii. Auguste.

Abbas et prior monasterii Ottoburensis ad observatio-
nem plurium articulorum monasterium dictum concer-
nentium se obligant.

In nomine domini amen Presentis publici instrumenti scire
cunctis pateat euidenter quod Anno a Natiuitate domini Mille-
simo quadringentesimo quinquagesimo tercio Indictione prima
pontificatus sanctissimi in Christo patris et domini nostri domini
Nicolai diuina prouidencia pape quinti anno sexto die vero Jo-
uis prima mensis Marcii hora tercia vel quasi in Ciuitate
augustensi et in aula Episcopali ibidem Coram venerabili et
Circumspecto viro domino Leonardo Gessel in decretis Licen-

ciato Canonico majoris ecclesie Augustensis Reuerendissimique
in Christo patris et domini domini petri Miseracione diuina ti-
tuli sancti Vitalis sacrosancte Romane ecclesie presbyteri Car-
dinalis et apostolice sedis permissione Episcopi Augustensis Vi-
cario in Spiritualibus et officiali generali in meique notarii pu-
blici et testium subscriptorum ad hoc specialiter vocatorum et
rogatorum presencia personaliter constituti Religiosus pater do-
minus Johannes Grausz Abbas electus monasterii in Ottenbewrn
ordinis sancti Benedicti Augustensis diocesis et Deuotus frater
Stephanus Hauser prior ibidem nomine tocius Conuentus eiusdem
monasterii ut asseruit ibidem existens, non vi vel metu coacti
nec minis seu terrore attoniti neque aliqua sinistra machinacione
circumuenti sed bene recollecti sponte libere et premeditate ar-
ticulos infrascriptos ipsis ibidem verbo recitatos et per eos ut
asseruerunt clare et sufficienter intellectos bona fide dicto do-
mino Leonardo Vicario et officiali ac michi notario publico infra-
scripto stipulanti et recipienti vice et nomine omnium et singu-
lorum quorum interest vel intererit in futurum Loco prestiti
Juramenti manualiter data polliciti sunt et promiserunt se velle
inconuulse intemerate et inuiolabiliter obseruare et tenere et nullo
vnquam tempore contra omnes simul aut eorum aliquem seorsum
absque omni dolo et fraude velle facere vel venire directe vel
indirecte quouis quesito ingenio vel colore Renunciantes in hiis
omni excepcioni doli mali omnibusque aliis et singulis auxiliis
subterfugiis remediis cautelis Juris Canonici et Ciuilis suffragiis
quibus premissam suam datam fidem infringere pessent seu contra
supra et infrascripta se defendere quomodolibet vel tueri Tenor
autem articulorum premissorum de quibus supra fit mencio se-
quitur et est talis videlicet quod de cetero offerente se casu
vacacionis Abbacie in dicto monasterio in Ottenbeuren non ve-
lint absque consensu et voluntate dicti Reuerendissimi domini
Cardinalis Augustensis et suorum successorum Episcoporum
Augustensium ad alicuius futuri Abbatis electionem procedere
sed primum vacacionem ipsius monasterii sibi et suis successo-
ribus innotescere et intimare et cum ipsius et suorum successorum

· aut illorum quos ipse et iidem sui successores ad hoc deputauerint
et ordinauerint consilio assistencia et directione ad electionem
procedere futuram Item quod de cetero in dicto monasterio vna
cum omnibus fratribus Conuentualibus velint incipere sanctam
reformacionem et regularem obseruanciam et illam fideliter ser-
uare et incessanter continuare iuxta ordinis instituta et sancti
patris Benedicti regulam ac infra hinc et festum sancti Michaelis
proxime venturum ipsis prouidere de vno alio priore reformato
qui eos dirigat et informet in premissis Et insuper promiserunt
ut supra predicti dominus Abbas et Prior nomine quo supra quod
absque speciali licencia et expresso consensu supradicti Reue-
rendissimi domini Cardinalis et suorum successorum non velint
nec debeant aliquam defensionem et protectionem secularem re-
cipere aut vnionem seu confederacionis ligam cum aliquo domino
temporali seu communitate aliqua pro tuicione facere vel inire
neque ipsum monasterium aut eius personas alicui laicali et tem-
porali potestati submittere seu subjicere quouis modo Deinde
supradictus dominus Leonardus vicarius ad actum confirmacionis
eleccionis de persona prefati domini Johannis Grausz facte pro-
cedere volens Juramentum per prelatos confirmandos prestari
solitum et in libro Statutorum prouincialium et Sinodalium de-
scriptum ab eodem domino Johanne exegit patrandum, quiquidem
dominus Johannes viso et perlecto ipsius Juramenti tenore et
per eum ut asseruit sufficienter intellecto tactis scripturis cum
corporalibus digitis ad sancta dei ewangelia. Jurauit et Jura-
mentum prestitit de verbo ad verbum sub hac forma Ego Johan-
nes ab hac hora inantea fidelis ero domino meo Petro Episcope
et suis successoribus canonice intrantibus Seruaboque illius sen-
tencias et proposse seruari mandata sua sancta et honesta im-
plebo Nichilque alienabo sine ipsius licencia nomine ecclesie
mutuum non contraham et ecclesiam non derelinquam nec illi
renunciabo neque sine ipsius licencia ad alia me transferam
Jura ecclesie petam et defendam Vtilia eius procurabo et nociua
vitabo eciam postpositis negociis proprii patrimonii quod nil
dedi neque dabo neque aliquod pactum feci nec aliquid commisi

illicitum per me uel per alium me sciente pro adipiscenda ecclesia
Et quam cito hoc vicium ad me peruenerit insinuabo Episcopo et
ad ipsius voluntatem ecclesie renunciabo In ecclesia personaliter
residebo et deseruiam in ordine quem ipsius cura requirit nisi de
ipsius Episcopi Licencia me ab eadem. absentem et nomine census
ecclesie nil aliter soluam vltra antiquam et solitam pensionem Sic
me deus adinuet et sancta dei ewangelia Super quibus omnibus
et singulis ego notarius publicus infrascriptus quatinus desuper
vnum vel plura publicum seu publica conficere instrumentum seu
instrumenta fui per dictum dominum vicarium publice requisitus
Acta sunt hec Auguste Anno Indiccione pontificatus mense die
hora et loco superius descriptis Presentibus ibidem Venera-
bilibus et Circumspectis viris domino Johanne Kautsch in de-
cretis Licentiato Custode domino Johanne de hurnhaln Scolastico
Domino Alberto de Rechberg ecclesie sancti petri preposito et
Canonicis dicte maioris ecclesie Augustensis Domino Johanne
Gossold in decretis Licentiato Decano honorabilibus viris domino
Johanne hailger canonico ecclesie sancti Mauritii Auguste et do-
mino Geisone Kuchlin vicario chori dicte maioris ecclesie Au-
gustensis ac Generoso et Nobili viro domino Barone de Rechberg
de Hohenrechberg milite et domino temporali in Castro et Opido
Mundelbain dicte Augustensis diocesis testibus ad premissa vo-
catis pariter et rogatis.

   (Sign. not.) Et ego Nicolaus Bernyr de Torgow clericus
Misnensis diocesis publicus sacra Imperiali auctoritate notarius
et Curie Augustensis Scriba Juratus Quia premissis omnibus et
singulis Dum sicut premittitur agerentur et fierent vna cum pre-
nominatis testibus presens interfui eaqua omnia et singula sic
fieri vidi et audini Ideoque hoc presens publicum instrumentum
manu alterius me aliis tunc prepedito negociis fideliter scriptum
exinde confeci subscripsi publicaui et in hanc publici iustrumenti
formam redigi Signoque et nomine meis solitis et consuetis sig-
naui rogatus et requisitus in fidem et testimonium et singulorum
premissorum.

CLXXX.

Stephan von Schwangau verkauft an das Hochstift das Gericht des Dorfes zu Rötenbach.

Ich Stephan von schwangaw Bekenn offenlich mit dem
brieue, für mich vnd all mein erben vnd tun kunt allermengklich
das ich mit wolbedachtem mute vnd Rechtem wissen Auch mit
Rate meiner nechsten vnd besten freunde, dem Hochwirdogosten
fürsten in got vater vnd herren, herrn peter der heyligen Rö-
mischen Kirchen Cardinal vnd Bischouen zu augspurg seinem
gotzhuse vnd Nachkomen desselben Süfftes das gericht zwing,
baeune vnd alle herlichait des dorffs zu Roetembach, mit allem
dem, So durch Recht vnd gewonhait, Darzu vnd darein gehört
oder gebören sol, zu dorff vnd zu velde nichtzit vsgenomen
noch bindangesetzt, das mein recht aigen gewesen ist, wie
dann mein elteren das bis vff mich, vnd ich bisz daher in stiller
nutzlicher gewere herbracht ingehabt vnd genossen haben, recht
vnd redlich, in ains stäten vnabgenden, ewigen kauffs wise,
vmb hundert vnd zehen guldin Reinischer, der ich von seinen
gnaden gnedigklich vnd schon bezalt bin, ze kauffen geben,
vnd mich des verzigen, auch seinen gnaden, das also ingeant-
wurt hau gib seinen gnaden, seinem gotzhuse vnd nachkomen,
das alles wie obgemelt ist, also zu kauffen vnd verzeich mich
des, für mich vnd all mein erben, hiemit, wissentlich, wie man
sich solicher aigen gute nach des lands vnd der herschaft
recht, dariune das ligt vnd nach dem rechten, billich vnd durch
recht verzeihen, vud die vffgeben sol, also das der obgenant
mein gnedigoster herr sein gotzhuse vnd nachkomen, des stiff-
tes zu augspurg dasselb gericht zu Rötembach zwing, herlichait

vnd alle desselben zugehörung, Nu fürohin in ewig zeit, als
ander, irs gotzhuses aigenlich gut Nach irem nutz vnd geuallen
innhaben niessen vnd brauchen, damit tun vnd lassen sollen
vnd mögen on Irrung inträge vnd widerred, mein vnd aller
meiner erben vnd allermenglichs. von vnsern
uff sollen vnd wollen Ich vnd
von schwangaw, vnd vnser bai   vilgemelten vnsers
gnedigsten herrn, des Cardinals, seins gotzhuses vnd nachko-
men rechte geweren sein, nach aigens recht, nach lands vnd
der herschafft recht darinne das ligt; vnd nach dem rechten,
also was Irrung oder Inträge iren gnaden, an den obgenauten
stucken, ire ainem oder mer, mit dem rechten gescheh, von
                                        man solche aigne
n vnd vertigen sol, das wir oder vnser erben iren
            die in also vnd in gemelter zeit mit recht
                                    hig, ledig vnd lose
                                    allweg aun wider-
                    aun al

hand   bischoff etc. allwegen recht, vnd
wir vnd vns   n vnd vnrecht, alles getrewlich

Cristi vnsers herrn   dert vnd in dem

CLXXXI.

Nicolaus papa abbatibus monasteriorum St. Udalrici August. et Ottoburens. mandat, causam inter rectorem capellae in Sunthaim et canonicum Aug. Georgium vom Stain decidere.

Nicolaus episcopus seruus seruorum dei Dilectis filiis sancti Vdalrici Augustensis et in Ottonburren Augustensis diocesis Monasteriorum Abbatibus Salutem et apostolicam benediccionem. Conquestus est nobis Johannes de Ramungen Rector Capelle in Sunthain Augustensis diocesis quod Magister Georgius vom Stain Canonicus Augustensis Notarius noster et quidam alii clerici et laici in Ciuitate Augustensi et dicta diocesi commorantes ipsam quominus Capellam predictam canonice sibi collatam pacifice possidere illiusque fructus redditus et prouentus cum integritate percipere possit et ualeat contra iusticiam impedire presumpserunt hactenus et presumunt. Ideoque discrecioni uestre per apostolica scripta mandamus quatinus uocatis qui fuerint euocandi et auditis hincinde propositis quod iustum fuerit appellacione remota decernatis facientes quod decreueritis per censuram ecclesiasticam firmiter obseruari. Testes autem qui fuerint nominati si se gratia odio uel timore subtraxerint censura simili appellacione cessante compellatis ueritati testimonium perhibere. Quod si non ambo hiis exequendis potueritis interesse alter uestrum ea nichilominus exequatur. Datum Rome apud Sanctum petrum Anno Incarnationis dominice Millesimo quadringentesimo quinquagesimo tercio Octauo Kalendis Julii. Pontificatus nostri Anno Septimo.

CLXXXII.

Uebereinkunft zwischen dem Erzherzog Sigmund von
Oesterreich, und dem Bischof Peter in Irrungen über
die Rechte, welche dem Stifte Augsburg an der Etsch
und in dem Innthal zustehen.

Wir Sigmund von gots gnaden Hertzog ze Oesterreich ze
Steir ze Kernden vnd ze Krain, Graue zu Tirol etc. Bekennen
offenlich mit disem brief vor allen die In sehent oder hörn le-
sen für vns vnd vnser Erben, Nachdem vnd manigerlay Irrung
vnd spenne lang zeit vntzher sich gehalten haben als von sol-
cher gerechtikhait wegen, die der Hochwirdig in Got Vater
vnser besunder lieber herr vnd freunde, her Peter der heiligen
Römischen Kirchen Cardinal vnd Bischoue zu Augspurg vnd
sein Stifft daselbs haben an der Etsch vnd in dem Intal von
wegen pawteding ettlicher Mayrhoue, guter huben vom Melans
Nesselwenglein, vnd vmb ettweuil andrer stukh daz es auf
heut durch vnser vnd des benanten vnsers lieben herren vnd
freunds beder Rett auch mit willen seins Capitels beredt vnd
betaidingt ist hinfür also gehalten zu werden als in disen nach-
gemelten Artikeln vermeldet vnd begriffen ist. Zum ersten Es
sol fürbasser in ewig zeit ain Bischoue von Augspurg oder
sein Probst zu Botzen all vnd yeglich guter Mayrhoue vnd
huben des wirdigen Stiffts vnser lieben frawn zu Augspurg an
der Etsch vnd in dem Intal gelegen, So die durch tod ver-
kauffen verwechseln oder übergeben der Mayr, Huber oder
hawsgenossen verendert ledig oder verkert werdent verleihen
vnd darumb raichen vmb halben zinnsz nach laut des Stiffts
vrbarpucher, vnd als das vor ettweuil Jarn vnd zeiten gehalten

ist vngeuerlich. Item ob ettlich Mayr, huber oder hawsgenossen
bisher Ire guter nit emphangen hetten, den sol ain probst zu
Botzen noch leihen vnd raichen als obgeschriben steet, wenn
Si des begern in Jarsfrist nach datum ditz briefs vnd ob icht
vellikait bisher darinne beschehen wern Solh vellikait sullen
die solhs berurte vnengolten vnd an schaden sein. Item welher
Mayr huber oder hawsgenosse füro zu ewig zeit in Jarsfrist
sein Mayrhoue huben oder gut nit enpbahet von ainem Bischoue
von Augspurg oder seinem probst zu Botzen, desselben hoff,
hub vnd gut sol dem Stifft zu Augspurg vernallen sein. Item
all freuel vnd penu der leut vnser lieben Frawn zu Augspurg
an der Etsch vnd in dem Intal sullen füran genallen vnd wer-
den vns vnsern Erben oder wer die Gericht au den enndes
ynnhat vnd nicht vnser frawen. Item daz die pawteding nach
lautt des Stiffts zu Augspurg vrbarpuchern vnd als die vor ett-
weuil Jarn vnd zeiten gehalten sind also sullen die füro ge-
halten werden, doch dem Stifft zu Augspurg die velikhait der
guter vnd vns oder wer das von vns Innhat die freuell vnd
penn allweg vorbehalten als obgemelt ist. Wir sullen auch durch
vns selber vnser phleger vnd Amptleut solh pawteding vnd
Raichen füro in dhain weg irren noch hindern, besunder dartzu
hilff vnd furdrung tun vngeuerlich. Item es mag auch ain herr
von Agspurg vnser lieben frawen gut an der Etsch vnd im
Intal beschreiben vnd vndergangen auch wa es not ist mit mar-
chen auszaichen lassen Dartzu wir ob wir darumb angelangt
wurden hilf tun vnd gepurlich gescheffibrief dem von Awgspurg
widerfarn lassen, doch vns vnd vnsern Erben an vnsern herr-
likhaiten vnd Rechten on schaden. Item von des Mayrhofs we-
gen zu Abtzan sullen vns all verschreibung durch den oder
vmb denselben Mayrhof beschehen auch die lehenschafft dreyer
huben des Mayrhofs vns zugehörend ganntz absein, vnd wir
sullen der füro nit mer geprauchen, vnd wenn wir hie zwischen
vnd dem nachstkomenden weichnachten dem benanten vnserm
lieben herren vnd freunde dem von Augspurg zaigen vnd be-
stymmen der dann des Mayrhofs genos vnd geniess ist, dem-

selben sol der yetzgenant vnser freunde von Augspurg den
Mayrhof zu Erbrecht leihen, Doch daz derselb dauon die ge-
woudlichen zynnse gebe, vnd auch sust den Mayrhof halt ver-
diene vnd dauon tu als sich gepurt, Doch so mag sich derselb
von Awgspurg mit ayden oder briefen gegen demselben Mayr
wol versorgen nach seius Stiffts nottdurfft vnd nach zymlichen
vnd gepurlichen diogen vngeuerlich, Es sol auch solhs durch
solh vnser zaigen oder bestymmen vus hinfür dhain Recht noch
gewer nicht zuziehen auch was auslfgunder zynns vnd gült
sein daz die dem von Awgspurg in der gemelten zeit auch
werden. Item wurde der beuante vnser freunde von Augspurg
oder die seinen von solher obgemelter seiner gerechtikhaiten
wegen kuntschafft hegern Darauf sullen wir In yetz oder kunftik-
lich gepurlich gescheft widerfarn lassen, Desgleichen auch dem
audern tail wenn Er das begert, vnd auf solh kuntschafft sol
alsdenn bescheben was pillich vnd Recht ist, Nemlich so ist
beredt, ob die die solhls berurte vermainten daz es durch den
von Awgspurg oder die seineu gen In den vorgemelten Artikeln
aluem oder mer weytter oder verrer furgenomen wurde daun
Recht wer wann das an vns oder vnser Erbeu gelanget daz
alsdann wir oder dieselben vnser Erbeu solhs verhorn oder
schaffen sullen verhört zu werden, vnd als ain lanndsfürst vnd
vogt die sachen Rechtlich zu entschaiden, Item der beuant vn-
ser freunde von Augspurg vnd sein Capitel sullen sich des
Melans vnd auch des Nesselwengleins gegen vns vnd vnsern
Erben In ewig zeit verzeihen vnd darüber brief geben nach
nottdurfft, Da engegen haben wir Im übergeben die drey huben
im Mayrhoue ze Abtzan bei Melans. Mit Vrkund des briefs.
Geben zu Inspruk an Mittichen vor vnser lieben Frawentag
Natiuitatis. Nach Kristi gepurdt im vierzehenhundert vnd dem
drewvndfunftzigisten Jare.-

CLXXXIII.

Anno 1454. 3. Jänner.

Hans von Rechberg entsagt seinen Ansprüchen an das dem Kloster St. Margareth zu Augsburg gohörige Dorf Eppelsbúrg.

Ich Hanns von Rechberg von Hohenrechberg tun kunt allermengclichen mit diesem offem brieue Als dem Eppelsburg das dörfflin in meiner veindschaft darin ich stan bin gegen den von vlm vnd iren Buntgnosen der Stete veraynung in Swaben begriffen ist vnd so ich aber durch bete ankumen bin wie solich güter den Closterfrawen sant Margrethen zu Augspurg zugehörent so hab ich herin angesehcn solich bete vnd vorab die gotzgab vnd tunn solich güter vnd dero leut leip vnd gut vs sorgen vnd veindschaft lassen fry vnd sicher och solich güter vnd leip vnd gut zu Eppelspurg den Krieg gantz vsz für mich vnd all myne helffer helffers Helffer für nom prand totslag alles vngeuerlich vnd mögen also wol fry vnd sicher wandeln stvren allenthalben von mir vnd mynen helffern vngeenget vnd vngeiret alles vngeuerlich. Zu geziugnus So hon Ich myn aiges Insigel In disen brieue gedruckt mich vnd min helffer des zu uerbinden vff donrstag nach Circumcisio dominini Anno domini ect. IIIto. (c. S.)

CLXXXIV.

Anno 1454. 1. Octobris. Rome.

Nicolaus papa capitulo August. liberam electionem episcopi secundum antiquam consuetudinem efficiendam concedit.

Nicolaus episcopus servus servorum dei Ad futuram rei memoriam Ex apostolice sedis circumspectione prouenire dinoscitur, ut Romanus Pontifex, cui ecclesiarum omnium cura diuinitus commissa est, illarum pronisiones dispositioni sue quandoque reseruet, interdum uero solitas electiones fieri et effectum sortiri permittat, prout ipsarum ecclesiarum utilitas persuadet, et id in domino conspicit salubriter expedire. Sane pro parte dilecti filii nostri Petri tituli sancti Vitalis presbyteri Cardinalis ecclesie Augustensis presidentis fuit nobis nuper expositum, quod si occurrente eius obitu, electio futuri Episcopi Augustensis per dilectos filios Capitulum dicte ecclesie fieri solita locum non haberet, ualde timendum est, ne exinde scandala, et mala quam plurima subsequantur. Quare pro parte dicti Cardinalis nobis fuit humiliter supplicatum, ut super hoc oportune prouidere paterna diligentia curaremus. Nos igitur qui pacem et concordiam inter cunctos Christifideles uigere semper et augeri suppremis affectibus desideramus, et scandalis quantum cum deo possumus obuiamus, huiusmodi supplicationibus inclinati auctoritate apostolica tenore presentium ex certa scientia declaramus prouisionem dicte ecclesie Augustensis ratione persone dicti Cardinalis etiam si illum apud sedem apostolicam decedere contingat, uel alias dispositioni apostolice spetialiter uel generaliter non fore reseruatam, sed occurrente obitu huismodi, prefatum Capitulum electionem Episcopi Augustensis iuxta antiquam

consuetudinem facere posse et debere, ac illam ualere et locum
habere in omuibus et per omnia, perinde ac si alique speciales
uel generales reseruationes .per. nos uel sedem predictam pro
tempore facte non apparerent, decernentes quascunque prouisio-
nes ipsi ecclesie uel translatioues ad illam de alia persoua quam
per Capitulum huiusmodi eligenda faciendas necnon quicquid
contra declarationem et decretum huiusmodi attemptari contigerit
nullius existere firmitatis, Non obstantibus premissis, ac Consti-
tutionibus et ordinationibus necnon litteris apostolicis etiam motu
proprio et ex certa scientia ac de fratrum nostrorum consilio a
nobis uel sede predicta emanatis, et nisi de toto tenore presen-
tium, specialis et expressa non autem per generales clausulas
mentio fiat de cetero emanandis, quarum effectum etiam si per
eas ad inhibitionem reseruationem et decretum uel alias quo-
modolibet sit processum ex certa scientia suspendimus ac illas
ad prefatam Augustensem ecclesiam se non extendere auctori-
tate et scientia similibus declaramus ceterisque contrariis qui-
buscunque Nulli ergo omnino hominum liceat hanc paginam
nostre declarationis decreti suspensionis et declarationis infrin-
gere uel ei ausu temerario contraire. Siquis autem hoc attemp-
tare presumpserit indignationem omnipotentis dei et beatorum
Petri et Pauli Apostolorum eius se nouerit incursurum. Datum
Rome apud Sanctum petrum Anno Incarnationis dominice Mil-
lesimoquadringentesimoquinquagesimoquarto Kalendas Octobris
Pontificatus nostri Anno. Octauo.   j· ·t i·.th·

CLXXXV.

Anno 1454. 26. Octobris. Romae.

Nicolaus papa abbati monasterii St. Udalrici mandat parochialem ecclesiam in Jengen mensae episcopali si causa daret, incorporare.

Nicolaus episcopus seruus seruorum dei. Dilecto filio Abbati Monasterii sancti Udalrici Augustensis, Salutem et apostolicam benedictionem Constitutus in specula supreme dignitatis Romanus pontifex, circa statum ecclesiarum omnium presertim Cathedralium salubriter dirigendum, solicite intendit, et tam ipsis ecclesiis, quam prelatis earundem commoditatibus prouideri mandat, prout cause rationabiles persuadent, et id in domino conspicit salubriter expedire, Sane pro parte dilecti filii nostri Petri tituli sancti Vitalis presbyteri Cardinalis fuit nobis super expositum, quod licet Castrum Helinshouen Augustensis diocesis ad ecclesiam Augustensem pleno iure pertinens, dicte ecclesie magnam tribuat reputationem, et illi ualde utile, ymo quamplurimum necessarium existat, tamen eius introitus ad illud custodiendum, non sufficiunt, Vnde si parrochialis ecclesia sancti Martini in Jengen predicte diocesis, Mense Episcopali ecclesie Augustensis perpetuo uniretur annecteretur et incorporaretur, Episcopus Augustensis pro tempore existens, Castrum ipsum melius custodiri facere posset, et ex hoc dicte ecclesie bona securius conseruarentur, ac prefatus Episcopus magnam exinde susciperet commoditatem, Quare pro parte dicti Cardinalis qui eidem ecclesie Augustensi ex concessione apostolica preesse, et ad eius collationem dicta parrochialis ecclesia ut asserit pertinere dinoscitur, nobis fuit humiliter supplicatum, ut ipsam

parrochialem ecclesiam, cum omnibus iuribus et pertinentiis suis
prefate Mense perpetuo incorporare annectere et unire, aliasque
in premissis oportune prouidere de benignitate apostolica digna-
remur, Nos igitur de premissis certam notitiam non habentes,
huiusmodi supplicationibus inclinati, discretioni tue per aposto-
lica scripta mandamus, quatinus de premissis omnibus et sin-
gulis ac eorum circumstantiis uniuersis, auctoritate nostra te di-
ligenter informes et si per informationem huiusmodi ita esse
reppereris super quo, tuam conscientiam, oneramus, parrochialem
ecclesiam predictam, cuius ac Mense huiusmodi fructuum reddi-
tuum ac prouentuum ueros annuos ualores presentibus pro ex-
pressis haberi uolumus, cum omnibus iuribus et pertinenciis
supradictis, eidem Mense auctoritate nostra prefata, perpetuo
incorpores unias et annectas, ita quod cedente uel decedente
moderno Rectore dicte parrochialis ecclesie, seu illam alias
quomodolibet dimittente, liceat prefato Cardinali presidenti seu
pro tempore existenti Episcopo Augustensi per se uel alium
seu alios corporalem possessionem parrochialis ecclesie iuriumque
que et pertinentiarum predictorum auctoritate propria libere
apprehendere, ac illius fructus redditus et prouentus, in predicte
Mense usus utilitatemque conuertere et perpetuo retinere, cuiusuis
super hoc licentia minime requisita, Non obstantibus Constituti-
onibus et ordinationibus apostolicis etiam per nos editis, illa
presertim per quam uoluimus quod petentes beneficia ecclesia-
stica aliis uniri, teneantur exprimere uerum annuum ualorem
fructuum, tam uniendi beneficii, quam illius cui uniri petitur,
alioquin unio ipsa non ualeat, necnon graciis expectatiuis spe-
cialibus reseruationibus et primariis precibus ac nominationum
et nominandi facultatibus, et aliis litteris etiam motu proprio et
ex certa scientia, cum quibusuis prerogatiuis declarationibus
decretis suspensionibus derogationibus uerbis et clausulis etiam
insolitis, et ad instar nonnullorum familiarum nostrorum in certo
libro Cancellarie apostolice descriptorum per nos uel sedem
apostolicam quibusuis personis, cuiuscunque dignitatis status or-
dinis uel condicionis existant, in genere uel in specie sub qua-

cunque uerborum forma per nos concessis, quibus etiam si de
illis eorumque totis tenoribus, necnon nominibus, et cognominibus
personarum uel alios specialis et expressa mentio habenda foret
et etiam si per eas ad inhibitionem reseruationem et decretum
uel alias quomodolibet siti processum hac uice duntaxat deroga-
mus, ipsasque litteras necnon processus habitos per easdem et
inde secuta, quecunque ad predictam, parrochialem, ecclesiam
uolumus non extendi sed nullam per hoc eis quoad assecutio-
nem beficiorum aliorum preiudicium generari et quibuslibet aliis
priuilegiis indulgentiis et litteris apostolicis generalibus vel spe-
cialibus quorumcunque tenorum existant per que presentibus non
expressa uel totaliter non inserta effectus earum impediri ualeat
quomodolibet vel differri et de quibus quorumque totis tenoribus
de uerbo ad uerbum habenda sit in nostris litteris mentio spe-
cialis ceterisque contrariis quibuscunque Prouiso quod dicta
parrochialis ecclesia debitis propterea non fraudetur obsequiis
et animarum cura in ea nullatenus negligatur, Nos enim exnunc
irritum decernimus et inane si secus super hiis a quoquam quavis
auctoritate scienter uel ignoranter contigerit attemptari. Datum
Rome apud Sanctum petrum Anno Incarnationis dominice Mille-
simo quinquagesimoquarto Septimo Kalendas Nouembris Ponti-
ficatus nostri Anno Octauo.

CLXXXVI.

Anno 1456. 13 Maii.

Beredung zwischen dem Bischof Peter und dem Herzog Ludwig von Bayern über gegenseitige Hülfeleistung.

Vermergkt ain bered, zwischen des Hochwirdigen in
gotte vatter Herrn Petern der hailigen Romischen Kirchen Car-
dinal etc. Byschofen zu Augspurg vnd vnnser Hertzog Ludwigen
pfallntzgrauen bey Reine, Hertzogen in Nidern vnd Obern Bairn
etc., wanne sich nun mit zimpt aus dem hochwirdigen stannde
des Cardinalampts, das wir obgenanter Peter Cardinal vnd By-
schoue zu Augspurg, yemands mit Rantte, vnd dienste verpflicht
sein sullen, noch mugen, dann ynnserm heiligen vatter, dem
Babst vnd ainem Romischen kaiser, etc. vnd wir dannoch billich
gedächtig sein, vnnser Stifft vnd Bystumb Augspurg nach dem
bessten zu versehen vnd in fride vnd gemach zu setzen, gestalt
vnd gelegenhait frömbder leuffe in den launden, die vns dann
mennige maln berürn angesehen, vnd wanne wir aber aigentlich
betracht vnd gemerckt haben, den fürstlichen hohen gutten willen
der dann zu frid, schutz, vnd scherm gemainen launden zu aller
erberkeit vnd gerechtickait durch den hochgeboren fürsten vnd
herrn herrn Ludwigen pfallntzgrauen bey Reine, hertzogen in
Nidern und Obern Bairn obgenanten vnnsern besunderlichen
herrn vnd freunde, menigualtiglich erschinen vnd in gantzer
hoffnung sein, das künfügklich von ime gemeret, vnd in sein
ennde volbringen sulle, vnd werde, vnd darinne seines herrn
vnd vatters hertzog hainrichs loblicher gedächtnüss des frid-
lichen fürsten fusstaffel nachuollgen vnd darumb seiner liebe
vnnsern gutten willen zu beweysen zu beuestigung der guttat,
vns vnd vnnserm Stifft Augspurg von seinen voruordern fürsten

des löblichen haws zu Bairn, auch seinem herrn vnd vatter
löblicher gedächtniess vnd seiner liebe beweyst, So haben wir
seiner lieb vnnsern Stifft Augspurg vnd vnnser Capittel daselbs
mit allen personen gaistlichen vnd weltlichen vnd mit allen
Galossen, Stetten, Merckten Dörffern weylern vnd allen anndern
leutten vnd gutten, vnd stucken, beuolhen, vnd in seiner lieb,
schutz vnd scherme, geben, vnd geben auch den, vnd das alles
wissentlich Also das er vns auch vnnsern benannten Stifft Augs-
purg, vnd vnnser Capittel daselbs vnd alle annder die zu uns
gehören mit sampt vnnsern Galossen Stetten merckten Dörffern
Weilern vnd anndern stucken, leutten vnd gutten, zu Recht
schutzen vnd schermen, vnd vnnser Auch vnnsers Capittels vnd
annder dy zu vns gehören, dartzu mechtig sein sol, als hernach
begriffen ist, alles trewlich vnd ungeuärlich Item ob yemands
zu vns spruch oder vordrung biet oder gewinne darumben wöl-
len vnd sullen wir vns Rechtens vor seiner lieb vnd seinen
Sätten, als seiner lieb hofgerichtz Recht ist, wol benugen laussen,
Ob wir annders mit denselben sunst güttlich nit vertragen, oder
das Recht vor vnnser selbs. Rätten ze nemen aius werden
möchten, darinn hindan gesetzt, was gaistlich sach sein vnd
antreffen vnd des gleichs auch von der vnnsern wegen vnd die
zu vns vnd vnnserm Capittel gehörn Item ob yemants zu ainem
Tumbherrn zu Augspurg zu sprechen biet oder gewunne der-
selb sol im Rechtens sein vor seinem Techant oder Capittel wie
das von alter herkomen ist, Item vnd ob yemants Spruch legte
zu ainem gemainen Capittel, darumb sol im das Capittel Rechtes
pflegen, vor vns vnd vnnsern Rätten, als vor irem Byschoffen
Item vnd darauff so haben wir obgenanter Peter Cardinal vnd
Byschoff zu Augspurg verwilliget vnd gehaissen vnnsern Techant
vnd dartzu ainen vom Capittel von des Capittels wegen, vnd
vnnsern Hofmaister Ratte vnd lieben getrewen Walthern von
Hürnhein, das die an vnnser vnd vnnsers Capittels wegen dem
benanten vnnserm lieben hera vnd freunde Rätte vnd dienst ge-
lobt haben, mit allen vansern vnd vnnsers Stifftz Augspurg vnd
vnnsers Capittels Galossen, Stetten, Merckten, Dörffern, weilern

vnd anndern stucken Ratte vnd diener ze sein vnd damit ze
warlten, wohin vnd wanne sy oder Ir ainer von seiner lieb,
vnd freuntschaft, oder den seinen von seinen wegen, geuordert
vnd ermant wirdet, bilff dienst, vnd beystand zetun trewlich
vnd vngeuärlich vnd ob der benante vnuser lieber herr vnd
freunde Hertzog Ludwig die vnusern Iu velde hertzöge oder
besess vorderte das sol bescheen auf sein Cost, vnd vnnser
scheden Würden aber die vnusern zu Cylen geuordert oder
angerufft oder selbs tun, das sullen sy zustaudten tun auff vnuser
Cost vnd scheden, alles vngeuärlich Vnd ob zu zeitten der
benante von hurnhain mit wär, oder In plödikait viel oder von
annder vrsach wegen dem nit gewarten möchte, oder das nit
füglich sein wollte, So sullen vad wollen wir seiner lieb für-
derlich vnd on alles vertzeyhen, ainen anndern vnuser Ratte
vnd geborn man, der aim lay sey, an seiner stätte, zugeben,
der seiner liebe iu aller mäss vnd weyse verpflicht vnd gewar-
tund sein sol als Walther obgenant gewesen ist, trewlich vnd
vngeuärlich Vnd also haben wir obgenanter hertzog Ludwig etc.
zu furdrung vnd merung zuuorderst der gotzdienste vnd Rech-
tens, zu frid vnd gemahe lannden vnd leutten, vnd sunder za
lieb vnd wolgefallen dem benanten vnnserm lieben herrn vnd
freunde, sollchen schutz vnd scherme, an vns genomen, darinnen
wir dann haudelu vnd fürnemen wollen, allweg zum Rechten
vnd bessten, als vor vnd hernach geschriben stet vnd in der-
selben hoffnung alles trewlich vnd vngnuerlich vnd auch wider-
umben sölliches gutten willeu auch Rattes vnd hylff als auch
obeu begriffen ist, widerumb warten, vnd vns des halten, auch
trewlich vnd ungeuerlich, vnd darinn nemen wir auss zu baider-
seitt vnnsern hailgen vatter den Babst vnd vnnsern genedigisten
herru den Römischen kayser, oder küng, vnd all alt sachen,
aach die fürsten von Bairn, vnd vnnser puntgenossen. Intat,
oder wolte dann füran ausserhalb der bemeldten dy auszgeuomen
sind, yemands wider Recht gewalt tuu, als oben begriffen ist,
So sullen vnd wollen wir, hertzog ludwig etc. Sy aber schützeu
vnd schirmen, als oben begriffen ist, trewlich ou geuerde, vnd

dise beredunss sol weren und beleiben, die nägsten vier gantze
Jare, die sich nach dato der berédnuss am schyrsten on vnder-
lasz ergeen werden, vnd des zu vrkund haben wir vorgenanter
Cardinal vnd Byschoff zu Augspurg, auch wir hertzog ludwig,
vnd wir das Capittel zu Augspurg obgenante vnnsere Insigel
an die berednuss tun hencken an Montag nach dem Sontag
Oculi in der vasten nach Cristi geburde viertzenhundert vnd
darnach in dem Sechsundfünftcigisten Jaren.

(c. 2 S.)

CLXXXVII.

Anno 1456. 2. März.

Erkenntniss in der Klage des Domkapitels gegen die
von Nördlingen auf Schadensersatz wegen Beschädigung
der Pfarrkirchen und Güter zu Leppsingen, Balgen und
Hohenalthain.

Wir Hainrich czu Bappenhain dez Heyligen Römischen
Reichs Erbmarschalk Ritter allz ain gemainer Obman dez Rech-
ten in der nachberörten sache. Ich vlrich von Rechperg czuo
Hohenrechperg Ritter phleger czuo Höchstetten vnd Ich Ernst
von Wellden Allz czuo gesezt Schydleutte Auff der Erwirdigen
vnd hochgelerten herren hern Hainrichen Truchsaessen Tum-
brobsts Gottfriden harschers Techands vnd gemains Capittels
dez Tumbs czuo Augspurg, vnser lieben herren tayle. Ich
lienhart Radawer weylunt Burgermayster czuo Augspurg vnd
ich hanns Bägelin weylunt Burgermayster czuo dinckelszpühel
Allz czuogeseczt schydleutte Auff der fürsichtigen Ersamen vnd
weysen, der Burgermayster vnd Rate der Stat czu Nördlingen
tayle Bechennen vnd tun chunt allen den, die den briefe sehent,

oder hörent lesen, daz uff blut den tage, gebung dez briefs, bayd egemelt tayle willkürlich, allz sy sich danne dez vnuerdingklichen verainet vnd begeben haben, vor vns obgenanten gemain vnd czusaeczen czu werde im Rathausz der groszen Ratstuben in recht gestanden sind. Da sind für vns obgenanten gemain vnd die czusäcze chomen, die Erwirdigen her Johanns Kautsch Chuster, vnd her Albrecht vom Stain Tumherren dez Egemelten Thumbs zu Augspurg an stat vnd von wegen der obgenanten vnser herren dez Tuombrobsts Tecbauts vnd gemainen Capitels, dez Tumbstiffts czu Augspurg mit dem Edeln vnd Strengen Herren Jörgen von Schaumberg Ritter phleger czuo Stauffen Irem erlaubten. vnd czuo recht angedingten fürsprechen vnd liessen Iren gewalczbriefe hören vnd darczuo reden Sy hofften vnd getrawten, daz dez gewalts gnuog wäre. Daruff stund dar der Ersam vnd weyse Pauls Berger Burger vnd dez Rats czuo Nördlingen, allz von der obgenanten von Nördlingen wegen Mit dem Ersamen vnd weysen Hannsen Aingebürn Burgermayster czu Nördlingen, seinem erlaubten vnd zuo recht angedingten fürsprechen vnd liesz im reden, er getrawti, das dez vorgedachten gewalts nicht gnuog wäre. Des striten sy also mit vil mer worten geneinander vnd saczten das darnach czuo recht Also haben wir egemelten czusaetze Ainhelligklichen erkant vnd czum rechten gesprochen. Nach dem die egemelten von Nördlingen nicht benant haben, warumb dez gewalts nicht gnuog sein solle, daz denne dez gewalts vom Capitel gnug sey, Deszgleichen ward auch in der egemelten von Nördlingen gewalt, den sy geczaigt hetten geredt. Daruff wir egemelten czuosäcze aber ainhelligklichen erkant haben, das desselbigen gewalts auch gnuog seye. Vnd auff daz stunden dar die vorgenanten her Johanns Kautsch vnd her Albrecht vom Stain, mit dem egemelten Irem fürsprechen, vnd liessen in reden, wie daz er sich vor dem kriege, darein danne fürsten, herren vnd Stette miteinander chomen wären gefugt hett, daz sy den Erwirdigen herren Balthasarn von Hürnheim iren mittumherren hynein gen Nördlingen geschickt vnd hetten den allz von irent wegen mit in reden laussen, wie sie verstannden hetten, daz es sich czuo ainem Krieg machen wollte Nu hetten sy czu leppsingen ain Pfarrkirch ainen pfarrhoff vnd ainen wydem, darüber nyemant dann sy, weder von vogtey, noch ander sachen wegen czuo bieten hette, vnd auch gar nyemant, dann in czustünden, vnd hetten sy fleissigk daruff bitten laussen Ob ez sich also czuo ainem kriege machen würde, das sy dann ir an der egemelten pfarrkirchen Pfarrhoff vnd wydem schonen vnd in daran dhainen schaden czuocziehen wollten Allz dann sollichs an im selbs billichen wäre, wann sy dem kriege nicht gewant, dazemal im geantwurt worden sey, Ob sach wäre, daz ez zu sölichem cbomen würde, So sullen sy vnd auch ir pfarrer, dhain sorg haben, wann sy in dhainen schaden czuocziehen wollen. Vnd daz sey also bestannden bisz daz der krieg angieng, da sey ir pfarrer zu leppsingen allz ainer der nit anders gewist, denn daz er guot freund, an den obgenanten von Nördlingen gehabt hab, czuo in in ir Stat geritten, hab man in eingelassen, vnd allz er dazemal in die Stat chom, da geulel im daz wesen nichtz, wann er woll sach, daz sy auszchiehen wollten, da chert er sich von stundan wyderumb, vnd wolt haymgeritten sein, vnd czuo seinem hausz geluogt haben, vnd allz er czuo den Toren chome, da wolt man in nicht auszlaussen Also ritt er czuo den Haupptleutten, vnd bat sy, daz sy schuffen, daz man in auszliesz, daz möoht nicht gesein, denn er chom darnach czuo dem vorgenanten hannsen Aingebürn, der da entgagen stünde, vnd bat in auch, daz er schuff, daz man in ausz liesz, daz möcht auch nicht gesein, denn er antwurt im, daz er in sein herberg ritt, vnd vnbechummert, wann er leybs vnd guts sicher wäre. Also czugen die egenannten von Nördlingen ausz, vnd czugen gen leppsingen, vnd schüssen die kirchen auff mit ainer Büchsen, vnd Hacketen auch den Segrer vnd sünst ain tür uff, mit äxten vnd namen darusz leyb vnd guot, vnd waz sy darinn funnden vnd wie daz sy sich auch daran nicht benügen liessen Sy haben den pfarrhof aufgestossen, vnd alles daz darusz genomen daz sy darinn gefuanden haben vnd daz

sy auch die Tür abgebrochen, daz allez uff ir wägen geladen
vnd mit in gen Nördlingen gefürt haben, vnd allz nu der pfarrer,
mit irrer gunst haym geritten ist, seyen im czwien von Nörd-
lingen nachgeritten, vnd haben im sein pferd genomen Allz auch
der pfarrer die tür vnd anders, daz im genomen worden sey,
seyder zu Nördlingen in ettlichen bewsern gesehen hab vnd ez
sey auch der egemelt pfarrhoff ain guot wol czuegericht hausz
mit fünff cziegeltächern gewesen, daz sy darczuo angestossen
vnd verbrant habeu, dez denne der egemelt pfarrer ob dritt-
halbhunndert guldein Reinischer schäden genomen habe Sy ha-
ben sich och daran aber nicht henügen lassen, sy haben irem
bawren, der den wydemhoff bawet, auch allez daz, das er ge-
hebt habe, genomen vnd verderbt, darumb in ir güllte bey fünff
jaren auszgelegen seye, dez allez, der schäden an der Kirchen,
vnd allenthalben sy, ob Tausent guldein Reinischer schäden
genomen haben, Begern sy daz in die egemelten von Nördlingen,
solich schmach vnd schäden abtrügen wie recht wäre. Dar-
wider im aber der vorgeuannt Pauls Berger, den egemelten
seinen fürsprechen reden hiesz, ob daz wäre, daz die vorge-
nannten Tuomherren mer ze clagen hetteu, daz sy dann solichs
in ain clag seczen wollten. Daruff stundeu anderwayt dar, die
egemelten tuomherren, mit dem vorgedachten irem fürsprechen
vnd liessen in mer reden, wie daz ez sich in dem egemelten
kriege auch gemacht hette, daz die vorgeuannten von Nörd-
lingen gen Balgen chomen wären, da hetteu sy auch ain pfarr-
kirchen ain Pfarrhoff vnd ain wydem, die auch niemant anders
dann inen, weder mit der vogtey noch dhainen andern sachen
czustünden. Also hetten sy in dieselbigen ir pfarrkirchen auch
auffgebrochen vnd darausz genomen, allez daz sy dorinn ge-
funnden hetten, dez sy ob czwainbunndert guldein schäden ge-
nomen hetten, darnach betten sy dem pfarrer daz sein genomen,
vnd den pfarrhof verbrant, daz er auch ob dreissigk guldein
schäden genomen hette Sy hetten auch dem wydemman daselbst
das sein genomen vnd verbrant, dez er ob anderhalbhunndert
guldein schäden genomen hette. Es wären auch die egemelten

von Nördlingen gen hohenalthain chomen, da hetten sy auch
ain pfarrkirch ainen pfarrhoff vnd ainen wydemhoff, daz allez
auch nyemant annders dann Inen von vogtey vnd aller herlikayt
wegen czuostünde Also hetten in die egemelten von Nördlingen
daselbst, auch die kirchen brantgeschäcz vmb hunndert guldein
Sy hetten in auch daselbst, den pfarrhof verbrant, vnd dem
pfarrer das sein genomen, dez der pfarrer ob Achczigk guldein
schäden genomen hett So hetten sy auch der Kirchen ain buch
verbrant, daz bey treyssigk guldein Reinischer wert gewesen
wäre, vnd dem wydenman daz sein genomen vnd och verbraut,
dez er ob fünffezigk guldein schäden genomen hett, vnd an den
egemelten czwain ennden czu Balgen vnd zu hohenalthain Sy
vnd die Iren allenthalben ob Newnhundert gulden schäden ge-
nomen hetten Vnd nach dem vnd sy denne dez Kriegs gar
nichts czu tunde gehabt noch darczuo verwant gewesen So
hetten die von Nördlingen wyder Bäbstlich vnd Kayserlich
recht vnd saczung getan, begerten sy daz in die egemelten von
Nördlingen, solich ir schäden abtrügen nach dem rechten. Dar-
wider stund dar der vorgenant Pauls Berger, mit dem egemelten
seinen fürsprechen, vnd verantwurt solichs also. Allz In denne
die vorgenanuten herren dez Tumbstiffts czuo Augspurg, vmb
etllich artickel, wie die gelaut, czuogesprochen hetten war nicht
not die czuo erczelen, denn Im zweyfelt nit, her Jörig hett
daz basz geredt, Sunnder och der gemain, mit sambt den czuo-
saczzen aygentlicher verstanuden, dean er daz wyderumbe er-
czelen möchte Also daz in sölicher vordrang frömd wäre, nach-
dem vnd sich denn die sachen begeben hette, daz etllich fürsten
vnd herren Mit ettlichen Reichszstetten, mit den sy in freunt-
licher verainung gewesen czuo veth vnd veintschafft chomen,
in demselben kriege sy nicht anders denn allz helffer gewesen
wören, sölicher egemelten krieg wäre durch vnsers allergenä-
digisten herren, dez Römischen etc. Kaysers, allz in seiner
gnaden Künigklichen wirden anwält, auch annder fürsten vnd
herren, czwischen inen vnd aller der so bayderseyten vnder
den sachen verdacht vnd gewant gewesen wären gricht vnd

geschlicht, desselben berichts hielten sy sich allz helffer, wann sy in kainen wege darusz gen wollten, hofften vnd getrawten auch, daz sy nicht schuldig darusz ze gen wären, wann allez daz sy getan, daz hetten sy den getan, die danne dem kriege gewant oder verdacht gewesen wären, daz wolten sy hint, oder cze tagen wol beybringen wie recht wäre, vnd ob in aber sölichs aberkant würde, oder nicht beybringen möchten, dez sy doch nicht getrawten, hofften vnd getrawten sy das in ir antwurt czu der egemelten clage behallten sein sollt. Daruff stunden anderwayt dar die vorgenannten her Johanns Kautsch vnd her Albrecht vom Stain mit dem egemelten irem fürsprechen vnd liessen in reden sy hofften vnd getraweten, daz in die von Nörd-lingen czuo der egemelten irer clage billichen antwurten vnd daz sy auch der bericht gar nichczit byunden söllte wann sy noch die, von der wegen sy clagt hetten, dem kriege gar nich-czit verwant oder verdacht gewesen wären, darczu dörften sy vnd die iren wol tun waz in in ainem rechten erchant würde, darczu so wäre sunnderbar ain gemain Reformacion von vnserm allergenädigisten herren dem Römischen etc. Kayser in anbe-gynn seins Reygiments künigklicher wirdikayt ausganngen, hofften vnd getrawten sy daz man die billichen verhören sollte, vnd so die gehört wird, hofften vnd getrawten sy, daz männigk-lichen versten sollte, daz sölich ir auszczug den von Nördlingen dhain behelff sein solt im rechten. Darwider stund aber dar, der vorgenant Pauls Berger mit dem egemelten seinem für-sprechen, vnd liesz im guter massen allz vor vnd ettwas mer reden, Sy getraweten, daz man die Reformacion nicht billichen hören sollte, wann sy hofften, sy wölten hint oder ze tagen wol fürbringen wie recht wär, daz die, von der wegen die ege-meltem tuomherren clagt hetten in dem obgerürten kriege ver-dacht oder gewant gewesen wären, vnd ob sy aber sölichs nicht beybringen möchten, hofften vnd getrawten sy, daz in ir antwurt czuo der egemelten clage billichen behallten wäre. Vnd dez kriegten sy also genainander, vnd saczten daz darnach czum rechten vnd also, nach bayder tayl red vnd widerrede, fragt ich obgenannter gemain die czuosäcze dez rechten, daruff wir egemelten czuosäcze ainhelligklichen czum rechten erkant haben, daz man die egemelten vnsers allergenädigisten herren dez Römischen etc. Kaysers gemain Reformacion billichen verhören vnd darnach geschehen sull waz recht seye. Vnd also ward die gemelt Reformacion gelesen vnd gehört. Darauff stunden aber die vorgenannten her Johanns Kauttsch vnd her Albrecht vom Stain mit dem egemelten irem fürsprechen vnd liessen in aber reden, Man hette in der egemelten künigklichen Reformacion wol gehört, ob die an in vnd den iren gehallten worden wäre oder nicht, hofften vnd getraweten sy Seydmals vnd die an in vnd den iren, So dann dem egemelten kriege weder verdacht oder gewant gewesen seyen, nicht geballten worden wäre, daz in dann die egemelten von Nördlingen, nach innhalt der Reformacion vnd wie vor gelautt hat ir schmach vnd schaden abtragen vnd die pen in der egemelten Reformacion begriffen beczalen sollten, wie recht sey, füro allez sy die egenannten von Nördlingen beschuldigen, daz sy vnd die iren dem mergenannten kriege verwant oder verdacht gewesen sein sullen, daz sey ain Inczicht, So hallten alle schwebische recht lautter inn, daz ain yedlicher für ain inczicht sein recht wol tun müge, getrawen sy, daz solichs an in nicht gebrochen werden sulle dann sy hoffen, daz sy vnd die iren allez daz wol tun mögen, daz da recht ist vnd wirt, daz sy noch die iren dem kriege weder verdacht oder verwant gewesen seyen. Darwyder stund aber dar der vorgenannt Pauls Berger mit dem obgenannten seinem fürsprechen vnd liesz im reden, Sy hofften vnd getrawten daz in die Reformacion dheinen schaden bringen sollte, Nach dem man danne daz datum derselbigen Reformacion wol gehört, das daz ellter, denn der kriege angefanngen, wann die im anfanngk mittel noch dem ennde dez kriegs, an in nie geballten worden wäre, vnd wär die hiszher an in geballten worden darumb wolten sy solich schäden dester gerner ablegen, dann sy hofften daz sy nucz daran haben wollten, vnd seydmals so nu die Reformacion gehört worden sey, hoffen vnd getrawen sy, daz man den richtungbriefe, dez egemelten kriegs, auch billichen hören, Sunnder in auch czug vnd tag darczu geben sulle, in dem sy den egemellten Richtungbriefe oder aber ain geleublich vydimus, daruon in daz recht bringen mögen, vnd daz auch daz recht nyemaut verschlossen sein sulle vnd sy getrawen och noch heut bey tage, Sy wollen wol fürbringen, dez zu recht gnug sey das die von der wegen die egemelten Tumherren clagen dem Kriege verdacht oder gewant gewesen seyen, Ob sy aber solichs nicht beybringen möchten, hoffen vnd getrawen sy, daz in ir antwurt czu der egemelten clage billichen behall-ten seyn sulle. Darauff stunden anderweyt dar, die vorgenann-ten herr Johanns Kautsch vnd herr Albrecht vom Stain, mit dem egemelten irem fürsprechen vnd lieszen in gutermaszen allz vor vnd ettwas mer reden, das in die egemelten von Nörd-lingen ir schmäch vnd schäden, nach innhalt der Reformacion billichen abtragen sollten, Sy hofften vnd getraweten auch, daz man den Richtungbrieffe nicht hören, noch in dhainen tag noch czug darczu gehen solte, Dann sy der nicht bünnde, - So sy noch die iren in dem egemelten Kriege weder verdacht oder gewant gewesen wären, darczue sy vnd die iren wol tuon toerften, allez daz in ainem rechten erkant würde. Darwyder stund anderwayt dar der vorgenannt Pauls Berger mit dem egemelten seinem fürsprechen, vnd liesz im auch gutermassen, allz vor vnd dez mer reden, Sy hofften vnd getrawten, daz man in billichen czug vnd tag geben sollte dorinn sy den ege-dachten richtungbriefe oder aber ain geleublich vidimus daruon in daz recht bringen möchten vnd daz in die Reformacion dhainen schaden bringgen sollte vnd sy getrawen ouch noch-mal hiut oder cze tagen fürzuobringen dez czuo recht gnug sey daz die von der wegen die tumherren clagt haben in dem kriege verdacht oder gewant gewesen seyen, Ob sy aber so-lichs nicht fürbringen möchten, getraweten sy daz in ir antwurt czuo der egemelten clage billichen behallten sein sulle. Vnd dez striten also bayd tayl genainannder vnd saczten das dar-nach czum rechten. Vnd also nach clag antwurt red wyderred vnd nachrede, Auch waz bayd tayl im rechten fürgeczogen haben, fragt ich obgenannter gemain, die czuosácz dez rechten die erkant haben. Nach dem allz im danne der vorgenannten von Nördlingen anwalt hab reden laussen, Er wöll hint oder cze tagen wol fürbringen dez czu recht gnúg sey, das die, von der wegen die obgenannten vaser herren vom Capitel clagen, in dem egemelten kriege verdaucht oder gewant gewesen seyen. Sprechen wir egemelten czusátze ainhelligklichen czuo recht. Múgen sy das heut oder cze tagen fürbringen, daz sull gehört werden, vnd darnach geschen waz recht sey. Ob sy aber solichs nicht fürbringen möchten, sol in ir antwurt czuo der egemelten clag behallten sein. Vnd allz danne der egemelten von Nördlingen anwalt füro begert hat, den Richtungbriefe So vnsers allergenädigisten herren dez Römischen etc. Kaysers anwállt, annder fürsten vnd herren gemacht haben, cze hören, Sprechen wir aber ainhelligklichen zuo recht, daz man denselben Richtungbriefe oder aber ain geleublich vidimus daruon hören vnd darnach aber geschehen sull waz recht sey. Darauff stunden die egemelten Tuomherren mit dem mergenannten irem fürsprechen aber dar vnd begerten in vnderschayd ze geben in welicher zeyte solichs geschehen solte. Deszgleichen stund och der egemelten von Nördlingen Anwalt dar mit dem obgenannten seinem fürsprecheu vnd begeret auch im vnderschayd ze geban, vor wem vnd in welicher czeyte das geschehen solte Da fragt ich obgenannter gemain die czuosácze aber dez rechten Auff daz wir egenanten czusácze aber ainhelligklichen erkant vnd czum rechten gesprochen haben, das solichs vor dem gemainen vnd vns czusáczen in dreyen vierczehen tagen vnd dreyen tagen geschehen sulle, vngeuerlichen. Ob aber der gemain solichs lennger verczúg vnd in in der egemelten czeyte nicht tag seczet, daz sulle beden egemellten taylen vnschedlichen sein. Darauff stunden die egenanten Tuomherren mit dem vorgenannten irem fürsprechen anderwayt dar, vnd baten ze fragen ob man in dirr yrtayl vnd rechtens icht billichen ainen gerichtzbriefe geben sollte. Deszgleichen

stuad der egemelten von Nördlingen anwalt mit dem obgenan-
ten seinem fürsprechen och dar, vnd begert im dirr vrtayl vnd
rechtens och gerichtzbrieff ze geben. Vnd allz ich obgenamter
gemain in dez fragt, die wurden in durch vns egenanuten czuo-
späcze auch ainhelligklichen erkant. Vnd darumb daz dez nicht
vergessen werde, ze gutem vnd wauren vrchunnde gib ich
obgeuannter gemain yedlichem tayl, der vrtaylbrieff ainen be-
sigelten vnd geuestent, Mit meinem aygenem anhanngundem in-
sigl, daz ich mit rechter wissen offennlichen daran ze benngken
geschafft han, doch mir selbs vnd meinen erben on allen scha-
den allain ze waurer geczeugknüsz vnd gedächtnüsse aller
vorgeschriben sachen. Der geben ist Am Afftermontag vor dem
Sontag So man singet letare ze mitternasten. Nach Cristi vn-
sers lieben herren gepurt vierczehenhunndert vnd darnach in
den Sechsz vnd fünfczigisten Jaren.

CLXXXVIII.

Herzog Albrecht in Bayern gibt Wilhalmen Zeller
mehrere Güter in Erringen zu Lehen.

Von gottes gnaden wir Albrecht Pfalltzgraue bei Rein
Hertzog in Bairn vnd Graue zu Voburg etc. Bekennen vnd tun
kund offennlich mit dem brief das wir vnnserm lieben getrewen
wilhalmen zeller zu rechtem leben verlihen haben mit namen
die nachgeschriben stuck den hof zu Erringen bei der Strasz
gelegen den yetzo pawet Clas Eysenhoner vnd järlich gillte
zway schaf kerns Sechs schaf rogkens zway schaf gersten
Sechs schaf habern drey schilling sechs Müncher pfening ze
wiszgullt vier herbsthüar zwo Gens hundert air vnd ain vas-

image
not
vailabl

CLXXXIX.

Anno 1456. 8. Juni.

Erkenntniss in den verschiedenen zwischen dem Stift
und der Stadt Augsburg obschwebenden Irrungen.

Ich Hainrich czu Bappenhain dez heyligen Römischen
Reichs Erbmarschalk Vnd Ich Marqwartt von Schellenberg
bayd Ritter. Bechennen mit dem offenn briefe vor allen den,
Die den briefe ymmer ansehent Lesent oder Hoerent lesen Alls
vns der allerdurchleuchtigist Grossmächtigist fürst vnd herre,
Herr friderich Romischer Kayser czu allenczeiten merer dez
Reichs, Herczog czu Oesterreich czu Steyr czu Kernten vnd
czu Krain. Graue czu Tirol etc. vnser allergenädigister herre.
In den Spennen vnd czwitrechten So danne aufferstaunden vnd
gewesen sind Czwischen dem hochwirdigisten fürsten vnd her-
ren, herrn petern der heyligen Römischen Kirchen Cardinal etc.
vnd Byschoffen czu Augspurg vnserm genädigisten herren, auch
den Erwirdigen herren, dem Tumbrobst Techant vnd gemainen
Capitel des hohen gestifftes daselbst an ainem vnd den fürsich-
tigen Ersamen vnd weysen: den Burgermaystern Räten vnd
Burgern gemainlichen der Stat czu Augspurg am anndern tayle,
Czu seiner Kayserlichen gnaden Commissarien geseczt hat In
form vnd maussen wie danne daz seiner gnaden Kayserlich
Commission Innhellt, die von wort czu wort hernach geschriben
staut vnd also lautt: Wir friderich von gottes gnaden Römi-
scher Keyser, czu allen czeyten Merer dez Reichs, Herczog
czu Oesterreich czu Steyr czu Steyr czu Kernten vnd ze
Krain Graue czu Tirol etc., Embieten dem Edeln hain-
richen czu Bappenheim dez heyligen Römischen Reichs Erb-
marschalck, vnserm Rate vnd Marqwarden von Schellen-

image
not
vailabl

sachen gantz oder an welichem stuck daz wäre, nit veruolgt
würde wellen, wellen wir das alszdanne solich gütlich teg vnd
teding yedem teile an seinen rechten vnd gerechtikeiten vnuer-
griffenlich vnd vnschedlich sein. Vnd auff den nechsten gerichtz-
tag nach sand Johanns tag schirist künfftig in vnserm Keiser-
lichen Camergericht on alle new ladung vnd verkündung sich
allez das darumb mit recht ergen sulle, das sich yecz in crafft
vnser Keiserlichen ladungbrieff, vormals darumb auszgegangen
mit recht solt erganngen haben vnd beschehen sein sunder be-
nelben wir euch, daz ir von vnsern vnd dez Reichs wegen
den obgenannten partheyen gepietet, das sy daczwischen nichtz
vnfreundlichs noch in vngut gen einander fürnemen vernewen
hanndeln noch tun, durch sy noch yemands von Iren wegen
alledieweil die sachen vor vns in recht vnentschayden haungen
vnd auff beiderseyt sich darumb rechtlichs ausztrags vor uns
benügen lassen, das meinen wir ernstlich. Geben zu Gretz an
Montag nach sant Thomas tag dez heyligen Aposteln, Nach
Cristi gepurt vierczehenhunndert vnd im fünffundfünfftzigistem
vnsers Reichs im Sechczehenden, vnd des Keiserthumbs im
vierden Jaren, So staut vnter geschriben, Ad mandatum domini
Imperatoris Vlricus welczli, vicecancellarius. — Vnd so nu die-
selbig obgeschriben Keyserlich Commissiou vnder anderm' lautter
Innhellt, daz vns sein Keyserlich Maiestat Empholhen hat, daz
wir den egemelten partheyen bayden Ainen gütlichen tage für
vns her gen Augspurg seczen vnd benennen sullen, Allz wir
denne In krafft der keyserlichen Commission gehorsamgklichen
gethan vnd auff den Sontag nach dem heyligen pfynngsttage
nechstnerganngen zu nacht, hie czu Augspurg cze sein gesetzt
haben. Vnd allz denne dieselbig Commissiou vnder annderm
auch weytter Innhellt Ob vns dez nottürfftig czu sein bedun-
cken würde, auch ettlich annder dez Reichs getrewen, darumb
czu vns cze eruordern etc. Also haben wir In krafft derselbi-
gen Kayserlichen Commission czu uns genemen vnd geuordert
auff dez obgenanten vnsers genädigisten herren, dez Cardinals
vnd Bischoffs czu Augspurg Tumbrohsts Techants vnd gemainen

Iren vicarieren vnd den, so danne pfrund auf demselben hohen-
gestifft vnd Ire Nachkomen daselbst haben, Armleutte Järlichen
So sy In ir güllte bringen von derselbigen gülte debainen pfla-
sterczol schuldig ze geben seyen. Doch alsz offt desselbigen
Irer armen leutt ainer oder mer In Ir güllt fürent So sollen sy
dem czollner, der dann solichen pflasterczol einnimbt, pfannt
laussen, bisz daz sy von Iren herren geleublich waurczaichen
bringent, daz sy anders nichtz, denn Iren herren Ir gült ge-
füret haben vnd ob in auch die obgenannten vnser genädigister
herre der Cardinal vnd Byschoff czu Augspurg Tumbrobst Te-
chant vnd daz gemain Capitel der hohengestifft mitsambt Iren
vicarieren vnd den, die dann pfrunde auff demselben hohen
gestifft haben, durch fron vnd dienstwägen, holcz cze bawen,
oder cze brennen füren liessen, daruon sollen sie auch dehni-
nen pflasterczol geben, was aber Ir arm leutte annders denn
obgeschriben staut fürten, daruon sollen sy den pflasterczol
allz annder gehen. Füro entschayden vnd sprechen wir aber
In krafft der kayserlichen Conmission Allz offt man auch ain
vogts geding auff der pfallencz czu Augspurg haben, So sol
dez Reichs vogt daselbig vogts geding besiczen vnd von dem
pedell oder wem daz von dem vorgenannten vnserm genädigi-
sten herren dem Cardinal vnd Byschoffen zu Augspurg ald
seiner gnaden nachkomen beuolhen wäre den stab nemen vnd
den tag darmit richten, allz von alter herkomen ist vngeuerli-
chen. Es mag auch dez Reichs vogt ainen knechte czu Gersch-
hofen haben, der Im seiner gerechtikait wartte, doch also daz
derselbig knechte mit dez obgenannten Capitels gerechtikayt,
nichts zu schaffen haben sol, allez vngeuerlichen. — Denne von
dez lanntfrids wegen Sprechen wir, daz yetweder egemelt
parthye, alle die sambtschafft vnd suunder So in denne vogtbär
seyen In Iren lanntfride wol nemen mügen, weliche parthye aber
ain oder mer arm man mit tür vnd nagel beschlüsse vnd daz
der oder dieselben arm leutte dem anndern tayl nicht vogtbär
wären, So sollen vnd mögen der oder dieselben arm leutte In
der parthy lanntfrid komen, die sy denne mit tür vnd nagel

image
not
vailabl

czu Augspurg, die Tomherren vnd· Ir nachkomen mit iren hö-
fen öder gärten, daran stossent, daz sy darbey beleyben sollen
vnd so weyt sy an dieselibigen maure stossen habent, Sollen
sy die versehen, daz anudern leutten icht schad daruon be-
schehe, Doch also, das sy in dieselben maure noch darauff
nichtz bawen sollen, vnd an wellchem ennde die maur abge-
brochen ist, mögen sy auff demselben grunnt der mewr, daz Ir
wol wyder verfahen, mit tüllen oder mewren, allz hoch allz
sy gewesen ist, oder nyderer vngeuerlichen. — Auch dez fron-
hoffs halben, Sprechen wir, daz der dez obgenannten vnsers
genädigisten herren dez Cardinals vnd Byschoffs czu Augspurg
vnd seiner gnaden nachkomen sein vnd beleyben sol, vnd daz
sy auch den beschliessen laussen mögen, doch also ob die
egemelten von Augspurg Ir volk darauff samlen Turnieren ste-
chen oder ander czymlich kurczweyl da treyben wollten So
sol man Iu den öfnen, dez vergunnen vnd daran nicht Irren,
allz von allter herkomen ist. Denne der Kloster halb Mit na-
men czu Sand Margrethen czu Sand Kathrein, czu Sand Mar-
tein, czum Stern vnd czu der herbrugk Sprechen wir daz die
vorgenannten von Augspurg die egemelten goczhewser mit Er-
bern phlegern fürsehen mögen doch dem obgenannten vnserm
genädigisten herren dem Cardinal vnd Byschoffen czu Augs-
purg vnd seiner gnaden nachkomen an Iren herlikayten, gayst-
lichen vnd weltlichen vnschedlichen vnd vorbehalten. Füro
sprechen wir, daz· die obgenannten vnser genädigister herre
der Cardinal vnd Byschoffe czu Augspurg, Seiner gnaden vi-
cari, daz Capitel daselbst vnd ir nachkomen die priester oder
annder gaistlich person, wol vahen laussen mögen, wa sy die
begreiffen auszgenomen Iu der Burger czu Augspurg hewsern
nicht. Denne von Irer armen leutt wegen, die mögen sy Iu Iren
höfen auff dem Ireu solichermassen auch wol vahen laussen,
wollten sy aber dieselbigen Ir arm leutte auff der gassen vahen
laussen, daz sollen sy nicht tun, denn mit einsz burgermaysters
czu Augspurg willen vnd wissen. Mer von der Singkhalten
wegen, allz die durch vnsern genädigisten herren dez Cardinals

image not vailabl

purg vermaint, daz sein guad der nicht schuldig czu beczalen
seye, Sprechen wir wollten die egenanten von Augspurg oder
die Iren, den obgenanten vnsern gnädigisten herren den Car-
dinal vnd Byschoffen czu Augspurg oder seiner gnaden Nach-
komen, vordrung nicht vertragen, So sullen sy sich gleicher
billicher rechte, darumb verainen. — Auch von der gemaind
wegen In der Singkhallten, bey Menichingen gelegen, vermai-
nen die egemelten von Augspurg, daz sy macht haben dorinnen
ze vischen, darwider aber der obgenannt vnser genedigister
herre der Cardinal vnd Byschoffe zu Augspurg vnd daz Ca-
pitel der hohengestifft daselbst vermainen, daz solichs der ege-
mellten von Menichingen gemaind seye vnd das Sy dorinnen
cze vischen nicht macht aben sullen, Sprechen wir ob sich
bayd egemelt parthye güttlichen darumbe betragen mügen, daz
ez alszdanne darbey beleyben sulle, Möcht aber solichs nicht
gesein, daz sy sich danne ainsz gemainen mit gleichem czusacz
darumb verainen vnd daz sy der sachen baydenthalben vor den
czu enntlichem ausztrag chomen sullen. Füro von dez wiltpans
wegen, Sprechen wir, daz dem obgenanten vnserm genädigisten
herren dem Cardinal vnd Byschoffen czu Augspurg vnd seiner
gnaden nachkomen der willtpaun nach lautt irer kayserlichen
vnd kunigklichen brieff vnd freyhayt, darüber sagent, beleiben,
vnd ir sein sol, Doch nach dem vnd vorher den vorgenannten
von Augspurg vnd den Iren czu jagen vnd annder waydwerck
cze treyben, czwischen dem Lechh vnd der werttach an etli-
chen ennden nicht gewert worden ist, daz denue der vorgenant
vnser genädigister herre der Cardinal vnd seiner gnaden nach-
komen den obgenannten von Augspurg, Iren Burgorn vnd iren
nachkomen also noch vergunnen, vnd sy an solichem Jagen vnd
waydwerck cze treiben fürohin auch nicht Irren, noch in daz
weren sollen, Noch Irer gnaden amblleutten cze tun gestaten,
Czu Menichingen anzefahen, czwischen der egemellten czwyer
wasser herab bisz daz sy in einannder fliessen. Ob aber daz
wäre, daz in dem obgeschriben Kraysse yemant herrt machen
vnd Kranwatuögel vahen wöllten, der ein Margktuogler wäre,

image not vailabl

CXC.

Anno 1456. 3. November.

Revers des Grafen Hugo von Montfort über den ihm
vom Stifte zu Lehen verliehenen Wildbann.

Wir Hug grauff czu montfort, Herre czu Rottenuels Be-
kennen offenulichen mit dem brief für vns vnd alle vnser erben
Vnd tund kunt allermenglich Nachdem der allerdurchlauchtigost
fürst vnd herre her Hainrich dozumal Römischer Kunig loblicher
gedächtnuss, den wirdigen stifft vnd desselben bischoue zu
ougspurg zu ewikait mit ainem wiltpann hat begnadet vnd be-
gabet, Nach siner kunigklichen briefes innhalt, der mitsampt
des allerdurchlauchtigosten fürsten vnd herren hern Karels Rö-
mischen kunigs loblicher gedächtnusse bestättigaug daruber von
wort ze wort hienach volget vnd also lutet (Vid. XXXIII.
P. II. Nr. CLXIX.). — Soellicher wiltpann nun darnach dem
stifft obgemelt durch Römisch kaiser vnd kunig von ainem zu
dem andern ist bestettet vnd confermieret der hochwirdigost
fürst in gott vatter vud herre her peter der hailgen Römischen
kirchen Cardinal als ain bischoff zu ougspurg vnser gnediger
lieber herre ouch denselben wiltpann vor ettlichen ziten, als
im in mengerlaye wise inträg vnd irrung darinne geschähen vor
dem allerdurchluchtigosten fürsten vnd herren hern Sigmunden
dozumal Römischer keiser sinen fürsten grauen herren vnd an-
dern sinen bisitzenden Räten in widersprechlichem rechte mit
vrtail vnd recht behalten vnd den bisz daher in stiller ruwiger
nuz vnd gewere inngehabt vnd noch innhat, wie dann daz sin
vnd dez stiffz brieue darüber innhalten vnd an im selbz ist, hat
sin gnade mitteklich betrachtet vnd augesehen freuntlich nach-
purschafft vnd guten willen, So wir zu sinem gotzhus vnd im

image
not
vailabl

kainen weg dez glich vns' vnd vnsern erben auch vorbehalteu, doch sollen dez stifftz leute gemainlich vnd sunderlich in den zircken käinerlay gewild, so in den wiltpann gehört, jagen, heczen, schiessen noch fahen, denn mit vnser oder vnser erben erlouben, vssgenomen ain vogt in dez stiffcz schloss Burgberg der mag an den enden wol mit winden von dem strick heczen vngeuarlich, welher dez stiffcz aber sust wider vnser oder vnser erben willen oder an vnser erlouben das tät vnd vnser vorstmaister das dez bischoffs pfleger zuo Röttenberg verkunte als er ouch tuu sol, den oder dieselben dez stiffcz leute, die der stifft ietz hät oder noch an den enden überkomen möcht, sollen nit wir noch vnser erben, Souder alsdann der pfleger zu Röttemberg an ains bischoffs statt darumb straffen vnd vnablässlich büssen Nämlich von ainem Rotwild sechs guldin von ainem gemssen ain guldin, von ainem rech ain guldin, von ainem fuchs zehen gross, von ainem hasen sechs gros; von ainem aichorn ain gross, als offt rainer 'dez stifftz der ains obgemeldter mäsz fienge von im nemen, vnd derselb pfleger zu rötenberg ouch vmb ander wiltfang dez stiffcz leute die das an den euden täten zimlich straffen, vff solichs hat der ohgenant vnser guediger herre der Cardinal als ain bischoff zu ougspurg denselben dez stiffcz wiltpaun iu den kreisen vnd in der masse als in der yler anzufahen wie hieuor vnderschaiden ist vnd graue bugen ze rechtem lehen geliben vnd haben wir sinen gnaden darumb als ain lehenman gesworn vnd geburlich huldung getan, wie daz ist angesehen vnd hieuor begriffen allez getruwlich vnd vngeuärlich. Dez allez ze vrkunde stäter vnd vester sicherhait geben wir für vns vnd all vnser erben dem vilgemelten vnserm gnedigen herren dem Cardinal als ainem bischofi ouch allen siuen nachkomeu bischoffen vnd dem stifft zu ougspurg disen gagenbrief mit vnserm vnd vnsers lieben bruders dez wolgebornen vlrichs grauen zu montfort vnd herre zu tettnaug aiguen auhangenden Insigeln versigelt. Geben au dem nechsten mitwochen nach aller hailgen tag Nach Crists gepurt Tusent vierhundertfünfczig vnd im secsten Jaren. (c. 2 S.)

mentum et conseruationem procul dubio cederet euidenter, Quare
pro parte Prepositi Decani et Capituli predictorum nobis fuit
humiliter supplicatum, ut eis in premissis oportune prouidere
de benignitate apostolica diguaremur. Nos igitur qui cultum
diuinum continuo uigere et augeri suppremis desideriis affecta-
mus, ac detrimentis ecclesiarum quantum cum deo possumus
libenter obuiamus, de premissis certam notitiam non habentes,
huiusmodi supplicatiouibus inclinati, fraternitati tue per aposto-
lica scripta maudamus. quatiuus si et postquam de premissis
omnibus et singulis tibi legitime constiterit, auctoritate nostra
perpetuo statuas et ordines, quod tam presbyterales, quam dia-
couales prebende predicte, sub quibusuis expeciatiuis et de
primo uacaturis seu aliis specialibus reseruationibus, ac de sic
uacaturis cum uacabunt conferendi mandatis aliisque litteris
apostolicis etiam sub quibusuis formis et expressiouibus uer-
borum et cum quibuscunque clausulis etiam talibus, aut si Pre-
posito Decano et Capitulo prefatis uel quibusuis aliis commu-
niter uel diuisim a dicta sit sede indultum quod ad receptionem
uel prouisiouem alicuius minime teneantur et ad id compelli aut
quod interdici suspendi uel excommunicari non possint, seu aliis
quibuscunque derogatoriis clausulis per nos aut sedem predictam
uel legatos eius seu alias quomodocunque quibusuis persouis
cuiuscunque dignitatis status gradus uel condicionis fuerint im-
posterum concedendis, nisi in ipsis apostolicis concedendis lit-
teris de presentibus de uerbo ad uerbum specialis et expressa
mentio fiat, ac processibus pro tempore desuper habitis compre-
hendantur, nec illa ad aliquam ex dictis presbyteralibus seu
diacoualibus prebendis se quoquomodo extendant, nec illarum
uigore dicte presbyterales seu diaconales prebende acceptari
aut alicui conferri seu de illis prouideri possit neque debeat,
decernens extunc omnes et singulos procesus huiusmodi et in
eis pro tempore contentas excommunicationis suspensionis et
interdicti aliasque sentenias ecclesiasticas censuras et penas
necnon totum id et quicquid contra huiusmodi statuti et con-
stitutiouis tenorem per quoscunque quauis auctoritate scienter

image
not
vailabl

daz vnser angezogen vnd gepraucht haben erstanden sein, Vnd
vns vleisklich gebeten solh vordrung vnd ansprach seiner lieb
vnd seinem gestifft gütlich zu erlassen. Also haben wir got
dem Almechtigen seiner lieben Muter vnd dem wirdigen ge-
stifft ze Augspurg ze lob vnd aufung auch vnser vnd vnsrer
vordern vnd nachkomen Selen zu trost vnd dabey angesehen
solh dinst vnd freuntschafft so vns weylend die Bischoue ze
Augspurg auch yetz der benanten vnser lieber herr vnd freund
der Cardinal getan haben vnd in kunfftig zeit noch tun mag,
Vnd haben wir vns derselben Castuogtei gegen den Bischo-
uen vnd Stifft uerzigen, vnd uerzeiben vns auch der hiemit
hinfür in ewikait, Doch vns vnd der herrschafft Tyrol vnsched-
lich an den vogteien über des gemelten Clesters lewt vnd gü-
ter darinn ligend, wir uerzeihen vns auch wissentlich mit disem
brief vnd wollen, das ain yeglicher Bischoue zwischen der
wertach vnd des Lechs bis an die Winterstauden, als wir
selbs ob wir das Inhetten mit wilpannen vnd Straffe auch sunst
sich geprauchen mag vnd wir vnser erben vnd nachkomen auch
vnser landuögt vnd menigklich von vnser wegen Sy daran nit
Irren sunder des gantz müssig geen wollen vnd sullen. Mit
vrkund des briefs. Geben zu Insprugk am freytag nach Sand
Erhartz tag, Nach Cristi geburt Vierzehenhundert vnd in dem
Achtundfunfftzigisten Jaren. (c. 2 S.)

---

image

not

vailabl

pflichtig vnd schuldig sind gewesen, wiewol sie das uff dem
hofe zu Rotwil erlanget vnd eruolgt vnd sie des erinndert ha-
ben wie recht sig vnd hofft die genanten von Ober-Rötd solten
mit recht vnderwiset werden Ine damit hinfüro gehorsam vnd
gewertlig sin oder wa sie des nit enletten es wurde darumbe
zu Ine allen gerichtet, mit Aucht vnd mit Anlaitin wie recht
ist. Dawidder des hochwirdigen fursten vnd herren hern Peters
von gottlicher erbermde Cardinal der Romischen Kirchen vnd-
Bischoff zu Augspurg volmachtiger, anwalt mit namen Mathias
Nauter Vnd der egenanten von Ober-Roitd anwalt mit namen
Peter schüchlin, auch durch Iren fürsprechen antwurtten wie
recht, Die genänten von Ober-Rötd sigen hern hainrichen von
Elerbach nützit schuldig noch verbunden sunder standen allain
dem egenannten vnserm guedigen herren dem Cardinal vnd
Bischoff zu Augspurg vnd siner guaden stifft zu uersprechen
als Item rechten Naturlichen erbherren des das eigenthum sig
haben auch sinen guaden gehuldet edemale vnd die furmün-
der vff hern hainrichen von Elerbach erlanget vnd eruolgt ha-
ben dann her hainrich von Elerbach sin gerechtickait zu Ober-
Rötd diewile er Innlendig were ettlichen von Memmingen vér-
kümmert hette die dan solchs mit der goamt vnd andern rechten
vmbgeslagen vnd solchs vnsers guedigen herren des Cardinals
hoffmeister vnd den von Ober Rott verkundet als das die ver-
kundbrieffe uszwisen zu dem so habe auch vnser guediger herre
der Cardinal vnd sin stifft ain ewigen widderkauff daruff das
den furmundern wissentlich sige der wolle sich mit den fur-
mundern vmbe die losung wenne sie wollen betragen vnd Ine
das gelt geben doch das sinen gnaden vnd dem Stifft auch den
von Ober Rott ain versprechnisz beschehe als recht ist, daz
sie des one engeltnisz sigen gegen den von Memmingen do
her hairich das auch verkumbert habe vnd diewil sich die sa-
chen also begeben haben vnd auch an Ine selbs sigen so boffen
sie damit die egenanten von Oberrott den vorgenanten furmun-
dern vnd, Irem procurator an Ir statt der sachen halp nit zu
antwurtten haben Dartzu der egenanten furmünder procurator

image
not
vailabl

stand. daz die von Oberrötd sin gnaden gehuldet vnd geswora
haben edemalen die Anlaitin von den furmundern uff her hain-
rich von Elerbachs guter von dem hoffgericht uszgangen sige
vnd wolle sin gnade solch behaltuisz tun daz dan sin gnade
das tuge vnd in ainem siner gnaden offem versiegeltem brieffe
das uff das nehstkomende hoffgericht schicke das da wirt uff
zinstag nebst vor vnser lieben frauwen tag Natiuitatis nebst-
komende vnd daun furo beschehe das recht sige tuge aber sin
gnade das nit das dann furo aber beschehe das recht sige vnd
ward der vrtal briefe ertailt zu geben Herumbe zu offem vrkunde
ist des hoffgerichtz zu Rotwil Insigel mit vrtail offennlich ge-
hencket an disen brieff Geben an donerstag nechst nasb vnser
lieben frauwen tag Assumptionis Nach Christi geburt Viertzehen-
hundert vnd acht vnd funfftzig Jare.

CXCIV.

Anno 1458. 28. Novembris. Rome.

**Pius papa mandat Petro episcopo Margaretham de
Freyberg, monialem monast. in Obernschoenfeld, ab ex-
communicatione absolvere.**

Pius episcopus - seruus seruorum dei Dilecto filio Petro
tituli sancti Vitalis presbytero Cardinali Salutem et apostolicam
benedictionem Humilibus supplicum uotis libenter annuimus ea-
que fauoribus prosequimur oportunis Exhibita siquidem nobis
nuper pro parte Margarete de Freiberg Monialis Monasterii in
Obernschonfeld Cisterciensis ordinis tue Augustensis diocesis
petitio continebat quod dudum ipsa propter discordiam cum sua
Abbatissa habitam, prefatum Monasterium illicentiata exiuit et
habitu retento cum suis consanguineis per aliqua tempora stetit
ac Annis Quatuor uel circa coram patribus et superioribus dicti

image
not
vailabl

candi tibi de premissis omnibus et singulis legitime constiterit
dictaque Margareta iudicato huiusmodi paruerit prefatam Mar-
garetam, si hoc humiliter petierit ab excommunicationis aliisque
ecclesiasticis sententiis censuris et penis predictis auctoritate
nostra hac uice duntaxat obsoluas iu forma ecclesie consueta
iniunctis inde sibi pro modo culpe penitentia salutari et aliis
que de iure fuerint iniungenda Et nichilominus si absolutionem
huiusmodi per te uigore presentium fieri contingat ut prefertur
eidem Margarete quod de predicto Monasterio in Oberschonfeld
ad prefatum Monasterium in Holcz si ibidem uoluntarias et be-
niuolas inuenerit receptrices petita licet non obtenta ab eadem
Abbatissa licentia transire et in eo professionem per illius Mo-
niales emitti solitam emittere et habitum dicti ordinis sancti Be-
nedicti assumere ac in ipso Monasterio in Holcz sub illius ha-
bitu et ordine sancti Benedicti perpetuo romanere ipsique Mo-
nasterio in Holcz si in illius Abbatissam seu Ministram alias
canonice eligatur prefici et assumi libere et licite ualeat eadem
auctoritate nostra concedas Non obstantibus premissis ac Con-
stitutionibus et ordinacionibus apostolicis necnon statutis et con-
suetudiuibus Monasteriorum et ordinum predictorum iuramento
confirmatione apostolica uel quauis alia firmitate roboratis ceterisque contrariis quibuscunque. Datum Rome apud Sanctum
petrum Anno Incarnationis dominice Millesimoquadringentesimoquinquagesimooctauo Quarto Kalendas Decembris Pontificatus
uostri Anno Primo.

image
not
vailabl

nisi celeris pronisionis remedio succuratur eidem, prefatum Mo-
nasterium in eisdem spiritualibus et temporalibus, ad tauta defor-
mitatis deducetur incommoda, quod uix erit qui adiiciat ut re-
surgat, Nos igitur prefati Imperatoris cui ut asserit onus advo-
cationis dicti Mouasterii incumbit, dignis hortacionibus excitati,
attendentes quod si est ita, premissa limina apostolice correc-
tiouis exposcunt, et ed reformationem dicti Monasterii solicitis
studiis intendentes, cupientesque ut inibi regularis disciplina
pariter et obseruantia uigeant ac sancte mouita uite propulsatis
religionis statui repugnantium occursibus deformitatum, per opera
uirtutum laudabiliter exuberent de premissis tamen certam noti-
tiam non habentes, Circumspectioui tue per apostolica scripta
committimus et mandamus quatinus coassumpto per te dilecto
filio Baroui de Rechperg armigero cui dictus Imperator uices
suas in officio aduocationis sue huiusmodi committendas duxit,
ad prefatum Monasterium personaliter accedens ac solum deum
pre oculis habens, dictum monasterium in capite et in membris ac
personis suis auctoritate nostra uisitare ac de omnibus et sin-
gulis que statum prosperum ac reformationem et correctionem
eiusdem Monasterii concernunt te diligenter informare, et inqui-
sicionem huiusmodi in capite membris et personis predictis in
uita et moribus ac circa illa reformationis correctionis et puni-
tionis auxilio quomodolibet indigere noueris auctoritate nostra
predicta etiam contra Abbatem prefatum si eius demerita id exi-
gerint procedendo reformare corrigere punire, necnon abusus
quomodolibet introductos qui Mouasterio et ordine predictis dis-
conuenerint tollere et irritare, aliaque laudabilia et conuenientia
statuere ordinare et instituere eadem auctoritate nostra procures
et facias prout secundum deum ac regularia constitutiones et in-
stituta dicti ordinis ac pro felici statu dicti Monasterii tibi uide-
bitur expedire, Nos enim delinquentes quoslibet etiam Abbatem
predictum si ipsius et seu delinquentium huismodi excessus et
demerita id exigerint, iuxta eoruudem excessuum et criminum
qualitates et iuris exigentiam constitutiones quoque et instituta
predicta penis debitis absque personarum delectu ac letali mo-

CXCVI. -

Revers der vom Bischof Peter zur Maisterin des Klosters zum Holtz bestimmten Klosterfrau Margareth von Freiberg.

Ich Margreth von Freiberg Closterfrawe Bechenn offenlich vnd thun kunt allermenglich mit disem briefe Als der Hochwirdigest Fürst in got vater vnd herre her peter der hailigen Romischen Kirchen Cardinal vnd Bischofe zu Augspurg mein genedigister herr mich mit den genaden augesehen hat, das sein gnad, mich in seiner genaden gotzhusze vnd Closter zum Holtz ufnemen vnd zu Maistrin machen will. Also verhaisz vnd versprich ich yetz wissenlich mit dem brieue in massen denn solichs abgeredt vnd betädiuget ist, Nämlich das ich wann ich zum holtz also maistrin wirde das selbig Kloster, vnd die persone darinne auch ander lewt vnd gut darzu gehörende als ain maistrin mit gantzen trewen vnd nach meinem pesten verstan dem Kloster zu Nutz reigieren vnd uszrichten sunder dem genanten meinem genedigisten herren, seinen nachkomen, oder irem anwalt, von des Klosters nutzung, vnd alles einnemen vnd uszgeben in beywesen etlicher des gemellten Klosters alt Frawen iärlichen vnd aius yeglichen Jars besunder ain gantze rechnung tun sol. Ich sol vnd wil auch von des gemellten klosters lewten vnd guten one des genannten meines genedigisten herren oder seiner nachkomen Bischoue zu Augspurg erlauben wissen vnd willen nicht verkauffen versetzen verendern noch schuld über Zwaintzig guldin machen, in kainen weg auch än seiner genaden, oder seiner nachkomen Rat wissen vnd willen, in kain andern schirm mich noch das gemellt gotzhuse sein lewt vnd

image

not

vailabl

dicio genant bei Regirung des allerheiligisten in got vaters vn-
sers herrn hern Pii von gotlicher fursichtigkeit Pabstes des an-
dern des Namen, in dem ersten jare seiner bekronung an dem
freytag, vnser lieben frawen tag Purificacionis, der da was
der ander tag des Monatz februarii zu Mittag, Ee die glogk
zwelf schlug, oder nabent dobej zu dillingen, im Schloss an
der Tonaw Augspurger Bistumbs, vnd da selbst in der obern
vordern stuben, darinn der hochwirdigist fürst, in got vatter vnd
herre her peter der heilgen Romischen kirchen Cardinal vnd
durch verhengknuss, des heilgen Stuls zu Rome Bischoue zu
Augspurg mein gnedigister herre sein teglich gewonlich wesen
hat in seiner gnaden, auch mein Notarien vnd der gezugen hie
vnden geschribeu, gegenwurtikeit sint in eigen personen er-
schinen; die Ersamen geistlichen frawen nemlich Petrissa atten-
felderin, Anna Rietmeyerin, Dorothea öchsin, Anna Gamenrie-
derin auch Elszheth Gamenriederin, vnd Anna Geiganderin, all
sechs Conuentswestern des Closters zum holtz saut Benedicteh
ordens, Augspurger bistumbs vnd nachdem der obgenant mein
gnedigster herre, der Cardinal, mit eygner stymm vor den ge-
melten frawen offenlich helt geredt vnd gesagt Er het vff nit
klein vrsach, sunder zu notturft vnd im aller besten, durch
Babstlichen auch Bischofflichen gewalt, den sein gnad zu den
dingen volkomenlich hette; furgenomen Margrethen von Frey-
berg Closterfrawen in dem gemelten seinem Closter zum holtz,
Meistrin ze machen, auch die nu zu Meistrin dohin gemacht,
vnd die obberurten frawen selbs, auch durch sein trefflich Rate
zu dickerm male, wie wol er das nach gelegenheit der sachen
nit were pflichtig gewesen darumb ersucht, solchs lassen iren
willen sein, vnd seinen gnaden gehorsam zuzesagen, das sie
alles hetten verachtet, darvmb sin gnad, durch notturftig bewe-
gen, Sie zu seinen handen het genommen, zu billicher gehorsame
zu bringen, indem aber dieselben Sechs frawen sich hetten
erkennt vnd willigklich begeben, diese nachberurten stuck vnd
artikel, zu uerjehen vnd ze halten ze sweren Sint dieselben
stuck vnd artikel an dem eud, durch den vesten wolfgang von

image

not

vailabl

dann als yetz, williclich vff sich nemen alles vngeuerlich Nach
verlesung diszer zedel, Stunden vff die obgenanten Sechs
frawen, bekanten offenlich der stuck vnd artikel, namen auch
das alles, also vff sich, vnd swuren gelert eid, vf dem heilgen
Ewangeli das alles vnd yeglichs, zu halten bei der pene, vnd
in der masse, wie der zedel, hie vorbegriffen, von ainen zu dem
andern innhelt, getrewlich vnd ungeuerlich. Vber das alles vnd
yglichs wie vorbegriffen ist, eins· oder mer, offen Instrument
zu machen, so offt des not tete bin ich nachgenanter Notari
durch den oftgemelten, meinen gnedigisten herrn, den Cardinal,
offenlich vnd geburlich ersucht vnd ermant, das geschach, in
dem jare Indicion Babstums Monatz tags stund vnd Statt wie
obbegriffen ist Bei disen dingen sint gewesen der hochgelert
her Johans lochner von Nurmberg Bamberger bistumbs, doctor
beider recht Tumprobst zu Newburg Babstlicher Cubicolari vnd
Ambasiator her Thomas mader korherre zu sant Moritzen zu
Augspurg her hans vorgkaw priester beid Augspurger bistumbs
als gezugen, zu den vorberurten dingen herufft vnd gebetten.
    S. N. Johannes laucher. Vnd Ich Johannes laucher von
schmalkalden ein Eelicher clerick wirtzburger bistumbs, von
babstlichem gewalt ein offner Notari vnd des obgenanten meins
gnedigosten hern cardinals, geschworner Secretary, wann Ich
bey verlesung des zedels, die artikel Innhaltend, verjehen vnd
eiden der sechs closterfrawen vnd allen andern reden vnd sa-
chen, wie hie vor begriffen ist, mitsampt den obgenanten gezeu-
gen, gegenwertig gewesen bin, vnd daz alles, also handeln, ge-
sehen, vnd gehort hau, So hau Ich dises gegenwurtig offen
Instrument durch einen andern getreulich geschriben, darusz
gemacht vnderschriben, vnd In dise offen form bracht, auch daz
mit meinem gewonlichen Namen vnd zeichen, bezeichnet und
bewart, dez gebeten, vud ersucht, zu gezugnisse vnd glauben,
vorberurter dinge.

CXCVIII.

Anno 1459. 10. Mai. Dillingen.

Erkenntnüss in dem Streit zwischen Amelei von Mittelburg und dem Domkapitel zu Augsburg um die Gerichtsbarkeit zu Usterspach und Sifridsberg.

Ich Hans vom Stein zu Ronsperg Ritter des Hochwirdigisten Fürsten in gott vatters vnd herrn Herrn Peters der heilgen Römischen Kirchen Cardinals vnd Bischoues zu Augspurg meins gnedigisten Herrn Hofmeister Bekenn offenlich an dem brieue, als ich vf Sampstag nach sant Authonien tag, nehstuergangen, hie zu dillingen anstat, vnd durch beuelhen des gemelten meins gnedigisten herrn, mitsampt seiner gnaden räten, in den nachgemelten sachen zum rechten gesessen bin, stunden für die nachgemelten parthei, mit iren erloubten fürsprechen zu recht angedingt, Vnd tet die Edel erber fraw Amelei von Mittelburg wittwe, geborn von Schellemberg, iren fürsprechen clagende reden, Sie hett Syfridsperg von meins herrn gnad, mit aller zugehorung erkouft, vnd zu demselben das gericht zu vsterspach, vnd die Eigenlut, auch freyzinser, in demselben gericht sitzend, vnd dem Stifft zugehorend, das gemelt gericht damit zu besetzen, nach dem der Stifft sust nit güter zu vsterspach hett, Nu were die Aychmüle im gericht gelegen, vnd der Aichmuller allweg zu gericht dahin gegangen, derselb vnd sein weib weren auch von vsterspach wegen ir gein Syfridsperg zugehörend, die weren ouch dahin behünret, vnd mit zinse genossen worden, An dem allem irrten sie mein herrn vom Capitel, bät sie, dieselben gütlich, oder ob das nit verfieng, doch rechtlich ze weisen, sie daran vngeirrt ze lassen. Dagegen der hochgelert her hans kutsch Custer, von des wirdigen Capitels des

Tumbs ze augspurg als anwalt, vnd von des Eychmullers we-
gen, mit verschribnem gewalt, des sich die von Mittelburg liess
benügen, auch der aychmuller selbs, iren fürsprechen liessen
reden, sie neme die anuordrung fremd, Wann wie wol der
Aychmuller vnd sein weib des Stifftz freyzinser weren, so hett
doch herr heinrich von Elerbach dieselben zu der, Herrschaft
zum hattemberg bis vf sie vnd sie bisz daher lenger dann lands-
recht were, iungehabt, vnd genossen vnd were der aychmüller,
auch die zeit an das gericht gen Vsterspach nit gegangen, dar-
umb sie meinten sie solten der von Mittelburg darumb ze ant-
wurten, nit pflichtig sein, sunder deshalb von Ir vnangelaugt
bliben. Dawider die von Mittelbarg wie vor, vnd des mer der
aychmuller vnd sein weib weren, ob zwaintzig Jaren bisher zum
Sifridsperg gestort, vnd der Aychmuller an das gericht gen
Vsterspach gegaugen vnd damit das noch bas mocht verstanden
werden, So hett doch sie des Eychmullers sun von vngenossami
wegen vmb funff guldin gestraffet, Das alles möge sie mit den
Nagelmagen des Eychmullers bruder, vnd seins weib swester
vnd bruder, auch mit den amptleuten vnd anderm gnugsam als sie
getrawt, färbringen, begerend zu solchem furbringen gelassen
werden, vnd als der anwalt anzug her Hainrich von Elerbach
hett die leut gein hattemberg iungehabt, vnd den Aychmuller
nit lassen an das gericht gen vsterspach gau etc. das weren
nur wortt, wol hett her heinrich einen vnwillen mit ludwigen
von Stadion fürgenommen, vnd in dem dem Aychmuller, vnd
seinem weib solch verbieten getan, hoffte sie Ir solte das alles
nit schaden, sunder sie zu Irem furbringen gelassen werden.
Dagegen der anwalt auch der Aychmuller, des Eychmullers
Sun, were nit vmb vngenossami gestraft, sunder die von Mittel-
burg hett im von der Mulin wegen daruff der sesse, vmb das
die zum sifridsperg vogtber were, funff guldin abgedrungen vnd
im ainen pfal für die Mulin schlaben wollen, vnd dabei gedrewt
also, das Er in den Turn geen, oder Ir die geben müste, die
liebe der alt aychenmuller, var in Zorn, vnd spreche sie neme
die seinem Sun wider gut Eere vnd abe, getrawten sie, das

vsz dem, das sie zum Sifridsperg gehoren sollen, kein aazeigen
gebe, Dann von des gerichtz wegen zu vsterspach redten sie
nit wider, Er mocht vor zeiten dahin zu gericht gangen sein,
aber vor zwantzig Jaren, da herr Eberhart von Freyberg die
Reyschnaw inngehabt habe, habe derselb vnd darnach vnser
gnedigister herre der Cardinal dazemal Bischone, als der anch
die Ryschnaw selb innhett, durch ir amptleut dem Aychmoller
vnd seinem weib geboten, kein Zinse mer gein sifridsperg ze
geben, das auch der aychmuller nit mer an das gericht zu vster-
spach gan, noch sitzeu solte, das haben sie von der selben zeit
bis vff her Heinrich von Elerbach vnd von demselben bis jetz
also gehalten und so lang in ruwiger gewere lenger, dann
landsrecht sei, inngehabt, Getrawten sie, sie solten dabei bliben
vnd der von Mittelburg kein furbringen erteilt werden, ob ir
aber das erteilt wurd, so meinten sie doch im solte das uber
dises laug herkomen nit schaden, behielten inen auch wider
die persone der sagleut, vnd wider der selben sage ir Inrede
vnd notturft zu recht. Dawider die von Mittelburg gleich wie
vor vnd des mer, sie habe dem aychmuller von der Mulin we-
gen nicht abgenommen noch gedrewt, pfal dafur ze schlahen,
noch in in den turn ze legen, sunder gesagt, als von der vnge-
nossami wegen kem er nit, so wollte sie kommen etc., vnd er-
bott sich zu irem furbringen wie vor. Daruff der anwalt vnd
Eychmuller auch als vor, Vnd satzten also die parthei die sach
zu recht, also nach Red vnd widerred sprachen der hofmeister,
vnd die Rate zu recht, Möcht die von Mittelburg die saeben hat
oder ze tagen furbringen, wie sie sich des hett erbotten solt
gehört werden vnd gescheen, was recht were, brecht sie aber
des also nit für, das das dann aber geschee, was Recht were.
Der vrtail benugt die von Mittelburg, vnd liesz reden sie bett
edlich hie, damit sie ir furbringen tun wolt, Ob nu des zu recht
nit solt gnug sein, so begert sie zug vnd tage, mer lut zu irem
furbringen herzebringen. Dawider der Anwalt vnd Eychmüller
ir furbringen solt nit geteilt, sunder ietz gar gebort, vnd ir kein
zug vf audrer gegeben werden. Nach mer worten wart das

zu recht gesatzt, Also sprachen die Räte vnd ich zu recht, die von Mittelburg solte die, so sie hie hett yetz fürstellen, vnd zu den übrigen, ob sie der notturftig wurd zug haben, Vnd yeglichem teil sein notturft zu recht behalten sein. Nach offnung der vrtail stalt die von Mittelburg für die nachbenannten Nemlich, Gleichen von Raittembuch, henrichen Bronnenmayer von Arrotryed, Conraten Bronnenmayer vnd Micheln, beid weber von vsterspach, Contzen vnd vlrichen die kretzler von Gessershusen, Contzen Aychmuller, vnd vlrichen Stebelin, iren amptmann wider die obgenannten persone teten reden der anwalt vnd Eychmüller, der snawen amptmann solte nit werden gehört, Er wurd dann durch sie seins aids erlassen, Ob auch die sager icht wurden sagen, des aychmullers weib antreffent, Nu dann des anwaltz gewalt vf dieselben frawen, nit lutet, so solte solch fürbringen die frawen antreffent, dem Capitel nit schaden; Vff das sagt die von Mittelburg den obgenanten iren amptmann seins aids ledig, vnd meint nu dise sach mit der Eychmullerin vnd irs mans zesamen gehort dises Recht, vnd fürbringen solt gegen derselben auch binden. Nach dem schwuren die obgenanten siben gelert eid, nach form des rechten, in den dingen, so vil Sie gefragt wurden inen wissent were, ein warheit ze sagen, vnd sagten vf solch aid ir yglicher, als hienach volget; Gleich von Raitembuch ist bei sibenzig Jar alt, vnd in der Vogtei zum Sifridsperg bei Nwnvnddreissig Jaren gesessen, hat gesagt der Eychmuller vnd sein weib seyen freyzinser des Stüftz, vnd seyen langzeit von her heinrichen zum Sifridsperg, als des Stüftz leut genossen, dann so vil, das her hainrich das abgeschlagen habe. Es sei auch der Eychmuller an das gericht zu vsterspach gangen, vnd mit im daran gesessen langzeit, bis her heinrich das hab abgeschlagen, das alles sei im kunt vnd wissent. Es sei auch bei seinen eltern vnd im herkomen, das die herrschaft zum Sifridsperg des gotzhuss leute, an den berg oder gen vsterspach gehorent, zu vsterspach an das gericht haben gesetzt Heinrich Bronnenmayer, Vnd Conrat Bronnenmayer, der aychmullerin bruder, ist heinrich vber sechtzig Jar alt, gedenckt gutz gedenckens bei fünfftzig Jaren vnd Conrat ist vier Jar jünger, hand gesagt ir muter sei in der Jugent von der gegend vmb Kruchein in das gericht gen vsterspach komen, vnd hab ir vater die genomen, vnd seyen beyd als freyzinser durch her Egelin seligen, vnd andrer darnach zum sifridsperg genossen, bis das herr heinrich das abschlug vnd sagt heinrich Bronnenmayr mer, das der Eychmuller bei her Egelins zeiten, vnd darnach langzeit, zum gericht gen vsterspach sei gangen, bis her hainrich das abschlug, Mer hat Er gesagt von der vngenossami wegen, darumb habe Er von des Eychmullers bete, als von seins Suns wegen mit der von Mittelburg getädingt vnd das gegen ir nit näher, dann vf fünff guldin bringen mögen, wolt er nit vfnemen, vnd brecht das an den Eychmuller. der fugt sich selb zu der frawen, vnd kem mit ir von der vngenossami wegen, vmb die fünff guldin vsz, sei im alles kunt vnd wissent. Michel weber ist bei achtvndviertzig Jaren alt, vnd bei sechsvndzwainzig Jaren huslich zu vsterspach gesessen, hat gesagt der Eychmuller vnd sein weib seyen bei her Egelins zeit, auch bei ludwigen von Stadion, als freyzinser zum Sifridsperg genossen, bis her heinrich das abschlug, Er hab auch an eins vogtz statt zins vnd hünr von inen zum sifridsperg genomen. Dann von des gerichts wegen sei also herkomen, wer der herrschafft zum sifridsperg sei, hinder wem ditz sitz, gang an das gericht zu vsterspach, der Eychmuller sei auch daran gangen vnd hab Er mit im vrteil gesprochen, bis her heinrich das abschlug von der vngenossami wegen hab im hainrich Bronnenmayer gesagt, Er hab die täding vmb die vngenossami vmb fünff guldin gemacht, Contz Kretzler ist bei dreyssig Jaren, Vlrich Kretzler sein bruder zwayer Jar elter zu Gessershusen, hand gesagt, sie haben gehört von irem vater ist des Eychmüllers vetter, Nemlich ist der Eychmüller, irs vatters swester sun gewesen, wie ludwig von Stadion irem vatter, von einem andern gut hinder in in die vogtei zum Syfridsperg ze ziehen geuordert habe, hab sich ir vater gewidert, vnd gemeint er were nit eigen, sunder ein freyzinser, vnd kem zu meinem herrn

Cardinal, dazemal Bischoue des bei zweintzig Jaren seyen, vnd
legt seinen gnaden das für, des gnad sagt im er hett die frey-
zinser ludwigen von Stadion zum sifridsperg ergeben, vf das
zuge ir vatter in die vogtei, da sie noch, als zu Gessershusen
sitzen, von des gerichtz wegen zu vsterspach, ob der Eych-
muller daran gangen sei, wissen sie nit, wann sie sitzen nit
daselbst, Von der fünff guldin wegen wissen sie auch nit, sie
sagen ir vatter sei zum schloss geuallet worden, Cóntz Eych-
muller des alten sune vber zwaintzig Jar alt, sagt Im sei nit
wissent, ob sein vatter vnd muter zum Sifridsperg als zinser
genossen seyen, oder ob sein vatter an das gericht zu vraters-
pach sei gangen oder nicht, Mer sagt Er von der vngenossami
wegen, er hette ein weib vsserhalb der genossami genomen,
darumb geb im die von Mittelburg zwei geteilt, ir fünff guldin
ze geben oder in den Turn ze gan, der neme er eins vf vnd
must ir die fünff guldin von der vngenossami wegen geben, vnd
hett von der Mulin wegen nicht mit ir ze handeln, Vlrich Ste-
helin der frawen amptmann seins eids ledig hat gesagt, Er sei
bei her Egelins zeiten mit geritten, das desselben Amptleut
vom Eychmuller vnd desselben weib, Zins vnd hünr als von
freyzinsern zum Sifridsperg nemen, von der gerichtz wegen
zu vsterspach, wisse er nit, ob der Eychmüller daran gangen
sei, Er hab aber von amptleuten vnd andern gehört, der Eych-
muller sei daran gangen, Von der fünff gulden wegen wisse
Er nit anders, dann im hab Heinrich Bronnenmayer gesagt, Er
hab die fünff guldin vmb vngenossami vertädingt, Er gedenckt
och bei zwayvnddreyssig Jaren, das der Eychmullerin muter
als ein freyzinserin zum Sifridsperg sei behünert, vnd Er hab
die selb auch von ir genomen vnd einsmals derselben hennen
einer den kopff abgebrochen, vnd die heintzen Bronnemayers
Tochter in die Kintbet gegeben, Nach offnung dises fürbringens
meint die von Mittelburg wes sie sich hett erbotten, hett sie
gnugsam fürbracht, vnd solt ir das fürbringen zestatten zekomen
erkant werden, also das der Muller vnd sein weib ir als zinser
zum Sifridsperg solten zinsen, auch der Müller gen Vsterspach

zu·gericht gan vnd ir·ir·gelitten schaden abtun, bekeren vnd
das wandeln. Daruff der anwalt oben gemelt zu dem furbringen
were wol verstanden das seider her heinrich ein gescheft ge-
tan, des nu ob·zweintzig Jaren weren derselb·ye seider bis
vf sie vnd sie bis daher, den Muller vnd·sein weib zum hatten-
berg als zinser inngehabt hetten, vnd der Müller gen vsterspach,
nit zu gericht gangen were, das were nu ein solch zeit, die
lenger dann·landsrecht were, darumb so hofften sie dises für-
bringen solte inen zustatten zekomen werden erkant, damit sie
bei irem innhaben bliben vnd ob der Müller oder sein weib
kinder heinrichen oder andern, die vor demselben die Rischnaw
hetten inngehabt oder inen sich in zinse oder anders zum Sy-
fridsperg hetten begeben solte inen nicht schaden. Dagegen
die von Mittelburg der Müller·vnd sein weib weren vor vnd
ee hern heinrichs die Ryschnaw worden were als freyzinser
zum Sifridsperg genossen vnd der Muller gen vsterspach zu
gericht gegangen sey, an dem fürbringen guter masse vernom-
men, wo des aber nit guug were, so begert sie zug ir für-
bringen mit mer luten ze tun, als·sie ihr dann anfangs hett be-
dingt, Vnd doch damit dises ir furbringen einen grunt haben,
noch bas wurd verstanden, so hette vnser herre Cardinal die
beid herschafft inngebabt vnd die freyzinser zum Syfridsperg
geordnet, als das in dem furbringen luter wurd verstanden,
darumb so solte des guug sein werden erkant. Der anwalt
wie vor vnd wart zu recht gesatzt, Vnd wann die Bate vnd
ich vns dazemal vrteil zegeben nit verstunden Namen wir Vns
ein bedencken, sechs wochen vnd drei tag, Vnd ob meins herrn
gnad das lenger sampte solte nyeman schaden, Vnd als ich nu
aber vf datum ditz briefs an stat vnd durch beuelhen des ob-
gemelten meins gnedigisten herrn mit sampt seiner gnaden Räten
in den gemelten sachen zum rechten gesessen bin sint die ge-
melten partheyen nemlich das gemelt Capitel auch die egerart
von Mittelburg durch ir anwalt vnd der Eychmüller selbs vf
meins obgemelten gnedigisten herrn betagen, mit iren fursprechen
zu recht angedingt, alda aber erschinen begerend vf solch ob-

gerurt bedencken, durch die Räte genomen vrtail gegeben vnd
ze offuen stunden auch der warttend also hie. Daruff vnd nach
Rede vnd widerrede verhorung der sagen, auch nach dem in
den sagen nit verstanden wirt, das her heinrich von Elerbach
das verbott mit recht getan hab, sprachen die Räte vnd ich ein-
helligklich zu recht, das die von Mittelburg ir fürbringen, so
sie sich ze tun erbotten, zu recht gnügsam getan hat vnd ir zu
statten komen solt. Der vrteil benügt der von Mitelburg an-
walt vnd begert im der brieue ze geben, das den partheyen
so des begerten erkant ward, Darumb vnd des zu vrkund, so
gib ich yeder parthei dirre brieue, ainen gleichluteud mit des
obgemelten meins gnedigisten herrn anhangendem Insigel, seinen
gnaden vnd seinem Gotzhuss on schaden versigelt, Zu Dillingen
an donrstag nach dem Sontag als man singet Exaudi, Anno do-
mini Millesimo Quadringentesimo Quinquagesimo Nono.

CXCIX.

Anno 1459. 27. Octobris. Mantue.

Pius papa libertatem eligendi episcopum Aug. capitulo concessam confirmat.

Pius episcopus seruus seruorum dei Ad futuram Rei memoriam Apostolice seruitutis officium desuper iniunctum nobis mentem nostram ad hoc incitat et inducit, ut circa ea per que ecclesiarum statui et indemnitatibus Oportune consulitur propensius intendamus et contra noxia, que eis possent accidere spetialis remedium prouisionis fauorabiliter impartiamur ita quod illarum occurreute uiduitatis euentu tales persone per electionem canonicam eis preficiantur per quas diuini fauoris auxilio suffragante uotiue prosperitatis successibus gratulentur. Dudum siquidem felicis recordationis Nicolao pape V. predecessori nostro pro parte dilecti filii nostri Petri tituli sancte Vitatis presbyteri Cardinalis exposito quod si occurente obitu dicti Cardinalis electio futuri Episcopi Augustensis per dilectos filios Capitulum ecclesie Augustensis cui Cardinalis ipse ex prouisione et dispensatione apostolice sedis preesse dinoscitur fieri solita locum non haberet ualde timendum esset, ne exinde scandala et mala quam plurima subsequerentur, prefatus tunc predecessor premissis attentis per suas litteras auctoritate apostolica et ex certa scientia declarauit prouisionem dicte ecclesie ratione persone dicti Cardinalis etiam si ipsum apud sedem apostolicam decedere contingeret uel alias dispositioni apostolice specialiter uel generaliter non fore reseruatam sed occurrente obitu eiusdem Cardinalis, Capitulum prefatos electionem futuri Episcopi Augastensis iuxta antiquam consuetudinem eiusdem ecclesie facere posse et debere, ac illam ualere et locum habere in omnibus et

per omnia perinde ac si alique spetiales uel generales reser-
uationes per predecessorem uel sedem predictos pro tempore
facte non appareret decernens quamcunque prouisionem ipsi ec-
clesie uel translationem ad illam de alia persona quam per Capi-
tulum huiusmodi eligenda faciendam, necnon quicquid contra de-
clarationem et decretum huiusmodi attemptari contingeret nullius
existere firmitatis prout in litteris dicti predecessoria plenius
continetur. Cum autem sicut exhibita nobis nuper pro parte
dicti Cardinalis petitio continebat cause propter quas littere pre-
dicte a prefato predecessore emanarunt adhuc uendicent sibi
locum pro parte dicti Cardinalis nobis fuit humiliter supplicatum,
ut pro pace et tranquilitate dicte ecclesie et ad obuiandum scan-
dalis que alioquin euenire timerentur pariformis declarationis re-
medio in premissis et circa ea prouidere de benignitate apostolica
dignaremur. Nos itaque huiusmodi supplicationibus inclinati
litteras predictas cum declarationis et decreti huiusmodi ac aliis
inibi contentis clausulis ratas et gratas habentes illasque tenore
presentium approbantes auctoritate et scientia similibus declaramus
prouisionem dicte ecclesie ratione persone dicti Cardinalis etiam
si ipsum apud sedem predictam decedere contingat uel alias
dispositioni apostolice uel specialiter uel generaliter non fore
reseruatam sed occurrente obitu eiusdem Cardinalis Capitulum
prefati electionem futuri Episcopi Augustensis iuxta consuetu-
dinem predictam facere posse et debere ac illam ualere et locum
habere in omnibus et per omnia perinde ac si spetiales uel ge-
nerales reseruationes predicte per nos uel sedem predictam pro
tempore facte non appareret decernentes quamcunque prouisionem
ipsi ecclesie uel translationem ad illam de alia persona quam
per Capitulum huiusmodi eligenda faciendam necnon quicquid
contra declarationem et decretam huiusmodi attemptari contigerit
nullius existere firmitatis Non obstantibus Constitutionibus et
ordinationibus apostolicis atque nostris ac reseruationibus gene-
ralibus et specialibus ac litteris apostolicis etiam motu proprio
et ex certa scientia et de Venerabilium fratrum nostrorum sancte
Romane ecclesie Cardinalium consilio a nobis et sede predicta

pro tempore emanatis, etiam si de illarum toto tenore habenda foret in presentibus non autem per generales clausulas mentio spectialis quarum effectum etiam si per eas ad inhibitionem reseruationem et decretum uel alias quomodolibet fuerit processum quasque ex certa scientia suspendimus uolentes et declarantes illas ad prefatam ecclesiam non debuisse nec debere extendi et aliis premissis ceterisque contrariis quibuscunque. Nulli ergo omnino hominum liceat hanc paginam nostre approbationis constitutionis suspensionis uoluntatis et declarationis infringere uel ei ausu temerario contraire. Siquis autem hoc attemptare presumpserit indignationem omnipotentis dei et beatorum Petri et Pauli Apostolorum eius se nouerit incursurum. Datum Mantue, Anno Incarnationis dominice Millesimo quadringentesimo quinquagesimo nono Sexto Kalendas Nouembris Pontificatus nostri Anno Secundo.